Al-Buḫārī | Die Sammlung der Hadithe

Al-Buḫārī

Die Sammlung der Hadithe

Ausgewählt, aus dem Arabischen übersetzt
und herausgegeben von Dieter Ferchl

Reclam

RECLAMS UNIVERSAL-BIBLIOTHEK Nr. 14450
1991, 2024 Philipp Reclam jun. Verlag GmbH,
Siemensstraße 32, 71254 Ditzingen
Gestaltung: Cornelia Feyll, Friedrich Forssman
Druck und Bindung: Druckerei C.H.Beck,
Bergerstraße 3–5, 86720 Nördlingen
Printed in Germany 2024
RECLAM, UNIVERSAL-BIBLIOTHEK und
RECLAMS UNIVERSAL-BIBLIOTHEK sind eingetragene Marken
der Philipp Reclam jun. GmbH & Co. KG, Stuttgart
ISBN 978-3-15-014450-3
www.reclam.de

FSC
www.fsc.org
MIX
Papier aus verantwortungsvollen Quellen
FSC® C019821

Inhalt

Einleitung

»In meinem Bekanntenkreis hörte ich verschiedene Ansichten zu der Frage, ob ein Mann die Frau, die er heiraten möchte, vor der Hochzeit sehen darf oder nicht. Was wird im Koran und im Hadith dazu gesagt?«

Mit diesem Anliegen wandte sich im November 1989 ein Leser einer arabischen Tageszeitung an deren Leserbriefabteilung. Der für Fragen des Islams zuständige Redakteur beantwortete seinen Brief wie folgt:

»In Teilen der islamischen Welt mag es üblich sein, dass man eine Frau vor der Hochzeit nicht sehen darf. Dabei handelt es sich aber um regionales Brauchtum und keineswegs um die Lehre des Islams.

Wenn wir beurteilen wollen, ob etwas als erlaubt oder als verboten zu gelten hat, müssen wir uns auf das beziehen, was der Prophet Muhammad gelehrt hat. Regionale Bräuche können niemals Vorrang vor den Lehren des Islams haben. Sie verdienen keine Beachtung, wenn wir im Koran oder im Hadith eine Aussage finden, die die spezielle Fragestellung betrifft!

Zu Ihrer Frage findet sich keine Aussage im Koran; in zahlreichen Hadithen aber wird sie klar und unmissverständlich behandelt: Der Prophet Muhammad wies seine Gefährten an, sich die Frauen anzusehen, die sie heiraten wollten!

Folgende Hadithe sind in diesem Zusammenhang unter anderem zu nennen:

- Al-Muġīra Ibn Šuʿba erzählte dem Propheten, dass er heiraten wollte. Der Prophet sagte zu ihm: ›Geh und schau dir die Frau an! Dann wird dir klar werden, ob du mit ihr glücklich wirst oder nicht!‹
- Ǧābir Ibn ʿAbdullāh überliefert folgenden Ausspruch des

Propheten: ›Wenn ihr eine Frau heiraten wollt, dann schaut sie euch an! Das wird euch zur Heirat ermutigen.‹

– Ǧābir erzählte: ›Ich wollte heiraten und versteckte mich, um mir die Frau anzusehen. Ich sah sie, und ihr Anblick bestärkte mich in meinem Wunsch nach einer Ehe mit ihr. Darauf heiratete ich sie.‹

Sie sehen, es ist ohne Einschränkungen zulässig, eine Frau zu betrachten, die man heiraten möchte. Auch bedarf es dabei nicht ihrer Zustimmung [...].«

Das Beispiel zeigt, welch zentrale Rolle die Inhalte des Islams auch im Alltag der Muslime spielen.

Der Islam versteht sich als umfassende Lebensordnung, die alle Bereiche des Lebens regelt und keine Trennung in sakral und profan vorsieht. Die wichtigste Grundlage dieser Lebensordnung ist der Koran, das Buch Gottes, der für die Muslime die Offenbarungen Gottes an den Propheten Muhammad enthält. Findet sich im Koran – wie in unserem obigen Beispiel – keine Aussage oder kein Hinweis zu einer bestimmten Fragestellung, so werden als zweite Grundlage des Islams die Überlieferungen von Taten und Äußerungen des Propheten und seiner Zeitgenossen herangezogen.

Die ersten Anhänger des Islams waren primär darum bemüht, die Vorschriften der neuen Religion kennenzulernen. Sie folgten ihrem Propheten auf Schritt und Tritt, prägten sich seine Äußerungen ein und eiferten seinem als vorbildlich geltenden Handeln nach. Da sie dem Anspruch des Islams, alle Bereiche des Lebens zu erfassen und zu regeln, gerecht werden wollten, war ihr Augenmerk auf alle Bereiche des menschlichen Lebens gerichtet; selbst kleinste Details verfolgten sie mit großer Aufmerksamkeit.

Nachdem der Prophet im Jahre 632 gestorben war, wurden seine engsten Vertrauten neben dem Koran zur wichtigsten

Quelle für die Bestimmung mustergültiger Religiosität und vorbildlichen Handelns. Sie, die mit dem Propheten gelebt, ihn genau gekannt und von ihm gelernt hatten, gaben seine Lehre weiter und berichteten von seinem Tun. Auch ihr persönliches Denken und Handeln wurde als wertvoll erkannt und den nachfolgenden Generationen weitergegeben, da sie durch ihren vertrauten Umgang mit dem Propheten geprägt waren. Diese Überlieferungen aus frühislamischer Zeit werden mit dem Begriff »Hadith« bezeichnet.

Das arabische Wort »Hadith« bedeutet so viel wie ›Mitteilung‹, ›Bericht‹ oder ›Erzählung‹ und meint im Besonderen die Nachricht von Taten und Aussprüchen des Propheten Muhammad und seiner Zeitgenossen.

In diesem Sinne wird die gesamte muslimische Überlieferung aus frühislamischer Zeit »der Hadith« genannt. Die einzelnen Berichte wollen wir im Folgenden »das Hadith«, im Plural »die Hadithe« nennen.

Im Hadith spiegelt sich das menschliche Leben in seiner ganzen Breite und Vielschichtigkeit. Der Leser lernt die Menschen in der Moschee und auf dem Bazar kennen, auf dem Feld und in der Wüste, im Wohn- und Schlafzimmer, vor Gericht und in der Freizeit. Der Hadith erzählt, was die Tage und Nächte der Menschen erfüllte, ihre Freude und ihren Kummer, ihren Jubel und ihre Klage. Auch die Wissenschaft der frühislamischen Zeit kommt zu Wort, ergänzt durch geschichtliche Erinnerungen, Anekdoten und eine reiche Spruchweisheit.

Über die Generationen hinweg hat der Hadith die Form persönlicher Mitteilungen behalten. Jedes vollständige Hadith besteht aus zwei Teilen:

Zunächst werden die Namen der Personen genannt, die nacheinander den Inhalt des Hadiths überliefert haben. Derjenige, der ein Hadith überliefert, beginnt seinen Bericht mit den Worten: »A erzählte mir, B habe berichtet: C sagte auf Autorität von D …« Er nennt die gesamte Kette der Überlieferer, die gewöhnlich von A, seinem Informanten, bis zum ursprünglichen Gewährsmann – oder zur ursprünglichen Gewährsfrau – zurückreicht, der zu den Zeitgenossen oder Gefährten des Propheten gehörte. Diese Überliefererkette wird »Isnād« – ›Stütze‹ – genannt, da sie die Glaubwürdigkeit des Hadiths belegt.

Der zweite Teil des Hadiths ist der »Matn«, der ›Text‹ oder eigentliche Inhalt der Überlieferung, der von den Äußerungen und Taten des Propheten und seiner Zeitgenossen berichtet.

Bereits zu Lebzeiten des Propheten wurden Hadithe schriftlich festgehalten, oft aber wurden sie mündlich weitergegeben. Beide Formen der Übermittlung konnten nicht ganz frei von Fehlern bleiben.

Die arabische Schrift kannte in der frühislamischen Zeit weder Zeichen für die kurzen Vokale noch diakritische Punkte zur exakten Bestimmung der Konsonanten. Infolge des gewaltigen Wortreichtums der arabischen Sprache waren aus diesem Grund oft verschiedene Lesarten der Texte möglich.

Die mündliche Überlieferung erfordert ein sehr präzises Gedächtnis, ist aber nicht von vornherein als unglaubhaft abzutun. Menschen, die sich von Kindheit an im Auswendiglernen üben, sind oft zu enormen Gedächtnisleistungen fähig. Imponierende Beispiele solcher Merkfähigkeit sind besonders aus Kulturen bekannt, bei denen Schrift nicht bekannt ist oder eine geringe Bedeutung hat. Auch in der frühislamischen Zeit wurde das Auswendiglernen gepflegt und die Merkfähigkeit geschult, während das Schreiben und Lesen eine eher untergeordnete Rolle spielte.

Neben einigen Fehlern, die durch mangelhafte Übermittlung entstanden, wurden Hadithe auch bewusst verfälscht.

Schon wenige Jahre nach dem Tod des Propheten erstreckte sich das islamische Reich über ein gewaltiges Territorium. Vorstellungen und Institutionen unterworfener Völker wurden übernommen, besonders die griechische und iranische Kultur beeinflussten das Denken der Muslime in vielerlei Hinsicht. Da man an dem Prinzip festhielt, dass nur das Vorbild des Propheten und seiner frühen Gemeinde Richtschnur für die Gläubigen sein könne, entstand eine Fülle von Hadithen, welche die Erfordernisse und Ansichten der neuen Zeit mit den Worten und Taten des Propheten in Übereinstimmung zu bringen suchten. Man ließ Muhammad das tun und sagen, was man selbst für richtig hielt.

Auch die politischen und dynastischen, dogmatischen und juristischen Streitigkeiten der ersten Jahrhunderte nach Aufkommen des Islams hinterließen ihre Spuren im Hadith. Die verschiedenen Parteien waren bestrebt, ihre Ansichten in möglichst umfassender Form auf Äußerungen und Entscheidungen des Propheten zu stützen. Hadithe wurden in Umlauf gebracht, welche eine von der herrschenden Lehre abweichende Doktrin oder politische Opposition zu legitimieren suchten, die das persönliche Ansehen von Herrschern, Staatsmännern und Gelehrten fördern sollten.

Im 8. Jahrhundert, hundert Jahre nach dem Tod des Propheten, sollen bereits Hunderttausende von Hadithen im Umlauf gewesen sein. Eine eigene Wissenschaft, die Hadithwissenschaft, bildete sich heraus, um diese Flut von Überlieferungen zu sichten und ihre Authentizität zu überprüfen. Die muslimische Hadithkritik entstand.

Dieser Hadithkritik liegt der Gedanke zugrunde, dass ein Hadith dann als glaubwürdig gelten kann, wenn der Isnād, die Kette der Überlieferer, einer kritischen Überprüfung standhält. Mit größter Genauigkeit überprüfte man die Namen und Lebensverhältnisse der Personen, die als Überlieferer angeführt werden. Man untersuchte, wann und wo sie lebten und ob sie überhaupt miteinander in Kontakt standen, ferner, ob ihre Religiosität, Wahrheitsliebe und Genauigkeit bei der Weitergabe der Texte außer Frage stand. Auf diese Weise gelangte man schließlich zu einer Reihe sehr subtiler Kriterien für die Beurteilung des Isnād und damit der Authentizität der Hadithe.

Für unseren Zusammenhang sind drei Termini von Bedeutung, die für die Beurteilung der Authentizität der Hadithe verwendet werden:

– »Ṣaḥīḥ« – ›gesund‹ ist ein Hadith, dessen Überliefererkette keine Mängel erkennen lässt.

– »Ḥasan« – ›schön‹ bezeichnet ein Hadith, dessen Isnād nicht ganz vollständig ist oder dessen Gewährsleute nicht unumstritten sind.

– »Ḍa'īf« – ›schwach‹ wird ein Hadith mit größeren Mängeln genannt.

Erste Sammlungen des weit verstreuten Hadithmaterials sollen von den Kalifen aus der Dynastie der Umaiyaden, die von 661 bis 750 herrschten, veranlasst worden sein. Besonders der Kalif 'Umar Ibn 'Abdul'azīz wird in diesem Zusammenhang genannt.

Nachdem die Abbasiden im Jahre 750 die Herrschaft übernommen hatten, nahmen die theologisch-juristischen Wissenschaften einen gewaltigen Aufschwung. Die zunehmenden kulturellen Fremdeinflüsse führten dazu, dass die eigene Kultur verstärkt gepflegt wurde. Herrschaft und Rechtsprechung orientierten sich mehr und mehr an der Vorgehensweise des Propheten, und die Hadithgelehrten nahmen am Hof eine wichtige Stellung ein. Die ersten, noch heute erhaltenen Hadithsammlungen entstanden.

Im 9. Jahrhundert waren die Umstände für die Arbeit der Hadithsammler besonders günstig. Über die zentralen Fragen der Glaubenslehren und des Gesetzes war nach langen Auseinandersetzungen eine gewisse Einhelligkeit erzielt worden; die Mehrheit der Gelehrten hatte sich eine feste Meinung über den Wert oder Unwert der wichtigen Hadithe gebildet. Nun konnte man daran gehen, die als authentisch erkannten Überlieferungen in großen Sammelwerken zusammenzustellen.

In diesem Jahrhundert entstanden die sechs großen Hadithsammlungen, die noch heute in der islamischen Welt als maßgebend anerkannt sind und ein nahezu kanonisches Ansehen genießen. »Al-Kutub as-sitta« – ›die sechs Bücher‹ – werden sie kurz und respektvoll genannt.

Das berühmteste und angesehenste dieser Werke ist »al-Ǧāmiʿ aṣ-Ṣaḥīḥ« – ›die umfassende Sammlung gesunder Hadithe‹ von al-Buḫārī.

Abū ʿAbdullāh Muhammad Ibn Ismaʿīl Ibn Ibrāhīm Ibn al-Muġīra Ibn Bardizbah al-Buḫārī al-Ǧuʿfī wurde am 21. Juli 810 geboren. Seine Geburtsstadt Buchara, in der heutigen usbekischen Sowjetrepublik gelegen, gab ihm den Namen, unter dem er allgemein bekannt ist: al-Buḫārī – der Mann aus Buchara.

Nicht sehr viel ist über sein Leben bekannt. Die arabischen Biographen berichten Folgendes:

> Im Alter von elf Jahren unternahm al-Buḫārī seine ersten Studien des Hadith. Als 16-Jähriger machte er sich auf die Reise nach Mekka und Medina, um die Wirkungsstätten des Propheten kennenzulernen und die Wallfahrt zu verrichten. Seine Reise sollte schließlich 16 Jahre lang dauern. Er studierte in Mekka, Medina und den anderen Zentren islamischer Gelehrsamkeit bei den bedeutenden Lehrern seiner Zeit. Mehr als tausend Hadithkenner und Gelehrte suchte er auf, um von ihnen die Überlieferungen vom Propheten zu hören. Im Jahr 842 kehrte er nach Buchara zurück.
>
> Al-Buḫārī sammelte auf seiner Reise mehr als 600 000 Hadithe und unterzog jedes einzelne einer genauen Überprüfung. Letztlich erschien ihm nur bei 7400 Hadithen die Authentizität als wirklich gesichert, nur sie nahm er in seine berühmte Hadithsammlung auf.

Al-Buḫārī war bereits in jungen Jahren ein berühmter Mann. Die Menschen strömten zusammen, um seine Vorlesungen zu hören. Die Hadithgelehrten unterwarfen al-Buḫārīs Kenntnisse wiederholt strengen Prüfungen und mussten letztlich immer seine Überlegenheit anerkennen.

Als al-Buḫārī einmal nach Bagdad, der damaligen Hauptstadt des islamischen Reichs, kam, beschlossen die Gelehrten, ihn einer Prüfung besonderer Art zu unterziehen. Bei hundert Hadithen vertauschten sie Überliefererkette und Text miteinander und trugen ihm die auf diese Weise verfälschten Hadithe vor. Al-Buḫārī aber durchschaute ihre Vorgehensweise ohne Mühe und ordnete allen Berichten die richtige Überliefererkette zu.

Als Vorarbeit zu seiner Hadithsammlung, die überall in der islamischen Welt nur kurz »Ṣaḥīḥ al-Buḫārī« genannt wird, verfasste al-Buḫārī ein umfangreiches Werk über die Lebensumstände der Überlieferer. Einige andere, weniger wichtige Bücher werden ihm zugeschrieben.

Al-Buḫārī starb am 31. August 870 im Alter von 60 Jahren. Sein Grab in Ḫartanak, unweit von Samarkand, wurde zu einem viel besuchten Wallfahrtsort.

Im Mittelalter genoss Ṣaḥīḥ al-Buḫārī eine Verehrung, die fast jener des Korans gleichkam. Entsprechend sorgfältig ging man bei der Überlieferung des Textes vor. Das Aufkommen von Varianten aber konnte nicht ganz verhindert werden. Die heute allgemein verbreitete Ausgabe stellte ʿAlī Ibn Muḥammad al-Yūnīnī unter Mithilfe des berühmten Philologen Ibn Mālik im späten 13. Jahrhundert zusammen.

Wie jedes bedeutende Buch zog Ṣaḥīḥ al-Buḫārī eine Fülle von Sekundärliteratur nach sich. Neben zahlreichen gekürzten Ausgaben, die die umfangreiche Hadithsammlung einer breiteren Leserschaft zugänglich machten, sind die monumentalen

Kommentarwerke von besonderer Wichtigkeit. Oft ist es dem heutigen Leser nur mit ihrer Hilfe möglich, den Text zu verstehen. Sie erklären alte, in Vergessenheit geratene Wörter und Ausdrücke und entschlüsseln den Inhalt der oft in einer sehr anspruchsvollen Sprache geschriebenen Texte.

Bemerkungen zur vorliegenden Ausgabe

Ṣaḥīḥ al-Buḫārī ist in erster Linie ein Buch für den innermuslimischen Gebrauch. Nichtmuslimische Leser werden bei der Lektüre vieles erfahren, was ihnen fremd und merkwürdig erscheinen mag.

Al-Buḫārī teilte seine Hadithsammlung in 97 Kapitel und etwa 3450 Abschnitte mit eigener Überschrift ein. Er bediente sich dabei eines Schemas, das er der Rechtslehre entlehnte, und füllte es mit den von ihm ausgewählten etwa 7400 Hadithen aus.

Die Zusammenstellung einer Auswahl auf beschränktem Raum wird durch diese eigenartige und sehr unübersichtliche Gliederung erschwert.

Vorliegende Auswahlübersetzung möchte in erster Linie repräsentativ für das Gesamtwerk sein. Die Weite und Vielschichtigkeit, der besondere Charakter der großen Hadithsammlung sollte erhalten und wiedergegeben werden.

Kultur im weitesten Sinn des Wortes war darzustellen, wie sie aus frühislamischer Zeit überliefert ist. Neben den zentralen Inhalten und Vorschriften des Islams, wie den Gebeten und den ihnen vorangehenden Waschungen, der Wallfahrt und dem Fasten, berichtet Ṣaḥīḥ al-Buḫārī von jenen Bereichen, die wir als Zivilrecht und bürgerliches Recht bezeichnen, von handels- und strafrechtlichen Bestimmungen. Zudem werden Auffassungen von Anstand und guten Umgangsformen, Höflichkeit und Taktgefühl abgehandelt; das Essen und Trinken, die Kleidung und vieles andere mehr wird angesprochen.

All diese Themenbereiche galt es inhaltlich in möglichst umfassender Form wiederzugeben, ihnen jeweils einen annähernd vergleichbaren Stellenwert und entsprechenden Umfang wie in der arabischen Vorlage zuzuteilen.

Folgende Kriterien haben die Auswahl darüber hinaus mitbestimmt:

- Hadithe, deren Inhalte den deutschsprachigen Lesern durch andere Publikationen erschlossen sind, wurden nicht aufgenommen. Dies gilt im Besonderen für Überlieferungen, die von der Biographie Muhammads und den historischen Ereignissen zur Zeit seines Wirkens berichten.
- Überlieferungen, deren Inhalt sich dem heutigen Leser kaum mehr erschließt, blieben ebenso unberücksichtigt wie solche, die komplexe Erwägungen enthalten und eine Fülle von Erläuterungen erfordert hätten.
- Oft wiederholt al-Buḫārī Hadithe in verschiedenen Zusammenhängen, zum Teil führt er sie in einer gekürzten Version an. Auf solche Wiederholungen wurde weitgehend verzichtet, sofern nicht in anderen Zusammenhängen neue Aspekte der Überlieferungen hervortreten. Ferner wurden Hadithe zumeist in ihrer längsten Version, die als die vollständigste gelten kann, in die Auswahl aufgenommen.
- Seit dem 10. Jahrhundert und bis zum heutigen Tag erschienen in der islamischen Welt zahlreiche Auswahlwerke zu den berühmten Hadithsammlungen. Einige dieser Bücher wurden eingesehen und erwiesen sich bei der Zusammenstellung der Auswahl als sehr hilfreich.

Die Anordnung und Aufeinanderfolge der Kapitel, Abschnitte und Hadithe von Ṣaḥīḥ al-Buḫārī wurde beibehalten. Die Konkordanz am Ende der vorliegenden Ausgabe ordnet die Nummerierung dieser Auswahlübersetzung jener des Originaltextes zu.

An dieser Stelle ist auf al-Buḫārīs oft recht eigenwillige und teils sehr umfangreiche Überschriften der einzelnen Abschnitte hinzuweisen. Nicht immer sind sie als inhaltlich-programmatische Überschriften im gewohnten Sinne zu verstehen. Oft stehen sie in einem recht fernen Zusammenhang zum Folgenden. In manchen Überschriften werden Verse aus dem Koran oder die Meinungen von Gelehrten zu der betreffenden Frage angeführt, andere sind kurze Inhaltsangaben der folgenden Hadithe. Bei manchen Abschnitten verzichtete al-Buḫārī auf eine Überschrift, nach manchen Überschriften führte er keine Hadithe an.

Diese eigenartige Anordnung ist charakteristisch für Ṣaḥīḥ al-Buḫārī und gibt einen kleinen Einblick in die Arbeitsweise al-Buḫārīs. Sie dokumentiert seine umfassenden Kenntnisse und die Exaktheit seines Vorgehens, die Differenziertheit seines Denkens und seine Erkenntnis, dass eine Hadithsammlung, die ausschließlich authentische Überlieferungen anführen will, nicht auf alle Fragen eine Antwort geben kann.

In der Übersetzung wurden Überschriften in aller Regel vollständig wiedergegeben. Gelegentlich wurden Kürzungen vorgenommen, wenn es im jeweiligen Zusammenhang als sinnvoll erschien und ein leichteres Verständnis fördert. Zur klaren Kennzeichnung sind Überschriften von den folgenden Hadithen deutlich abgesetzt.

Mit folgenden Einschränkungen wurden alle Hadithe in ihrer gesamten Länge wiedergegeben:

- Al-Buḫārī führt in allen Hadithen, sofern sie nicht Teil der Überschrift sind, die langen Überliefererketten (Isnād) an, die einen Zeitraum von etwa zweihundert Jahren abdecken und in der Regel von seinen Informanten bis zu Zeitgenossen oder Gefährten des Propheten zurückreichen. In der Übersetzung werden nur die ältesten Gewährsleute genannt, die zumeist namhafte Zeitgenossen Muhammads waren. In der vorliegenden Ausgabe sind die Isnāde kursiv gesetzt.
- Am Ende mancher Hadithe führt al-Buḫārī Varianten und abweichende Lesarten der Überlieferungen an. Solche Er-

gänzungen wurden in der Übersetzung wiedergegeben, wenn sie eine inhaltliche Erweiterung des Gesagten beinhalten oder eine andere Deutung nahelegen. Im anderen Fall blieben sie unberücksichtigt.

Die Übersetzung sucht eine gewisse Texttreue auf der einen Seite mit einer eindeutigen Verständlichkeit und angenehmen Lesbarkeit zu verbinden. Wiederholt wurde dabei von der Möglichkeit Gebrauch gemacht, sich zugunsten der Lesbarkeit des Textes vom Wortlaut der Vorlage freizumachen. Die bildhafte und oft recht drastische Ausdrucksweise des arabischen Textes kann im Deutschen nur annäherungsweise nachgezeichnet werden. Ṣaḥīḥ al-Buḫārī ist oft von reihender Breite, voller Wiederholungen, Rückgriffe und Einschübe. Um in der Übersetzung wenigstens einen kleinen Eindruck davon zu vermitteln, wurde auf ein allzu glattes und eingängiges Deutsch verzichtet.

Die Übersetzung folgt im Allgemeinen dem Text der Ausgabe Istanbul 1315 H., in seltenen Fällen den Ausgaben Būlāq 1313 H. oder Leiden 1908 u. Z. Auf diese wenigen Ausnahmen wurde nicht gesondert hingewiesen.

Ṣaḥīḥ al-Buḫārī enthält einige Hadithe, die außerordentlich schwer verständlich sind und mehrere Deutungen zulassen. Zur Klärung solcher Abschnitte wurden die zur Verfügung stehenden Hilfsmittel eingesehen. Benutzt wurden in erster Linie die Kommentare zu Ṣaḥīḥ al-Buḫārī von al-Qasṭallānī, al-ʿAsqalānī, seltener der von al-ʿAinī, sowie die Übersetzung von O. Houdas und W. Marçais (*Les traditions islamiques*, Paris 1903–14).

Bei der Deutung schwieriger Stellen wurden ferner die vielen Hadithe ähnlichen Inhalts in Ṣaḥīḥ al-Buḫārī selbst herangezogen. Wichtige Hilfe dabei leisteten die große Hadithkonkordanz (*Concordance et indices de la tradition muselmane*, hrsg. von A. J. Wensinck, Leiden 1936 ff.) sowie O. Reschers *Sachindex zu Bokhārī*, Stuttgart 1923.

Wenige arabische Ausdrücke wurden in der Übersetzung verwendet. Sie werden jeweils auf der Seite ihres ersten Vorkommens in den Fußnoten erklärt. Ebenfalls in den Fußnoten werden inhaltliche oder formale Erläuterungen gegeben, sofern sie für ein Verständnis des Textes als förderlich erscheinen. Diese Anmerkungen wurden möglichst kurz gehalten und verzichten auf jegliche Kommentierung.

Wiederholt verwendete arabische Begriffe, Personen- und Ortsnamen werden im Verzeichnis arabischer Namen und Begriffe (S. 509) in alphabetischer Reihenfolge aufgeführt und erläutert. Ergänzt wurde dieses Verzeichnis durch kurze biographische Bemerkungen zu häufiger genannten Prophetengefährten und Überlieferern sowie einige zusätzliche weiterführende Ausführungen, speziell zu Maßeinheiten, Wallfahrts- und Gebetsriten. Die Umschrift arabischer Namen, Orte und Begriffe folgt im Allgemeinen den Regeln der Deutschen Morgenländischen Gesellschaft (siehe S. 22). Davon ausgenommen ist die Schreibung von Namen und Ausdrücken, die wie *Muhammad*, *Mekka* oder *Koran* im Deutschen gebräuchlich sind.

Al-Buḫārī zitiert wiederholt aus dem Koran. Koranzitate sind meist durch ein einleitendes »Gott der Erhabene sagte« gekennzeichnet. Ihnen folgt immer in Klammern der Titel der entsprechenden Sure und ihre Nummer sowie die Nummer des angeführten Verses nach der heute allgemein verwendeten Verszählung. Diese Vorgehensweise will den verschiedenen Zitiergewohnheiten gerecht werden – Muslime bezeichnen Suren gewöhnlich mit ihrem Titel, Nichtmuslime mit ihrer Nummer.

Bei der Wiedergabe von Koranversen wurde die im Reclam Verlag erschienene Übersetzung von M. Henning (*Der Koran*, Stuttgart 1960 [u. ö.]) sowie die Übersetzung von R. Paret (*Der Koran*, Stuttgart 1962 [u. ö.]) eingesehen und berücksichtigt.

Im Register der Koranstellen (S. 538) wird mit römischen Zahlen auf die Nummer des Kapitels, mit arabischen Zahlen auf die Nummer des Abschnitts der Übersetzung verwiesen.

Die Konkordanz (S. 525) soll es den der arabischen Sprache kundigen Lesern ermöglichen, schnell und ohne weitere Hilfsmittel die übersetzten Abschnitte in der arabischen Vorlage aufzufinden. Auch bei der Konkordanz bezeichnen römische Zahlen die Nummern der Kapitel, arabische die der Abschnitte. Bei der Benutzung ist zu beachten, dass die Nummerierung der verschiedenen Ausgaben von Ṣaḥīḥ al-Buḫārī nicht immer einheitlich ist und mit geringen Abweichungen zu rechnen ist.

Ein Wort zur »umfassenden Sammlung gesunder Hadithe« von al-Buḫārī: Sie bildet einen Höhepunkt der Hadithforschung, nicht aber ihren Abschluss. Auch in der Folgezeit wurden ähnliche Untersuchungen durchgeführt, die nicht immer zu den gleichen Ergebnissen führten. Zahlreiche Hadithe, die al-Buḫārī nicht in seine Sammlung aufgenommen hat, wurden später als authentisch erkannt, während manche Überlieferungen, die in Ṣaḥīḥ al-Buḫārī aufgeführt sind, als eher zweifelhaft eingestuft wurden.

Abschließend sei auf zwei häufig verwendete Abkürzungen hingewiesen:

(S) kürzt die Propheteneulogie »ṣallā Allāh ʻalaihi wa sallam« – »Gott segne ihn und schenke ihm Heil« – ab.

(R a) steht für »raḍiya Allāh ʻanhu, -hā, -hum, -hunna, -humā« – »Gott möge an ihm/ihr/ihnen Wohlgefallen haben«–, eine Eulogie, die oft den Namen verdienter Zeitgenossen des Propheten nachgestellt wird.

Der Herausgeber dankt allen, die am Zustandekommen dieses Buches mitgewirkt haben.

Kairo, im April 1990

Dieter Ferchl

Umschrift und Aussprache arabischer Wörter

ʾ	Glottisöffnungslaut
b	*b*
t	*t*
ṯ	stimmloser interdentaler Reibelaut, wie in engl. *thing*
ǧ	stimmhaftes *dsch*
ḥ	stark gehauchtes *h*
ḫ	velarer Reibelaut, wie in dt. »ach«
d	*d*
ḏ	stimmhafter interdentaler Reibelaut, wie in engl. *this*
r	gerolltes *r*
z	stimmhaftes *s*
s	stimmloses *s*
š	stimmloses *sch*
ṣ	stimmloses emphatisches *s*
ḍ	emphatisches *d*
ṭ	emphatisches *t*
ẓ	stimmhaftes emphatisches *s*
ʿ	stimmhafter pharyngaler Reibelaut
ġ	Zäpfchen-*r*
f	*f*
q	dunkles emphatisches *k*
k	*k*
l	*l*
m	*m*
n	*n*
h	*h*
w	konsonantisches *u*, wie engl, *w*
y	konsonantisches *i*, wie engl, *y*

Lange Vokale sind mit einem übergesetzten Strich kenntlich gemacht: ā, ī, ū.

1 Der Beginn der göttlichen Offenbarung

1

Wie die göttliche Offenbarung für den Gesandten Gottes (S) ihren Anfang nahm.
Gott der Erhabene sagte: »Wir haben dir offenbart, wie wir dem Noah (Nūḥ)[1] und den Propheten nach ihm offenbart haben.« (an-nisā' – 4,163.)

'Ā'iša (R a), die Mutter der Gläubigen,[2] berichtet:

Al-Ḥariṯ Ibn Hišām (R a) fragte den Gesandten Gottes (S): »O Gesandter Gottes, wie erreicht dich die göttliche Offenbarung?« Der Gesandte Gottes (S) erwiderte: »Manchmal kommt sie über mich wie Glockengeläute. Das ist für mich die beschwerlichste Art der Offenbarung. Sie bricht ab, wenn ich vernommen habe, was offenbart wurde. Manchmal erscheint mir der Engel[3] in Gestalt eines Mannes. Er spricht zu mir, und ich präge mir seine Worte ein.«

1 Propheten werden mit ihren biblischen und koranischen Namen genannt. Letztere sind in Klammern nachgestellt, wenn sie zum ersten Mal in einem Abschnitt genannt werden.
2 'Ā'iša, die Tochter Abū Bakrs, gilt als die Lieblingsfrau des Propheten. Näheres zu ihr, zu anderen wichtigen Zeitgenossen des Propheten sowie häufig genannten Überlieferern im »Verzeichnis arabischer Namen und Begriffe« (S. 509). – Die Frauen des Propheten werden oft mit dem Titel »Mutter der Gläubigen« geehrt.
3 Der Engel Gabriel (Ǧibrā'īl).

'Ā'iša (R a) ergänzte zu ihrer Erzählung:

Einmal sah ich den Gesandten Gottes (S), als ihm gerade offenbart wurde. Es war ein sehr kalter Tag. Als die Offenbarung vorüber war, tropfte ihm der Schweiß von der Stirn.

'Ā'iša (R a), die Mutter der Gläubigen, berichtet:

Die erste Offenbarung für den Gesandten Gottes (S) war ein frommer Traum während des Schlafs. Seine Träume erschienen ihm immer wie das Frühlicht der Morgendämmerung. Nach diesem ersten Traum suchte er die Einsamkeit und zog sich häufig in die Höhle von Ḥirā' zurück. Dort kehrte er in sich und verbrachte zahlreiche Tage, indem er seine Gedanken ausschließlich Gott widmete, bis er schließlich wieder zu seiner Familie zurückkehrte. Für seinen Aufenthalt in der Höhle versorgte er sich mit Proviant. War dieser aufgebraucht, kehrte er zu Ḫadīǧa zurück, um sich mit neuen Vorräten zu versehen.

Die göttliche Wahrheit kam über ihn, als er sich in der Höhle von Ḥirā' aufhielt. Der Engel Gabriel (Ǧibrā'īl) erschien ihm und sagte: »Trag den Menschen die göttliche Offenbarung vor!« Der Prophet (S) entgegnete: »Ich werde nichts vortragen!«

Das weitere Geschehen erzählte mir der Gesandte Gottes (S) mit folgenden Worten:

»Da packte der Engel mich und würgte mich, dass ich beinahe die Besinnung verlor. Darauf ließ er von mir ab und sagte: ›Trag den Menschen vor!‹ Ich erwiderte: ›Ich werde nichts vortragen!‹ Er ergriff mich erneut und würgte mich, dass ich schon glaubte, es sei der Tod. Dann aber ließ er mich los und sagte: ›Trag den Menschen vor!‹ Ich antwortete: ›Ich werde nichts vortragen!‹ Und wieder packte er mich und drückte mir ein drittes Mal die Kehle zusammen. Schließlich ließ er von mir ab und sagte: ›Trag vor, im Namen deines Herrn, der erschaffen hat, der den Menschen aus geronnenem Blut erschaffen hat! Trag vor! Und dein Herr ist allgütig!‹« (al-'alaq – 96, 1–3.)

ʿĀ'iša fährt in ihrem Bericht fort:

Nach dieser Offenbarung eilte der Gesandte Gottes (S) zitternden Herzens nach Hause. Er lief zu Ḫadīǧa Bint Ḫuwailid und rief: »Bedeckt mich! Deckt mich zu!« Sie hüllten ihn in Decken ein, bis die Furcht von ihm gewichen war.

Später redete er mit Ḫadīǧa und erzählte ihr, was geschehen war. Er schloss seinen Bericht mit den Worten: »Ich hatte schreckliche Angst!« Ḫadīǧa entgegnete: »Aber nein, bei Gott! Niemals wird Gott dir Schaden zufügen! Du hast doch ein gutes Verhältnis zu deiner Verwandtschaft und behandelst die Menschen stets wohlwollend; du unterstützt den Bedürftigen, bewirtest den Gast und stehst denen bei, die sich in einer unglücklichen Lage befinden.«

Nach diesem Gespräch ging Ḫadīǧa mit dem Gesandten Gottes (S) zu Waraqa Ibn Naufal Ibn Asad Ibn ʿAbdulʿuzzā, ihrem Cousin, der in vorislamischer Zeit zum Christentum übergetreten war. Dieser Mann pflegte in hebräischer Schrift zu schreiben und hatte das Evangelium eingehend studiert.

Zu jener Zeit war Waraqa bereits ein sehr alter Mann, dessen Augenlicht erloschen war. Ḫadīǧa sagte zu ihm: »O Cousin, höre, was deinem Neffen widerfahren ist!« Waraqa wandte sich an den Propheten (S) und fragte: »Was ist passiert, o mein Neffe?« Da erzählte ihm der Gesandte Gottes (S), was er erlebt hatte. Waraqa sagte: »Das war der Erzengel Gabriel, den Gott auch zu Moses (Mūsā) geschickt hat. Ach, wäre ich doch ein junger Mann, könnte ich doch erleben, wie dein Volk dich vertreibt!« Der Gesandte Gottes (S) fragte: »Werden sie mich davonjagen?« – »Ja! Niemals wurde ein Mann, der etwas Ähnliches vorbrachte wie du, nicht feindselig behandelt. Wenn ich diesen Tag noch erleben darf, werde ich dich tatkräftig unterstützen!«

Wenig später aber starb Waraqa.

Im Anschluss an diese Ereignisse blieben die Offenbarungen Gottes vorübergehend aus.

Ǧābir Ibn ʻAbdullāh al-Anṣārī berichtet:

Wir sprachen einmal über diese Zeit, in der keine Offenbarungen erfolgten, als der Gesandte Gottes (S) Folgendes erzählte:

»Ich war in der Umgebung von Mekka unterwegs, da hörte ich plötzlich eine Stimme, die vom Himmel herabhallte. Ich schaute nach oben und sah den Engel, der mir in der Höhle von Ḥirā' erschienen war. Er saß auf einem Thron zwischen Himmel und Erde. Ich schreckte zusammen, eilte nach Hause und rief: ›Bedeckt mich! Deckt mich zu!‹ Darauf offenbarte Gott der Erhabene die Verse: ›O du, der du dich mit dem Mantel zugedeckt hast! Steh auf und warne! Und preise deinen Herrn, reinige deine Kleider und meide den Gräuel des Götzendienstes!‹« (al-muddaṯṯir – 74, 1–5.)

Im Anschluss an diese Begebenheit erfolgten die Offenbarungen regelmäßig.

ʻAbdullāh Ibn ʻAbbās berichtet:

Abū Sufyān Ibn Ḥarb erzählte mir, dass er gerade mit einer Karawane in aš-Šām unterwegs war, um Handel zu treiben, als Herakleios nach ihm schickte. Dies geschah zu der Zeit, da der Gesandte Gottes (S) mit Abū Sufyān und den ungläubigen Quraiš einen Waffenstillstand geschlossen hatte.

Während Abū Sufyān und seine Begleiter sich in Jerusalem aufhielten, begaben sie sich zu Herakleios. Der Kaiser forderte sie auf, in den Konferenzsaal zu gehen, wo die Würdenträger des Byzantinischen Reiches versammelt waren. Anschließend rief er seinen Dolmetscher zu sich und fragte die Mekkaner: »Wer von euch ist der nächste Verwandte jenes Mannes, der von sich behauptet, ein Prophet zu sein?« Abū Sufyān erwiderte: »Ich bin es.« Herakleios wandte sich an seine Bediensteten und sagte: »Bringt diesen Mann und seine Begleiter hierher zu mir!« Als das geschehen war, sagte er zu dem Dolmetscher: »Sag ihnen, dass ich diesen Mann nach jenem angeblichen Propheten befragen werde. Und wenn er mir die Unwahrheit sagt, so sollen seine Gefährten ihm widersprechen!«

Abū Sufyān ergänzte an dieser Stelle seines Berichtes: »Bei Gott, hätte ich nicht befürchten müssen, dass sie mich der Lüge bezichtigen, so hätte ich ihn getäuscht!«

Die anschließende Befragung schilderte Abū Sufyān wie folgt:

»Die erste Frage, die Herakleios mir, den Gesandten Gottes (S) betreffend, vorlegte, war: ›Welchen Rang nimmt seine Familie bei euch ein?‹ Ich erwiderte: ›Er gehört zu einer sehr angesehenen Familie.‹

Herakleios fuhr fort:

›Hat bei euch jemals ein anderer Mann vor ihm behauptet, ein Prophet zu sein?‹

›Nein.‹

›War einer seiner Vorfahren König?‹

›Nein.‹

›Sind die vornehmen Menschen seine Anhänger oder die einfachen Leute?‹

›Es sind Letztere.‹

›Nimmt die Zahl seiner Anhänger zu oder ab?‹

›Es werden mehr.‹

›Hat sich jemand von seinen Anhängern aus Unzufriedenheit von seiner Religion abgewandt, nachdem er sich zu ihr bekannt hatte?‹

›Nein.‹

›Habt ihr ihn jemals der Unwahrheit verdächtigt, bevor er sich als Prophet bezeichnete?‹

›Nein.‹

›Hat er jemals sein Versprechen gebrochen?‹

›Nein. Aber schon seit einiger Zeit wissen wir nicht, was er eigentlich tut.‹«

Abū Sufyān ergänzte an dieser Stelle seines Berichts:

»Dies war die einzige Antwort, in die ich etwas für den Propheten (S) vielleicht Ungünstiges hineinfügen konnte.

Anschließend fragte Herakleios mich:

›Habt ihr gegen ihn gekämpft?‹

›Ja.‹

›Welchen Verlauf haben diese Auseinandersetzungen genommen?‹

›Bei den Kämpfen war manchmal er erfolgreich und manchmal wir.‹

›Welche Vorschriften hat er euch gemacht?‹

›Er sagte: »Dient allein Gott und gesellt ihm nichts als Teilhaber an seiner Göttlichkeit bei. Wendet euch von dem ab, was eure Vorfahren geglaubt haben.« Außerdem hat er uns das Gebet, die Aufrichtigkeit, die Sittsamkeit und die Wohltätigkeit zur Pflicht gemacht.‹

Darauf sagte Herakleios, an den Dolmetscher gewandt: ›Übersetze ihm Folgendes:

Ich habe dich über die Familie dieses angeblichen Propheten befragt, und du hast berichtet, dass sie bei euch sehr angesehen ist. Ja, so verhält es sich mit den Propheten. Sie sind immer Mitglieder angesehener Familien. Ich fragte dich, ob vor ihm bereits jemand bei euch von sich behauptet hat, ein Prophet zu sein, und du verneintest diese Frage. Wäre das Gegenteil der Fall gewesen, so hätte ich geglaubt, dass dieser Mann dem Vorbild eines anderen folgt. Ich fragte dich, ob es in der Reihe seiner Vorfahren einen König gegeben hat, und du sagtest nein. Wenn er einen König in der Verwandtschaft gehabt hätte, so würde ich vermuten, dass er das Königtum seines Vorfahren beansprucht. Ich fragte dich, ob ihr ihn jemals der Unwahrheit verdächtigt habt, bevor er sich als Prophet bezeichnete, und du antwortetest, dass dies nicht der Fall war. Daraus habe ich entnommen, dass er, der niemals die Menschen belogen hat, auch über Gott nicht die Unwahrheit sagt. Ich fragte dich, ob die vornehmen Menschen seine Anhänger sind oder die einfachen, und du sagtest, dass die einfachen Leute ihm folgen. Wirklich, die Mittellosen sind die Anhänger der Propheten! Ich fragte, ob die Zahl seiner Anhänger zu- oder abnimmt, und du sagtest, dass sie mehr werden. Genauso verhält es sich mit dem Glauben. Die Zahl seiner Anhänger wächst, bis er weit verbreitet ist. Ich fragte dich, ob sich jemand aus Unzufriedenheit von seiner Religion losgesagt hat, nachdem er sich zu ihr bekannt hatte, und du verneintest diese Frage. Ja, das ist bezeichnend für den wahren Glauben, wenn sich das Entzücken und die Glückseligkeit, die er ausstrahlt, mit den Herzen der Menschen verbindet. Ich fragte dich, ob er jemals sein Versprechen gebrochen hat, und du sagtest nein. Ja, so verhält es ich mit den Propheten – sie handeln niemals treulos! Ich fragte dich schließlich, welche Weisungen er euch erteilt hat. Du sagtest, er habe euch vorgeschrieben, allein Gott zu dienen und ihm keine Teilhaber an seiner Göttlichkeit beizugesellen; er habe euch ferner den Götzendienst verboten und das Gebet, die Aufrichtigkeit und die Sittsamkeit zur Pflicht gemacht.

Wenn das, was du gesagt hast, der Wahrheit entspricht, so wird dieser Mann bald diese Gebiete regieren, die jetzt noch meiner Herrschaft unterstehen. Ich wusste, dass ein Prophet erscheinen wird, aber ich dachte nicht, dass er einer von euch sein werde. Wüsste ich, dass ich zu ihm gelangen kann, ich würde alles daran setzen, ihn zu treffen. Wäre ich bei ihm, ich würde ihm die Füße waschen.‹

Anschließend fragte Herakleios nach dem Brief des Gesandten Gottes (S), der dem Statthalter von Buṣrā[4] überbracht worden war. Man reichte ihm das Schreiben, und er las es.

Dies ist der Wortlaut des Briefes:

4 Buṣrā: Stadt im Süden des heutigen Syrien, damals eine wichtige Provinzhauptstadt des Byzantinischen Reichs.

Im Namen des barmherzigen und gnädigen Gottes!
Von Muhammad, dem Diener und Gesandten Gottes, an Herakleios, den Kaiser von Byzanz.
Friede sei mit dem, der der rechten Leitung folgt!
Zur Sache: Ich fordere dich auf, zum Islam überzutreten. Werde Muslim, und Gott wird es dir doppelt lohnen! Weigerst du dich aber, so wirst du die Vergehen deiner Untertanen zu verantworten haben. Gott der Erhabene hat gesagt: ›Ihr Leute der Schrift![5] Kommt herbei zu einem Wort des Ausgleichs zwischen uns und euch, nämlich dass wir allein Gott dienen und ihm nichts als Teilhaber an seiner Göttlichkeit beigesellen, dass nicht die einen von uns die anderen an Gottes Statt zu Herren nehmen. Aber wenn sie sich abwenden, so sagt: Bezeugt, dass wir uns dem Willen Gottes ergeben.‹ (āl ʿImrān – 3, 64.)

Nachdem Herakleios seine Rede beendet und den Brief verlesen hatte, erhob sich ein Schreien und Lärmen um ihn her, und wir wurden aus der Versammlungshalle hinausgebracht. Dabei sagte ich zu meinen Begleitern: ›Die Macht des Erben Abū Kabšas[6] scheint einen Umfang angenommen zu haben, dass selbst der Kaiser von Byzanz ihn fürchtet.‹ Ich aber kam immer mehr zu der Überzeugung, dass die Sache des Propheten (S) siegen werde, bis Gott mir schließlich den Weg zum Islam wies.«

5 Leute der Schrift: Juden und Christen.
6 Abū Kabša soll sich bereits geraume Zeit vor Muhammad gegen die polytheistische Religion der Mekkaner gewandt haben. Abū Sufyān, der zur Zeit der geschilderten Ereignisse noch nicht zum Islam übergetreten war, macht sich mit seiner Anspielung auf den erfolglosen Abū Kabša über den Propheten lustig.

'Abdullāh Ibn 'Abbās fährt in seinem Bericht fort:

Zu jener Zeit war Ibn an-Nāṭūr Statthalter von Jerusalem und Herakleios das Oberhaupt der Christen in aš-Šām. Ibn an-Nāṭūr erzählte, dass Herakleios eines Morgens, als er sich in Jerusalem aufhielt, sehr schlecht gelaunt war. Seine Priester fragten ihn nach dem Grund seiner Verstimmung.

Das weitere Geschehen erzählte Ibn an-Nāṭūr wie folgt:

»Herakleios war ein Astrologe, der aus den Sternen die Zukunft vorhersagen konnte. Die Frage der Priester nach dem Grund seiner schlechten Laune beantwortete er mit den Worten: ›Heute Nacht, als ich die Sterne betrachtete, sah ich, dass der König jenes Volkes, das sich beschneiden lässt, erschienen ist. Bei welchem Volk aber ist die Beschneidung üblich?‹ Die Priester erwiderten: ›Nur bei den Juden! Aber die Juden sind kein Grund zur Beunruhigung. Gib in den Städten deines Reiches Anweisung, dass die Juden getötet werden!‹

Gerade befassten sie sich mit dieser Angelegenheit, da wurde ein Mann herbeigeführt. Der König der Gassāniden hatte ihn geschickt, um Herakleios Nachricht von dem Gesandten Gottes (S) zu bringen. Nachdem der Kaiser ihn befragt hatte, befahl er seinen Untergebenen: ›Geht und seht nach, ob dieser Kurier beschnitten ist!‹ Sie betrachteten ihn und berichteten, dass er beschnitten sei. Herakleios befragte darauf den Boten nach den Arabern, und dieser teilte ihm mit, dass auch bei ihnen die Beschneidung üblich sei. Da rief Herakleios aus: ›Der Herrscher dieses Volkes also, der Araber, ist erschienen!‹ Darauf setzte er ein Schreiben an einen seiner Freunde in Konstantinopel auf, der über ebenso umfassende Kenntnisse wie er selbst verfügte, und reiste anschließend nach Homs. Dort blieb er, bis die Antwort seines Freundes eintraf. Dieser stimmte mit ihm darin überein, dass der Prophet (S) erschienen und auch wirklich ein Prophet sei. Herakleios ließ darauf die Würdenträger des Byzantinischen Reiches in seinem

Schloss zu Homs zusammenkommen. Als alle versammelt waren, gab er Befehl, die Tore des Palastes zu verriegeln. Darauf wandte er sich den Versammelten zu und sagte:

›Ihr Byzantiner! Sucht ihr die Glückseligkeit und die rechte Leitung? Wollt ihr, dass eure Herrschaft weiterhin besteht? Dann müsst ihr diesem Propheten folgen!‹

Da flohen die Versammelten verwirrt und verstört hin zu den Ausgängen des Palastes, die aber verschlossen waren. Herakleios erkannte aus dieser Reaktion ihren großen Widerwillen gegenüber dem Propheten (S). Er gab alle Hoffnung auf, dass sie sich zum Islam bekennen würden, und gab Befehl, sie in den Versammlungssaal zurückzubringen. Als dies geschehen war, sagte er: ›Ich habe das gesagt, um die Tiefe eures Glaubens zu prüfen! Jetzt aber bin ich von euch wirklich überzeugt!‹

Da warfen die Byzantiner sich vor ihm nieder und huldigten ihm.«

II Der Glaube

1

Der Prophet (S) sagte: »Der Islam basiert auf fünf grundlegenden Pflichten.«
Glaube ist sowohl Wort als auch Tat. Er kann sich verstärken, und er kann schwächer werden.
Gott der Erhabene sagte: »Und die Rechtgeleiteten bestärkt Gott noch in ihrer Rechtleitung.« (Maryam – 19,76.)[1]

Das Gefühl von Liebe und Hass, das Gott zuliebe empfunden wird, ist Teil des Glaubens.
ʿUmar Ibn ʿAbdulʿazīz schrieb an ʿAdī Ibn ʿAdī:
»Der Glaube umfasst die religiösen Pflichten, die religionsgesetzlichen Bestimmungen, die von Gott erlassenen Verbote sowie die überlieferten Vorgehensweisen. Wer all diese Vorschriften erfüllt, bringt seinen Glauben zur Vollendung. Wer ihnen nicht vollständig nachkommt, wird seinen Glauben nicht vervollkommnen können.«
Abraham (Ibrāhīm) sagte: »Ja, doch möchte ich eben ganz sicher sein.« (al-baqara – 2,260.)
Muʿāḏ sagte: »Lasst uns ein Weilchen sitzen und diese Zeit dem Glauben widmen.«
Ibn Masʿūd sagte: »Gewissheit ist Glaube in höchster Vollendung.«
Ibn ʿUmar sagte: »Der Mensch ist nicht wirklich gottes-

1 In der arabischen Vorlage zitiert al-Buḫārī an dieser Stelle ferner folgende Koranverse: al-fatḥ – 48,4; al-kahf – 18,13; Muḥammad – 47,17; al-muddaṯṯir – 74,31; at-tauba – 9,124; āl ʿImrān – 3,173; al-Aḥzāb – 33,22.

fürchtig, bevor er nicht allen Argwohn aus seinem Herzen verbannt hat.«

Ibn 'Umar berichtet, der Gesandte Gottes (S) habe gesagt:
Der Islam basiert auf fünf grundlegenden Pflichten: Dem Glaubensbekenntnis – »Es gibt keinen Gott außer Gott, und Muhammad ist der Gesandte Gottes« –, dem Gebet, der gesetzlichen Abgabe, der Wallfahrt sowie dem Fasten im Ramaḍān.[2]

2

Die Bestandteile des Glaubens.
Gott der Erhabene sagte: »Die Frömmigkeit besteht nicht darin, dass ihr euch mit dem Gesicht nach Osten oder Westen wendet, während ihr betet! Fromm ist vielmehr, wer an Gott und den Jüngsten Tag, an die Engel, die Schrift und die Propheten glaubt, und wer sein Geld, auch wenn er noch so sehr daran hängt, seinen Angehörigen, den Waisen und Armen, dem Wanderer auf dem Wege Gottes und den Bettlern gibt und es für den Loskauf von Sklaven verwendet, wer das Gebet verrichtet und die gesetzliche Abgabe leistet. Und fromm sind diejenigen, die den Verpflichtungen nachkommen, die sie eingegangen sind, und die geduldig sind in Not und Ungemach sowie in Zeiten kriegerischer Auseinandersetzungen. Sie sind wahrhaftig, sie sind gottesfürchtig.«
(al-baqara – 2,177.)

Gott der Erhabene sagte ferner: »Wohl ergeht es den Gläubigen.« (al-mu'minūn – 23,1.)

2 Auf das Gebet, die gesetzliche Abgabe, die Wallfahrt und das Fasten wird in den Kap. VIII ff., XVI f. und XIX näher eingegangen.

Abū Huraira berichtet, der Prophet (S) habe gesagt:

Der Glaube besteht aus mehr als sechzig Bestandteilen. Ein Teil davon ist die Schamhaftigkeit.

3

Wer ist ein vorbildlicher Muslim.

Abū Mūsā (R a) berichtet:

Die Leute fragten: »O Gesandter Gottes, wodurch zeichnet sich ein besonders guter Muslim aus?« Der Prophet (S) erwiderte: »Durch seine Zunge und durch seine Hand werden die Muslime keinen Schaden erleiden.«

4

Die Bewirtung anderer ist Teil des Glaubens.

ʿAbdullāh Ibn ʿAmr (R a) berichtet:

Ein Mann fragte den Propheten (S) »Wessen Glaube ist besonders gut?« Der Prophet (S) erwiderte: »Du bist ein vorbildlicher Muslim, wenn du den Menschen zu essen gibst, deine Bekannten begrüßt und auch jenen gegenüber, die du nicht kennst, den Gruß entrichtest.«

5

Zum Glauben gehört es, seinem Glaubensbruder das zu wünschen, was man für sich selbst erhofft.

Anas (R a) berichtet, der Prophet (S) habe gesagt:

Keiner von euch ist wirklich gläubig, bevor er nicht seinem Glaubensbruder das wünscht, was er für sich selbst erhofft.

6

Die Liebe zum Gesandten Gottes (S) ist Teil des Glaubens.

Abū Huraira (R a) berichtet, der Gesandte Gottes (S) habe gesagt:

Bei dem, in dessen Hand ich mich befinde! Keiner von euch ist wirklich gläubig, bevor ich ihm nicht lieber bin als sein Vater und sein Sohn!

Anas berichtet, der Prophet (S) habe gesagt:

Keiner von euch ist wirklich gläubig, bevor ich ihm nicht lieber bin als sein Vater, sein Sohn und alle Menschen miteinander.

7

Der süße Geschmack des Glaubens.

Anas (R a) berichtet, der Prophet (S) habe gesagt:

Wer folgende drei Eigenschaften hat, hat den süßen Geschmack des Glaubens gefunden:

- Lieber als alles andere sind ihm Gott und sein Gesandter.
- Wenn er jemanden liebt, liebt er ihn nur Gott zuliebe.
- Er verabscheut es, zum Unglauben zurückzukehren, wie er es verabscheut, in die Hölle geworfen zu werden.

8

ʿUbāda Ibn aṣ-Ṣāmit (R a), der an der Schlacht von Badr teilgenommen hat und zu den Delegierten bei der Zusammenkunft in der Nacht von ʿAqaba zählte, berichtet:

Der Gesandte Gottes (S) sagte, als einige seiner Gefährten bei ihm waren: »Gelobt mir, Gott keine Teilhaber an seiner Göttlichkeit zuzuschreiben, nicht zu stehlen und keinen Ehebruch zu begehen, eure Kinder nicht zu töten, keine falschen Anschuldigungen vorzubringen und euch nicht dem zu widersetzen, was rechtens ist! Wer sich daran hält, den wird Gott belohnen. Wer gegen diese Vorschriften verstößt und im Diesseits dafür bestraft wird, dem wird diese Strafe eine Sühne sein. Und wer gegen diese Vorschriften verstößt, Gott es aber vor den Menschen geheim hält, dessen Los liegt in Gottes Hand. Wenn Gott will, verzeiht er ihm. Und wenn er will, bestraft er ihn!«

ʿUbāda ergänzte zu seinem Bericht:

Wir haben dem Gesandten Gottes (S) den geforderten Eid geleistet.

9

Gott der Erhabene sagte: »Wenn sie sich aber bekehren, das Gebet verrichten und die gesetzliche Abgabe bezahlen, so lasst sie ihres Weges ziehen.« (at-tauba – 9,5.)

Ibn ʿUmar berichtet, der Gesandte Gottes (S) habe gesagt:

Ich wurde angewiesen, die Menschen zu bekämpfen, bis sie bezeugen, dass es keinen Gott außer Gott gibt und Muhammad der Gesandte Gottes ist, bis sie das Gebet verrichten und die gesetzliche Abgabe bezahlen. Kommen sie diesen Forderungen nach, so sind ihr Leben und ihre Habe vor mir sicher. Sie unterstehen dann einzig dem Gesetz des Islams, und Gott wird sie richten.

10

Man sagt: »Glaube ist Tun.« Gott der Erhabene nämlich sagte: »Dies ist das Paradies, das euch als Erbe gegeben wurde, als Lohn für euer Tun.« (az-zuḫruf – 43,72.)[3]

Abū Huraira berichtet:

Jemand fragte den Gesandten Gottes (S): »Welches ist das beste Werk?« Er erwiderte: »Der Glaube an Gott und seinen Gesandten.« – »Und was ist das zweitbeste Werk?« – »Der Einsatz für die Sache Gottes.«[4] – »Und was kommt danach?« – »Die pflichtgemäß verrichtete Wallfahrt nach Mekka.«

11

Der Undank mancher Frauen gegenüber ihren Lebensgefährten.

Ibn ʿAbbās berichtet:

Der Prophet (S) erzählte: »Die Hölle wurde mir gezeigt. Und die Mehrzahl ihrer Bewohner waren Frauen.« Jemand fragte ihn: »Haben sie denn nicht an Gott geglaubt?« – »Sie waren undankbar gegenüber ihren Lebensgefährten, undankbar für die Wohltaten, die ihnen erwiesen wurden. Wenn du ei-

3 In der arabischen Vorlage zitiert al-Buḫārī an dieser Stelle ferner al-Ḥiǧr – 15,92 und aṣ-ṣāffāt – 37,61.

4 Auf den »Einsatz für die Sache Gottes« wird in Kap. XXVIII näher eingegangen.

ner solchen Frau immer nur Gutes tust, sie aber etwas an dir entdeckt, was ihr Missfallen erregt, so sagt sie zu dir: ›Nie habe ich etwas Gutes an dir gesehen.‹«

12

Gott der Erhabene sagte: »Wenn zwei Parteien der Gläubigen einander bekämpfen, so stiftet Frieden unter ihnen!«

(al-ḥuǧurāt – 49,9.)

Al-Aḥnaf Ibn Qais berichtet:

Ich machte mich auf, um jenem Mann beizustehen, da begegnete mir Abū Bakra. Er fragte: »Wohin willst du?« Ich erwiderte: »Ich will jenem Mann beistehen.«

»Nein«, rief er, »tu das nicht! Denn ich hörte, dass der Gesandte Gottes (S) gesagt hat: ›Wenn zwei Muslime mit den Schwertern aufeinander losgehen, so wird sowohl der, der den anderen tötet, als auch der Getötete in die Hölle eingehen.‹ Ich sagte damals zu ihm: ›O Gesandter Gottes, das gilt für den, der getötet hat, aber doch nicht für den Getöteten!‹ – ›Doch, auch für ihn! Denn er hatte die Absicht, seinen Glaubensbruder zu töten!‹«

13

Die Kennzeichen des Heuchlers.

Abū Huraira berichtet, der Prophet (S) habe gesagt:

Dreierlei ist bezeichnend für den Heuchler: Wenn er redet, lügt er; verspricht er etwas, so bricht er sein Versprechen; und vertraut man ihm, so handelt er treulos!

14

Der Einsatz für die Sache Gottes ist Teil des Glaubens.

Abū Huraira berichtet, der Prophet (S) habe gesagt:

Wer zum Kampf für die Sache Gottes auszieht, getrieben einzig durch seinen Glauben an Gott und seine Propheten, den wird Gott mit dem, was er an Lohn und Beute errungen hat, nach Hause zurückkehren oder, falls er ums Leben kommt, ins Paradies eingehen lassen. Brächte ich mein Volk nicht in eine problematische Lage, ich würde hinter keinem Streiftrupp zurückbleiben, ich wollte für die Sache Gottes getötet und wiederbelebt, erneut getötet und wiederbelebt und abermals getötet werden.

15

Zum Glauben gehört, in der Hoffnung auf Gottes Lohn im Monat Ramaḍān zu fasten.

Abū Huraira berichtet, der Gesandte Gottes (S) habe gesagt:

Wer im Monat Ramaḍān das Fasten einhält, beseelt durch seinen aufrichtigen Glauben und die Hoffnung, von Gott belohnt zu werden, dem werden die Verfehlungen verziehen, die er sich zuvor hat zuschulden kommen lassen.

16

Die Verrichtung des Gebets ist Teil des Glaubens. Gott der Erhabene sagte: »Gott lässt es nicht zu, dass euer Glaube verloren ist.« (al-baqara – 2,143.)

Dieser Vers bezieht sich auf jene Gebete, die in frühislamischer Zeit mit dem Gesicht nach Jerusalem gewandt verrichtet wurden.

Abū Isḥāq berichtet:

Al-Barā' erzählte mir Folgendes:

»Als der Prophet (S) zum ersten Mal nach Medina kam, wohnte er dort bei seinen Großeltern.«

Oder er sagte: »Er wohnte bei seinen Onkeln mütterlicherseits, die zu den Anṣār gehörten. Sechzehn oder siebzehn Monate lang verrichtete er das Gebet, indem er sich mit dem Gesicht nach Jerusalem wandte. Er wünschte aber, dass die Kaaba in Mekka seine Gebetsrichtung sei. Das erste Gebet, das er mit dem Gesicht nach Mekka gewandt verrichtete, war das Nachmittagsgebet. Einige Leute beteten mit ihm. Ein Mann, der an diesem Gebet teilgenommen hatte, kam anschließend an einer Moschee vorüber, wo die Gläubigen sich gerade nach Jerusalem hin verbeugten. Er sagte zu ihnen: ›Bei Gott, ich schwöre, dass ich eben zusammen mit dem Gesandten Gottes (S) das Gebet in Richtung Mekka verrichtet habe.‹ Darauf änderten jene Leute ihre Gebetsrichtung.

Die Juden und Christen waren darüber erfreut gewesen, dass der Prophet (S) nach Jerusalem hin betete. Als er aber die Gebetsrichtung zugunsten von Mekka änderte, missbilligten sie diese Vorgehensweise.«

Al-Barā' ergänzte zu seinem Bericht:

»Einige Muslime waren bereits gestorben oder getötet worden, bevor die Gebetsrichtung geändert wurde. Und wir wussten nicht, ob ihre Gebete, die sie nach Jerusalem hin verrichtet hatten, von Gott anerkannt wurden. Da offenbarte Gott der Erhabene den Vers: ›Gott lässt es nicht zu, dass euer Glaube verloren ist.‹« (al-baqara – 2,143.)

17

Wenn jemand sich aufrichtig zum Islam bekennt.

Abū Sa'īd al-Ḫudrī berichtet, der Gesandte Gottes (S) habe gesagt:

Wenn jemand den Islam annimmt und sein Glaube ist aufrichtig, so wird Gott ihm die Verfehlungen, die er sich zuvor hat zuschulden kommen lassen, verzeihen. Und die gute Tat, die er anschließend verrichtet, wird ihm um ein Zehn- bis Siebenhundertfaches angerechnet, während die schlechte Tat nur als ein einziges Vergehen vermerkt wird, sofern Gott nicht gänzlich über sie hinwegsieht.

Abū Huraira berichtet, der Gesandte Gottes (S) habe gesagt:

Wer sich aufrichtig zum Islam bekennt, dessen gute Tat wird ihm zehn- bis siebenhundertfach gutgeschrieben, während seine schlechte Tat nur als solche notiert wird.

18

Die regelmäßige und maßvolle Religionsausübung ist Gott am liebsten.

Hišām berichtet:

'Ā'iša erzählte, der Prophet (S) sei einmal zu ihr gekommen, als eine Frau bei ihr zu Besuch war. Er fragte: »Wer ist diese Frau?« 'Ā'iša erwiderte: »Das ist Frau Soundso«, und sie erzählte ihm, dass sie unverhältnismäßig viel betet. Da sagte der Prophet (S): »Lass ab davon! Euch wurde nur das vorgeschrieben, was ihr zu leisten vermögt! Bei Gott, ihr werdet des endlosen Betens überdrüssig werden, bevor Gott Überdruss empfindet! Die regelmäßige und maßvolle Religionsausübung ist Gott am liebsten!«

19

Die Entrichtung der gesetzlichen Abgabe ist Teil des Glaubens.

Gott der Erhabene sagte: »Ihnen war nichts anderes befohlen worden, als Gott aufrichtig zu dienen, das Gebet zu verrichten und die gesetzliche Abgabe zu bezahlen. Das ist der wahrhafte Glauben.« (al-baiyina – 98,5.)

Ṭalḥa Ibn ʿUbaidullāh berichtet:

Ein Mann aus dem Nağd mit struppigem Haar näherte sich dem Gesandten Gottes (S). Aus der Ferne schon konnten wir seine Stimme hören, ohne aber zu verstehen, was er sagte. Als er herankam, hörten wir, dass er sich nach dem Islam erkundigte. Der Gesandte Gottes (S) sagte zu ihm: »Innerhalb von vierundzwanzig Stunden sind fünf Gebete zu verrichten.« Der Mann fragte: »Muss ich noch zusätzliche Gebete verrichten?« – »Nein, es sei denn, du möchtest freiwillig beten. Und im Ramaḍān ist das Fasten einzuhalten.« – »Muss ich noch an anderen Tagen fasten?« – »Nein, es sei denn, du wolltest es freiwillig tun.« Darauf wies ihn der Gesandte Gottes (S) auf die gesetzliche Abgabe hin. »Muss ich weitere Abgaben entrichten«, fragte der Mann. »Nein, es sei denn, du wolltest freiwillig weitere Zahlungen leisten.« Darauf wandte der Mann sich zum Gehen und sagte: »Bei Gott, ich werde nicht mehr und nicht weniger tun als das, was vorgeschrieben ist!«

Zu uns gewandt sagte der Gesandte Gottes (S): »Wenn er die Wahrheit gesagt hat, wird er sehr glücklich werden.«

20

Die Teilnahme am Beerdigungszeremoniell[5] ist Teil des Glaubens.

Abū Huraira berichtet, der Gesandte Gottes (S) habe gesagt:

Wer am Beerdigungszeremoniell eines Muslims teilnimmt, erfüllt von seinem Glauben und der Hoffnung auf Gottes Lohn im Jenseits, und bei dem Begräbnis bleibt, bis das Gebet verrichtet und der Verstorbene beerdigt ist, der wird mit zwei Qīrāṭ belohnt werden, wobei ein Qīrāṭ der Größe des Uḥud entspricht. Wer nur am Gebet teilnimmt und sich entfernt, bevor der Tote beerdigt ist, wird ein Qīrāṭ als Lohn erhalten.

21

Gabriel (Ǧibrā'īl) fragte den Propheten (S) nach dem Glauben, dem Islam, dem vorbildlichen Gottesdienst und der Stunde des Gerichts. Der Prophet (S) gab die entsprechenden Erklärungen und sagte dann zu seinen Gefährten: »Gabriel, Friede sei mit ihm, ist gekommen, um euch in eurer Religion zu unterweisen.«

Abū Huraira berichtet:

Eines Tages befand sich der Prophet (S) gerade in Gesellschaft einiger Leute, als ein Mann herbeikam und fragte: »Was ist Glaube?« Der Prophet (S) erwiderte: »Glaube bedeutet, an Gott, seine Engel und an ein Treffen mit Gott, an seine Propheten sowie an die Auferstehung zu glauben.« – »Und was ist der Islam?« – »Islam heißt, allein Gott zu dienen und ihm keine Teilhaber an seiner Göttlichkeit zuzuschreiben, das Gebet zu

5 Auf das Beerdigungszeremoniell wird in Kap. XV näher eingegangen.

verrichten, die vorgeschriebene Abgabe zu leisten und das Fasten im Monat Ramaḍān einzuhalten.« – »Und was ist vorbildlicher Gottesdienst?« – »Das bedeutet, dass du Gott dienst, als würdest du ihn sehen. Denn auch wenn du ihn nicht sehen kannst, so sieht er doch dich!« – »Wann ist die Stunde des Gerichts?« – »Darüber weiß ich nicht besser Bescheid als du! Aber ich kann dir einige Vorzeichen der Stunde nennen! Sie naht, wenn die Sklavin ihren Herrn gebärt und wenn die nomadisierenden Kamelhirten einander beim Bau von Palästen zu überbieten suchen. Der Zeitpunkt der Stunde gehört zu den fünf Dingen, über die einzig Gott Bescheid weiß.« Im Anschluss an diese Worte rezitierte der Prophet (S): »Allein bei Gott ist das Wissen um die Stunde.« (Luqmān – 31,34.)

Darauf entfernte der Mann sich. Der Prophet (S) forderte seine Gefährten auf, ihn zurückzuholen, sie aber konnten keine Spur von ihm entdecken. Der Prophet (S) sagte zu ihnen: »Das war Gabriel, der gekommen ist, um die Menschen in ihrer Religion zu unterweisen.«

Abū ʿAbdullāh al-Buḫārī ergänzt zu diesem Hadith:

Alle genannten Vorschriften und Erklärungen bezeichnete der Prophet (S) als Teil des Glaubens.

22

Zum Glauben gehört die Abgabe des fünften Teils der Beute.

Abū Ǧamra berichtet:

Oft war ich bei Ibn ʿAbbās, und gewöhnlich forderte er mich auf, neben ihm Platz zu nehmen. Eines Tages sagte er zu mir: »Bleib bei mir, und ich werde dir einen Teil meines Vermögens geben!« So kam es, dass ich zwei Monate lang bei ihm blieb.

Ibn ʿAbbās erzählte mir eines Tages folgendes Hadith:

»Der Prophet (S) fragte, nachdem die Abgesandten der ʿAbdulqais[6] bei ihm eingetroffen waren: ›Wer sind diese Leute?‹ Sie erwiderten: ›Wir sind vom Stamm Rabīʿa[7].‹ Der Prophet (S) hieß sie willkommen und sagte: ›Möget ihr von Kummer und Reue verschont bleiben!‹ Die Delegierten sagten: ›O Gesandter Gottes, wir können nur im geheiligten Monat[8] zu dir kommen, denn zwischen unseren Weidegebieten und deiner Stadt wohnen die ungläubigen Muḍar[9]. Sag uns, was wir tun müssen, damit wir ins Paradies kommen! Wir werden es unseren Angehörigen erzählen.‹ Sie erkundigten sich ferner danach, welche Getränke ihnen verboten sind. Der Prophet (S) wies sie an, vier Vorschriften zu beachten, und er verbot ihnen viererlei. Er befahl ihnen den Glauben an Gott allein und fragte sie: ›Wisst ihr, was es heißt, allein an Gott zu glauben?‹ Sie erwiderten: ›Gott und sein Gesandter wissen das am besten!‹ – ›Bezeugt, dass es keinen Gott außer Gott gibt und Muhammad sein Gesandter ist, verrichtet das Gebet, bezahlt die gesetzliche Abgabe und fastet im Ramaḍān! Ferner sollt ihr den fünften Teil eurer Beute abgeben!‹ Anschließend verbot der Prophet (S) ihnen viererlei, nämlich den Krug, das kürbisförmige Gefäß, das Fass aus Palmholz sowie das unter Verwendung von Teer oder Pech hergestellte Gefäß.[10] Seine Rede schloss er mit den Worten: ›Merkt euch diese Vorschriften gut und erstattet euren Angehörigen zu Hause darüber Bericht!‹«

6 ʿAbdulqais: ein Stammesverband in Ostarabien.
7 Rabīʿa: Unterabeilung der ʿAbdulqais.
8 Gemeint ist der Monat Muḥarram: Im vorislamischen Arabien waren in diesem Monat kriegerische Auseinandersetzungen verboten.
9 Muḍar: ein zentralarabischer Stamm.
10 Diese Gefäße dienten zur Herstellung, Lagerung und zum Genuss alkoholischer Getränke.

III Das Wissen

1

Der Vorrang des Wissens.

Gott der Erhabene sagte: »Gott wird diejenigen von euch, die glauben und denen das Wissen gegeben wurde, hoch aufsteigen lassen. Gott weiß genau, was ihr tut.«

(al-muǧādala – 58,11.)

Er sagte ferner: »Herr, lass mich zunehmen an Wissen!«

(ṭāhā – 20,114.)

2

Wenn jemand durch eine Zwischenfrage in seiner Erzählung unterbrochen wird, er aber zunächst seinen Bericht zu Ende führt und erst dann auf die Frage eingeht.

Abū Huraira berichtet:

Auf einer Versammlung sprach der Prophet (S) zu den Menschen, als ein Beduine zu ihm trat und fragte: »O Prophet, wann ist die Stunde des Gerichts?«

Der Gesandte Gottes (S) aber setzte seinen Bericht unbeirrt fort. Einige Zuhörer hatten den Eindruck, er habe die Frage zwar gehört, sei aber nicht bereit, auf sie einzugehen. Andere meinten, er habe die Frage nicht verstanden.

Als der Prophet (S) seinen Bericht beendet hatte, fragte er: »Wo ist der Mann, der sich nach der Stunde erkundigt hat?« Der Beduine rief: »Hier bin ich, o Gesandter Gottes!« Der Prophet (S) sagte: »Wenn Aufrichtigkeit und Redlichkeit ihre Bedeutung verlieren, kannst du die Stunde in Kürze erwarten!« – »Aber wie kann das geschehen«, fragte der Beduine. »Wenn die Herrschaft in die Hände von Leuten gerät, die nicht über das erforderliche Wissen verfügen, kannst du in Kürze mit der Stunde rechnen!«

3

Der Prophet (S) legte seinen Gefährten eine Frage vor, um ihr Wissen zu prüfen.

ʿAbdullāh Ibn ʿUmar berichtet:

Der Prophet (S) sagte zu seinen Gefährten: »Es gibt einen Baum, dessen Blätter nicht abfallen und der wie der Muslim ist! Sagt mir: Welcher Baum ist das?« Die Leute dachten an die Bäume der Wüste, mir aber kam der Gedanke, dass die Dattelpalme gemeint sei. Schließlich sagten die Leute: »O Gesandter Gottes, sag uns, welcher Baum das ist!« Er erwiderte: »Es ist die Dattelpalme.«

4

Wenn ein Mann sich am Rand des Versammlungsplatzes niederlässt, ein anderer aber einen freien Platz zwischen den Menschen entdeckt und sich dort niederlässt.

Abū Wāqid al-Laiṯī berichtet:

Eines Tages saß der Gesandte Gottes (S) mit den Leuten in der Moschee, als drei Männer eintraten. Zwei von ihnen näherten sich dem Gesandten Gottes (S), während der dritte sich abwandte. Die beiden standen unweit des Gesandten Gottes (S), bis der eine einen freien Platz innerhalb der Menschenmenge entdeckte und sich dort niederließ. Der andere setzte sich hinter die Versammelten, während der dritte Mann sich wieder entfernte. Als der Prophet (S) seine Rede beendet hatte, sagte er:

»Soll ich euch von den drei Männern erzählen? Einer von ihnen suchte seine Zuflucht bei Gott, und Gott gewährte ihm Zuflucht. Der zweite schämte sich vor Gott, aber Gott nahm sich seiner an. Der dritte Mann kehrte Gott den Rücken, und auch Gott wandte sich von ihm ab.«

5

Der Prophet (S) sagte: Es kommt vor, dass der, dem eine Lehre indirekt übermittelt wurde, sie aufmerksamer beachtet als jemand, der sie direkt vernommen hat.«

'Abdurraḥmān Ibn Abī Bakra berichtet, sein Vater habe ihm Folgendes erzählt:

Eines Tages saß der Prophet (S) auf seinem Kamel, und ein Mann hatte den Halfter oder den Nasenzügel des Tieres ergriffen. Der Prophet (S) fragte: »Welcher Tag ist heute?« Wir schwiegen, denn wir dachten, er würde den Tag vielleicht anders bezeichnen, als wir es gewohnt waren. Er sagte: »Ist heute nicht der Tag des Opferfests?« – »Doch, gewiss«, erwiderten wir. »Und welchen Monat haben wir?« Wieder antworteten wir nicht, da wir glaubten, er würde ihn anders bezeichnen. »Haben wir nicht Ḏū al-Ḥiǧǧa?« – »Doch, ja!« Der Prophet (S) sagte: »Euer Leben, eure Habe und euer Ehrgefühl sind unantastbar, genauso wie der heutige Tag in diesem Monat in dieser Stadt unantastbar ist. Sagt das den Leuten, die heute nicht hier sind! Denn es kommt vor, dass jemand, dem eine Lehre indirekt übermittelt wurde, sie aufmerksamer beachtet als der, der sie direkt vernommen hat.«

6

Das Wissen steht dem Wort und der Tat voran.
Gott der Erhabene sagte: »Wisse, dass es keinen Gott gibt außer Gott!« (Muḥammad – 47,19.)

Das Wissen steht am Anfang. Und die Gelehrten sind die Erben der Propheten, die ihnen das Wissen als Erbe hinterlassen haben. Wer sich das Wissen aneignet, macht sich eine Fülle von Glück zu eigen. Und wer einen Weg beschreitet, um das Wissen zu erwerben, dem wird Gott einen Weg ins Paradies ebnen.
Gott der Erhabene sagte: »Gott fürchten von seinen Dienern nur die Wissenden.« (fāṭir – 35,28.)

»Niemand begreift die Gleichnisse, mit Ausnahme der Wissenden.« (al-ʿankabūt – 29,43.)

»Und sie sagen: Hätten wir doch damals auf die Warnungen gehört und wären wir verständig gewesen, so befänden wir uns jetzt nicht unter den Bewohnern der Hölle.«
(al-mulk – 67,10.)[1]

Der Prophet (S) sagte: »Wem Gott wohlgesonnen ist, den lässt er Einblick in die Religion gewinnen.« Wissen lässt sich durch eifrige Studien erwerben.
Abū Ḏarr sagte: »Würdet ihr das Schwert hier an dieser Stelle ansetzen« – bei diesen Worten deutete er auf seinen Nacken – »und ich wäre der Meinung, ich sollte euch, bevor ihr mich tötet, einen Ausspruch übermitteln, den ich vom Gesandten Gottes (S) gehört habe, so würde ich euch seine Worte noch erzählen!«

1 In der arabischen Vorlage zitiert al-Buḫārī an dieser Stelle ferner az-zumar – 39,9.

Ibn ʿAbbās sagte: »Seid verständige, nachsichtige und wohlunterrichtete Lehrer und Gelehrte!«
Man sagt: »Ein solcher Lehrer ist der, der den Menschen zunächst das einfache Wissen vermittelt, bevor er zu schwerer Materie übergeht.«

7

Der Prophet (S) war immer sehr rücksichtsvoll gegenüber seinen Zuhörern, wenn er ihnen predigte oder sie unterwies, damit sie sich nicht überfordert fühlen und sich von ihm abwenden.

Ibn Masʿūd berichtet:

Der Prophet (S) nahm immer große Rücksicht auf uns, wenn er predigte und uns unterwies. Er wählte immer die richtigen Tage aus, damit wir keinen Überdruss empfinden konnten.

Anas berichtet, der Prophet (S) habe gesagt:

Macht es den Menschen leicht, erschwert es ihnen nicht! Predigt den Menschen, aber schreckt sie nicht ab!

8

Die Unterweisung an festgelegten Terminen.

Abū Wāʾil berichtet:

Jeden Donnerstag gab ʿAbdullāh den Leuten Unterricht. Ein Mann sagte zu ihm: »O Abū ʿAbdurraḥmān[2], mir wäre es am

2 Abū ʿAbdurraḥmān ist die »Kunya« von ʿAbdullāh. Die Kunya ist der Beiname eines Menschen, bestehend aus »Abū« – ›Vater des‹ – bzw. »Umm« – ›Mutter des‹ – und dem Namen zumeist des erstgeborenen

liebsten, wenn du uns jeden Tag unterrichten könntest!« ʿAbdullāh erwiderte: »Was mich davon abhält, ist, dass ich euch nicht überfordern möchte. Ich will auf euch Rücksicht nehmen, wie der Prophet (S) immer auf uns Rücksicht genommen hat. Denn er befürchtete, wir könnten des Unterrichts überdrüssig werden.«

9

Wer Wissen und Weisheit hat, ist zu beneiden.
ʿUmar (R a) sagte: »Erwerbt das notwendige Wissen, bevor ihr wichtige Aufgaben übernehmt.«
Die Gefährten des Propheten (S) haben noch im fortgeschrittenen Alter Studien betrieben.

ʿAbdullāh Ibn Masʿūd berichtet, der Prophet (S) habe gesagt:

Zwei Männer sind zu beneiden: Der Mann, dem Gott Reichtum gegeben hat und der mit ihm in rechter Weise verfährt, und der Mann, dem Gott Weisheit gegeben hat, der in ihrem Sinne handelt und sie anderen weitergibt.

10

Der Vorzug eines Menschen, der Wissen erwirbt und es anderen weitergibt.

Abū Mūsā berichtet, der Prophet (S) habe erzählt:

Ein Gleichnis für das, was Gott mir an Rechtleitung und Wissen in meiner Sendung anvertraut hat, ist der ausgiebige Regen, der weite Ländereien berührt.

Sohnes; oder aus »Ibn« – ›Sohn des‹ – bzw. »Bint« – ›Tochter des‹ – und dem Namen des Vaters.

Ein Teil des betroffenen Gebietes ist fruchtbar. Es nimmt das Wasser auf und lässt das Futter für die Tiere und das Gras wachsen. Und das unfruchtbare Land sammelt das Wasser. Auch auf diese Weise wirkt Gott zum Nutzen der Menschen, denn sie trinken das Wasser, tränken ihr Vieh und bebauen das Land.

Im Gegensatz dazu stehen solche Ländereien, die das Wasser weder sammeln noch eine Vegetation entstehen lassen.

Die beiden erstgenannten Gebiete sind wie der Mensch, der Kenntnis von der Religion Gottes hat, der daraus Nutzen zieht, was Gott mir in meiner Sendung anvertraut hat, der dieses Wissen erlernt und es anderen weitergibt. Das andere Land ist wie der Mensch, der sich nicht um die Religion kümmert, und die Rechtleitung Gottes, mit der ich gesandt wurde, nicht annimmt.

11

Wenn jemand, während er predigt oder Unterricht erteilt, zornig wird, weil er etwas erfährt, das er verabscheut.

Abū Mas'ūd al-Anṣārī berichtet:

Ein Mann sagte zum Propheten (S): »O Gesandter Gottes, ich bin kaum in der Lage, am gemeinsamen Gebet teilzunehmen, denn unser Vorbeter zieht es immer so sehr in die Länge.« Niemals sah ich, dass der Prophet (S) während einer Unterweisung zorniger wurde als in diesem Augenblick. Er rief: »Ihr Leute, so schreckt ihr die Menschen doch nur ab! Wenn ihr den Menschen vorbetet, dann macht es ihnen leicht! Denn manche sind krank oder schwach, oder sie haben viele andere Dinge zu erledigen.«

Zaid Ibn Ḫālid al-Ǧuhanī berichtet:

Ein Mann fragte den Propheten (S), was mit einer Fundsache geschehen soll. Er erwiderte: »Schau dir das Äußere des Fundstücks genau an, betrachte die Verpackung, den Verschluss! Erzähle dann ein Jahr lang allen Menschen, was du gefunden hast. Erst dann darfst du es für dich behalten. Und wenn der Eigentümer sich meldet, so gib es ihm zurück!« Der Mann fragte: »Und was ist, wenn ich ein Kamel gefunden habe, das sich verlaufen hat?« Da wurde der Prophet (S) zornig, dass sein Gesicht rot anlief, und verärgert rief er aus: »Was geht dich denn das Kamel an? Es hat doch sein Wasser bei sich, und es hat seine Füße! Es kann zum Brunnen laufen und die Blätter von den Bäumen fressen! Lass es in Ruhe – sein Besitzer wird es schon wieder finden!« – »Und wenn man Schafe findet?« – »Die Schafe sind für dich, deine Mitmenschen oder für den Wolf!«

Abū Mūsā berichtet:

Eines Tages wurde der Prophet (S) nach Dingen befragt, die er verabscheute. Schließlich wurde er zornig und rief: »Fragt mich doch, was ihr wollt!« Da fragte ein Mann: »Wer ist mein Vater?« Der Prophet (S) erwiderte: »Dein Vater ist Ḫuḏāfa!« Ein anderer Mann erhob sich und fragte: »Und wer ist mein Vater, o Gesandter Gottes?« – »Sālim, der Maulā von Šaiba!« Da erkannte ʿUmar, dass der Prophet (S) sehr zornig war, und sagte: »O Gesandter Gottes, wir wollen uns in Reue Gott – er mächtig und erhaben – wieder zuwenden!«

12

Wenn jemand seine Erzählung dreimal wiederholt, um von allen seinen Zuhörern verstanden zu werden.

Der Prophet (S) sagte: »Hütet euch davor, etwas Falsches zu sagen!« Diese Aussage wiederholte er sehr oft.

Ibn ʿUmar erzählte, der Prophet (S) habe dreimal gesagt: »Habe ich euch nicht Nachricht von Gott gebracht?«

Anas berichtet:

Wenn der Prophet (S) etwas sagte, wiederholte er seine Worte dreimal, um von allen verstanden zu werden. Und wenn er jemanden besuchte und ihn begrüßte, sprach er den Gruß dreimal aus.

13

Wenn jemand sich sehr um den Hadith bemüht.

Abū Huraira berichtet:

Ich fragte den Propheten (S): »O Gesandter Gottes, wer wird so glücklich sein, am Tag der Auferstehung in den Genuss deiner Fürsprache zu kommen?« Der Gesandte Gottes (S) erwiderte: »O Abū Huraira, ich dachte mir, dass du als Erster danach fragen würdest! Ich habe bemerkt, dass du dich sehr um den Hadith bemühst. Der Mensch, dem meine Fürsprache am Tag des Gerichts gelten wird, ist der, der aus tiefstem Herzen und aufrichtigster Seele heraus sagt: Es gibt keinen Gott außer Gott!«

14

Wie das Wissen schwinden wird.
ʿUmar Ibn ʿAbdulʿazīz schrieb Folgendes an Abū Bakr Ibn Ḥazm: »Schau, was uns an Hadithen des Gesandten Gottes (S) überliefert wurde, und schreib sie auf! Denn ich fürchte, dass das Wissen schwindet und die Gelehrten aussterben. Nur die Hadithe des Propheten (S) sind von Bedeutung, nichts anderes! Und die Menschen sollen das Wissen ver-

breiten. Sie sollen sich zusammensetzen, bis die Unwissenden wissend sind. Denn das Wissen wird nicht untergehen, bevor es zu etwas Geheimen geworden ist.«

ʿAbdullāh Ibn ʿAmr Ibn al-ʿĀṣ berichtet, der Gesandte Gottes (S) habe gesagt:

Gott wird das Wissen nicht an sich nehmen, indem er es den Menschen entreißt. Vielmehr wird er es an sich nehmen, indem er die Gelehrten zu sich nimmt. Schließlich wird kein Gelehrter mehr übrig sein, und die Menschen werden sich Unwissende zu Führern nehmen. Diese werden befragt werden und Rede und Antwort stehen müssen, ohne selbst über das entsprechende Wissen zu verfügen. Sie werden irren und in die Irre führen!

15

Soll man speziell für die Frauen einen Termin festlegen, um sie zu unterweisen?

Abū Saʿīd al-Ḫudrī berichtet:

Die Frauen sagten zum Propheten (S): »O Gesandter Gottes, die Männer nehmen dich immer so in Anspruch, dass du für uns keine Zeit mehr hast! Bestimme doch einen Termin, um uns zu unterweisen!« Der Prophet (S) versprach ihnen, sich mit ihnen zusammenzusetzen und ihnen Unterricht zu geben.

Anlässlich einer solchen Zusammenkunft sagte er: »Wenn einer Frau drei ihrer Kinder gestorben sind, so werden sie ihr ein Schutz vor dem Höllenfeuer sein!« Eine Frau fragte: »Gilt das auch, wenn zwei Kinder gestorben sind?« – »Ja, auch bei zwei Kindern!«

16

»Wer das Wissen gehört hat, soll es den anderen weitergeben!« Dies sagte der Prophet (S), wie Ibn ʿAbbās berichtet.

Saʿīd berichtet:

Abū Šuraiḥ erzählte:

»Als ʿAmr Ibn Saʿīd Truppen nach Mekka schicken wollte,[3] sagte ich zu ihm: ›O Emir, erlaub mir, dass ich dir erzähle, was der Prophet (S) am Tag nach der Eroberung Mekkas[4] gesagt hat! Ich habe es mit eigenen Ohren gehört und es mir genau gemerkt! Und ich sah den Propheten (S), als er es sagte. Zunächst sprach er den Lobpreis Gottes, dann sagte er: »Gott hat Mekka für unantastbar erklärt, nicht die Menschen! Es ist verboten, dass jemand, der an Gott und den Jüngsten Tag glaubt, in Mekka Blut vergießt oder einen Baum fällt. Und wenn jemand in seiner Gegenrede darauf verweist, dass der Gesandte Gottes (S) bei der Eroberung Mekkas dort doch auch Blut vergossen hat, so sagt: ›Nur seinem Gesandten (S) hat Gott die Erlaubnis dazu erteilt, nicht aber euch!‹ Gott hat mir das Blutvergießen in Mekka nur an einem einzigen Tag in einer einzigen Stunde erlaubt. Heute gilt wieder die Unantastbarkeit Mekkas, die auch bis zum gestrigen Tag gültig war. Sagt das auch den anderen!«‹«

Ein Mann fragte Abū Šuraiḥ: »Was hat ʿAmr zu deinem Einwand gesagt?« Abū Šuraiḥ erwiderte: »ʿAmr sagte: ›O Abū Šuraiḥ, ich bin über diese Sache besser unterrichtet als du! Mekka gewährt dem Aufrührer und dem, der Blut vergossen oder gestohlen hat, keinen Schutz!‹«

3 ʿAmrs Unternehmung war gegen ʿAbdullāh Ibn az-Zubair gerichtet, der 683–692 als Gegenkalif in Mekka herrschte.

4 Mekka wurde 630 von den Muslimen erobert.

17

Es ist ein schweres Vergehen, über den Gesandten Gottes (S) Lügen zu erzählen.

'Alī berichtet, der Gesandte Gottes (S) habe gesagt:

Erzählt keine Lügen über mich! Wer dies dennoch tut, dessen Aufenthaltsort wird die Hölle sein!

'Abdullāh Ibn az-Zubair berichtet:

Ich sagte zu az-Zubair: »Ich habe dich nie vom Gesandten Gottes (S) erzählen hören, andere Leute aber berichten so viel von ihm!« Az-Zubair erwiderte: »Wirklich – niemals bin ich von der Seite des Propheten (S) gewichen! Aber ich hörte ihn sagen: ›Wer über mich Lügen verbreitet, wird seinen Platz in der Hölle zu suchen haben!‹«

'Abdul'azīz berichtet, Anas habe gesagt:

Was mich davon abhält, euch eine Fülle von Hadithen zu erzählen, ist, dass der Prophet (S) einmal gesagt hat: »Wer über mich eine Lüge erzählt, wird seinen Platz in der Hölle zu suchen haben.«

Salama Ibn al-Akwa' berichtet, der Prophet (S) habe gesagt:

Wer mir einen Ausspruch zuschreibt, den ich niemals gemacht habe, wird in die Hölle kommen.

18

Die Niederschrift des Wissens.

Wahb Ibn Munabbih berichtet, Abū Huraira habe gesagt:

Keiner von den Gefährten des Propheten (S) kann mehr Hadithe erzählen als ich – mit Ausnahme von 'Abdullāh Ibn 'Amr!

Er nämlich hat die Aussagen des Propheten (S) aufgeschrieben, während ich nicht schreibe.

19

Die Wahrung des Wissens.

Al-Aʿrağ berichtet:

Abū Huraira erzählte: »Die Leute sagen, ich hätte sehr viele Aussagen des Propheten (S) überliefert.

Ich hätte euch nicht ein einziges Hadith weitererzählt, fänden sich in Gottes Buch nicht die beiden Verse: ›Diejenigen, die geheim halten, was wir an klaren Zeichen und Rechtleitung herabgesandt haben, nachdem wir es den Menschen in der Schrift deutlich kundgetan haben, werden von Gott verflucht werden und auch von all denen, die fluchen! Ausgenommen davon sind diejenigen, die umkehren, sich bessern und kundtun, was ihnen offenbart wurde. Ihnen werde ich mich wieder zuwenden, denn ich bin ja der Gnädige und Barmherzige!‹« (al-baqara – 2,159 f.)

Al-Aʿrağ fährt in seinem Bericht fort:

Die Muhāğirūn trieben Handel auf den Märkten, und die Anṣār bewirtschafteten ihre Felder. Abū Huraira aber hielt sich immer an der Seite des Gesandten Gottes (S). Er aß, was seinen Hunger stillte, und war immer beim Propheten (S), selbst wenn niemand anders dabei war. Er merkte sich seine Aussprüche, während die anderen sie teilweise vergaßen.

Abū Huraira berichtet:

Ich sagte: »O Gesandter Gottes, ich höre von dir so viele Hadithe, aber oft vergesse ich sie wieder!« Er sagte: »Breite deinen Mantel aus!« Ich kam dieser Aufforderung nach. Darauf bewegte der Prophet (S) seine Hände, als schöpfe er etwas in den Mantel hinein. Dann sagte er: »Jetzt zieh ihn wieder an!« Ich tat, was er gesagt hatte! Und seither habe ich nichts mehr vergessen!

20

Schüchternheit im Hinblick auf das Wissen.
Muǧāhid sagte: »Der Schüchterne und der Hochmütige werden das Wissen nicht erwerben können.«
ʿĀʾiša sagte: »Wie wunderbar sind doch die Frauen der Anṣār! Keine falsche Scham hält sie davon ab, die Religion eingehend zu studieren!«

IV Die kleine Waschung

1

Gott der Erhabene sagte: »Ihr Gläubigen! Wenn ihr euch zum Gebet aufstellt, dann wascht euch vorher das Gesicht und die Hände bis zu den Ellbogen und streicht euch über den Kopf und die Füße bis zu den Knöcheln.«

(al-mā'ida – 5,6.)

Abū ʿAbdullāh al-Buḫārī sagt: »Der Prophet (S) erläuterte die Pflicht der kleinen Waschung dahingehend, dass die genannten Körperpartien jeweils einmal zu waschen sind. Manchmal aber wusch er sie zweimal oder auch dreimal, niemals aber öfter als dreimal. Die Gelehrten lehnen eine Vorgehensweise ab, die über diese Praxis des Propheten (S) hinausgeht.«

2

Das Gebet eines Menschen, der unrein[1] ist, wird nicht angenommen.

Hammām Ibn Munabbih berichtet:

Abū Huraira erzählte: »Der Gesandte Gottes (S) sagte: ›Das Gebet eines Menschen, der unrein ist, wird nicht angenommen, bevor er nicht die kleine Waschung verrichtet.‹

1 »Unrein« wird ein Mensch, wenn er die Haut einer Person des anderen Geschlechts berührt, sofern die beiden nicht in einem Verwandtschaftsverhältnis zueinander stehen, das eine Heirat ausschließt (Näheres dazu in Kap. XXIX, Abschn. 11), wenn er seine Notdurft verrichtet hat, bewusstlos war oder geschlafen hat – ein leichter Schlummer im Sitzen gilt dabei nicht als Schlaf –, die Scham berührt hat, Blähungen hatte und in einigen anderen Fällen. Dieser als »kleine Unreinheit« bezeichnete Zustand wird durch die kleine Waschung beseitigt.

Ein Mann aus Ḥaḍramaut fragte ihn: ›O Abū Huraira, wodurch wird man unrein?‹ Er erwiderte: ›Zum Beispiel durch Blähungen.‹«

3

Die große Bedeutung der kleinen Waschung.
»Al-ġurr al-muḥağğalūn« – »Die Menschen mit den hellglänzenden Flecken« – mit diesem Ehrentitel werden die Gläubigen am Tag der Auferstehung wegen der Spuren, die die kleinen Waschungen auf ihren Körpern hinterlassen haben, bezeichnet werden.

Nuʿaim al-Muǧammir berichtet:

Ich ging in Begleitung Abū Hurairas zur Moschee. Er verrichtete die kleine Waschung und erzählte mir dann, dass der Prophet (S) gesagt hat: »Am Jüngsten Tag wird meine Gemeinde ›al-ġurr al-muḥağğalūn‹ genannt werden. Dieser Ehrentitel erklärt sich aus den Spuren, die die kleinen Waschungen auf den Körpern der Gläubigen hinterlassen haben. Wenn ihr diese Flecken vergrößern könnt, so tut das!«

4

Die kleine Waschung muss nicht verrichtet werden, wenn man nicht genau weiß, ob man unrein geworden ist oder nicht. Erst die Gewissheit, unrein zu sein, macht die Waschung erforderlich.

ʿAbbād Ibn Tamīm berichtet:

Mein Onkel väterlicherseits fragte den Gesandten Gottes (S), was zu tun sei, wenn man das Gefühl hat, während des Gebets Blähungen gehabt zu haben. Der Prophet (S) erwiderte: »Setze das Gebet fort und unterbrich es nicht, sofern du nicht ein entsprechendes Geräusch oder einen Geruch wahrgenommen hast.«

5

Was man auf dem Weg zur Toilette sagt.

Anas berichtet:

Wenn der Prophet (S) sich entfernte, um seine Notdurft zu verrichten, sagte er: »O Gott, ich nehme meine Zuflucht bei dir vor den bösen und unreinen Mächten!«

6

Man soll seine Notdurft nicht verrichten, wenn das Gesicht zur Kaaba hingewendet ist, es sei denn, man ist hinter einem Gebäude, einer Mauer oder Ähnlichem verborgen.

Abū Aiyūb al-Anṣārī berichtet, der Gesandte Gottes (S) habe gesagt:

»Wenn ihr die Notdurft verrichtet, so darf euer Gesicht oder euer Rücken nicht zur Kaaba hingewendet sein. Wendet euch vielmehr nach Osten oder nach Westen!«

7

Beim Urinieren soll man seinen Penis nicht mit der rechten Hand halten.

Abū Qatāda berichtet:

Der Prophet (S) sagte: »Wenn ihr uriniert, haltet euren Penis nicht mit der rechten Hand! Und wascht eure Genitalien auch nicht mit der rechten! Und ihr sollt nicht in die Trinkgefäße atmen!«

8

Das Ausspülen des Mundes bei der kleinen Waschung.

Ḥumrān, der Maulā von ʿUṯmān Ibn ʿAffān, berichtet:

Ich war zugegen, als ʿUṯmān sich einmal Wasser für die kleine Waschung bringen ließ. Er schüttete sich etwas Wasser auf die Hände und wusch sie dreimal. Dann schöpfte er mit der rechten Hand Wasser aus dem Gefäß und spülte sich Mund und Nase aus. Anschließend wusch er sich dreimal das Gesicht und ebenso oft die Hände und Unterarme bis zu den Ellbogen. Mit den feuchten Händen strich er sich darauf über den Kopf. Und dreimal wusch er sich die Füße. Dann sagte er: »Ich sah, dass der Prophet (S) in etwa auf diese Weise die kleine Waschung verrichtet hat. Und er sagte: ›Wer wie ich die kleine Waschung verrichtet und zwei Rakʿas betet, ohne sich dabei in irgendeiner Weise ablenken zu lassen, dem verzeiht Gott seine Verfehlungen, die er sich hat zuschulden kommen lassen.‹«

9

Bei den Waschungen sollte auf der rechten Seite angefangen werden.

ʿĀʾiša berichtet:

Der Prophet (S) liebte es, auf der rechten Seite anzufangen, wenn er seine Schuhe anzog, sein Haar kämmte, sich wusch oder andere Tätigkeiten verrichtete.

10

Wenn ein Hund aus einem Gefäß getrunken hat, ist es siebenmal zu reinigen.

Abū Huraira berichtet, der Gesandte Gottes (S) habe gesagt:
Wenn ein Hund aus einem eurer Trinkgefäße trinkt, so spült es siebenmal gründlich aus.

Abū Huraira berichtet, der Prophet (S) habe erzählt:
Ein Mann sah einen Hund, der wegen seines großen Durstes feuchte Erde fraß. Er nahm seinen Schuh, füllte ihn mit Wasser und gab dem Hund zu trinken, bis sein Durst gelöscht war. Gott wird diesem Mann seine gute Tat vergelten und ihn ins Paradies eingehen lassen.

11

Über die Ansicht, die kleine Waschung sei nur dann zu verrichten, wenn aus den beiden Öffnungen des Körpers, der vorderen und der hinteren, etwas ausgeschieden wurde.
Gott der Erhabene nämlich hat gesagt: »Wenn einer von euch vom Abort kommt ...« (al-mā'ida – 5,6.)

'Aṭā' sagte: »Die kleine Waschung ist auch nach sehr geringen Ausscheidungen erneut durchzuführen.«
Ǧābir Ibn 'Abdullāh sagte: »Wer während des Gebets lacht, soll das Gebet wiederholen, nicht aber die Waschung.«
Al-Ḥasan sagte: »Wenn jemand sich das Haar oder die Nägel schneidet oder die Fußbekleidung auszieht, so braucht er deshalb nicht die kleine Waschung durchzuführen.«
Abū Huraira sagte: »Nur wer unrein ist, muss die kleine Waschung verrichten.«

Ǧābir erzählte: »Es war auf jenem Feldzug des Propheten (S), der Ḏāt ar-Riqā'[2] genannt wird, als ein Mann von einem Pfeil getroffen wurde. Er blutete sehr stark. Dennoch verrichtete er sein Gebet in gewohnter Weise.«

Al-Ḥasan sagte: »Zu Lebzeiten des Propheten (S) verrichteten die Muslime ihr Gebet in gewohnter Weise, auch wenn sie schwer verletzt waren.«

Ṭāwus, Muḥammad Ibn 'Alī, 'Aṭā' und die Leute aus dem Ḥiǧāz sagten, das Austreten von Blut mache die kleine Waschung nicht erforderlich.

Ibn 'Umar blutete, nachdem er sich einen Pickel ausgedrückt hatte. Aber er wiederholte die Waschung nicht.

Ibn Abī Aufā spuckte eines Tages Blut, setzte sein Gebet aber unbekümmert fort.

Ibn 'Umar und al-Ḥasan sagten: »Wenn sich jemand schröpfen lässt, muss er anschließend nur die betreffende Körperpartie waschen.«

12

Über die Verwendung des Wassers, das bei der kleinen Waschung übriggeblieben ist.

Abū Ǧuḥaifa berichtet:

Um die Mittagszeit kam der Gesandte Gottes (S) zu uns. Wir brachten ihm Wasser, und er verrichtete die kleine Waschung. Mit dem übrigen Wasser wuschen sich die Leute. Der Prophet (S) betete zum Mittags- und Nachmittagsgebet jeweils zwei Rak'as. Einen kurzen Spieß hatte er dabei vor sich in den Boden gesteckt.[3]

2 Ḏāt al-Riqā': ein Feldzug im Jahre 626.

3 Zur Bedeutung des Spießes vgl. Kap. VIII, Abschn. 34–38.

Abū Mūsā berichtet:

Der Prophet (S) ließ sich Wasser bringen. Er wusch sich die Hände und das Gesicht und spuckte dann das Wasser, das er im Mund hatte, in das Wassergefäß. Zu seinen beiden Gefährten sagte er: »Trinkt von diesem Wasser und schüttet es euch über Gesicht und Brust.«

'Urwa berichtet:

Wenn der Prophet (S) die kleine Waschung verrichtet hatte, kämpften die Menschen fast miteinander, um die Reste seines Waschwassers für sich verwenden zu können.

As-Sā'ib Ibn Yazīd berichtet:

Meine Tante mütterlicherseits ging mit mir zum Propheten (S). Sie sagte zu ihm: »O Gesandter Gottes, mein Neffe hat starke Schmerzen in den Beinen.« Der Prophet (S) strich mir mit der Hand über das Haar und rief Gott um seinen Segen für mich an. Anschließend verrichtete er die kleine Waschung, und ich trank von dem übrigen Wasser. Ich stand hinter ihm und sah das Siegel des Prophetentums zwischen seinen Schulterblättern. Es sah aus wie der Knopf eines kleinen Zeltes.

13

Wenn der Mann gemeinsam mit seiner Frau die kleine Waschung verrichtet.

'Abdullāh Ibn 'Umar berichtet:

Zu Lebzeiten des Gesandten Gottes (S) pflegten Männer und Frauen gemeinsam die kleine Waschung zu verrichten.

14

Die Verwendung von einem Mudd Wasser bei der kleinen Waschung.

Anas berichtet:

Wenn der Prophet (S) die große Waschung[4] verrichtete, verwendete er dafür zwischen einem Ṣāʿ und fünf Mudd Wasser. Für die kleine Waschung genügte ihm ein Mudd Wasser.

15

Das Abreiben der Fußbekleidung.

ʿAbdullāh Ibn ʿUmar berichtet:

Saʿd Ibn Abī Waqqāṣ erzählte, der Prophet (S) habe sich bei der kleinen Waschung mit den feuchten Händen über die Fußbekleidung gestrichen.[5]

Ich fragte ʿUmar, meinen Vater, nach dieser Vorgehensweise. Er sagte: »Ja, natürlich! Wenn Saʿd etwas vom Propheten (S) erzählt, brauchst du niemanden mehr danach zu fragen.«

Al-Muġīra Ibn Šuʿba (R a) berichtet:

Einmal entfernte der Gesandte Gottes (S) sich, um seine Notdurft zu verrichten. Ich folgte ihm mit einem Gefäß voll Was-

4 Die große Waschung wird im folgenden Kapitel behandelt.

5 Er verzichtete also auf das Waschen der Füße. Diese Vorgehensweise ist zulässig, wenn sofort nach dem Waschen der Füße, das nicht länger als 24 Stunden bzw. auf Reisen drei Tage zurückliegen darf, eine Fußbekleidung angelegt wurde, die sauber und undurchlässig ist, fest anliegt und den gesamten Fuß bedeckt. Nicht alle islamischen Rechtsschulen erlauben diese die kleine Waschung erleichternde Regelung.

ser. Er verrichtete die kleine Waschung und strich mit den feuchten Händen über seine Fußbekleidung.

16

Wenn nach dem Waschen der Füße die Fußbekleidung angelegt wird.

ʿUrwa Ibn al-Muġīra berichtet, sein Vater habe erzählt:

Ich war mit dem Propheten (S) auf einer Reise und wollte ihm die Schuhe ausziehen, damit er sich die Füße waschen könne. Er aber sagte: »Nein, das ist nicht nötig. Ich habe die Schuhe angezogen, nachdem ich die Füße gewaschen hatte.« Mit den feuchten Händen strich er über seine Fußbekleidung.

17

Wenn jemand nach dem Genuss von Schaffleisch oder Sawīq auf die kleine Waschung verzichtet.
Abū Bakr, ʿUmar und ʿUṯmān (R a) aßen, ohne anschließend die kleine Waschung zu verrichten.

ʿAbdullāh Ibn ʿAbbās berichtet:

Der Gesandte Gottes (S) aß von der Schulter eines Schafes. Anschließend betete er, ohne die kleine Waschung verrichtet zu haben.

Ǧaʿfar Ibn ʿAmr Ibn Umaiya berichtet:

Mein Vater beobachtete, dass der Gesandte Gottes (S) sich ein Stück aus der Schulter eines Schafs herausschnitt, als gerade zum Gebet gerufen wurde. Er legte das Messer beiseite und betete, ohne die kleine Waschung verrichtet zu haben.

18

Wenn jemand sich nach dem Genuss von Sawīq nur den Mund ausspült, auf die kleine Waschung aber verzichtet.

Suwaid Ibn an-Nuʿmān berichtet:

Im Jahr der Eroberung Ḫaibars ritten ich und der Gesandte Gottes (S) nach aṣ-Ṣahbāʾ, einem Ort unweit von Ḫaibar. Dort verrichtete der Prophet (S) das Nachmittagsgebet und bat dann die Leute, ihm etwas zu essen zu geben. Man brachte ihm zerstoßene, getrocknete Gerste. Der Prophet (S) befahl, sie mit Wasser zu befeuchten. Darauf aß er, und auch wir aßen. Anschließend erhob er sich, um das Abendgebet zu verrichten. Er spülte sich nur den Mund aus und betete, ohne die kleine Waschung verrichtet zu haben.

19

Ist die kleine Waschung erforderlich, wenn man nicht unrein geworden ist?

ʿAmr Ibn ʿĀmir berichtet:

Anas sagte zu mir: »Der Prophet (S) wusch sich vor jedem Gebet.« Ich fragte: »Habt ihr es auch so gehalten?« – »Nein. Wir begnügten uns mit einer kleinen Waschung für die fünf täglichen Gebete, solange wir nicht unrein wurden.«

20

Es ist ein schweres Vergehen, sich mit seinem eigenen Urin zu beschmutzen.

Ibn ʿAbbās berichtet:

Als der Prophet (S) einmal an einem der Friedhöfe Medinas oder Mekkas vorüberkam, hörte er das Wehklagen zweier

Menschen, die in ihren Gräbern bestraft wurden. Der Prophet (S) sagte: »Sie werden in ihren Gräbern gezüchtigt, denn sie haben sich schwerer Vergehen schuldig gemacht. Der eine von ihnen hat sich nicht vor seinem eigenen Urin in Acht genommen. Und der andere war ein Verleumder und Ehrabschneider!« Nach diesen Worten griff er nach einem Palmzweig, zerbrach ihn in zwei Teile und legte sie auf die beiden Gräber. Auf die Frage, warum er das getan habe, erwiderte er: »Vielleicht wird ihnen ihre Lage dadurch ein wenig erleichtert, solange der Zweig nicht verdorrt ist.«

21

Ein Beduine urinierte in der Moschee. Der Prophet (S) und die anderen Leute ließen ihn gewähren.

Anas berichtet:

Ein Beduine urinierte in der Moschee. Der Prophet (S) sagte zu den Leuten: »Lasst ihn und wartet, bis er fertig ist!« Darauf ließ er sich Wasser bringen und schüttete es über die verschmutzte Stelle.

22

Der Urin von Kindern.

ʿĀʾiša, die Mutter der Gläubigen, berichtet:

Jemand brachte ein Kind zum Gesandten Gottes (S). Er nahm es auf den Arm, da urinierte es über sein Kleid. Er ließ sich Wasser bringen und wusch die Flecken aus.

23

Wenn etwas Unreines[6] in die Butter oder ins Wasser fällt.
Az-Zuhrī sagte: »Wasser darf verwendet werden, wenn Geschmack, Geruch und Farbe unverändert sind.«
Ḥammād sagte: »Unbedenklich sind die Federn toter Vögel.«
Az-Zuhrī sagte zu der Frage, ob die Knochen toter Tiere, zum Beispiel von Elefanten und anderen Tieren, in irgendeiner Form verwendet werden dürfen: »Ich kannte einige Gelehrte, die zum Kämmen des Haares Knochen verwendeten und in hohlen Knochen Öle und Fette aufbewahrten, ohne dies für anstößig zu halten.«
Ibn Sīrīn und Ibrāhīm sagten: »Es gibt keine Einwände gegen den Handel mit Elfenbein!«

Maimūna berichtet:

Jemand fragte den Gesandten Gottes (S), was zu tun sei, wenn eine Maus in die Butter gefallen ist. Er erwiderte: »Werft die Maus weg und auch die Butter, die mit ihr in Berührung gekommen ist. Dann könnt ihr bedenkenlos von der Butter essen.«

6 Neben der Unreinheit von Menschen, die durch die Waschungen beseitigt wird, gibt es eine weitere Unreinheit, die Tiere und Gegenstände betrifft und nicht beseitigt werden kann. Die islamischen Rechtsschulen vertreten recht unterschiedliche Meinungen, was in diesem Sinne als unrein zu gelten hat. Die šāfiʿitische Rechtsschule, um ein Beispiel zu nennen, betrachtet Wein und alkoholische Getränke, Hunde und Schweine, verendete Tiere, Exkremente sowie die Milch von Tieren, deren Fleisch nicht gegessen werden darf, als unrein.

24

Man soll nicht in stehende Gewässer urinieren.

Abū Huraira berichtet:

Der Gesandte Gottes (S) sagte: »Wir Muslime sind die Letzten, die auf diese Welt kamen. Und am Tag der Auferstehung werden wir die Ersten sein.« Er sagte ferner: »Uriniert ja nicht in stehende Gewässer! Denn später braucht ihr dieses Wasser vielleicht, um euch zu waschen.«

25

Wenn jemand einem Betenden Aas oder andere unreine Dinge auf den Rücken legt, ändert dies nichts an der Gültigkeit des Gebets.
Wenn Ibn ʿUmar während des Gebets Blut auf seinem Gewand sah, zog er es aus und setzte sein Gebet unbekümmert fort.
Ibn Musaiyab und aš-Šaʿbī erzählten: »Wenn jemand das Gebet in einem Kleid verrichtet, auf dem Flecken von Blut oder Sperma sind, oder wenn er versehentlich eine andere Gebetsrichtung als die nach Mekka einnimmt, oder wenn er die Ersatzabreibung mit Erde[7] vorgenommen hat und während des Gebets erkennt, dass ihm Wasser zur Verfügung gestanden hätte, so braucht er dennoch in all diesen Fällen das Gebet nicht zu wiederholen.«

7 Die Ersatzabreibung mit Erde kann vorgenommen werden, wenn kein Wasser für die Waschung zur Verfügung steht. Näheres dazu in Kap. VII.

'Abdullāh Ibn Mas'ūd berichtet:

Eines Tages verrichtete der Prophet (S) sein Gebet bei der Kaaba. In unmittelbarer Nähe saßen Abū Ǧahl und seine Kumpane. Einer dieser Leute sagte: »Wer von euch traut es sich zu, die Nachgeburt der Kamelin des Soundso zu holen und auf den Rücken Muhammads zu legen, während er sich im Gebet niederwirft?« Der Niederträchtigste dieser Leute entfernte sich und brachte wenig später das genannte Organ. Er wartete, bis der Prophet (S) sich im Gebet niederwarf, und legte es ihm auf den Rücken zwischen die Schulterblätter.

Ich war Augenzeuge dieser Missetat, hatte aber nicht die Möglichkeit, einzuschreiten. Wenn doch noch ein paar andere Leute dagewesen wären!

Abū Ǧahl und seine Kumpane brachen in schallendes Gelächter aus und warfen sich dumme Bemerkungen zu. Der Gesandte Gottes (S) verharrte in seiner Lage und erhob sich nicht, bis Fāṭima kam und die Nachgeburt von seinem Rücken nahm. Darauf hob er seinen Kopf und rief dreimal: »O Gott, bestrafe diese Quraiš!« Dadurch, dass er Gott gegen Abū Ǧahl und seine Kumpane anrief, brachte er sie in eine bedrohliche Lage, denn sie waren davon überzeugt, dass Anrufungen in Mekka von Gott erhört werden.

Darauf rief der Prophet (S): »O Gott, bestrafe Abū Ǧahl, 'Utba Ibn Rabī'a, Šaiba Ibn Rabī'a, al-Walīd Ibn 'Utba, Umaiya Ibn Ḫalaf, 'Uqba Ibn Abī Mu'aiṭ!«

Er nannte auch den Namen des siebten Mannes, aber ich habe ihn vergessen.

'Abdullāh Ibn Mas'ūd ergänzte zu seinem Bericht:

Bei dem, in dessen Hand ich mich befinde! Ich habe die Leichen der Missetäter, die der Prophet (S) genannt hat, gesehen, niedergestreckt am Brunnen von Badr!

26

Es ist nicht zulässig, für die kleine Waschung alkoholhaltige Flüssigkeiten zu verwenden.
Al-Ḥasan und Abū ʿĀliya bezeichneten ein solches Vorgehen als verabscheuungswürdig.
ʿAṭāʾ sagte: »Die Ersatzabreibung mit sauberer Erde ist mir viel lieber als eine Waschung mit alkoholhaltigen Flüssigkeiten.«

ʿĀʾiša berichtet, der Prophet (S) habe gesagt:
Alle berauschenden Getränke sind euch verboten.

v Die große Waschung

1

Gott der Erhabene sagte: »Wenn ihr im Zustand der großen Unreinheit[1] seid, dann wascht euch gründlich.«

(al-mā'ida – 5,6.)

Er sagte ferner: »Ihr Gläubigen! Kommt nicht betrunken zum Gebet, sondern wartet, bis ihr wieder wisst, was ihr sagt! Und kommt auch nicht zum Gebet, wenn ihr im Zustand der großen Unreinheit seid, ohne euch vorher zu waschen, es sei denn, ihr geht nicht wirklich zum Gebet, sondern kommt nur zufällig am Gebetsplatz vorüber.«

(āl 'Imrān – 4,43.)

Vor der großen Waschung ist die kleine Waschung vorzunehmen.

'Ā'iša, die Frau des Propheten (S), berichtet:

Im Zustand der großen Unreinheit verrichtete der Prophet (S) die große Waschung wie folgt: Zunächst wusch er sich die Hände. Darauf verrichtete er die kleine Waschung, wie es vor dem Gebet obligatorisch ist. Mit den feuchten Fingern rieb er sich anschließend die Kopfhaut und spülte dann den Kopf mit drei Handvoll Wasser ab. Zum Abschluss ließ er Wasser über seinen ganzen Körper laufen.

1 Der Zustand der großen Unreinheit wird in erster Linie durch den Geschlechtsverkehr oder den Samenerguß hervorgerufen. Die große Waschung beendet diesen Zustand.

Maimūna, die Frau des Propheten (S), berichtet:

Der Gesandte Gottes (S) verrichtete die kleine Waschung wie vor dem Gebet, verzichtete aber zunächst auf das Waschen der Füße. Anschließend wusch er sich die Scham und die verunreinigten Körperpartien. Darauf ließ er Wasser über seinen ganzen Körper laufen. Zuletzt wusch er sich die Füße. Auf diese Art verrichtete er die große Waschung.

2

Die Verwendung von etwa einem Ṣāʿ Wasser für die große Waschung.

Abū Salama berichtet:

In Begleitung von ʿĀʾišas Bruder ging ich zu ʿĀʾiša. Er fragte sie, wie der Prophet (S) die große Waschung verrichtet. ʿĀʾiša ließ sich ein Gefäß bringen, das etwa einen Ṣāʿ Wasser enthielt. Damit wusch sie sich und schüttete sich das Wasser über den Kopf. Dabei war ein Vorhang zwischen uns und ihr.

Abū Isḥāq berichtet:

Abū Ǧaʿfar erzählte, er und sein Vater seien einmal mit einigen anderen Leuten bei Ǧābir Ibn ʿAbdullāh gewesen, und einer der Anwesenden habe sich nach der großen Waschung erkundigt. Ǧābir sagte: »Ein Ṣāʿ Wasser reicht dafür aus!« Ein Mann entgegnete: »Mir reicht das nicht!« – Ǧābir sprach: »Ein Ṣāʿ Wasser ist sogar für jemanden genug, der mehr Haare hat als du und dich bei weitem überragt!«[2]

Später übernahm Ǧābir die Aufgabe des Vorbeters bei unserem Gebet. Er war dabei nur mit einem Tuch bekleidet.

2 Er meint den Propheten.

3

Wenn jemand den Geschlechtsverkehr wiederholt oder bei allen seinen Frauen eingeht und nur einmal die große Waschung verrichtet.

Qatāda berichtet:

Anas Ibn Mālik erzählte: »Im Laufe einer Nacht und eines Tages ging der Prophet (S) bei allen seinen Frauen ein! Und er hatte elf Frauen.« Ich fragte ihn: »Hatte er denn so viel Kraft?« – »Ja. Wir sagten immer: Er hat die Kraft von dreißig Männern!«

Sa'īd berichtet auf Autorität von Qatāda:

Anas sprach nur von neun Frauen.

4

Wenn es jemandem erst in der Moschee einfällt, dass er im Zustand der großen Unreinheit ist, sich entfernt, um die große Waschung zu verrichten, und nicht die Ersatzabreibung mit Erde vornimmt.

Abū Huraira berichtet:

Der Gebetsbeginn wurde angesagt,[3] und die Leute stellten sich in Reihen auf. Auch der Gesandte Gottes (S) kam zum Gebet in die Moschee. Als er sich zum Gebet aufstellte, fiel ihm ein, dass er im Zustand der großen Unreinheit war. »Wartet«, rief er uns zu und entfernte sich, um die große Waschung vorzunehmen. Als er zurückkam, tropfte ihm noch das Wasser vom

3 Die Ansage des Gebetsbeginns geht dem Gebet unmittelbar voran. Näheres dazu in Kap. x sowie im »Verzeichnis arabischer Namen und Begriffe«.

Kopf. Er sprach den Lobpreis Gottes,[4] und wir beteten mit ihm.

5

Manche Leute nehmen die große Waschung vor, indem sie sich an einem abgelegenen Ort nackt ausziehen. Andere verbergen sich vor den Blicken der Menschen. Die letztgenannte Vorgehensweise ist vorzuziehen.

Der Prophet (S) sagte: »Gott hat einen größeren Anspruch darauf, dass man ihm gegenüber Scham empfindet, als die Menschen.«

Abū Huraira berichtet:

Der Prophet (S) erzählte:

»Wenn die Kinder Israels sich wuschen, zogen sie sich nackt aus und betrachteten einander. Moses (Mūsā) aber pflegte sich allein zu waschen. Die Leute sagten: ›Bei Gott! Was hält Moses nur davon ab, mit uns zusammen zu baden? Bestimmt hat er ein körperliches Gebrechen, das er vor uns geheim halten will!‹

Eines Tages entfernte sich Moses wieder, um ein Bad zu nehmen. Sein Kleid legte er auf einen Stein. Da lief der Stein plötzlich mit dem Kleid davon. Moses rannte hinter ihm her und rief: ›Mein Kleid, o Stein! Mein Kleid!‹ So hatten die Kinder Israels Gelegenheit, ihn nackt zu sehen. Sie sagten: ›Bei Gott, Moses hat kein körperliches Gebrechen!‹

Schließlich konnte Moses den Stein ereilen, und er begann, auf ihn einzuschlagen.«

4 Der Lobpreis Gottes »Allāh akbar« eröffnet den Weihezustand beim Gebet.

Abū Huraira ergänzte zu seinem Bericht:

Bei Gott! Der Stein hat wirklich sechs oder sieben Kerben von diesen Schlägen!

Abū Huraira berichtet:

Der Prophet (S) erzählte:

»Als der Prophet Hiob (Aiyūb) einmal unbekleidet ein Bad nahm, fielen plötzlich Heuschrecken aus purem Gold vom Himmel herab. Hiob begann, sie einzusammeln und in sein Kleid zu packen. Da rief Gott ihn an: ›O Hiob, habe ich dir denn nicht genug gegeben, dass du entbehren kannst, was du da siehst?‹ Hiob erwiderte: ›Doch, gewiss, bei deiner Allmacht! Aber ich kann nicht genug bekommen von deinen Segnungen!‹«

Der Prophet (S) ergänzte zu seinem Bericht: »Hiob badete unbekleidet.«

6

Beim Baden soll man sich vor den Blicken anderer verbergen.

Umm Hāni', die Tochter Abū Ṭālibs, berichtet:

Im Jahr der Eroberung Mekkas kam ich einmal zum Gesandten Gottes (S), als er gerade die große Waschung verrichtete. Fāṭima hielt ein großes Tuch, hinter dem er verborgen war. Er fragte: »Wer ist gekommen?« Ich erwiderte: »Ich bin's, Umm Hāni'!«

7

Wenn eine Frau im Traum ein sexuelles Erlebnis hat.

Umm Salama, die Mutter der Gläubigen, berichtet:

Umm Sulaim, die Frau von Abū Ṭalḥa, kam zum Gesandten Gottes (S) und sagte: »O Gesandter Gottes, Gott schämt sich nicht, die Wahrheit zu sagen! Muss eine Frau, die im Traum ein sexuelles Erlebnis hatte, die große Waschung verrichten?« Der Prophet (S) erwiderte: »Ja, wenn sie nach dem Aufwachen Ausfluss bemerkt, soll sie das tun.«

8

Im Zustand der großen Unreinheit kann man sein Haus verlassen und auf den Bazar gehen oder andere Örtlichkeiten aufsuchen.
'Aṭā' sagte: »Im Zustand der großen Unreinheit kann man sich schröpfen lassen, sich die Nägel schneiden oder das Haar scheren lassen, auch wenn die kleine Waschung nicht verrichtet wurde.«

Abū Huraira berichtet:

Ich war einmal im Zustand der großen Unreinheit, als ich dem Gesandten Gottes (S) begegnete. Er nahm mich bei der Hand, und wir liefen durch die Stadt. Schließlich setzte er sich. Ich entfernte mich, um die große Waschung vorzunehmen. Als ich zurückkam, saß er noch an derselben Stelle. Er fragte: »Wo warst du, o Abū Huraira?« Ich erzählte es ihm. Er sagte: »Gott sei gepriesen, o Abū Huraira! Der Gläubige ist nie wirklich unrein!«

9

Im Zustand der großen Unreinheit sollte man vor dem Schlafen die kleine Waschung verrichten.

'Ā'iša berichtet:

Wenn der Prophet (S) im Zustand der großen Unreinheit war und schlafen wollte, wusch er seine Scham und verrichtete anschließend die kleine Waschung wie vor dem Gebet.

10

Jene Körperpartien sind zu waschen, die mit der Feuchtigkeit der weiblichen Scham in Berührung gekommen sind.

Zaid Ibn Ḫālid al-Ǧuhanī berichtet:

Ich fragte ʿUṯmān Ibn ʿAffān: »Wie soll ein Mann die Waschung verrichten, wenn er seiner Frau beigewohnt hat, aber keinen Samenerguss hatte?« ʿUṯmān erwiderte: »Er soll wie vor dem Gebet die kleine Waschung verrichten und zusätzlich seinen Penis waschen. Dies sagte der Gesandte Gottes (S).«

Zaid ergänzte zu seinem Bericht:

Ich habe auch ʿAlī Ibn Abī Ṭālib, az-Zubair Ibn ʿAuwām, Ṭalḥa Ibn ʿUbaidullāh und Ubai Ibn Kaʿb danach gefragt, und alle gaben sie mir dieselbe Antwort.«

Ubai Ibn Kaʿb berichtet:

Ich fragte den Propheten (S): »O Gesandter Gottes, wie soll ein Mann sich waschen, der seiner Frau beigewohnt hat, aber keinen Samenerguss hatte?« Er erwiderte: »Er soll jene Körperpartien, mit denen er die Frau berührt hat, waschen. Anschließend soll er die kleine Waschung durchführen. Dann kann er das Gebet verrichten.«

VI Die Menstruation

1

Gott der Erhabene sagte: »Und sie fragen dich nach der Menstruation. Sag: Sie ist eine Plage. Haltet euch daher während der Menstruation von euren Frauen fern, und nähert euch ihnen nicht, bis sie wieder rein sind! Und wenn sie sich dann gereinigt haben, so geht zu ihnen, wie Gott es euch geboten hat! Gott liebt die, die Buße tun. Und er liebt die, dich sich reinigen.« (al-baqara – 2,222.)

Über den Ursprung der Menstruation.
Der Prophet (S) sagte: »Gott hat die Menstruation für die Töchter Adams (Ādam) bestimmt.«
Einige Gelehrte sagten: »Gott ließ die Menstruation als Erstes über die Töchter Israels kommen.«
Abū ʿAbdullāh al-Buḫārī sagt: »Der Aussage des Propheten (S) kommt eine größere Bedeutung zu.«

2

Die Vorschrift für Frauen, die ihre Tage haben.

ʿĀʾiša berichtet:

Wir verließen Medina, um die Wallfahrt nach Mekka durchzuführen. In Sarif[1] bekam ich meine Tage. Ich war sehr traurig darüber und weinte. Der Gesandte Gottes (S) kam zu mir und fragte: »Was ist mit dir? Hast du deine Tage bekommen?« Ich nickte. Er sagte: »Gott hat die Menstruation für die Töchter

1 Sarif: ein Ort etwa 20 km nördlich von Mekka.

Adams (Ādam) bestimmt. Komme den Pflichten nach, die den Pilgern vorgeschrieben sind, aber verzichte auf die Umrundung der Kaaba.«

'Ā'iša ergänzte zu ihrem Bericht:

Für seine Frauen opferte der Gesandte Gottes (S) einige Kühe.[2]

3

Wenn eine Frau während der Menstruation ihrem Mann den Kopf wäscht und sein Haar kämmt.

'Ā'iša berichtet:

Wenn ich meine Tage hatte, kämmte ich oft das Haar des Gesandten Gottes (S).

'Urwa berichtet:

Ein Mann fragte mich: »Darf eine Frau mich bedienen, wenn sie ihre Tage hat? Darf eine unreine Frau mir nahekommen?« Ich erwiderte: »Ich messe dem keine solch große Bedeutung bei. Frauen dürfen sich mir immer nähern. Und niemand braucht da irgendwelche Bedenken zu haben. 'Ā'iša erzählte mir, sie habe dem Gesandten Gottes (S) das Haar gekämmt, wenn sie ihre Tage hatte, sogar zu Zeiten, da er sich in die Moschee zurückgezogen hatte, um sich ausschließlich dem Dienste Gottes zu widmen. Er ging zu 'Ā'iša in ihre Kammer, und sie, die ihre Tage hatte, kämmte ihm das Haar.«

2 Bei der Wallfahrt wird am Opfertag ein Schlachtopfer dargebracht.

4

Darf man eine Frau, die ihre Monatsblutung hat, berühren?

ʿĀʾiša berichtet:

Wenn der Gesandte Gottes (S) eine seiner Frauen streicheln und liebkosen wollte, während sie gerade ihre Tage hatte, hieß er sie, ein Kleid anzuziehen. Dann liebkoste er sie.

ʿĀʾiša ergänzte zu ihrem Bericht:

Aber ich weiß nicht, ob ihr eure Leidenschaft so kontrollieren könnt wie der Prophet (S).

5

Während der Menstruation sollen die Frauen auf das Fasten verzichten.

Abū Saʿīd al-Ḫudrī berichtet:

Anlässlich des Opferfestes – oder es kann auch das Fest des Fastenbrechens[3] gewesen sein – begab sich der Gesandte Gottes (S) zum Gebetsplatz. Als er bei den Frauen vorüberkam, blieb er stehen und sagte zu ihnen: »Ihr Frauen, ich rate euch, Almosen zu geben! Denn ich habe gesehen, dass die Mehrzahl der Höllenbewohner Frauen sind.« Die Frauen fragten ihn: »Wie kommt das, o Gesandter Gottes?« – »Frauen fluchen häufig und sind oft undankbar gegenüber ihren Ehemännern. Auch sah ich nie jemanden mit weniger Verstand und geringerer Religiosität als manche von euch! Und ihr könnt selbst einen einsichtigen Mann betören!« Die Frauen fragten: »Aber warum ist unsere Re-

3 Das Fest des Fastenbrechens beendet das Fasten im Ramaḍān, dem 9. Monat des islamischen Kalenders.

ligiosität und unser Verstand mangelhaft, o Gesandter Gottes?« Er erwiderte: »Ist es nicht so, dass der Zeugenaussage einer Frau nur das halbe Gewicht derselben eines Mannes zukommt?« – »Doch, natürlich!« – »Der mangelnde Verstand der Frauen ist der Grund dafür! Und ist es nicht so, dass eine Frau während ihrer Menstruation nicht betet und nicht fastet?« – »Doch.« – »Das ist die mangelhafte Religiosität der Frauen.«

6

Wenn die Blutung anhält.

'Ā'iša berichtet:

Fāṭima Bint Abī Ḥubaiš fragte den Gesandten Gottes (S): »O Gesandter Gottes, bei mir hält die Blutung an, auch wenn die Menstruation vorüber sein sollte. Soll ich weiterhin auf das Gebet verzichten?« Der Gesandte Gottes (S) erwiderte: »Nein, das ist Blut aus einer Ader, nicht die Monatsblutung. Wenn die Menstruation beginnt, verzichte auf das Gebet. Und wenn sie vorüber ist, wasch das Blut ab und verrichte wieder die vorgeschriebenen Gebete.«

7

Wenn etwas durch das Menstruationsblut verunreinigt wurde.

Asmā' Bint Abī Bakr berichtet:

Eine Frau sagte zum Gesandten Gottes (S): »O Gesandter Gottes, was sollen wir tun, wenn das Kleid von dem Menstruationsblut beschmutzt wurde?« Er antwortete: »Beseitigt die Flecken und wascht das Kleid. Dann könnt ihr es ruhig wieder beim Gebet tragen.«

8

Wenn die Menstruation vorüber ist, sollen die Frauen sich gründlich reinigen. Sie sollen ein Bad nehmen und jene Körperpartien, die mit dem Blut in Berührung gekommen sind, mit einem parfümierten Tuch abreiben.

ʿĀʾiša berichtet:

Eine Frau fragte den Propheten (S), wie sie sich nach der Monatsblutung waschen soll. Er gab ihr die entsprechenden Hinweise und sagte: »Nimm ein parfümiertes Tuch und reib dich damit ab!« Sie fragte: »Wie soll ich das machen?« – »Reinige dich damit!«

Ich nahm die Frau zur Seite und sagte zu ihr: »Reib mit dem Tuch die Körperpartien ab, die mit dem Blut in Berührung gekommen sind!«

9

Gott der Erhabene sagte: »Wohlgestaltet oder ungestaltet …« (al-ḥaǧǧ – 22,5.)

Anas Ibn Mālik berichtet, der Prophet (S) habe erzählt:

Gott – er ist mächtig und erhaben – betraut einen Engel mit der Aufsicht über die Gebärmutter. Dieser Engel sagt: »O Herr, ein Tropfen Sperma! O Herr, ein Embryo! O Herr, ein Fötus!« Und wenn Gott seine Schöpfung vollenden will, fragt der Engel: »O Herr, soll es ein Mann oder eine Frau werden? Wird es unglücklich oder glücklich werden? Wovon wird es seinen Lebensunterhalt bestreiten? Wann wird es sterben?«

All das wird bereits im Bauch der Mutter festgelegt.

10

Während der Menstruation sollen die Frauen auf das Gebet verzichten.
Ǧābir und Abū Sa'īd berichten, der Prophet (S) habe gesagt: »Verzichtet auf das Gebet!«

Mu'āḏa berichtet:

Eine Frau fragte 'Ā'iša: »Sollen wir die Gebete, die während der Monatsblutung ausgefallen sind, nachholen?« 'Ā'iša sagte: »Kommst du aus Ḥarūrā'[4]? Uns hat der Prophet (S) keine solche Vorschrift gemacht!«

Oder 'Ā'iša sagte: »Wir holen die versäumten Gebete nicht nach!«

11

Darf man neben einer Frau, die ihre Monatsblutung hat, schlafen, wenn sie bekleidet ist?

Umm Salama berichtet:

Einmal lag ich mit dem Propheten (S) zusammen unter einer Decke, als ich meine Tage bekam. Ich rückte von ihm weg, stand auf und zog das Kleid an, das ich immer während meiner Menstruation trage. Er fragte: »Hast du deine Tage bekommen?« Ich nickte.

Der Prophet (S) nahm mich anschließend wieder zu sich unter die Decke.

4 Ḥarūrā': ein Ort unweit von Kufa im heutigen Irak. Die Ḫāriǧiten, eine zu jener Zeit wichtige islamische Partei, hatte sich um 660 dort niedergelassen. Sie vertraten die Überzeugung, dass die während der Menstruation ausgefallenen Gebete nachzuholen sind.

Umm Salama berichtet ferner:

Der Prophet (S) küsste mich, während er fastete. Und nach dem Geschlechtsverkehr wuschen ich und der Prophet (S) uns, indem wir demselben Gefäß Wasser entnahmen.

12

Frauen dürfen während ihrer Menstruation an den Feierlichkeiten der beiden Feste[5] und den religiösen Zusammenkünften der Muslime teilnehmen; sie sollen sich vom Gebetsplatz fernhalten.

Ḥafṣa berichtet:

Wir haben es unseren Töchtern im heiratsfähigen Alter immer verboten, an den Feierlichkeiten der beiden Feste teilzunehmen. Eines Tages kam eine Frau zu uns nach Medina. Sie wohnte bei den Banū Ḫalaf[6] und erzählte uns von ihrer Schwester, deren Mann zwölfmal mit dem Propheten (S) an einem Feldzug teilgenommen hat.

Sie berichtete:

»Auch meine Schwester war sechsmal bei Feldzügen des Propheten (S) dabei. Die Frauen haben damals die Verwundeten behandelt und die Kranken versorgt. Eines Tages fragte meine Schwester den Propheten (S): ›Wenn eine Frau zu Hause bleibt und nicht am öffentlichen Leben teilnimmt, weil sie kein langes und weites Kleid besitzt, erwächst ihr dann daraus ein Schaden?‹ Er erwiderte: ›Sie soll sich von ihrer Freundin ein Kleid leihen, Gutes tun und an den religiösen Zusammenkünften der Muslime teilnehmen.‹«

5 Gemeint sind das Opferfest und das Fest des Fastenbrechens.
6 Banū Ḫalaf: eine medinensische Familie.

Ḥafṣa fährt in ihrem Bericht fort:

Später kam Umm ʿAṭiya zu mir, und ich sagte zu ihr: »Hast du gehört, was der Prophet (S) gesagt hat?« – »Ja, gewiss – er ist mir so teuer wie mein Vater!« – Immer wenn sie den Propheten (S) erwähnte, sagte sie: »Er ist mir so teuer wie mein Vater!«

Umm ʿAṭiya erzählte: »Ich hörte, dass der Prophet (S) gesagt hat: ›Unsere Töchter im heiratsfähigen Alter sowie Frauen, die durch ihre Kleidung den Blicken anderer verborgen sind‹, oder er sagte: ›Unsere Töchter, die entsprechend gekleidet sind, sowie Frauen, die ihre Menstruation haben, sollen Gutes tun und an den religiösen Zusammenkünften der Muslime teilnehmen. Und während der Menstruation sollen Frauen sich vom Gebetsplatz fernhalten.‹«

Ich fragte sie: »Auch während der Menstruation dürfen wir an den Versammlungen teilnehmen?« – »Ja. Wir dürfen doch in ʿArafa und bei anderen Gelegenheiten dabei sein, oder etwa nicht?«

13

Wenn eine Frau dreimal im Monat ihre Tage bekommt.
Soll man einer Frau Glauben schenken, wenn sie sagt, sie habe ihre Monatsblutung oder sie erwarte ein Kind?
Gott der Erhabene sagte: »Und es ist ihnen nicht erlaubt zu verheimlichen, was Gott in ihren Schößen erschaffen hat.«

(al-baqara – 2,228.)

ʿAlī und Šuraiḥ sagten: »Wenn eine Frau aus dem Kreis ihrer Familie glaubwürdige Zeugen dafür beibringen kann, dass sie dreimal im Monat ihre Tage bekommt, so ist ihr Glauben zu schenken.«
ʿAṭāʾ sagte: »Es ist zu berücksichtigen, wann die letzte Monatsblutung war.«

ʻAṭāʼ sagte ferner: »Die Dauer der Menstruation kann zwischen einem Tag und fünfzehn Tagen liegen.«
Muʻtamir erzählte, sein Vater habe Ibn Sīrīn gefragt: »Was ist, wenn eine Frau Blut bemerkt, seit dem Ende ihrer Menstruation aber bereits fünf Tage vergangen sind?« Ibn Sīrīn erwiderte: »In diesen Dingen kennen die Frauen sich besser aus als wir Männer.«

VII Die Ersatzabreibung

1

Gott der Erhabene sagte: »Wenn ihr kein Wasser findet, um die Waschung zu verrichten, so nehmt saubere Erde und streicht euch damit über Gesicht und Hände.«

(al-mā'ida – 5,6.)

'Ā'iša, die Frau des Propheten (S), berichtet:

Wir waren mit dem Gesandten Gottes (S) auf einer Reise. Als wir nach al-Baidā' kamen, oder es kann auch Ḏāt al-Ǧaiš gewesen sein,[1] bemerkte ich, dass meine Halskette aufgegangen war und ich sie verloren hatte. Der Gesandte Gottes (S) saß von seinem Reittier ab, um sie zu suchen, und die Karawane machte halt.

An diesem Ort gab es kein Wasser, und wir hatten auch kein Wasser bei uns. Einige Leute wandten sich an Abū Bakr aṣ-Ṣiddīq, meinen Vater, und sagten: »Weißt du, was 'Ā'iša angestellt hat? Wegen ihrer Nachlässigkeit wurden der Gesandte Gottes (S) und die Leute hier aufgehalten, an einem Ort, wo es kein Wasser gibt. Und sie haben auch kein Wasser bei sich!«

Abū Bakr kam zu uns, als der Gesandte Gottes (S) mit dem Kopf auf meinem Oberschenkel eingeschlafen war. Er sagte zu mir: »'Ā'iša, du bist schuld, dass der Gesandte Gottes (S) und die Leute hier aufgehalten werden, an einem Ort, wo es kein Wasser gibt, und sie haben doch auch kein Wasser bei sich!« Er redete auf mich ein und schimpfte mit mir. Mit der Hand versetzte er mir Stöße an die Hüfte, und ich konnte seinen Schlä-

1 Zwei Orte, zwischen Medina und Ḫaibar gelegen.

gen nicht ausweichen, da der Gesandte Gottes (S) doch auf meinem Oberschenkel lag und schlief!

Als der Prophet (S) sich am nächsten Morgen erhob, hatten wir kein Wasser, um die Waschung vor dem Gebet vorzunehmen. Da offenbarte Gott der Erhabene den Vers über die Ersatzabreibung[2], und die Leute verrichteten die Waschung auf diese Art.

Usaid Ibn Ḥuḍair rief: »Das ist nicht das erste Mal, dass uns durch euch, durch Abū Bakr und seine Familie, Gottes Segen und Barmherzigkeit zuteilwird!«

ʿĀʾiša ergänzte zu ihrem Bericht:

Als wir später mein Kamel zur Abreise fertig machten, sahen wir da, wo es gelegen hatte, die Halskette liegen.

Ǧābir Ibn ʿAbdullāh berichtet, der Prophet (S) habe gesagt:

Fünferlei gewährte Gott nur mir und niemandem vor mir:

- Er verlieh mir den Sieg über meine Feinde, indem er ihnen Angst und Schrecken einjagte, und dies in einem Gebiet, dessen Größe einen Monat beträgt.
- Die Erde wurde für mich und meine Gemeinde zu einem Ort des Gebets und zu einem Mittel der Reinigung. Wo auch immer die Angehörigen meiner Gemeinde sich aufhalten mögen, wenn es Zeit für das Gebet ist, können sie es auch verrichten.
- Nur mir und niemandem vor mir wurde erlaubt, Beute zu machen.
- Nur mir wurde das Recht zugestanden, am Tag des Gerichts Fürbitte einzulegen.
- Alle Propheten vor mir wurden zu ihrem Volk geschickt, ich aber wurde für die gesamte Menschheit ausgesandt.

2 Das ist al-māʾida – 5,6.

2

Es ist zulässig, in bewohnten Gebieten die Ersatzabreibung mit Erde vorzunehmen, wenn kein Wasser zur Verfügung steht und man fürchten muss, durch die Suche nach Wasser die Zeit des Gebetes zu verpassen.

'Aṭā' vertrat diese Auffassung.

Al-Ḥasan sagte: »Wenn einem Kranken Wasser zur Verfügung steht, aber niemand da ist, der es ihm reicht, so soll er die Ersatzabreibung vornehmen.«

Ibn 'Umar war einmal zur Zeit des Nachmittagsgebets auf dem Weg von seiner Plantage bei al-Ǧuruf[3] nach Medina. Er befand sich gerade auf einer Schafweide und verrichtete dort das Gebet. Als er nach Medina kam, stand die Sonne noch immer am Himmel. Dennoch wiederholte er das Gebet nicht.

Abū Ǧuhaim berichtet:

Der Prophet (S) kam vom Brunnen Ǧamal[4], als ein Mann ihm begegnete und ihn grüßte. Der Prophet (S) erwiderte den Gruß nicht, bevor er an die Mauer getreten war und sich mit etwas Erde über Gesicht und Hände gestrichen hatte. Dann erst begrüßte er den Mann.

3

Wenn jemand sich bei der Ersatzabreibung in die Hände bläst.

Sa'īd Ibn 'Abdurraḥmān Ibn Abzā berichtet auf Autorität seines Vaters:

Ein Mann kam zu 'Umar Ibn al-Ḫaṭṭāb und sagte: »Ich war im Zustand der großen Unreinheit und konnte kein Wasser finden, um die Waschung vorzunehmen.«

3 Al-Ǧuruf: ein Ort etwa 6 km nördlich von Medina.

4 Brunnen unweit von Medina.

Da sagte ʿAmmār Ibn Yāsir zu ʿUmar: »Erinnerst du dich daran, wie wir beide, du und ich, auf einer Reise waren? Du hast damals auf das Gebet verzichtet, ich aber wälzte mich auf dem Boden und betete dann! Später erzählte ich dem Propheten (S) davon. Er sagte: ›Es hätte ausgereicht, wenn du das getan hättest!‹ Bei diesen Worten schlug er mit den Handflächen auf den Boden, blies in sie hinein und strich mit ihnen über Gesicht und Hände.«

4

Dem Muslim genügt für die kleine Waschung saubere Erde an Stelle von Wasser.

Musaddad berichtet:

ʿAuf erzählte auf Autorität von Abū Raǧāʾ, ʿImrān habe Folgendes berichtet:

»Wir waren mit dem Propheten (S) auf einer Reise und ritten, bis die Nacht fast vorüber war. Dann saßen wir ab und legten uns schlafen. Für den Reisenden ist kein Schlaf erquicklicher als der am Ende der Nacht. So erwachten wir erst, als die Sonne bereits hoch am Himmel stand. Als Erster erwachte der Soundso, dann ein Zweiter und ein Dritter – « Abū Raǧāʾ nannte die Namen dieser Männer, ʿAuf aber vergaß sie.

»Als Vierter wachte ʿUmar Ibn al-Ḫaṭṭāb auf. Den Propheten (S) weckten wir nie, denn wir wussten nicht, was im Schlaf mit ihm vorging. Er erwachte immer von selbst. ʿUmar stand auf und schaute sich um. Er war ein tatkräftiger Mann. Mit erhobener Stimme rief er den Lobpreis Gottes. Seine laute Stimme weckte den Propheten (S). Er erhob sich, und wir erzählten ihm, was geschehen war. Er sagte: ›Das ist nicht wichtig! Lasst uns jetzt weiterreiten!‹ Wir brachen auf.

Noch waren wir nicht weit geritten, da gab der Prophet (S)

den Befehl zum Anhalten. Er stieg von seinem Reittier, ließ sich Wasser bringen und verrichtete die kleine Waschung. Anschließend wurde zum Gebet gerufen, und wir beteten. Als der Prophet (S) das Gebet beendet hatte, fiel sein Blick auf einen Mann, der sich ferngehalten und nicht mit uns gebetet hatte. Er fragte ihn: ›Warum hast du nicht mit uns gebetet?‹ – ›Ich bin im Zustand der großen Unreinheit und habe kein Wasser, um die Waschung vorzunehmen!‹ Der Prophet (S) sagte: ›Nimm saubere Erde, das genügt!‹

Wir ritten weiter. Einige Zeit später klagten die Leute über großen Durst. Der Prophet (S) ließ haltmachen und rief ʿAlī und einen anderen Mann« – Ibn Raǧāʾ nannte seinen Namen, ʿAuf aber vergaß ihn – »zu sich. Er sagte zu ihnen: ›Geht und holt Wasser!‹

Die beiden ritten davon. Nach einiger Zeit begegneten sie einer Frau, die zwei große Wasserschläuche auf ihrem Reittier hatte. Sie fragten sie: ›Wo gibt es hier Wasser?‹ Sie antwortete: ›Gestern war ich mit meinen Angehörigen an einer Wasserstelle – es war etwa dieselbe Tageszeit wie jetzt.‹ ʿAlī und sein Begleiter sagten zu ihr: ›Komm mit uns!‹ – ›Wohin?‹ – ›Zum Gesandten Gottes (S).‹ – ›Ihr meint den Mann, der ‚aṣ-Ṣābi" genannt wird?‹ – ›Ja. Komm mit uns!‹

Mit der Frau ritten sie zurück und erstatteten dem Propheten (S) Bericht. Er sagte: ›Helft dieser Frau beim Absteigen!‹ Anschließend ließ er sich ein Gefäß bringen und füllte es mit Wasser aus den Schläuchen. Dann band er die oberen, großen Öffnungen der Wasserschläuche wieder zu und öffnete die kleinen, unteren Öffnungen. Die Leute wurden herbeigerufen, und sie tranken, bis sie genug hatten, und tränkten auch ihre Reittiere. Zuletzt reichte der Prophet (S) jenem Mann, der im Zustand der großen Unreinheit war, das Gefäß mit dem restlichen Wasser und sagte zu ihm: ›Geh und wasch dich damit!‹

Die Frau hatte währenddessen dabeigestanden und beobachtet, was mit ihrem Wasser geschah.

Ich schwöre bei Gott! Wir hatten viel Wasser aus ihren Schläuchen verbraucht, aber wir hatten den Eindruck, dass sie hinterher voller waren als zuvor!

Der Prophet (S) sagte: ›Bringt Proviant für die Frau herbei!‹ Wir trugen für sie Datteln, Mehl und Sawīq zusammen, dass es für ein gutes Essen ausreichte, und packten es in ein Tuch. Dann halfen wir ihr beim Aufsteigen und befestigten das Paket vor ihrem Sattel. Zum Abschied sagte der Prophet (S) zu der Frau: ›Du hast gesehen: Wir haben nicht von deinem Wasser getrunken, sondern Gott war es, der uns zu trinken gegeben hat!‹

Verspätet kam die Frau zu ihren Angehörigen zurück. Auf die Frage, was sie denn so lange aufgehalten habe, erwiderte sie: ›Etwas Merkwürdiges ist geschehen! Ich bin zwei Männern begegnet, die mich zu jenem Mann brachten, der ‚aṣ-Ṣābi" genannt wird. Und dieser Mann hat dieses und jenes getan!‹ Sie erzählte das Vorkommnis und sagte dann: ›Bei Gott, dieser Mann ist entweder der größte Magier zwischen hier und dort‹ – bei diesen Worten streckte sie ihren Zeige- und Mittelfinger aus, eine Geste, mit der sie ›zwischen Himmel und Erde‹ ausdrückte – ›oder er ist wirklich der Gesandte Gottes!‹

In der Folgezeit unternahmen die Muslime wiederholt Angriffe auf die Ungläubigen in der Gegend, wo die Frau und ihr Stamm lebte, nie aber wandten sie sich direkt gegen sie.

Eines Tages sagte die Frau zu ihren Angehörigen: ›Ich glaube, die Muslime greifen uns bewusst nicht an. Warum wollt ihr eigentlich nicht zum Islam übertreten?‹ Ihr Stamm stimmte ihr zu und nahm den Islam an.«

Abū ʿAbdullāh al-Buḫārī sagt:

»Mit dem Begriff ›aṣ-Ṣābiʾ‹ bezeichnet man jemanden, der sich von einer Religion ab- und einer anderen zuwendet!«

Abū ʿĀliya sagte: »›Aṣ-Ṣābiʾūn‹ – die Sabier – sind eine jüdisch-christliche Sekte, die den Psalter rezitieren.«

VIII Das Gebet

1

Wie das Gebet auf der nächtlichen Himmelsreise des Propheten (S) angeordnet wurde.
Ibn ʿAbbās erzählte: »Abū Sufyān berichtete mir von seinem Erlebnis mit Herakleios. Er sagte: ›Er‹ – damit meinte er den Propheten (S) – ›hat uns das Gebet, die Aufrichtigkeit und die Sittsamkeit anbefohlen.‹«

Anas berichtet auf Autorität von Abū Ḏarr, der Gesandte Gottes (S) habe erzählt:

Das Dach meines Hauses in Mekka tat sich auf, und Gabriel (Ǧibrāʾīl) stieg zu mir herab. Er öffnete mein Herz und wusch es mit dem Wasser des Brunnens Zamzam[1]. Dann holte er eine goldene Schüssel hervor, die mit Weisheit und religiösem Glauben gefüllt war. Ihren Inhalt ließ er in mein Herz strömen. Darauf verschloss er es wieder.

Anschließend nahm er mich bei der Hand und stieg mit mir hinauf zum ersten Himmel. Dort angekommen, befahl er dem Pförtner des Himmelstores: »Öffne!« Jener fragte: »Wer ist da?« – »Ich bin es, Gabriel!« – »Ist jemand bei dir?« – »Ja, Muhammad (S).« – »Wurde nach ihm geschickt?« – »Ja.« Der Pförtner öffnete das Tor, und wir betraten den ersten Himmel. Dort sahen wir einen Mann sitzen, an dessen rechter und linker Seite sich zahlreiche dunkle Gestalten befanden. Und jedes Mal, wenn er nach rechts schaute, lachte er, wenn er aber nach links schaute, weinte er. Dieser Mann sagte zu mir: »Willkommen, o aufrichtiger Prophet und frommer Sohn!« Ich fragte Gabriel:

1 Zamzam: der berühmte Brunnen in Mekka neben der Kaaba.

»Wer ist dieser Mann?« Er erwiderte: »Das ist Adam (Ādam), und die Gestalten rechts und links von ihm sind die Seelen seiner Nachkommen. Die zu seiner Rechten sind die Bewohner des Paradieses, die zu seiner Linken die Insassen der Hölle. Deshalb lacht er, wenn er nach rechts schaut, weint aber, wenn er nach links blickt.«

Gabriel stieg mit mir hinauf zum zweiten Himmel. Auch dort befahl er dem Pförtner, das Tor zu öffnen. Es folgte dasselbe Gespräch wie mit dem Pförtner des ersten Himmels, dann wurde uns geöffnet.

Anas berichtet:

Der Prophet (S) erzählte, er habe in den Himmeln Adam, Enoch (Idrīs), Moses (Mūsā), Jesus (ʿĪsā) und Abraham (Ibrāhīm) – Gottes Segenswünsche mögen ihnen allen gelten – getroffen, ohne aber nähere Auskunft darüber zu geben, wie ihre Aufenthaltsorte bestellt waren. Allerdings wies er darauf hin, dass er Adam im ersten und Abraham im sechsten Himmel gesehen habe.

Als Gabriel und der Prophet (S) bei Enoch vorüberkamen, sagte dieser: »Willkommen, o aufrichtiger Prophet und frommer Glaubensbruder!«

Den weiteren Hergang erzählte der Prophet (S) wie folgt:

»Ich fragte Gabriel: ›Wer ist dieser Mann?‹ Er erwiderte: ›Das ist Enoch!‹ Dann sah ich Moses. Er sagte: ›Willkommen, o aufrichtiger Prophet und frommer Glaubensbruder!‹ Ich fragte: ›Und wer ist das?‹ Gabriel sagte: ›Das ist Moses.‹ Anschließend begegnete ich Jesus. Auch er sagte: ›Willkommen, o aufrichtiger Glaubensbruder und frommer Prophet!‹ Wieder fragte ich: ›Wer ist das?‹ – ›Das ist Jesus.‹ Schließlich traf ich Abraham. Er sagte: ›Willkommen, o aufrichtiger Prophet und frommer Sohn!‹ Ich fragte Gabriel: ›Und wer ist dieser Mann?‹ – ›Das ist Abraham, Gott segne ihn und schenke ihm Heil‹, erwiderte Gabriel.«

Ibn ʿAbbās und Abū Ḥabba al-Anṣārī berichten, der Prophet (S) habe erzählt:

Gabriel stieg mit mir hinauf bis zu einem hochgelegenen Ort, wo ich das Geräusch vernahm, das Federhalter beim Schreiben verursachen.

Ibn Ḥazm und Anas Ibn Mālik berichten, der Prophet (S) habe erzählt:

Anschließend wies Gott meine Gemeinde an, jeden Tag fünfzig Gebete zu verrichten. Nachdem ich diese Anordnung entgegengenommen hatte, ging ich zurück. Ich kam bei Moses vorüber, und er fragte mich: »Welche Verordnung hat Gott für deine Gemeinde erlassen?« Ich antwortete: »Er hat fünfzig Gebete pro Tag vorgeschrieben.« Moses sprach: »Geh zurück zu deinem Herrn! Deine Gemeinde kann das nicht leisten!« Ich tat, was er gesagt hatte. Gott fragte nach meinem Begehren und verminderte darauf die Anzahl der Gebete auf die Hälfte. Als ich wieder zu Moses kam, sagte ich: »Er hat es auf die Hälfte reduziert!« Er aber sprach: »Kehre zu deinem Herrn zurück, denn deine Gemeinde vermag das nicht!« Ich ging wiederum zu Gott, und er verminderte die Anzahl der Gebete erneut auf die Hälfte. Als ich wieder bei Moses war, sagte er wieder: »Geh zu deinem Herrn zurück, deine Gemeinde ist dazu nicht imstande!« Und wieder ging ich zu Gott. Er sagte: »Es sollen fünf Gebete sein, die wie fünfzig Gebete berechnet werden. Und mein Wort ändert sich nicht!« Als ich zu Moses kam, sagte er abermals: »Kehre zu deinem Herrn zurück!« Ich aber entgegnete: »Nein, das werde ich nicht tun! Ich schäme mich vor ihm!«

Dann ging Gabriel mit mir weiter, bis wir zum Lotosbaum im siebten Himmel kamen, der von unbeschreiblichen Farben erfüllt war. Ich wurde ins Paradies geführt. Die Berge dort waren Perlen, der Boden Moschus.

ʿĀʾiša, die Mutter der Gläubigen, berichtet:

Als Gott das Gebet zur Pflicht machte, ordnete er für jedes Gebet zwei Rakʿas an. Dies galt zunächst für alle Menschen, ob sie sich auf einer Reise befanden oder nicht. Für Reisende blieb es bei dieser Regelung, während sie für alle anderen Leute vervollständigt wurde.

2

Das Gebet darf nicht unbekleidet verrichtet werden.
Gott der Erhabene sagte: »Ihr Kinder Adams (Ādam)! Legt bei jeder Moschee euren Schmuck an!« (al–aʿrāf – 7,31.)

Salama Ibn al-Akwaʿ erzählte auf die Frage, ob man beten dürfe, wenn man nur mit einem einzigen Tuch bekleidet ist: »Der Prophet (S) sagte: ›Aber befestigt das Tuch, und wenn es nur mit einem Dorn sein sollte.‹«
Der Prophet (S) ordnete an, dass niemand unbekleidet die Kaaba umrunden darf.

3

Während des Gebetes soll das Obergewand im Nacken zusammengebunden sein.
Abū Ḥāzim erzählte auf Autorität von Sahl: »Einige Leute verrichteten zusammen mit dem Propheten (S) das Gebet. Ihren Überwurf hatten sie im Nacken zusammengebunden.«

Muḥammad Ibn al-Munkadir berichtet:

Als Ǧābir einmal das Gebet verrichtete, trug er nur einen Überwurf, den er im Nacken zusammengebunden hatte. Seine Kleider hatte er vorher ausgezogen und an einem Haken aufgehängt. Jemand sagte zu ihm: »Du betest und hast doch nur einen Überwurf an?« Ǧābir entgegnete: »Ja! Ich habe das getan, um es einem Dummkopf wie dir vorzuführen. Glaubst du denn, dass jemand von uns zu Lebzeiten des Propheten (S) zwei Kleidungsstücke besaß?«

Muḥammad Ibn al-Munkadir berichtet:
Einmal sah ich Ǧābir Ibn ʿAbdullāh, als er das Gebet verrichtete und nur mit einem einzigen Tuch bekleidet war. Er sagte: »In dieser Kleidung hat der Prophet (S) gebetet.«

4

Wenn jemand beim Gebet nur mit einem Tuch bekleidet ist, sollen die Schultern bedeckt sein.

Abū Huraira berichtet, der Prophet (S) habe gesagt:
Betet nicht in einem Gewand, das die Schultern unbedeckt lässt.

5

Es ist verwerflich, unbekleidet zu beten.

Ǧābir Ibn ʿAbdullāh berichtet:
Der Gesandte Gottes (S) und die Mekkaner trugen Steine für die Kaaba herbei. Der Prophet (S) war nur mit einem Lendenschurz bekleidet. ʿAbbās, sein Onkel väterlicherseits, sagte zu ihm: »O mein Neffe, es wäre doch besser, wenn du deinen Lendenschurz hochnehmen und als Unterlage für die Steine auf deiner Schulter verwenden würdest!« Der Prophet (S) folgte diesem Rat. Plötzlich fiel er in Ohnmacht. Seit diesem Tag wurde er nie wieder nackt gesehen.

6

Die Scham ist zu bedecken.

Abū Huraira berichtet:

Abū Bakr schickte mich während der Wallfahrt, die unter seiner Leitung stand,[2] in Begleitung einiger Muezzine nach Minā, um dort am Opfertag folgende Anordnungen bekanntzumachen:

- Nach diesem Jahr darf kein Götzendiener mehr die Wallfahrt nach Mekka durchführen.
- Es ist verboten, unbekleidet die Kaaba zu umrunden.

Ḥumaid Ibn ʿAbdurraḥmān berichtet:

Der Gesandte Gottes (S) wies ʿAlī an, Sura at-tauba[3] öffentlich zu rezitieren.

Abū Huraira berichtet:

Am Opfertag machten wir, ich, die Muezzine und ʿAlī, in Minā die befohlenen Ausrufe gemeinsam.

7

Was über den Oberschenkel gesagt wird.
Ibn ʿAbbās, Ǧarhad und Muḥammad Ibn Ǧaḥš erzählten, der Prophet (S) habe gesagt: »Der Oberschenkel gilt als Schamteil!«

2 Abū Bakr leitete die Wallfahrt im Jahr 631.

3 Das ist die neunte Sure des Korans.

Anas sagte: »Der Prophet (S) entblößte seinen Oberschenkel.«

Abū Mūsā erzählte: »Der Prophet (S) verhüllte seine Knie, als ʿUṯmān bei ihm eintrat.«

Zaid Ibn Ṯābit erzählte: »Einmal hatte der Gesandte Gottes (S) eine Offenbarung, als er gerade seinen Oberschenkel auf meinem Bein liegen hatte. Da wurde sein Bein so schwer, dass ich fürchtete, es könnte meinen Schenkel zerquetschen.«

ʿAbdulʿazīz Ibn Ṣuhaib berichtet:

Anas erzählte:

»Folgendes hat sich zugetragen, als der Gesandte Gottes (S) Ḫaibar eroberte:

Es war noch dunkel, als wir unweit von Ḫaibar das Morgengebet verrichteten. Anschließend bestiegen der Prophet (S) und Abū Ṭalḥa ihre Reittiere. Ich saß hinter Abū Ṭalḥa auf, und wir ritten los. Als der Prophet (S) in die schmale Gasse von Ḫaibar einbog, berührte mein Knie seinen Oberschenkel. Er nahm seinen Lendenschurz hoch, dass ich die weiße Haut seines Oberschenkels sehen konnte. Während wir in die Stadt ritten, rief der Prophet (S): ›Allāh akbar![4] Ḫaibar ist besiegt! Immer wenn wir in einem Ort einziehen, gibt es ein böses Erwachen für die, die nicht auf die Warnungen gehört haben!‹ Dreimal rief er dies aus. Die Bewohner Ḫaibars, die gerade mit ihrem Tageswerk beginnen wollten, riefen: ›Muhammad ist da!‹ Einige unserer Leute ergänzten: ›Ja, Muhammad und seine Armee!‹ Wir unterwarfen Ḫaibar und nahmen die Menschen gefangen.

Einige Zeit später kam Diḥya zum Propheten (S) und sagte: ›O Prophet, gib mir von den Gefangenen eine Frau als Sklavin!‹ Der Prophet (S) sagte: ›Geh und nimm dir eine Frau!‹

4 »Allāh akbar« – ›Gott ist groß‹ ist hier ein Ausruf des Triumphes.

Diḥya wählte Ṣafiya Bint Ḥuyai aus. Ein Mann, der von Diḥyas Wahl gehört hatte, lief zum Propheten (S) und sagte: ›O Prophet, du hast Diḥya Ṣafiya Bint Ḥuyai zur Sklavin gegeben! Aber sie ist doch die Gebieterin der Stämme Quraiẓa und an-Naḍīr[5]! Sie steht niemand anderem zu als dir!‹ Der Prophet (S) befahl, Diḥya und Ṣafiya zu ihm zu bringen. Als sein Blick auf Ṣafiya fiel, sagte er zu Diḥya: ›Such dir unter den Gefangenen eine andere Frau aus!‹ Ṣafiya gab er anschließend die Freiheit und heiratete sie.«

Anas erzählte:

»Ṯabit fragte mich: ›O Abū Ḥamza[6], was hat der Prophet (S) ihr als Morgengabe gegeben?‹ Ich sagte: ›Sie selbst war die Morgengabe! Er schenkte ihr die Freiheit und heiratete sie anschließend.‹«

Anas fuhr in seinem Bericht fort:

»Auf dem Weg zurück nach Medina stattete Umm Sulaim Ṣafiya für die Hochzeit aus und führte sie am Abend zum Propheten (S). Er sagte zu den Leuten: ›Wer etwas zu essen dabei hat, soll es herbeibringen!‹ Er breitete einen Lederteppich auf dem Boden aus, und die Leute brachten Datteln und Butter.«

ʿAbdulʿazīz ergänzte zu seinem Bericht:

Ich glaube, Anas sprach auch von Sawīq. Seine Erzählung schloss er mit den Worten: »Ḥaisa wurde zubereitet. Dies war das Hochzeitsmahl des Propheten (S).«

5 Die Stämme Quraiẓa und an-Naḍīr hatten zunächst in Medina gelebt und waren dann von den Muslimen nach Ḫaibar vertrieben worden.

6 Die Kunya von Anas.

8

Wenn jemand beim Gebet ein Gewand trägt, das mit Stickereien oder Ähnlichem verziert ist, und es während des Betens betrachtet.

'Ā'iša berichtet, der Prophet (S) habe gesagt:

Einmal fiel mein Blick während des Gebetes auf die Ḫamīṣa, die ich anhatte. Da kamen mir Bedenken, dass ihre Verzierungen mich beim Gebet ablenken könnten.

9

Wenn jemand auf dem flachen Dach eines Gebäudes, auf der Kanzel oder auf einem Holzbrett das Gebet verrichtet.

Abū Ḥāzim berichtet:

Jemand fragte Sahl Ibn Sa'd, aus welchem Material die Kanzel des Propheten (S) gefertigt wurde. Sahl erzählte:

»Niemand lebt mehr unter uns, der das besser weiß als ich! Sie wurde aus dem Holz der Tamariske gebaut. Der Soundso hat sie für den Gesandten Gottes (S) angefertigt. Und als sie zusammengebaut und in der Moschee aufgestellt war, stieg der Prophet (S) hinauf, nahm die Gebetsrichtung ein und rief ›Allāh akbar‹[7]. Die Anwesenden stellten sich hinter ihm auf. Der Prophet (S) rezitierte aus dem Koran und verbeugte sich, und die Leute verbeugten sich mit ihm. Darauf richtete der Prophet (S) sich wieder auf, kletterte rückwärts die Kanzel hinab und verrichtete am Boden eine Niederwerfung. Dann bestieg er die Kanzel ein zweites Mal, rezitierte und verbeugte sich, um anschließend

7 Der Ausruf »Allāh akbar« steht am Anfang des Gebets. Mit ihm beginnt der Weihezustand des Gebets.

wieder rückwärts hinabzusteigen und sich am Boden niederzuwerfen. Das ist es, was ich über die Kanzel zu berichten weiß.«

Anas Ibn Mālik berichtet:

Eines Tages fiel der Gesandte Gottes (S) vom Pferd und verletzte sich am Bein oder an der Schulter. Er leistete den Schwur, sich einen Monat lang von seinen Frauen fernzuhalten, und zog sich in eine Kammer im Dachgeschoss seines Hauses zurück. Die Treppe, die dort hinaufführte, war aus dem Holz der Dattelpalme gefertigt. Seine Gefährten kamen, um ihn zu besuchen, und er betete mit ihnen. Dabei saß er, während sie hinter ihm standen. Nachdem der Prophet (S) den abschließenden Gruß[8] gesprochen hatte, sagte er: »Ihr sollt dem Vorbeter in allem folgen, was er tut. Wenn er den Lobpreis Gottes spricht, so sagt auch ihr ›Allāh akbar‹. Wenn er sich verbeugt, sollt ihr euch verbeugen, und wenn er sich niederwirft, so werft euch nieder. Und wenn er das Gebet stehend verrichtet, betet auch ihr im Stehen!«

Nach neunundzwanzig Tagen verließ der Prophet (S) den Raum, in den er sich zurückgezogen hatte. Die Leute sagten zu ihm: »O Gesandter Gottes, du hast doch geschworen, einen ganzen Monat dort zu bleiben!« Er entgegnete: »Dieser Monat hat nur neunundzwanzig Tage.«[9]

10

Darf man mit Sandalen beten?

Abū Maslama Saʿīd Ibn Yazīd al-Azdī berichtet:

Ich fragte Anas Ibn Mālik: »Hat der Prophet (S) während des Gebets jemals Sandalen getragen?« – »Ja«, erwiderte er.

8 Der abschließende Gruß beendet den Weihezustand des Gebets.

9 Ein Monat des islamischen Kalenders entspricht der Umlaufzeit des Mondes um die Erde und hat 29 oder 30 Tage.

11

»Beim Gebet soll man sich in Gebetsrichtung aufstellen. Auch die Zehen sollen dorthin gerichtet sein!« Dies sagte der Prophet (S), wie Abū Ḥumaid erzählte.

Anas Ibn Mālik berichtet, der Gesandte Gottes (S) habe gesagt:

Ich wurde angewiesen, die Menschen zu bekämpfen, bis sie bekennen, dass es keinen Gott außer Gott gibt. Wenn sie sich dazu bekennen, unser Gebet verrichten und dabei unsere Gebetsrichtung einnehmen, und wenn sie die Tiere wie wir schlachten[10], dann ist ihr Leben und ihr Besitz für uns unverletzlich, sofern sie nicht gegen Recht und Ordnung verstoßen. Und Gott wird sie dereinst richten.

12

Gott der Erhabene sagte: »Macht euch aus der Stätte Abrahams[11] (Ibrāhīm) einen Platz für das Gebet!«

(al-baqara – 2,125.)

Muǧāhid berichtet:

Ein Mann kam zu Ibn ʿUmar und sagte: »Der Gesandte Gottes (S) hat die Kaaba betreten!«

Den weiteren Hergang erzählte Ibn ʿUmar wie folgt:

10 Die Kehle wird durchgeschnitten, nachdem der Name Gottes ausgesprochen wurde, und das Tier verblutet.

11 Die Stätte Abrahams: das ist die Kaaba, die, wie überliefert wird, von Abraham erbaut wurde.

»Ich kam erst zur Kaaba, als der Prophet (S) sich bereits wieder entfernt hatte. Bilāl aber sah ich noch am Eingang stehen. Ich fragte ihn: ›Hat der Prophet (S) in der Kaaba gebetet?‹ – ›Ja‹, antwortete er. ›Er betete zwei Rak'as zwischen den beiden Säulen, die vom Eingang aus gesehen zur Linken stehen. Und nachdem er die Kaaba verlassen hatte, betete er zwei weitere Rak'as, wobei er sich der Kaaba zuwandte!‹«

13

Beim Gebet soll man die Gebetsrichtung einnehmen, wo auch immer man sich gerade aufhalten mag.
Abū Huraira erzählte, der Prophet (S) habe gesagt: »Nimm die Gebetsrichtung ein und sprich den Lobpreis Gottes!«

Al-Barā' Ibn 'Āzib berichtet:

Sechzehn oder siebzehn Monate lang verrichtete der Gesandte Gottes (S) das Gebet, indem er sich mit dem Gesicht nach Jerusalem wandte. Viel lieber aber hätte er zur Kaaba hin gebetet. Da offenbarte Gott – er ist mächtig und erhaben – den Vers: »Wir haben gesehen, dass du unschlüssig bist, in welche Himmelsrichtung du dich beim Gebet mit dem Gesicht wenden sollst.« (al-baqara – 2,144.)

Im Anschluss an diese Offenbarung wandte der Prophet (S) sich beim Gebet der Kaaba zu.

Einige törichte Leute – es waren Juden – sagten: »Was hat die Muslime nur von ihrer alten Gebetsrichtung abgebracht?« Als Antwort darauf offenbarte Gott: »Sag: Gott gehört der Osten und der Westen. Er leitet, wen er will, auf einen geraden Weg!« (al-baqara – 2,142.)

Ibrāhīm berichtet, 'Abdullāh habe erzählt:

Eines Tages verrichtete der Prophet (S) das Gebet – Ibrāhīm ergänzt an dieser Stelle, er wüsste nicht, ob der Prophet (S) das Gebet an diesem Tag länger oder kürzer als sonst gestaltet habe –, und nachdem er den abschließenden Gruß gesprochen hatte, sagten die Leute zu ihm: »O Gesandter Gottes, gibt es eine Neuerung im Ablauf des Gebets?« Der Prophet (S) fragte: »Warum fragt ihr?« – »Hast du nicht eben auf die und die Art gebetet?« Da wandte der Prophet (S) sich um und nahm wieder die Gebetsrichtung ein. Er verrichtete zwei Niederwerfungen und sprach darauf den abschließenden Gruß. Dann wandte er sich uns wieder zu und sagte: »Wenn es eine Neuerung beim Gebet geben würde, hätte ich es euch gesagt! Nein, es ist vielmehr so, dass ich auch nur ein Mensch bin wie ihr und manchmal etwas vergesse. Macht mich darauf aufmerksam, wenn es wieder vorkommen sollte. Und wenn ihr unsicher seid, ob ihr im Ablauf des Gebetes etwas vergessen habt, so ergänzt das Gebet, wie ihr es für richtig haltet, entrichtet den Gruß und werft euch zweimal nieder.«

14

Über die Gebetsrichtung.

'Umar Ibn al-Ḫaṭṭāb berichtet:

Dreimal entsprachen meine Gedanken den später erfolgten Offenbarungen Gottes.

Einmal sagte ich zum Gesandten Gottes (S): »O Gesandter Gottes, wenn wir uns doch die Stätte Abrahams (Ibrāhīm) zum Ort des Gebets nehmen könnten!« Wenig später wurde offenbart: »Macht euch aus der Stätte Abrahams einen Platz für das Gebet!« (al-baqara – 2,125.)

Ein anderes Mal sagte ich: »O Gesandter Gottes, weise doch

deine Frauen an, dass sie sich hinter einen Vorhang zurückziehen! Meist sind es fromme, manchmal aber auch schamlose Männer, die mit ihnen reden!« Und es erfolgte die Offenbarung jenes Verses[12].

Als die Frauen des Propheten (S) sich in ihrer Eifersucht gegen ihn wandten, sagte ich zu ihnen: »Wenn er sich von euch scheidet, gibt sein Herr ihm vielleicht bessere Gattinnen als euch zum Tausch.« Wenig später offenbarte Gott diese Worte[13].

15

Über die Verteilung und Lagerung von Datteln und anderen Gegenständen in der Moschee.

Anas (R a) berichtet:

Aus Bahrain traf eine kostbare Sendung ein. Der Gesandte Gottes (S) befahl, sie in die Moschee zu schaffen. Es war die wertvollste Sendung, die den Gesandten Gottes (S) jemals erreichte. Der Prophet (S) begab sich in die Moschee und verrichtete das Gebet, ohne sich um diese Dinge zu kümmern. Anschließend ließ er sich neben ihnen nieder, und allen Leuten, die zu ihm kamen, gab er etwas davon. Schließlich kam auch ʿAbbās (R a). Er sagte: »O Gesandter Gottes, gib auch mir etwas von diesen Dingen, denn ich habe für mich und ʿAqīl große Ausgaben gehabt!«[14] Der Gesandte Gottes (S) sagte: »Nimm dir!« ʿAbbās breitete ein Tuch aus und packte viele Dinge darin ein. Als er es dann auf seine Schulter heben wollte, vermochte

12 Das ist al-Aḥzāb – 33,53.

13 Das ist at-taḥrīm – 66,5.

14 ʿAqīl Ibn Abī Ṭālib war ein Vetter des Propheten. ʿAbbās soll ʿAqīl und sich selbst, nachdem sie bei der Schlacht von Badr auf Seiten der Mekkaner kämpften und von den Muslimen gefangen genommen wurden, freigekauft haben.

er es nicht. Er rief: »O Gesandter Gottes, jemand soll mir helfen, es hochzuheben!« Der Prophet (S) aber entgegnete: »Nein!« – »Oder hilf du mir!« – »Nein!« ʻAbbās sah sich gezwungen, wieder einiges auszupacken. Als er es darauf hochheben wollte, war es ihm immer noch zu schwer. Er rief: »O Gesandter Gottes, jemand soll mir helfen, es hochzunehmen!« Der Prophet (S) entgegnete: »Nein!« – »Dann hilf du mir!« – »Nein!« ʻAbbās musste wieder einige Gegenstände auspacken. Dann gelang es ihm, das Paket auf seine Schulter zu heben, und er entfernte sich. Der Gesandte Gottes (S) schaute ihm nach, bis er verschwunden war. Er war unangenehm berührt von ʻAbbās' Habsucht.

Der Gesandte Gottes (S) verließ seinen Platz in der Moschee erst, nachdem auch der letzte Dirham verteilt war.

16

Moscheen in Wohnhäusern.

Maḥmūd Ibn ar-Rabīʻ al-Anṣārī berichtet:

ʻItbān Ibn Mālik – er war einer der Gefährten des Gesandten Gottes (S) in Medina und hatte an der Schlacht von Badr teilgenommen – begab sich zum Gesandten Gottes (S) und sagte: »O Gesandter Gottes, mein Augenlicht ist schwach geworden. Ich bin der Vorbeter meines Dorfes, und wenn es stark regnet, ist ein Sturzbach zwischen meinem Haus und der Moschee. Ich kann dann nicht in die Moschee gehen, um mit den Menschen zu beten! O Gesandter Gottes, ich möchte dich bitten, dass du zu mir kommst und in meinem Haus betest. Ich könnte es dann als Gebetsstätte benutzen!« Der Gesandte Gottes (S) sagte: »Ja, ich werde zu dir kommen!«

ʻItbān erzählte mir die weiteren Ereignisse wie folgt:

»Am nächsten Morgen bei Tagesanbruch machten der Gesandte Gottes (S) und Abū Bakr sich auf den Weg zu mir. Der Prophet (S) klopfte an meine Tür, und ich ließ ihn eintreten. Er setzte sich nicht, sondern fragte: ›Wo soll ich das Gebet verrichten?‹ Ich deutete auf die eine Seite meines Hauses. Dort nahm er die Gebetsstellung ein und rief ›Allāh akbar‹. Wir stellten uns hinter ihm auf. Er betete zwei Rakʿas und sprach dann den abschließenden Gruß. Im Anschluss daran luden wir ihn zum Essen ein, das wir ihm zu Ehren bereitet hatten.«

17

Der rechten Seite gebührt der Vorrang, wenn man eine Moschee betritt oder andere Tätigkeiten verrichtet.
Ibn ʿUmar betrat die Moschee immer zuerst mit dem rechten Fuß. Und wenn er die Moschee wieder verließ, setzte er zunächst seinen linken Fuß hinaus.

18

Ist es zulässig, die Gräber von Götzendienern aufzugraben, um dort eine Moschee zu errichten?
Der Prophet (S) sagte: »Gott verfluche die Juden! Denn sie machten sich die Gräber ihrer Propheten zu Gebetsstätten.«
Ist es verwerflich, bei Gräbern zu beten?
Einmal sah ʿUmar, wie Anas Ibn Mālik neben einem Grab betete. Er rief: »Das Grab, Anas! Denk an das Grab!« Er wies ihn aber nicht an, sein Gebet an anderer Stätte zu wiederholen.

ʿĀʾiša berichtet:

Umm Ḥabība und Umm Salama hatten in Abessinien eine Kirche gesehen, in der sich Bilder und Statuen befanden. Als sie dies gegenüber dem Propheten (S) erwähnten, sagte er: »Wenn bei diesen Menschen ein frommer Mann stirbt, errichtet man auf seinem Grab eine Gebetsstätte, die mit solchen Bildern und Statuen ausgestattet wird. Diese Leute werden am Tag der Auferstehung für Gott die elendsten Kreaturen sein!«

Anas berichtet:

Als der Prophet (S) nach Medina kam, wohnte er zunächst bei den Banū ʿAmr Ibn ʿAuf[15]. Bei ihnen verbrachte er vierzehn Nächte. Dann schickte er zu den Banū an-Naǧǧār[16], und die Männer dieser Sippe trafen wenig später, mit Schwertern bewaffnet, bei ihm ein.

Mir ist, als hätte ich die folgende Szene jetzt noch vor Augen: Der Prophet (S) saß auf seiner Reitkamelin, und Abū Bakr war hinter ihm aufgesessen. Um sie herum gruppierten sich die Banū an-Naǧǧār. In dieser Formation zogen sie zu dem Platz vor dem Haus Abū Aiyūbs.

Der Prophet (S) hatte sein Gebet immer da verrichtet, wo er sich gerade befand, wenn die Gebetszeit nahte, auch wenn es eine Schafweide war! Schließlich aber ordnete er an, dass eine Moschee gebaut werden soll. Er ließ die Banū an-Naǧǧār zusammenkommen und sagte zu ihnen: »Ihr Leute, nennt mir den Preis, den dieses Grundstück kosten soll!« Sie entgegneten: »Nein, bei Gott, wir wollen dafür kein Geld! Wir streben einzig nach der Belohnung durch Gott!«

Auf jenem Grundstück befanden sich Gräber von Götzendienern, Trümmer alter Bauwerke sowie einige Dattelpalmen. Der Prophet (S) befahl, die Gräber aufzugraben, die Ruinen einzuebnen und die Palmen zu fällen. Die Stämme der Palmen wurden an der Seite der Moschee, die der Gebetsrichtung entspricht, aufgestellt und mit zwei steinernen Mauern abge-

15 Banū ʿAmr Ibn ʿAuf: eine medinensische Familie.
16 Banū an-Naǧǧār: eine medinensische Familie.

stützt. Die Leute schleppten Steine herbei und rezitierten dabei Gedichte. Der Prophet (S) war bei ihnen und rief: »O Gott, nur im Jenseits gibt es das wahre Glück! O Gott, hab Nachsicht mit den Anṣār und den Muhāǧirūn!«

19

Darf man an Orten beten, wo Gott die Erde einstürzen ließ und die Menschen bestrafte?
ʿAlī soll es abgelehnt haben, sein Gebet bei den Trümmern von Babylon zu verrichten.

ʿAbdullāh Ibn ʿUmar (R a) berichtet, der Gesandte Gottes (S) habe gesagt:

Betretet die Orte, wo Gott die Menschen gestraft hat, nur, wenn ihr dabei weint. Im anderen Fall könnte die Strafe Gottes, die dort herniederging, auch über euch kommen!

20

Darf man in Kirchen und Synagogen beten?
ʿUmar (R a) erzählte: »Kirchen haben wir niemals betreten! Denn in diesen Gebäuden sind Bilder und Statuen!«
Ibn ʿAbbās betete in Kirchen und Synagogen, sofern sich dort keine Statuen befanden.

21

Wenn eine Frau in der Moschee schläft.

ʿĀʾiša berichtet:

Eine junge, dunkelhäutige Frau – sie hatte als Sklavin zu einem arabischen Stamm gehört, wurde dann freigelassen, lebte zunächst aber weiterhin bei diesen Leuten – erzählte mir Folgendes:

»Ein Mädchen aus unserem Stamm besaß einen roten, schön verzierten, ledernen Gürtel. Eines Tages ließ sie ihn irgendwo liegen oder verlor ihn. Eine Weihe, die vorüberflog, sah diesen Gürtel und hielt ihn für ein Stück Fleisch. Sie ergriff ihn und flog davon. Die Leute suchten überall nach diesem Kleidungsstück, konnten es aber nicht finden. Schließlich beschuldigten sie mich, es gestohlen zu haben. Sie durchsuchten mich, ja, sie betrachteten sogar meine Scham! Bei Gott, eben war ich in dieser unangenehmen Lage, da flog der Vogel vorüber und ließ den Gürtel fallen! Zwischen den Menschen fiel er zu Boden. Ich rief: ›Da ist er ja! Und ihr habt mich verdächtigt! Deshalb also habt ihr mich in diese schreckliche Lage gebracht! Und da ist der Gürtel jetzt!‹«

ʿĀʾiša fährt in ihrem Bericht fort:

Diese Frau kam später zum Gesandten Gottes (S) nach Medina und nahm den Islam an. Sie wohnte in einem kleinen Zelt in der Moschee. Oft kam sie zu mir, um mit mir zu plaudern. Und jedes Mal, wenn sie sich zu mir setzte, sagte sie: »Der Tag des Gürtels war eines der Wunder unseres Herrn! Wirklich, damit errettete er mich aus der Stätte des Unglaubens!« Ich fragte sie: »Warum sagst du immer diesen Vers, wenn du dich zu mir setzt?« Da erzählte sie mir diese Geschichte!

22

Wenn Männer in der Moschee schlafen.
Anas erzählte: »Einige Leute von den Banū ʿUkl[17] kamen zum Propheten (S) nach Medina. Sie gesellten sich zu den Ahl aṣ-Ṣuffa.«

17 Banū ʿUkl: ein südarabischer Stamm.

‘Abdurraḥmān Ibn Abī Bakr erzählte: »Die Ahl aṣ-Ṣuffa waren sehr arme Menschen.«

Nāfi‘ berichtet:

‘Abdullāh Ibn ‘Umar erzählte mir, er habe als junger und unverheirateter Mann oft in der Moschee des Propheten (S) geschlafen.

Sahl Ibn Sa‘d berichtet:

Der Gesandte Gottes (S) begab sich zu Fāṭima, aber ‘Alī war nicht bei ihr.[18] Er fragte sie: »Wo ist dein Vetter?« Sie erwiderte: »Wir hatten eine Meinungsverschiedenheit. Er zürnte mir und entfernte sich, ohne wie sonst seinen Mittagsschlaf hier zu halten.« Der Gesandte Gottes (S) beauftragte einen Mann, ‘Alī zu suchen. Wenig später kam dieser Mann zurück und sagte: »O Gesandter Gottes, ‘Alī liegt in der Moschee und schläft!« Der Prophet (S) ging in die Moschee. Dort lag ‘Alī. Sein Obergewand war aufgegangen, ein Teil seines Oberkörpers war entblößt und von dem Staub der Moschee bedeckt. Der Gesandte Gottes (S) begann, den Schmutz von ihm abzureiben, und rief zornig aus: »Steh auf, du Schmutzfink, du Vater des Schmutzes!«

Abū Huraira berichtet:

Ich sah siebzig Menschen, die zu den Ahl aṣ-Ṣuffa gehörten. Keiner von ihnen besaß ein Obergewand. Sie trugen entweder einen Lendenschurz oder nur ein einfaches Tuch, das sie im Nacken zusammengebunden hatten und das teils kaum bis zum Knie, bei manchen bis zu den Knöcheln hinabreichte. Mit der Hand mussten sie es zusammenhalten, um ihre Scham zu verbergen.

18 Fāṭima war die Tochter des Propheten und Frau ‘Alī Ibn Abī Ṭālibs.

23

Das Gebet nach der Rückkehr von der Reise.
Ka'b Ibn Mālik erzählte: »Wenn der Prophet (S) von einer Reise zurückkehrte, begab er sich zuerst in die Moschee, um zu beten.«

24

Wer die Moschee betritt, soll zwei Rak'as beten.

Abū Qatāda as-Salamī berichtet, der Gesandte Gottes (S) habe gesagt:

Wenn ihr in die Moschee kommt, betet zwei Rak'as, bevor ihr euch hinsetzt!

25

Wie die Moschee erbaut wurde.
Abū Sa'īd sagte: »Für das Dach der Moschee wurden Zweige von Dattelpalmen verwendet.«
Als 'Umar den Befehl zum Bau der Moschee gab, sagte er: »Die Menschen sollen vor dem Regen geschützt sein. Und verwendet keine roten oder gelben Materialien, denn diese Farben lenken die Leute vom Gebet ab!«
Anas sagte: »Die Menschen werden stolz auf ihre Moscheen sein, sie aber nur noch selten aufsuchen, um dort zu beten!«
Ibn 'Abbās sagte: »Bestimmt werdet ihr eure Moscheen bald so verzieren und dekorieren wie die Juden und Christen!«

'Abdullāh berichtet:

Zu Lebzeiten des Gesandten Gottes (S) wurde die Moschee aus luftgetrockneten Ziegeln errichtet. Das Dach bestand aus den

Zweigen von Dattelpalmen. Und als Säulen dienten die Stämme dieser Bäume. Abū Bakr nahm keine Veränderungen an dem Bauwerk vor. ʿUmar erweiterte die Moschee, indem er wie zu Lebzeiten des Gesandten Gottes (S) luftgetrocknete Ziegel sowie die Zweige und das Holz von Dattelpalmen verarbeiten ließ. ʿUṯmān nahm große Änderungen an der Moschee vor: Ihre Ausdehnung wurde bedeutend erweitert, die Wände und Säulen wurden aus behauenen Steinen und Gips erbaut, das Dach unter Verwendung von Teakholz hergestellt.[19]

26

Über die Zusammenarbeit beim Bau der Moschee.
Gott der Erhabene sagte: »Die Götzendiener dürfen die Moscheen Gottes nicht erbauen, da sie gegen sich selber bezeugen, dass sie ungläubig sind! Ihre Werke sind hinfällig, und sie werden ewig im Höllenfeuer verweilen müssen. Die Moscheen Gottes sollen von denen errichtet werden, die an Gott und den Jüngsten Tag glauben, das Gebet verrichten, die gesetzliche Abgabe leisten und allein Gott fürchten. Vielleicht gehören sie zu den Rechtgeleiteten.« (at-tauba – 9,17 f.)

ʿIkrima berichtet:

Ibn ʿAbbās sagte zu mir und seinem Sohn ʿAlī: »Geht zu Abū Saʿīd, und lasst euch von ihm erzählen!« Wir machten uns auf den Weg und trafen Abū Saʿīd in seinem Garten an. Er nahm sein Kleid hoch, setzte sich und begann, uns zu erzählen. Schließlich kam er auf den Bau der Moschee zu sprechen. Er sagte: »Wir trugen einen Ziegel nach dem anderen herbei,

19 Abū Bakr war nach dem Tod des Propheten der erste Kalif (632–634), seine Nachfolger im Amt waren ʿUmar (634–644) und ʿUṯmān (644–656).

‘Ammār aber schleppte immer gleich zwei Ziegel. Als der Prophet (S) ihn sah, begann er, den Staub von ihm abzuschütteln, und rief: ›Oh, armer ‘Ammār! Er wird sie ins Paradies einladen, sie aber werden ihn in die Hölle rufen!‹ Da rief ‘Ammār: ›Ich nehme meine Zuflucht bei Gott vor den Versuchungen!‹«[20]

27

Wenn jemand bei der Errichtung der Moschee mithilft.

‘Ubaidullāh al-Ḫaulānī berichtet:

‘Uṯmān Ibn ‘Affān (R a) sagte, als die Leute über die geplante Erweiterung der Moschee des Gesandten Gottes (S) sprachen: »Ihr redet mir zu viel! Ich hörte, dass der Prophet (S) gesagt hat: ›Wer eine Moschee baut, dem wird Gott im Paradies ein ähnliches Bauwerk errichten!‹«

28

Wie die Moschee ausgefegt und die Abfälle eingesammelt wurden.

Abū Huraira berichtet:

Ein dunkelhäutiger Mann – oder es kann auch eine Frau gewesen sein – fegte immer die Moschee aus. Eines Tages starb er. Als der Prophet (S) sich einige Zeit später nach ihm erkundigte, erzählte man ihm von seinem Tod. Da rief der Prophet (S) erzürnt aus: »Warum habt ihr mir das denn nicht gesagt? Zeigt

20 ‘Ammār war viele Jahre später in die Auseinandersetzungen um das Kalifat zwischen ‘Alī und Mu‘āwiya verwickelt. Im Jahr 657 kam er bei der Schlacht von Ṣiffīn, bei der er auf Seiten ‘Alīs kämpfte, ums Leben.

mir sein Grab!« Am Grab verrichtete der Prophet (S) das Gebet für den Verstorbenen.

29

Wie Gefangene und Schuldner in der Moschee festgehalten wurden.

Abū Huraira berichtet, der Prophet (S) habe erzählt:
Gestern wollte ein böser Dämon sich auf mich stürzen, um mich am Beten zu hindern. Gott aber gab mir die Kraft, ihn zu überwältigen. Ich wollte ihn an einer der Säulen der Moschee festbinden, damit ihr alle ihn am nächsten Morgen sehen könntet. Da aber erinnerte ich mich an die Worte meines Bruders Salomon (Sulaimān). Er sagte: »Herr, verzeih mir, und gib mir eine Königsherrschaft, wie sie keinem nach mir geziemt!« (ṣād – 38,35.)

Rauḥ ergänzte zu dieser Erzählung:
Der Prophet (S) jagte damals den Dämon davon.

30

Wenn in der Moschee ein Zelt für Kranke und andere Menschen errichtet wird.

ʿĀʾiša berichtet:
Am Tag von Ḫandaq erlitt Saʿd eine Verletzung an der Armschlagader. Der Prophet (S) errichtete für ihn ein Zelt in der Moschee, um ihn jederzeit besuchen zu können. In der Moschee befand sich ein zweites Zelt, in dem sich einige Leute von den Banū Ġiffār[21] aufhielten. Diese waren entsetzt, als

21 Banū Ġiffār: ein Stamm aus dem Gebiet südlich von Medina.

plötzlich Blut bis zu ihnen hinüberfloss. Sie riefen: »Ihr da, in dem Zelt! Was ist los bei euch?« Es war die Verletzung von Sa'd, der sehr stark blutete. Er starb in dem Zelt.

31

Wenn ein Götzendiener die Moschee betritt.

Abū Huraira berichtet:

Der Gesandte Gottes (S) schickte einige Leute in den Naǧd. Als sie zurückkehrten, brachten sie einen Mann von den Banū Ḥanīfa[22] als Gefangenen mit. Sein Name war Ṯamāma Ibn Uṯāl. An einer der Säulen der Moschee wurde er festgebunden.

32

Wenn jemand mit ausgestreckten Beinen in der Moschee liegt.

'Abbād Ibn Tamīm berichtet:

Mein Onkel väterlicherseits erzählte, er habe gesehen, wie der Gesandte Gottes (S) in der Moschee auf dem Boden lag. Er hatte die Beine übereinandergeschlagen.

Sa'īd Ibn al-Musaiyab ergänzte zu diesem Hadith:

Auch 'Umar und 'Uṯmān lagen in dieser Stellung in der Moschee.

22 Banū Ḥanīfa: ein zentralarabischer Stamm.

33

Eine Moschee kann auf öffentlichem Gelände errichtet werden, ohne dass jemandem daraus ein Schaden erwächst.
So äußerten sich al-Ḥasan, Aiyūb und Mālik.

'Ā'iša, die Frau des Propheten (S), berichtet:

Seit ich denken kann, bekannten meine Eltern sich zum Islam. Und kein Tag verging, an dem der Gesandte Gottes (S) uns nicht morgens und abends besuchte.

Eines Tages hatte Abū Bakr, mein Vater, die Idee, auf dem Platz vor seinem Haus eine Moschee zu errichten. So geschah es dann auch. Dort betete und rezitierte er aus dem Koran. Die Frauen und Kinder der Götzendiener blieben oft bei ihm stehen und schauten ihm verwundert zu. Abū Bakr war ein Mann, der leicht in Tränen ausbrach. Besonders häufig passierte ihm das, wenn er aus dem Koran rezitierte. Die Anführer der ungläubigen Quraiš waren wegen dieser Moschee und Abū Bakrs Frömmigkeit sehr beunruhigt.

34

Die Sutra des Vorbeters ist zugleich die Sutra für alle, die mit ihm beten.

Ibn 'Umar berichtet:

Immer wenn der Gesandte Gottes (S) anlässlich eines Festes zum Gebetsplatz hinausging, befahl er, dass eine Lanze mitgenommen werde. Diese Lanze wurde auf dem Gebetsplatz vor ihm als Sutra in den Boden gesteckt. Mit dem Gesicht zu ihr gewandt, verrichtete er dann das Gebet, und die Menschen beteten mit ihm. Ebenso verfuhr der Prophet (S) auch auf Reisen.

Die späteren muslimischen Herrscher und Befehlshaber haben diese Vorgehensweise beibehalten.

'Aun Ibn Abī Ǧuḥaifa berichtet, sein Vater habe erzählt:
Der Prophet (S) betete mit uns in al-Baṭḥā'[23]. Ein kurzer Spieß steckte dabei vor ihm im Boden. Zum Mittags- und Nachmittagsgebet betete er jeweils zwei Rak'as. Vor ihm jenseits der Sutra liefen währenddessen Frauen und Esel vorüber.

35

Wie viel Raum soll zwischen dem Betenden und seiner Sutra sein?

Sahl berichtet:
Der Raum zwischen der Gebetsstätte des Gesandten Gottes (S) und der Wand war gerade groß genug, dass ein Schaf passieren konnte.

Salama berichtet:
Zwischen der Wand der Moschee und der Kanzel des Propheten (S) war so viel Platz, dass ein Schaf hindurchlaufen konnte.

36

Die Verwendung einer Reitkamelin, eines Lastkamels, eines Baumes oder Sattels als Sutra.

Nāfi' berichtet:
Ibn 'Umar erzählte mir, der Prophet (S) habe seine Reitkamelin oft so niederlegen lassen, dass er sie beim Gebet als Sutra ver-

23 Al-Baṭḥā': das Tal, in dem Mekka liegt.

wenden konnte. Ich fragte Ibn ʿUmar: »Und wenn das Tier aufstand und weglief?« Er erwiderte: »Dann stellte er den Sattel vor sich auf den Boden und verwendete ihn als Sutra.«

37

Der Betende soll Menschen, die vor ihm vorübergehen wollen, zurückweisen.

Abū Ṣāliḥ as-Sammān berichtet:

Eines Freitags verrichtete Abū Saʿīd al-Ḫudrī sein Gebet. Vor ihm lag ein Gegenstand, der ihm als Sutra diente. Ein junger Mann aus der Familie Abū Muʿaiṭs kam heran und wollte zwischen ihm und seiner Sutra vorübergehen. Abū Saʿīd aber wies ihn zurück, indem er ihm einen Stoß an die Brust versetzte. Jener aber sah keine andere Möglichkeit, an dem Betenden vorbeizukommen, und wiederholte seinen Versuch. Da versetzte ihm Abū Saʿīd einen zweiten und weitaus kräftigeren Hieb.

Der junge Mann begab sich zu Marwān, um sich bei ihm zu beschweren. Auch Abū Saʿīd suchte Marwān auf, nachdem er sein Gebet beendet hatte. Marwān fragte ihn: »O Abū Saʿīd, was war denn los zwischen euch beiden?« Er erwiderte: »Ich hörte, dass der Prophet (S) gesagt hat: ›Wenn ihr hinter einem Gegenstand, der euch als Sutra dient, euer Gebet verrichtet und jemand will vor euch vorüberlaufen, dann stoßt ihn zurück! Und wenn er sich sträubt, wendet Gewalt an! Denn er ist ein Satan!‹«

38

Es ist ein schweres Vergehen, vor einem Betenden vorüberzugehen.

Busr Ibn Saʿīd berichtet:

Zaid Ibn Ḫālid schickte mich zu Abū Ǧuhaim. Ich sollte ihn fragen, was der Gesandte Gottes (S) gesagt hat, wenn jemand vor einem Betenden vorübergeht. Abū Ǧuhaim erzählte mir, der Gesandte Gottes (S) habe gesagt: »Wüsste der Mensch, der im Begriff ist, dieses Vergehen zu verüben, welche Strafe ihn dafür erwartet, dann würde er lieber stehen bleiben und vierzig … warten.«

Abū an-Naḍr ergänzte zu diesem Hadith:

Ich weiß nicht, ob der Prophet (S) von vierzig Tagen, vierzig Monaten oder von vierzig Jahren sprach.

39

Man sagt: »Nichts kann das Gebet unterbrechen!«

Masrūq berichtet:

In ʿĀʾišas Gegenwart zählte ein Mann auf, was ein Gebet unterbrechen würde. Er nannte Hunde, Esel und Frauen. Da rief ʿĀʾiša voller Entrüstung aus: »Was? Ihr stellt uns Eseln und Hunden gleich? Bei Gott, der Prophet (S) betete, während ich auf dem Bett lag, zwischen ihm und der Gebetsrichtung! Und wenn ich mich während seines Gebetes entfernen wollte, unterließ ich es, mich aufzurichten und ihn dadurch zu stören, sondern rutschte vorsichtig von ihm weg!«

40

Wenn jemand das Gebet verrichtet, und ein kleines Mädchen klammert sich dabei um seinen Hals.

Abū Qatāda al-Anṣārī berichtet:

Einmal betete der Gesandte Gottes (S), und seine Enkelin Umāma, die Tochter von Zainab[24] und Abū al-ʿĀṣ Ibn Rabīʿa hing ihm dabei um den Hals. Wenn er eine Niederwerfung verrichtete, legte er sie beiseite, und wenn er sich aufrichtete, nahm er sie wieder auf.

24 Zainab war eine Tochter des Propheten und Ḫadīǧas.

IX Die Gebetszeiten

1

Gott der Erhabene sagte: »Das Gebet ist für die Gläubigen eine Vorschrift, die für bestimmte Zeiten festgesetzt ist.«

(an-nisā' – 4,103.)

Ibn Šihāb berichtet:

Eines Tages hielt ʿUmar Ibn ʿAbdulʿazīz die Zeit für das Gebet nicht ein. ʿUrwa Ibn az-Zubair trat zu ihm und sagte:

»Al-Muġīra Ibn Šuʿba hat einmal das Gebet aufgeschoben, als er im Irak war. Da begab sich Abū Masʿūd al-Anṣārī zu ihm und sagte: ›Was ist denn, o Muġīra? Weißt du nicht, dass Gabriel (Ǧibrā'īl), Gottes Segenswünsche mögen ihm gelten, auf die Erde herabstieg und das Gebet verrichtete? Und der Gesandte Gottes (S) betete mit ihm. Später betete Gabriel ein zweites Mal, und der Gesandte Gottes (S) verrichtete mit ihm das Gebet. Nach einiger Zeit betete er wieder mit dem Gesandten Gottes (S). Und sie beteten noch ein viertes und ein fünftes Mal miteinander.‹ Im Anschluss daran sagte Gabriel: ›Ich wurde beauftragt, dir dies vorzuführen!‹«

Als ʿUmar diesen Bericht von ʿUrwa vernommen hatte, fragte er ihn: »Weißt du, ob Gabriel dem Gesandten Gottes (S) gegenüber auch die Gebetszeiten festgelegt hat?« – »Nein. Ich habe dir erzählt, was Bašīr Ibn Abī Masʿūd auf Autorität seines Vaters berichtet hat. Aber ʿĀ'iša erzählte mir, der Gesandte Gottes (S) habe immer das Nachmittagsgebet verrichtet, wenn die Sonne noch in ihr Zimmer schien und es dort keinen Schatten gab.«

2

Das Gebet ist eine Sühne für Verfehlungen.

Šaqīq berichtet:

Ḥuḏaifa erzählte:

»Ich und einige andere saßen einmal mit ʿUmar (R a) zusammen. ʿUmar fragte: ›Erinnert sich jemand von euch daran, was der Gesandte Gottes (S) über die Versuchungen gesagt hat?‹ Ich rief: ›Ich weiß, was er gesagt hat!‹ ʿUmar sagte: ›Ja, du bist der rechte Mann, um die Rede des Propheten (S) wiederzugeben.‹ Ich erzählte: ›Er sagte: »Der Mann kann durch seine Frau, seinen Besitz, sein Kind und seinen Nachbarn zu Bösem verleitet werden. Das Gebet ist eine Sühne für diese Verfehlungen, ebenso das Fasten, die gesetzliche Abgabe sowie Gebot und Verbot!«‹ – ›Nein‹, sagte ʿUmar, ›das ist es nicht, was ich meinte! Ich dachte an jene Versuchung oder Heimsuchung, die sich wie die Wellen des Meeres ausbreitet!‹ Ich sagte: ›Darum brauchst du dir keine Sorgen zu machen, o Beherrscher der Gläubigen! Zwischen dir und dieser Heimsuchung ist eine fest verschlossene Tür!‹ Er fragte: ›Wird diese Tür aufgebrochen oder geöffnet werden?‹ – ›Man wird sie zerstören.‹ – ›Dann aber wird man sie nie wieder verschließen können‹, sagte ʿUmar.«

Šaqīq fährt in seinem Bericht fort:

Nachdem Ḥuḏaifa uns dies erzählt hatte, fragten wir ihn: »Wusste ʿUmar denn, was mit dieser Tür gemeint war?« – »Ja, natürlich! Er kannte sie so gut, wie jeder weiß, dass die Nacht dem Morgen vorangeht! Meine Äußerungen waren für ʿUmar völlig unmissverständlich!«

Wir scheuten uns, Ḥuḏaifa zu fragen, was er mit dieser Tür gemeint hatte. Schließlich aber beauftragten wir Masrūq damit, ihn um eine Erklärung zu bitten. Ḥuḏaifa erwiderte: »ʿUmar selbst ist diese Tür!«

Ibn Mas'ūd berichtet:

Widerrechtlich küsste ein Mann eine Frau. Anschließend begab er sich zum Propheten (S) und erzählte ihm von seiner Verfehlung. Darauf offenbarte Gott – er ist mächtig und erhaben – den Vers: »Verrichte das Gebet an beiden Enden des Tages und im ersten Teil der Nacht! Und die guten Taten lassen die schlechten Taten dahinschwinden!« (Hūd – 11,114.) Der Mann fragte den Propheten (S): »O Gesandter Gottes, wurde das für mich offenbart?« Er erwiderte: »Gott offenbarte diesen Vers für meine gesamte Gemeinde.«

3

Wenn das Gebet zu den festgelegten Zeiten verrichtet wird.

'Abdullāh berichtet:

Ich fragte den Propheten (S): »Welches Werk der Menschen ist Gott am liebsten?« Er erwiderte: »Das zur rechten Zeit verrichtete Gebet.« – »Und was ist ihm am zweitliebsten?« – »Ehrfurcht und Achtung gegenüber den Eltern.« – »Und was ist das nächste?« – »Der Einsatz für die Sache Gottes.«

Dies sagte der Gesandte Gottes (S) zu mir. Und er hätte mir wohl noch mehr erzählt, wenn ich ihm weitere Fragen gestellt hätte.

4

Die fünf täglichen Gebete sind eine Sühne für Verfehlungen.

Abū Huraira berichtet:

Der Gesandte Gottes (S) sagte: »Wenn einer von euch einen Fluss vor seiner Haustür hat und er jeden Tag fünfmal ein Bad darin nimmt, kann dann noch Schmutz an ihm haften?« – Die Leute antworteten: »Nein, bestimmt nicht!« – »Genauso verhält es sich mit den fünf täglichen Gebeten! Mit ihnen tilgt Gott die Verfehlungen, die ihr begangen habt!«

5

Der Betende spricht im Geheimen zu seinem Herrn – er ist mächtig und erhaben.

Anas berichtet, der Prophet (S) habe gesagt:

Wer betet, spricht im Geheimen zu seinem Herrn. Hütet euch davor, während des Gebets nach rechts auszuspucken, sondern spuckt unter euren linken Fuß!

Anas berichtet, der Prophet (S) habe gesagt:

Spuck nicht in Gebetsrichtung oder nach rechts aus, sondern nach links oder unter deinen Fuß!

6

Wenn es sehr heiß ist, soll man mit dem Mittagsgebet warten, bis es etwas kühler geworden ist.

Abū Huraira und ʿAbdullāh Ibn ʿUmar berichten, der Gesandte Gottes (S) habe gesagt:

Wenn es sehr heiß ist, wartet mit dem Gebet, bis es etwas kühler geworden ist! Diese extreme Hitze ist die Ausdünstung der Hölle.

7

Auf Reisen soll man das Mittagsgebet erst verrichten, wenn es etwas kühler geworden ist.

Abū Ḏarr al-Ġifārī berichtet:

Wir waren mit dem Propheten (S) auf einer Reise. Gerade wollte der Muezzin zum Mittagsgebet rufen, da sagte der Prophet (S) zu ihm: »Warte, bis es etwas kühler geworden ist!« Als der Muezzin einige Zeit später wieder zum Gebet rufen wollte, sagte der Prophet (S) erneut: »Lass es noch etwas kühler werden! Warte, bis die Schatten der Sandhügel wieder sichtbar sind!« Der Prophet (S) ergänzte: »Diese extreme Hitze ist die Ausdünstung der Hölle! Wenn es sehr heiß ist, wartet mit dem Gebet, bis es etwas kühler geworden ist!«

8

Das Mittagsgebet kann bis zur Zeit des Nachmittagsgebets aufgeschoben werden.

Ǧābir Ibn Zaid berichtet:

Ibn ʿAbbās erzählte: »Eines Tages betete der Prophet (S) in Medina sieben Rakʿas zusammen für das Mittags- und Nachmittagsgebet sowie acht Rakʿas für das Abend- und Nachtgebet.«

Aiyūb sagte dazu: »Vielleicht war das an einem regnerischen Abend!« – »Das kann sein«, bestätigte Ibn ʿAbbās.

9

Die Zeit für das Nachmittagsgebet.

ʿĀʾiša berichtet:

Der Gesandte Gottes (S) verrichtete gewöhnlich das Nachmittagsgebet zu einer Zeit, da die Sonne in mein Zimmer schien und es dort noch keinen Schatten gab.

Abū Umāma berichtet:

Zusammen mit ʿUmar Ibn ʿAbdulʿazīz verrichteten wir das Mittagsgebet. Anschließend gingen wir zu Anas Ibn Mālik. Als wir bei ihm eintraten, betete er gerade. Nachdem er sein Gebet beendet hatte, fragte ich ihn: »O Onkel, welches Gebet hast du gerade verrichtet?« Er erwiderte: »Das Nachmittagsgebet! Am Nachmittag haben wir mit dem Gesandten Gottes (S) immer um diese Zeit gebetet.«

Anas Ibn Mālik berichtet:

Das Nachmittagsgebet verrichtete der Gesandte Gottes (S), wenn die Sonne noch hoch am Himmel stand. Machte sich anschließend jemand auf den Weg nach al-ʿAwālī, war es immer noch Tag, wenn er dort ankam. Und manche Häuser von al-ʿAwālī waren etwa vier Meilen von Medina entfernt.

10

Wenn jemand das Nachmittagsgebet auslässt.

Abū al-Malīḥ berichtet:

Mit Buraida waren wir auf einem Feldzug. An einem wolkigen Tag sagte er zu uns: »Verrichtet das Nachmittagsgebet frühzeitig! Denn der Prophet (S) hat gesagt: ›Wer das Nachmittagsgebet auslässt, dessen gute Taten werden verloren sein.‹«

11

Die große Bedeutung des Nachmittagsgebets.

Ǧarīr berichtet:

Eines Abends betrachteten wir mit dem Propheten (S) den Mond. Es war eine Vollmondnacht. Er sagte: »Ihr werdet euren Herrn sehen, wie ihr jetzt den Mond seht. Und euch wird nichts Böses zustoßen, wenn ihr ihn seht.«

»Und bemüht euch«, fuhr er fort, »die Gebete vor Sonnenaufgang und vor Sonnenuntergang nicht zu versäumen!« Anschließend rezitierte er: »Und lobpreise deinen Herrn vor Sonnenaufgang und Sonnenuntergang.« (qāf – 50,39.)

Abū Huraira (R a) berichtet, der Gesandte Gottes (S) habe gesagt:

Die Engel wechseln sich Tag und Nacht ab, um immer bei euch zu sein. Zur Zeit des Morgengebets und zur Zeit des Nachmittagsgebets treffen sie bei euch zusammen. Und nach dem Morgengebet steigen die Engel, die mit euch die Nacht verbracht haben, zum Himmel auf. Gott fragt sie dann, obwohl er selbst es doch am besten weiß: »Was haben meine Diener getan, als ihr sie verlassen habt?« Sie antworten: »Sie haben gebetet, als wir uns entfernten. Und als wir am Nachmittag zuvor kamen, beteten sie auch!«

12

Wenn jemand nur ein Rak'a des Nachmittagsgebets verrichtet hat, bevor die Sonne untergeht.

Abū Huraira berichtet, der Gesandte Gottes (S) habe gesagt:

Wer eine Niederwerfung des Nachmittagsgebets verrichtet hat, bevor die Sonne untergeht, kann sein Gebet getrost zu Ende führen. Und wer eine Niederwerfung des Morgengebets verrichtet hat, wenn die Sonne aufgeht, kann es zu Ende führen![1]

Sālim Ibn 'Abdullāh berichtet auf Autorität seines Vaters, der Gesandte Gottes (S) habe erzählt:

Die Zeitspanne, die für euch bestimmt wurde, verglichen mit jener, die euch vorangehenden Völkern zugewiesen wurde, ist wie die Zeit zwischen dem Nachmittagsgebet und dem Sonnenuntergang.

Den Juden wurde die Thora gegeben. Sie beschäftigten sich mit diesem Buch, bis sie zur Mittagszeit ermüdet waren. Als Lohn wurde ihnen ein Qīrāṭ gegeben. Darauf wurde den Christen das Evangelium gegeben. Und sie studierten es, bis sie zur Zeit des Nachmittagsgebets ermüdet waren. Auch sie wurden mit einem Qīrāṭ belohnt. Im Anschluss daran wurde uns der Koran gegeben. Wir lasen ihn bis zum Sonnenuntergang. Und als Lohn wurden uns zwei Qīrāṭ gegeben.

Da sagten die Juden und Christen: »O Herr, denen gibst du zwei Qīrāṭ und uns nur einen? Aber wir haben doch länger gearbeitet als sie!« Gott fragte sie: »Habe ich euch mit diesem Lohn denn ungerecht behandelt?« – »Nein.« Und Gott sagte: »Ich gebe meinen Segen dem, dem ich ihn geben will!«

1 Vgl. dazu Abschn. 17 dieses Kapitels.

Abū Mūsā berichtet, der Prophet (S) habe erzählt:

Ein Gleichnis für die Muslime, die Juden und die Christen ist die Geschichte von dem Mann, der einige Leute anstellte, damit sie für ihn bis zum Abend arbeiteten. Sie arbeiteten aber nur bis zum Mittag und sagten dann: »Wir brauchen deinen Lohn nicht!« Der Mann stellte eine zweite Arbeitskolonne an und sagte zu ihnen: »Wenn ihr den restlichen Tag für mich arbeitet, werde ich euch Lohn für den ganzen Tag geben!« Sie arbeiteten aber nur bis zur Zeit des Nachmittagsgebets und sagten dann: »Wir verzichten auf deinen Lohn!« Ein drittes Mal stellte der Mann Arbeitskräfte an. Sie arbeiteten bis Sonnenuntergang und erhielten dafür auch den Lohn der beiden anderen Arbeitskolonnen.

13

Die Zeit des Abendgebets.
'Aṭā' sagte: »Kranke können das Abend- und Nachtgebet zusammen verrichten.«

Rāfi' Ibn Ḫadīǧ berichtet:

Wir verrichteten mit dem Propheten (S) das Abendgebet zu einer Zeit, da wir den, der sich anschließend entfernte, gerade noch erkennen konnten, wenn er so weit entfernt war, wie ein Pfeil fliegt.

Salama berichtet:

Wir verrichteten mit dem Propheten (S) das Abendgebet, wenn die Sonne hinter dem Horizont verschwunden war.

14

Vor dem Nachtgebet sollte man nicht schlafen.

Abū Barza berichtet:

Der Gesandte Gottes (S) verabscheute es, vor dem Nachtgebet zu schlafen und sich nach diesem Gebet mit anderen zu unterhalten.

15

Die Zeit für das Nachtgebet reicht bis Mitternacht. Abū Barza sagte: »Der Prophet (S) verrichtete das Nachtgebet gern sehr spät.«

Anas berichtet:

Einmal schob der Prophet (S) das Nachtgebet bis Mitternacht auf. Nachdem er schließlich mit uns gebetet hatte, sagte er: »Die Menschen haben schon vor einiger Zeit gebetet und schlafen bereits. Ihr aber habt so lange gebetet, wie ihr auf das Nachtgebet gewartet habt.«

16

Die Zeit des Morgengebets.

ʿĀʾiša berichtet:

Die gläubigen Frauen verrichteten, in ihre langen Gewänder gehüllt, mit dem Gesandten Gottes (S) das Morgengebet. Anschließend kehrten sie in ihre Häuser zurück. Es war immer noch so dunkel, dass man sie nicht erkennen konnte.

17

Das Gebet in der Zeit zwischen Morgendämmerung und Sonnenaufgang.

Ibn 'Umar berichtet, der Gesandte Gottes (S) habe gesagt:
Betet nicht während des Sonnenaufgangs und während des Sonnenuntergangs!

Ibn 'Umar berichtet, der Gesandte Gottes (S) habe gesagt:
Wenn die Sonne am Rand des Horizonts erscheint, wartet mit dem Gebet, bis sie vollständig aufgegangen ist. Und wenn die Sonne am Horizont verschwindet, so wartet mit dem Gebet, bis sie nicht mehr zu sehen ist.

18

Wer ein Gebet vergessen hat, soll es nachholen, sobald es ihm einfällt. Nur dieses eine Gebet ist dann nachzuholen.
Ibrāhīm sagte: »Wenn es jemandem einfällt, dass er vor zwanzig Jahren ein Gebet vergessen hat, so soll er dieses eine Gebet nachholen.«

Anas berichtet:
Der Prophet (S) sagte: »Wenn ihr einmal ein Gebet vergessen habt, holt es nach, sobald es euch einfällt. Das ist die einzige Sühne für ein versäumtes Gebet.«
Nach diesen Worten rezitierte er den Vers: »Verrichte das Gebet zu meinem Gedächtnis!« (ṭāhā – 20,14.)

19
Die abendliche Unterhaltung mit den Familienangehörigen und Gästen.

Abū an-Nu'mān berichtet:
'Abdurraḥmān Ibn Abī Bakr erzählte Folgendes:

»Die Ahl aṣ-Ṣuffa waren sehr arme Leute. Aus diesem Grunde sagte der Prophet (S) eines Tages: ›Wer genug Essen für zwei Leute hat, soll noch einen dritten, einen dieser bedürftigen Menschen, speisen. Und wer für vier Leute hat, soll noch einem fünften und einem sechsten zu essen geben.‹

Abū Bakr, mein Vater, brachte drei dieser Leute mit zu uns nach Hause. Und der Prophet (S) nahm sogar zehn von ihnen mit zu sich. Bei uns waren an jenem Abend mein Vater und meine Mutter anwesend.«

Abū an-Nu'mān ergänzt an dieser Stelle seines Berichts:
Ich bin nicht sicher, ob 'Abdurraḥmān nicht gesagt hat: »Außerdem waren meine Frau und der Diener, der mein Haus und das Haus meines Vaters versorgte, anwesend.«

'Abdurraḥmān fuhr in seinem Bericht fort:

»Abū Bakr begab sich zum Propheten (S), um bei ihm zu Abend zu essen. Anschließend ging er in die Moschee, um dort das Nachtgebet zu verrichten, und kehrte darauf wieder zum Propheten (S) zurück. Erst spät in der Nacht kam er nach Hause. Seine Frau empfing ihn mit den Worten: ›Was hat dich so lange von deinen Gästen ferngehalten?‹ Er fragte: ›Hast du ihnen denn das Abendessen nicht serviert?‹ – ›Sie weigerten sich zu essen, bevor du da bist! Wir haben es ihnen angeboten, aber sie wollten nicht!‹

Ich hörte dieses Gespräch mit an. Schnell entfernte ich mich, um mich zu verstecken![2]

2 'Abdurraḥmān fürchtete, sein Vater Abū Bakr werde ihn tadeln, da

Aber schon schrie Abū Bakr mich an: ›Oh, du Narr!‹ Er schimpfte und tobte. Dann sagte er: ›Esst jetzt, und es möge euch nicht bekommen! Und ich schwöre bei Gott! Niemals werde ich diese Speisen anrühren!‹

Wir begannen mit dem Essen. Und ich schwöre bei Gott! Wir nahmen nicht einen Bissen von den Tellern, ohne dass von unten ein größerer Bissen dazukam! Dies geschah so lange, bis alle gesättigt waren. Und mehr Essen war da als zuvor!

Abū Bakr betrachtete erstaunt die Schüsseln. Wirklich, es war so viel Essen wie zu dem Zeitpunkt, als wir mit dem Essen begannen, oder sogar noch mehr! Abū Bakr wandte sich an seine Frau und fragte sie: ›Was passiert hier?‹ Sie erwiderte: ›Wirklich, mein Liebling, jetzt ist es dreimal so viel wie vorher!‹

Darauf aß auch Abū Bakr von den Speisen. Er sagte: ›Bestimmt war es ein Werk des Teufels!‹ Er meinte damit seinen Schwur, das Essen nicht anzurühren. Er aß noch etwas und brachte die Speisen dann zum Propheten (S), wo sie bis zum Morgen aufbewahrt wurden.

Zwischen uns und einigen Leuten gab es einen Vertrag hinsichtlich der Versorgung der Bedürftigen, der zu jener Zeit abgelaufen war. Zwölf Männer wurden bestimmt, denen jeweils einige dieser Leute zugewiesen wurden – Gott weiß es am besten, wie viele Bedürftige jeweils auf einen dieser Männer kamen.

Sie alle jedenfalls aßen von den Gerichten, die an jenem Abend übrig geblieben waren!«

So oder ähnlich berichtete ʿAbdurraḥmān von diesem Ereignis.

dieser zu der Meinung kommen musste, sein Sohn sei seinen Pflichten als Gastgeber nicht nachgekommen.

X Der Gebetsruf

1

Wie der Gebetsruf entstand.
Gott – er ist mächtig und erhaben – sagte: »Wenn ihr zum Gebet ruft, treiben sie ihren Spott und ihren Scherz damit. Das tun sie, weil sie keinen Verstand haben.«

(al-mā'ida – 5,58.)

Er sagte ferner: »Wenn am Freitag zum Gebet gerufen wird, dann widmet euch mit Eifer dem Gedenken Gottes!«

(al-ǧum'a – 62,9.)

Anas berichtet:

Die Muslime machten sich Gedanken darüber, ob das Feuer oder der Nāqūs den Gläubigen die Zeit des Gebets verkünden soll. Sie erörterten die entsprechenden Vorgehensweisen der Juden und Christen. Schließlich wurde Bilāl angewiesen, zweimal die Worte des Gebetsrufs auszurufen sowie einmal den Beginn des Gebets anzusagen.[1]

1 Die Worte des Gebetsrufs lauten: »Allāh akbar« – ›Gott ist groß‹; »ašhadu an lā ilāh illā Allāh« – ›ich bezeuge, dass es keinen Gott außer Gott gibt‹; »ašhadu anna Muhammad rasūl Allāh« – ›ich bezeuge, dass Muhammad der Gesandte Gottes ist‹; »ḥaiya 'alā aṣ-ṣalāt« – ›auf zum Gebet‹; »ḥaiya 'alā al-falāḥ« – ›auf zum Heil‹; »Allāh akbar« – ›Gott ist groß‹; »lā ilāh illā Allāh« – ›es gibt keinen Gott außer Gott‹. Zum Morgengebet wird ferner ausgerufen: »Aṣ-ṣalāt ḫair min an-naum« – ›das Gebet ist verdienstvoller als der Schlaf‹.
Bei der Ansage des Gebetsbeginns, die innerhalb der Moschee unmittelbar vor dem Gebet erfolgt, werden die Worte des Gebetsrufs wiederholt, ergänzt durch den Satz: »Qād qāmat aṣ-ṣalāt« – ›das Gebet hat begonnen‹.

Ibn ʿUmar berichtet:

Als die Muslime nach Medina ausgewandert waren, pflegten sie zusammenzukommen und den Zeitpunkt des Gebets zu bestimmen. Den Gebetsruf gab es damals noch nicht. Eines Tages sprachen sie über diese Angelegenheit. Einige Leute sagten: »Lasst uns den Nāqūs benutzen, wie die Christen es tun!« Andere meinten: »Wir könnten ein Blasinstrument wie die Juden verwenden, um das Gebet anzukündigen.« ʿUmar sagte: »Warum bestimmen wir nicht einen Mann, der zum Gebet ruft?«

Als der Gesandte Gottes (S) diesen Vorschlag hörte, sagte er zu Bilāl: »O Bilāl, steh auf und ruf zum Gebet!«

2

Die große Bedeutung des Gebetsrufs.

Abū Huraira berichtet, der Gesandte Gottes (S) habe gesagt:

Wenn zum Gebet gerufen wird, ergreift der Teufel die Flucht, um die Worte des Gebetsrufs nicht hören zu müssen. Er verursacht dabei ein Geräusch wie ein Windstoß. Anschließend kehrt er zurück. Wenn dann der Gebetsbeginn angesagt wird, entfernt er sich wieder. Darauf kommt er zurück, um den Gläubigen in seinem Gebet zu stören. Er flüstert ihm zu: »Denk an dieses, denk an jenes!« Er erinnert ihn an Dinge, die ihm vorher nicht bewusst waren, bis der Betende schließlich nicht mehr weiß, wie viele Verbeugungen und Niederwerfungen er verrichtet hat.

3

Der Gebetsruf ist mit erhobener Stimme durchzuführen. ‘Umar Ibn ‘Abdul‘azīz sagte zu seinem Muezzin: »Du sollst klar und deutlich zum Gebet rufen, oder wir müssen auf deine Dienste verzichten!«

Al-Māzinī berichtet:

Abū Sa’īd al-Ḫudrī sagte zu meinem Vater: »Ich habe bemerkt, dass du die Schafe und die Wüste liebst! Wenn du die Schafe hütest oder dich in der Wüste aufhältst, sollst du zum Gebet rufen. Und erhebe dabei deine Stimme! Denn alle unsichtbaren Wesen, alle Menschen und Dinge, die den Ruf des Muezzins hören, werden darüber am Tag des Gerichts zu seinen Gunsten Zeugnis ablegen. Der Gesandte Gottes (S) hat das gesagt!«

4

Was soll man sagen, während man den Gebetsruf hört.

Abū Sa‘īd al-Ḫudrī berichtet, der Gesandte Gottes (S) habe gesagt:

Wenn ihr den Gebetsruf hört, wiederholt die Worte des Muezzins!

‘Īsā Ibn Ṭalḥa berichtet:

Eines Tages hörte ich, dass Mu‘āwiya die Worte des Gebetsrufs bis zu dem Satz: »Ich bezeuge, dass Muhammad der Gesandte Gottes ist«, nachsprach.

5

Wenn das Los darüber entscheiden muss, wer zum Gebet rufen darf.
Es wird berichtet, dass die Leute einmal uneins darüber waren, wer zum Gebet rufen darf. Sa'd ließ darauf das Los zwischen ihnen entscheiden.

Abū Huraira berichtet, der Gesandte Gottes (S) habe gesagt:

Wüssten die Leute, welcher Lohn ihnen zuteilwerden wird, wenn sie zum Gebet rufen und das Gebet in der vordersten Reihe verrichten, so müssten sie immer das Los entscheiden lassen, wer in den Genuss dieser Vorrechte kommt! Würden die Menschen wissen, wie der belohnt wird, der das Mittagsgebet rechtzeitig verrichtet, sie liefen miteinander um die Wette! Und wüssten sie über das Nacht- und das Morgengebet Bescheid, sie würden unbedingt daran teilnehmen, auch wenn sie auf allen Vieren herbeikriechen müssten!

6

Zusätzliche Äußerungen beim Gebetsruf.
Sulaimān Ibn Ṣurad unterhielt sich einmal mit einem anderen Mann, während er gleichzeitig zum Gebet rief.
Al-Ḥasan sagte: »Es ist nichts dagegen einzuwenden, wenn der Muezzin lacht, während er zum Gebet ruft oder den Gebetsbeginn ansagt.«

'Abdullāh Ibn al-Ḥariṯ berichtet:

Es war an einem regnerischen Tag, und der Boden war aufgeweicht. Ibn 'Abbās predigte uns. Anschließend rief der Muezzin zum Gebet. Ibn 'Abbās wandte sich ihm zu und sagte: »Verkünde den Menschen, dass sie das Gebet zu Hause verrichten sollen!« Die Leute schauten einander erstaunt an, als sie den Muezzin dies ausrufen hörten. Ibn ʿAbbās sagte später: »Diese Anweisung hat jemand gegeben, der uns bei weitem überragt.«[2]

7

Zwischen dem Gebetsruf und der Ansage des Gebetsbeginns soll so viel Zeit sein, dass man ein Gebet verrichten kann.

ʿAbdullāh Ibn Muġaffal berichtet:

Der Prophet (S) sagte: »Zwischen dem Gebetsruf und der Ansage des Gebetsbeginns soll so viel Zeit bleiben, dass man ein Gebet verrichten kann.« Dreimal sagte er das. Dann fügte er hinzu: »Falls jemand während dieser Zeit beten möchte.«

8

Auf der Reise soll ein Muezzin zum Gebet rufen.

Mālik Ibn al-Ḥuwairiṯ berichtet:

Mit einigen meiner Stammesgenossen kam ich zum Propheten (S). Zwanzig Tage lang blieben wir bei ihm. Er war sehr freundlich und verständnisvoll. Als er bemerkte, dass wir uns nach unseren Familien sehnten, sagte er: »Kehrt nach Hause zurück, und bleibt bei euren Familien! Erzählt ihnen vom Islam und betet mit ihnen. Einer von euch soll zum Gebet rufen, wenn es Zeit ist. Und der Älteste soll die Leitung des Gebets übernehmen!«

2 Er meint den Propheten.

9

Soll der Muezzin sich während des Gebetsrufs in alle Richtungen wenden?
Es wird berichtet, dass Bilāl sich während des Gebetsrufs die Finger in die Ohren gesteckt hat. Ibn ʿUmar dagegen soll das nicht getan haben.
Ibrāhīm sagte: »Es ist nichts dagegen einzuwenden, dass jemand zum Gebet ruft, ohne vorher die kleine Waschung verrichtet zu haben.«
ʿAṭāʾ dagegen sagte: »Die kleine Waschung ist vorzunehmen. So wurde es überliefert.«
ʿĀʾiša erzählte: »Der Prophet (S) gedachte Gottes zu jeder Zeit!«

ʿAun Ibn Abī Ǧuḥaifa berichtet:

Mein Vater beobachtete Bilāl, während dieser zum Gebet rief. Er wandte sich dabei in alle Richtungen.

10

Man soll nicht zum Gebet eilen, sondern ruhig und würdevoll dorthin gehen.

Abū Huraira berichtet, der Prophet (S) habe gesagt:

Wenn der Gebetsbeginn angesagt wird, so begebt euch zum Gebet. Geht ruhig und würdevoll zum Gebet, und hastet nicht! Wenn ihr rechtzeitig zum Gebet kommt, so betet in gewohnter Weise. Und wenn ihr zu spät kommt, holt das Versäumte nach!

11

Wenn der Vorbeter sagt: »Bleibt hier und wartet, bis ich zurückkomme«, dann wartet mit dem Gebet auf ihn.

Abū Huraira berichtet:

Der Gebetsbeginn wurde angesagt, und die Leute nahmen ihre Plätze ein. Der Gesandte Gottes (S) kam, um das Gebet zu leiten, da fiel ihm ein, dass er im Zustand der großen Unreinheit war. Er sagte: »Bleibt an euren Plätzen und wartet!« Er entfernte sich, um die große Waschung vorzunehmen. Als er zurückkam, tropfte ihm noch das Wasser vom Kopf. Er betete den Menschen vor.

12

Wenn jemand nach der Ansage des Gebetsbeginns noch etwas zu erledigen hat.

Anas berichtet:

Eines Tages stand der Prophet (S) mit einem Mann an der Seite der Moschee und unterhielt sich im Flüsterton mit ihm. Der Gebetsbeginn war bereits angesagt worden. Der Prophet (S) stellte sich erst zum Gebet auf, nachdem alle anderen bereits zu Bett gegangen waren.

13

Die Teilnahme am gemeinsamen Gebet ist obligatorisch.
Al-Ḥasan sagte: »Wenn eine Mutter ihrem Sohn verbietet, zum Nachtgebet in die Moschee zu gehen, weil sie sich um ihn sorgt, so ist es richtig, wenn er ihr den Gehorsam verweigert.«

Abū Huraira berichtet, der Gesandte Gottes (S) habe gesagt:

Bei dem, in dessen Hand ich mich befinde! Ich habe mich mit dem Gedanken getragen, Befehl zu geben, dass Brennholz gesammelt wird. Anschließend wollte ich zum Gebet rufen lassen und einen Mann als Vorbeter bestimmen. Ich beabsichtigte, währenddessen zu den gewissen Männern zu gehen und ihre Häuser in Brand zu setzen. Bei dem, in dessen Hand ich mich befinde! Wären diese Leute der Meinung, sie würden einen fetten Knochen oder die leckeren Füße eines Schafs in der Moschee vorfinden, dann würden sie bestimmt zum Nachtgebet kommen!

14

Der Vorrang des in Gemeinschaft verrichteten Gebets.
Wenn al-Aswad das Gebet in einer Moschee verpasst hatte, ging er in eine andere Moschee, um dort mit den Menschen zu beten.
Anas kam einmal in die Moschee, als das Gebet bereits vorüber war. Er sprach den Gebetsruf, sagte dann den Gebetsbeginn an und verrichtete mit einigen anderen das Gebet.

ʿAbdullāh Ibn ʿUmar berichtet, der Gesandte Gottes (S) habe gesagt:

Das gemeinsame Gebet hat den siebenundzwanzigfachen Wert des allein verrichteten Gebets.

Abū Huraira berichtet, der Gesandte Gottes (S) habe gesagt:

Der Lohn eines gemeinschaftlich verrichteten Gebets beträgt das fünfundzwanzigfache des Lohnes für ein Gebet, das allein zu Hause oder im Laden auf dem Bazar verrichtet wurde. Denn wer die kleine Waschung gewissenhaft durchführt und sich darauf zur Moschee begibt, einzig und allein aus dem Wunsch heraus, dort sein Gebet zu verrichten, der legt nicht einen einzigen Schritt dabei zurück, ohne dass er dafür belohnt und ihm eines seiner Vergehen verziehen wird. Und wenn er betet, werden die Engel, so lange er sich an der Stätte des Gebets aufhält, Gott für ihn anrufen. Sie sagen: »O Gott, gib ihm deinen Segen! O Gott, hab Erbarmen mit ihm!« Und die Zeit, die ihr in Erwartung des Gebets verbringt, wird euch als Gebetszeit angerechnet.

15

Zwei oder mehr Menschen gelten als Gemeinschaft beim Gebet.

Mālik Ibn al-Ḥuwairiṯ berichtet, der Prophet (S) habe gesagt: Wenn die Gebetszeit naht, ruft zum Gebet und sagt dann den Gebetsbeginn an. Und der Ältere von euch beiden soll die Aufgabe des Vorbeters übernehmen.

16

Wenn jemand sich in der Moschee aufhält und auf das Gebet wartet; der Vorzug der Moscheen.

Abū Huraira berichtet, der Gesandte Gottes (S) habe gesagt: So lange ihr euch an der Stätte des Gebets aufhaltet und nicht unrein seid, rufen die Engel Gott für euch an. Sie sagen: »O Gott, verzeih ihm! O Gott, hab Erbarmen mit ihm!« Und ihr seid im Gebet, so lange es euch von anderen Tätigkeiten abhält, so lange einzig das Gebet euch davor zurückhält, zu euren Angehörigen zurückzukehren.

Abū Huraira berichtet, der Prophet (S) habe gesagt:

Sieben Männer sind es, die Gott an jenem Tag, da es einzig bei ihm Schutz gibt, unter seinen Schutz nehmen wird: der gerechte Herrscher; der junge Mann, der im Dienste Gottes herangewachsen ist; der Mann, dessen Herz an den Moscheen hängt; die beiden Männer, die einander um Gottes willen lieben, die in ihrer Liebe zu Gott zusammenkommen und auseinandergehen; der Mann, den eine angesehene und attraktive Frau begehrt, ihr aber widersteht und zu ihr sagt: »Nein, ich fürchte Gott«; der Mann, der auf solch verborgene Weise Almosen gibt, dass selbst seine Linke nicht weiß, was seine Rechte tut; und der Mann, der in der Einsamkeit Gottes gedenkt und dem dabei die Tränen in die Augen steigen.

17

Soll ein Kranker am gemeinsamen Gebet teilnehmen?

Al-Aswad berichtet:

Wir waren bei ʿĀʾiša (R a) und sprachen über das obligatorische Gebet und die große Bedeutung dieser Vorschrift.

ʿĀʾiša erzählte:

»Folgendes hat sich zugetragen, als der Gesandte Gottes (S) an jener Krankheit litt, der er schließlich erlag:

Es wurde zum Gebet gerufen, und der Prophet (S) sagte: ›Sagt Abū Bakr, er möge die Leitung des Gebets übernehmen!‹ Die Leute entgegneten: ›Abū Bakr ist ein sehr feinfühliger und zartbesaiteter Mensch. Er ist nicht dazu in der Lage, an deiner Stelle die Aufgabe des Vorbeters zu übernehmen.‹ Der Prophet (S) wiederholte seine Anweisung, die Leute aber hielten an ihrem Einwand fest. Da wiederholte er seine Anweisung ein drittes Mal und sagte: ›Ihr seid wie die Menschen gegenüber

Josef (Yūsuf)![3] Sagt jetzt Abū Bakr, dass er die Leitung des Gebets übernehmen soll!‹

Abū Bakr begab sich zur Moschee, um dieser Anordnung nachzukommen. Währenddessen fühlte der Prophet (S) sich ein wenig besser. Auf zwei Männer gestützt, machte er sich auf den Weg zur Moschee – mir ist, als sähe ich jetzt noch die tiefen Spuren, die seine Füße auf dem Boden hinterließen!

Als Abū Bakr ihn sah, wollte er ihm die Leitung des Gebets überlassen. Der Prophet (S) aber deutete ihm, an seinem Platz zu bleiben. Man brachte den Propheten (S) nach vorn, und er ließ sich neben Abū Bakr nieder.«

Als al-A'maš einmal dieses Hadith erzählte, fragte einer der Zuhörer: »War es damals nicht so, dass der Prophet (S) das Gebet leitete, Abū Bakr sich nach ihm richtete, und die Betenden sich an Abū Bakr orientierten?« Al-A'maš nickte zustimmend.

Abū Mu'āwiya sagte zu diesem Bericht:

Der Prophet (S) saß damals links von Abū Bakr, und dieser verrichtete das Gebet im Stehen.

18

Es ist zulässig, bei Regen oder aus anderen Gründen das Gebet zu Hause zu verrichten.

Nāfi' berichtet:

Als Ibn 'Umar in einer kalten und stürmischen Nacht zum Gebet rief, verkündete er: »Betet daheim!« Später sagte er: »In kalten und regnerischen Nächten hat der Prophet (S) den Muezzin immer angewiesen, diesen Zusatz auszurufen.«

3 Vgl. Sure Yūsuf – 12.

19

Was ist zu tun, wenn das Essen angerichtet und gleichzeitig der Gebetsbeginn angesagt wird?
Ibn ʿUmar nahm immer erst das Abendessen ein.
Abū ad-Dardāʾ sagte: »Es ist sinnvoll, dass man zunächst seine Bedürfnisse befriedigt und erst im Anschluss daran das Gebet verrichtet. Dann ist das Herz frei.«

Nāfiʿ berichtet:

Ibn ʿUmar erzählte, der Gesandte Gottes (S) habe gesagt: »Wenn das Abendessen serviert und gleichzeitig der Gebetsbeginn angesagt wird, dann esst zuerst! Beeilt euch nicht mit dem Essen, und esst, bis ihr genug habt!«

Ibn ʿUmar pflegte in solchen Situationen immer zuerst das Essen einzunehmen, bevor er sich zum Gebet begab, auch wenn er während des Essens die Rezitation des Vorbeters hörte.

20

Wenn jemand im Haushalt tätig ist und sich, nachdem der Gebetsbeginn angesagt wurde, zur Moschee begibt.

Al-Aswad berichtet:

Ich fragte ʿĀʾiša (R a): »Was machte der Prophet (S), wenn er zu Hause war?« Sie erwiderte: »Er arbeitete im Haushalt und war für seine Familie tätig. Und wenn es Zeit für das Gebet war, ging er in die Moschee.«

21

Gelehrte und tugendhafte Menschen sind für die Leitung des Gebets besonders geeignet.

Anas Ibn Mālik al-Anṣārī, der immer beim Propheten (S) war, ihn bediente und zu seinen Gefährten zählte, berichtet:

Abū Bakr hatte die Leitung des Gebets übernommen, als der Prophet (S) an jener Krankheit litt, der er schließlich erlag. Bei dieser Regelung blieb es einige Tage.

Am Montag hatten die Leute sich in Reihen aufgestellt, um das Gebet zu verrichten, da schob der Prophet (S) den Vorhang in seinem Zimmer beiseite und schaute zu uns hinaus. Er hatte sich aufgerichtet, und sein Gesicht leuchtete wie eine Seite aus dem Koran. Er lächelte. Wir waren außer uns vor Freude, als wir ihn sahen. Abū Bakr (R a) wollte in die Reihen der Betenden zurücktreten, denn er dachte, der Prophet (S) würde zum Gebet hinauskommen. Der Prophet (S) aber gab Zeichen, das Gebet fortzusetzen und zog den Vorhang wieder zu. Noch am selben Tag starb er.

22

Das Vergehen dessen, der beim Gebet seinen Kopf hebt, bevor der Vorbeter dies tut.

Abū Huraira berichtet, der Prophet (S) habe gesagt:

Ist es nicht so, dass jemand, der während des Gebets seinen Kopf hebt, bevor der Vorbeter dies tut, befürchten muss, dass Gott seinen Kopf zum Kopf eines Esels macht oder seinem Körper die Gestalt eines Esels gibt?

23

Ein Sklave oder Maulā kann die Aufgabe des Vorbeters übernehmen.
'Ā'iša betete unter der Leitung ihres Sklaven Ḏakwān, der den Koran sehr genau kannte.
Der Nachkomme einer Prostituierten, ein Beduine oder ein Junge, der die Pubertät noch nicht erreicht hat, können die Aufgabe des Vorbeters übernehmen, denn der Prophet (S) sagte: »Es soll derjenige Vorbeter sein, der das Buch Gottes am besten kennt.«
Nur wenn ein triftiger Grund vorliegt, kann es einem Sklaven untersagt werden, die Leitung des Gebets zu übernehmen.

Ibn 'Umar berichtet:

Als die ersten Auswanderer nach al-'Uṣba, einem Ort unweit von Qubā'[4], kamen, übernahm Sālim, der Maulā von Abū Ḥuḏaifa, die Leitung des Gebets. Er kannte den Koran am besten.

Anas berichtet, der Prophet (S) habe gesagt:

Hört auf euren Gebieter und gehorcht ihm, auch wenn er ein Abessinier ist, der wie eine vertrocknete Weintraube aussieht!

24

Wenn jemand sich zur Linken des Vorbeters aufstellt, um zu beten, dieser ihn aber auf seine Rechte weist, so ändert dies nichts an der Zulässigkeit ihres Gebets.

4 Qubā': ein Ort südlich van Medina.

Ibn ʿAbbās (R a) berichtet:

Einmal übernachtete ich bei Maimūna, meiner Tante mütterlicherseits, und auch der Prophet (S) verbrachte die Nacht bei ihr. Am Abend verrichtete er die kleine Waschung und stellte sich anschließend zum Gebet auf. Ich nahm den Platz links von ihm ein, er aber wies mich auf seine rechte Seite. Der Prophet (S) betete dreizehn Rakʿas und legte sich anschließend schlafen. Ich hörte ihn atmen. Immer wenn er schlief, war sein Atem zu hören. Als der Muezzin am Morgen kam, ging der Prophet (S) mit ihm zur Moschee, um zu beten, ohne vorher die kleine Waschung verrichtet zu haben.

25

Wer allein betet, kann sein Gebet so ausführlich gestalten, wie er es möchte.

Abū Huraira berichtet, der Gesandte Gottes (S) habe gesagt:

Macht es den Menschen leicht, wenn ihr ihnen vorbetet! Denn vielleicht sind alte, kranke oder schwache Leute dabei. Wer aber allein betet, kann sein Gebet so ausführlich gestalten, wie er will.

26

Wenn jemand sich darüber beschwert, dass der Vorbeter das Gebet zu ausführlich gestaltet.

Ǧābir Ibn ʿAbdullāh al-Anṣārī berichtet:

Ein Mann kam mit zwei Kamelen, die er zur Bewässerung der Felder einsetzte, nach Hause, als die Nacht bereits angebrochen war. Er sah, dass Muʿāḏ gerade sein Gebet verrichtete, und ließ sein Kamel niederknien, um mit ihm zu beten. Muʿāḏ begann,

Sure al-baqara oder Sure an-nisā' zu rezitieren,[5] da entfernte der Mann sich. Später hörte er, dass Mu'āḏ sein Verhalten getadelt hatte. Er begab sich zum Propheten (S), um sich über ihn zu beschweren.

Später sagte der Prophet (S) zu Mu'āḏ: »O Mu'āḏ, willst du die Leute denn in Unruhe versetzen?« Dreimal sagte er dies. Dann fuhr er fort: »Rezitiere doch beim Gebet: ›Preise den Namen deines höchsten Herrn‹, ›Bei der Sonne und ihrem Glanz‹ oder ›Bei der Nacht, wenn sie bedeckt mit Finsternis‹![6] Denn mit dir beten auch alte und kranke Menschen, ferner Leute, die dringend etwas zu erledigen haben!«

27

Wenn das Gebet kurz, aber in aller Vollständigkeit verrichtet wird.

Anas berichtet:

Der Prophet (S) verrichtete sein Gebet kurz, aber in aller Vollständigkeit.

28

Wenn jemand sich beim Gebet kurzfasst, weil er ein Kind weinen hört.

Anas Ibn Mālik berichtet, der Prophet (S) habe gesagt:

Wenn ich mit dem Gebet beginne, will ich es immer in aller Ausführlichkeit verrichten. Aber wenn ich dann ein Kind wei-

5 Die zweite und vierte Sure des Koran, die beide sehr lang sind.

6 Das ist jeweils der erste Vers der Suren al-a'lā – 87, aš-šams – 91 und al-lail – 92, die recht kurz sind.

nen höre, kürze ich es ab. Denn ich weiß, wie besorgt eine Mutter um ihr Kind ist.

29

Wenn zwischen dem Vorbeter und den Betenden eine Mauer oder eine andere Barriere ist.
Al-Ḥasan sagte: »Es ist nichts dagegen einzuwenden, dass du das Gebet verrichtest, wenn zwischen dir und dem Vorbeter ein Fluss ist.«
Abū Miǧlaz sagte: »Ihr könnt unter der Leitung eines Vorbeters beten, auch wenn zwischen ihm und euch eine Straße oder Mauer ist. Aber wenn er den Lobpreis Gottes spricht, müsst ihr es hören können!«

ʿĀʾiša berichtet:

Der Gesandte Gottes (S) pflegte nachts in seiner Kammer zu beten. Die Wände dieses Raumes waren sehr niedrig, so dass die Menschen ihn dabei sehen konnten.

Eines Nachts beteten einige Leute mit ihm. Am Morgen erzählten sie davon, und in der nächsten Nacht verrichteten wieder einige Leute mit dem Propheten (S) das Gebet. Dies wiederholte sich in den folgenden zwei oder drei Nächten. Darauf blieb der Prophet (S) auf seinem Lager sitzen und stand nicht mehr zum Gebet auf. Als er am nächsten Morgen darauf angesprochen wurde, sagte er: »Ich möchte nicht, dass euch das Gebet in der Nacht als obligatorisch erscheinen könnte!«

30

Das freiwillige Gebet in der Nacht.

ʿĀʾiša (R a) berichtet:

Der Prophet (S) hatte eine Binsenmatte, die er tagsüber als Teppich und nachts als Vorhang verwendete. In der Nacht kamen einige Leute, um mit ihm, der hinter dieser Matte verborgen war, zu beten.

Zaid Ibn Ṯābit berichtet:

Im Ramaḍān zog der Gesandte Gottes (S) sich in eine Kammer zurück, die durch eine Matte abgetrennt war. Dort verrichtete er in den Nächten sein Gebet. Einige seiner Gefährten beteten, von der Matte verborgen, mit ihm. Als der Prophet (S) sie bemerkte, betete er im Sitzen. Später trat er zu ihnen hinaus und sagte: »Ich habe euch bemerkt und euer Tun verstanden. Aber, ihr Leute, verrichtet euer Gebet doch zu Hause! Denn das beste Gebet ist das, welches zu Hause verrichtet wird, sofern es sich um ein freiwilliges Gebet und nicht um ein obligatorisches handelt!«

31

Die Rezitation aus dem Koran ist obligatorisch bei jedem Gebet für den Vorbeter und die Betenden. Dies gilt sowohl für Reisende als auch für alle anderen Menschen. Die Rezitation kann mit erhobener oder mit gedämpfter Stimme erfolgen.

ʿUbāda Ibn aṣ-Ṣāmit berichtet, der Gesandte Gottes (S) habe gesagt:

Wer die Fātiḥa, die erste Sure des Koran, nicht rezitiert hat, hat nicht gebetet!

Abū Huraira berichtet:

Der Gesandte Gottes (S) trat eines Tages gleichzeitig mit einem anderen Mann in die Moschee. Dieser Mann verrichtete sein Gebet, grüßte darauf den Propheten (S) und wollte sich entfernen. Der Prophet (S) erwiderte den Gruß und sagte: »Geh zurück und verrichte das Gebet, denn du hast noch nicht gebetet!« Der Mann betete, wie er es zuvor getan hatte. Als er sich anschließend vom Propheten (S) verabschieden wollte, sagte dieser wieder: »Geh zurück und verrichte das Gebet. Du hast noch nicht gebetet!«

Dreimal ereignete sich dies. Da sagte der Mann: »Bei dem, der dich mit der Wahrheit gesandt hat! Ich weiß nicht besser zu beten, als ich es getan habe. Sag mir, wie ich es machen soll!« Der Prophet (S) sprach: »Wenn du dich zum Gebet aufstellst, sprich den Lobpreis Gottes! Anschließend sollst du aus dem Koran rezitieren, was du auswendig kannst und aufsagen möchtest. Darauf verbeugst du dich und verweilst in angenehmer Lage. Richte dich dann wieder auf und wirf dich nieder. Verharre ein wenig in bequemer Stellung, bis du dich zuletzt in die sitzende Lage begibst. Auf diese Weise sollst du jedes Gebet verrichten!«

32

Die große Bedeutung der Niederwerfungen.

Sa'īd Ibn al-Musaiyab und 'Aṭā' Ibn Yazīd al-Laiṯī berichten:

Abū Huraira erzählte:

Die Leute fragten: »O Gesandter Gottes, werden wir am Tag des Gerichts unseren Herrn sehen?« Der Prophet (S) entgegnete: »Habt ihr Zweifel daran, dass ihr in einer wolkenlosen Vollmondnacht den Mond sehen könnt?« – »Nein, o Gesandter

Gottes!« – »Bezweifelt ihr, dass ihr an einem wolkenlosen Tag die Sonne seht?« – »Nein!« – »Genauso werdet ihr Gott am Tag des Gerichts, da alle Menschen versammelt werden, sehen können! An diesem Tag wird den Menschen befohlen, dass sie sich dem anschließen, dem sie göttliche Verehrung erwiesen haben. Manche Menschen werden sich der Sonne anschließen, andere dem Mond oder den verschiedensten Götzen. Schließlich bleiben diese Gemeinde und die Heuchler, jene Menschen, dir nur behaupten, Muslime zu sein, ohne es wirklich zu sein, übrig. Gott – er ist mächtig und erhaben – wendet sich ihnen dann zu und sagt: ›Ich bin euer Herr!‹ Sie entgegnen: ›Wir werden hierbleiben, bis unser Herr zu uns kommt! Dann werden wir ihn erkennen!‹ Gott begibt sich darauf zu ihnen und sagt: ›Ich bin euer Herr!‹ Sie sagen dann: ›Ja, du bist unser Herr!‹

Anschließend ruft Gott die Menschen zu sich, und die Brücke wird über den Abgrund der Hölle gelegt. Ich werde der Erste sein, der diese Brücke überqueren darf.

An diesem Tag können nur die Propheten reden. Sie rufen: ›O Gott, rette uns! Erlöse uns!‹

In der Hölle sind spitze Haken, die den Stacheln des Sa'dān[7] ähneln. Habt ihr euch diese Stacheln einmal angeschaut?« – »Ja«, erwiderten die Zuhörer. Der Prophet (S) fuhr fort:

»Wirklich, die Haken in der Hölle sind den Stacheln des Saʿdān vergleichbar! Allerdings – allein Gott kennt ihre Ausmaße! Diese spitzen Haken durchbohren die Menschen entsprechend ihrer Taten auf Erden. Manche gehen in der Hölle zugrunde, andere werden zerstückelt.

Später werden jene Menschen, mit denen Gott Erbarmen hat, aus der Hölle erlöst. Gott gibt den Engeln den Befehl, diejenigen von ihnen, die Gott angebetet haben, aus der Hölle zu holen. Die Engel führen diesen Befehl aus. Sie erkennen die

7 Saʿdān: ein Wüstenstrauch, dessen Früchte spitze Stacheln haben.

Gläubigen an den Spuren, die die Niederwerfungen auf ihren Körpern hinterlassen haben. Denn Gott hat es dem Feuer verboten, diese Spuren zu verzehren. Diese Menschen also verlassen dann die Hölle. Das Feuer hat ihren gesamten Leib aufgefressen, mit Ausnahme jener Körperpartien, wo die Niederwerfungen ihre Spuren hinterlassen haben. Verbrannt und geschwärzt sind ihre Glieder. Dann aber wird das Wasser des Lebens über sie gegossen, und sie wachsen und gedeihen wie der Samen der Wüste in dem fruchtbaren Boden, den der Wasserlauf mit sich führt.

Wenn Gott schließlich die Aburteilung der Menschen abgeschlossen hat, bleibt ein Mann übrig, der zwischen Hölle und Paradies steht. Er ist der Letzte aus der Hölle, der ins Paradies eingehen wird. Sein Gesicht ist dem Feuer zugewandt, und er ruft: ›O Herr, wende mein Gesicht von dem Höllenfeuer ab! Sein Gestank hat mich vergiftet, seine Flammen haben mich verbrannt!‹ Gott sagt: ›Wenn dir dieser Wunsch erfüllt wird, wirst du vielleicht eine weitere Bitte vorbringen!‹ – ›Nein, bei deiner Allmacht! Ich werde dich bestimmt um nichts mehr bitten!‹ Und er gibt Gott sein festes Versprechen, er leistet den Schwur, wie Gott es will. Darauf wendet Gott den Mann vom Höllenfeuer ab.

Aus der Ferne kann er nun das Paradies, die Schönheiten und Freuden des Lebens dort sehen. Er schweigt, so lange Gott es will. Schließlich sagt er: ›O Herr, lass mich zum Paradiesestor gehen!‹ Gott entgegnet: ›Hast du nicht fest versprochen, keine weitere Bitte mehr vorzubringen?‹ – ›O Herr, lass mich nicht die elendste deiner Kreaturen sein!‹ – ›Wirst du um nichts mehr bitten, wenn dir auch dieser Wunsch erfüllt wird?‹ – ›Nein, bei deiner Allmacht! Bestimmt werde ich dich um nichts mehr bitten!‹ Und der Mann gibt Gott sein festes Versprechen, er leistet den Schwur, wie Gott es will. Darauf gibt Gott ihm die Erlaubnis, zum Paradiesestor zu gehen.

Der Mann betrachtet die Herrlichkeiten des Paradieses, die Schönheiten und Freuden des Lebens dort. Er schweigt, so lange Gott es will. Dann sagt er: ›O Herr, lass mich doch ins Paradies eingehen!‹ Gott der Erhabene sagt: ›Wehe dir, o Menschenkind! Wie treulos du doch bist! Hast du nicht fest versprochen, hast du nicht geschworen, keine weitere Bitte mehr vorzubringen?‹ – ›O Herr, lass mich nicht die elendste deiner Kreaturen sein!‹ Darauf lacht Gott – er ist mächtig und erhaben – und erlaubt ihm, ins Paradies einzutreten. Er sagt: ›Nun wünsch dir, was du willst!‹ Der Mann äußert seine Wünsche, und sie werden ihm erfüllt. Darauf sagt Gott: ›Mach doch auch dieses und jenes!‹ Und er macht ihn auf weitere Genüsse aufmerksam.

Als schließlich wirklich alle Wünsche des Mannes erfüllt sind, sagt Gott zu ihm: ›Das alles ist für dich, und noch einmal so viel!‹«

Abū Saʿīd al-Ḫudrī (R a) sagte zu Abū Huraira (R a): »Der Gesandte Gottes (S) erzählte, Gott – er ist mächtig und erhaben – würde zu dem Mann sagen: ›Dies alles ist für dich und noch zehnmal so viel!‹«

Abū Huraira entgegnete: »Ich erinnere mich nur daran, dass er sagte: ›Dies alles ist für dich, und noch einmal so viel!‹«

Abū Saʿīd al-Ḫudrī aber sagte: »Ich hörte ihn sagen: ›Dies alles ist für dich und noch zehnmal mehr!‹«

33

Die Anrufung Gottes nach dem Gebet.

Abū Huraira (R a) berichtet:

Einige arme Leute kamen zum Propheten (S) und sagten: »O Prophet, die Reichen sind uns hinsichtlich des Lohnes, den sie zu erwarten haben, weit voraus und werden immer das Wohlleben genießen können! Zwar beten und fasten sie wie wir, zusätzlich aber haben sie den Vorteil ihres Reichtums, der es ihnen ermöglicht, die Wallfahrt und die Besuchsfahrt[8] durchzuführen, die Sache des Islams zu fördern und Almosen zu geben.«

Der Prophet (S) sprach: »Soll ich euch sagen, was ihr tun könnt, um zu diesen Leuten hinsichtlich der Gott gefälligen Taten aufzuschließen, ja wie ihr sogar allen Menschen vorankommt, sofern sie nicht dasselbe tun? Sagt jeweils dreiunddreißigmal nach jedem Gebet ›subḥān Allāh‹, ›al-ḥamdu lillāh‹ und ›Allāh akbar‹!«[9]

Abū Huraira fährt in seinem Bericht fort:

Als wir später über dieses Hadith sprachen, waren wir verschiedener Meinung darüber, was der Prophet (S) genau gesagt hatte. Einige Leute meinten: »Wir sollen dreiunddreißigmal ›subḥān Allāh‹ und ›al-ḥamdu lillāh‹ sowie vierunddreißigmal ›Allāh akbar‹ sagen!«

Ich ging noch einmal zum Propheten (S), um ihn zu fragen. Er sagte: »Sag diese Formeln jeweils dreiunddreißigmal!«

8 Auf die Besuchsfahrt wird in Kap. XVIII eingegangen.

9 »Subḥān Allāh« – ›gepriesen sei Gott‹; »al-ḥamdu lillāh« – ›Gott sei gelobt‹; »Allāh akbar« – ›Gott ist groß‹.

XI Der Freitag

1

Die Teilnahme am Freitagsgebet ist obligatorisch. Gott der Erhabene sagte: »Wenn am Freitag zum Gebet gerufen wird, dann widmet euch mit Eifer dem Gedenken Gottes und lasst den Handel so lange ruhen! Dies ist besser für euch, wenn ihr richtig zu urteilen vermögt!« (al-ǧumʿa – 62,9.)

Abū Huraira (R a) berichtet, der Gesandte Gottes (S) habe gesagt:

Wir Muslime sind die Letzten, die auf die Erde gekommen sind. Und am Tag der Auferstehung werden wir die Ersten sein, obwohl den Juden und Christen das Buch Gottes bereits geraume Zeit vor uns gegeben wurde. Ihnen wurde dieser Tag, der Freitag, zur religiösen Pflicht gemacht, sie aber hielten sich nicht daran! Darauf gab Gott uns seine Rechtleitung, und wir begehen den Freitag. Die Juden und Christen stehen uns darin nach – die Juden begehen morgen, die Christen erst übermorgen ihren Tag.

2

Am Freitag soll die große Waschung vorgenommen werden.

ʿAbdullāh Ibn ʿUmar (R a) berichtet, der Gesandte Gottes (S) habe gesagt:

Verrichtet die große Waschung, bevor ihr zum Freitagsgebet geht!

Ibn ʿUmar berichtet:

Ein Mann von den Gefährten des Propheten (S), der zu den ersten Auswanderern gehörte, kam eines Freitags erst zum Gebet, als ʿUmar Ibn al-Ḫaṭṭāb bereits die Predigt hielt. ʿUmar rief: »Warum kommst du erst jetzt?« Der Mann erwiderte: »Ich hatte viel zu tun und kehrte erst nach Hause zurück, als ich den Gebetsruf hörte. Dann habe ich nur noch schnell die kleine Waschung verrichtet!« – »Die kleine Waschung«, rief ʿUmar. »Aber du weißt doch, dass der Gesandte Gottes (S) die große Waschung vor dem Freitagsgebet angeordnet hat!«

Abū Saʿīd al-Ḫudrī (R a) berichtet, der Gesandte Gottes (S) habe gesagt:

Die große Waschung am Freitag ist für jeden Muslim obligatorisch, der die Geschlechtsreife erreicht hat.

3

Der Vorrang des Freitagsgebets.

Abū Huraira (R a) berichtet, der Gesandte Gottes (S) habe gesagt:

Wenn jemand am Freitag die große Waschung verrichtet und sich zur ersten Stunde zum Gebet begibt, so ist es, als hätte er ein Kamel als Opfer dargebracht. Wer in der zweiten Stunde zum Gebet kommt, opfert gleichsam eine Kuh. Kommt jemand zur dritten Stunde, so entspricht dies dem Opfer eines Widders, bei der vierten Stunde gleicht es dem eines Huhnes und bei der fünften dem eines Eis.[1] Und wenn der Prediger

1 »Stunde« ist hier nicht wörtlich zu verstehen. »Zur ersten Stunde« meint »sehr früh«. Die zweite, dritte usw. Stunde ist entsprechend jeweils etwas später.

kommt und seinen Platz einnimmt, sind auch die Engel anwesend, um seinen Worten zuzuhören.

4

Wenn jemand sich am Freitag das Haar fettet.

Salmān al-Fārisī berichtet, der Prophet (S) habe gesagt:
Wer am Freitag ein Bad nimmt und sich gründlich wäscht, sich das Haar fettet oder sich parfümiert, dann zum Gebet geht und sich nicht zwischen die Betenden, die bereits vor ihm ihre Plätze eingenommen haben, drängt, anschließend das Gebet vorschriftsmäßig verrichtet und der Predigt aufmerksam zuhört, dem werden die Verfehlungen verziehen, die er sich zwischen diesem Tag und dem vorangegangenen Freitag hat zuschulden kommen lassen.

Ṭāwus berichtet:
Ibn ʿAbbās (R a) erwähnte eines Tages das Hadith des Propheten (S) über die Pflicht der großen Waschung am Freitag. Ich fragte ihn: »Soll man sich auch parfümieren oder das Haar fetten, wenn man die entsprechenden Materialien zur Verfügung hat?« Er erwiderte: »Davon weiß ich nichts!«

5

Am Freitag soll man die beste Kleidung anziehen.

ʿAbdullāh Ibn ʿUmar berichtet:
Eines Tages sah ʿUmar Ibn al-Ḫaṭṭāb (R a) ein seidenes Gewand, das vor der Moschee zum Kauf angeboten wurde. Er sagte zum Propheten (S): »O Gesandter Gottes, wenn du doch dieses Kleid kaufen würdest, um es freitags und zum Empfang

der Delegationen zu tragen!« Der Gesandte Gottes (S) entgegnete: »Solche Kleider tragen nur Menschen, die im Jenseits keinen Lohn zu erwarten haben!«

Einige Zeit später wurden dem Gesandten Gottes (S) Seidengewänder geschenkt. Eines davon gab er ʿUmar Ibn al-Ḫaṭṭāb (R a). ʿUmar sagte: »O Gesandter Gottes, du gibst mir ein solches Gewand, obwohl du dich neulich über das seidene Kleid, das ʿUṭārid vor der Moschee zum Kauf angeboten hat, so negativ geäußert hast?« Der Gesandte Gottes (S) sagte: »Ich habe es dir nicht gegeben, damit du es trägst!«

ʿUmar Ibn al-Ḫaṭṭāb (R a) schenkte das Kleid einem seiner Brüder in Mekka, der ein Götzendiener war.

6

Über das Putzen der Zähne am Freitag.
Abū Saʿīd berichtet, der Prophet (S) habe sich regelmäßig die Zähne geputzt.

Abū Huraira (R a) berichtet, der Gesandte Gottes (S) habe gesagt:

Ich hätte meine Gemeinde und alle Menschen angewiesen, sich vor jedem Gebet die Zähne mit dem Zahnhölzchen zu putzen, wenn ich nicht befürchtet hätte, sie damit zu überfordern.

7

»Wenn die Sonne ihren Höchststand überschritten hat, ist es Zeit für das Freitagsgebet!« Dies sagten ʿUmar, ʿAlī, an-Nuʿmān Ibn Bašīr und ʿAmr Ibn Ḥuraiṯ (R a).

Anas Ibn Mālik (R a) berichtet:

Der Prophet (S) verrichtete das Freitagsgebet, wenn die Sonne ihren höchsten Stand überschritten hatte.

8

Der Prediger steht auf der Kanzel, wenn er zu den Menschen spricht.
Anas erzählte: »Der Prophet (S) stand auf der Kanzel, während er predigte.«

Sālim berichtet, sein Vater habe erzählt:

Ich hörte den Propheten (S) predigen. Er stand auf der Kanzel und sagte: »Wer zum Freitagsgebet kommt, soll vorher die große Waschung durchführen.«

9

Zwischen den beiden Predigten des Freitagsgebets setzt man sich.

ʿAbdullāh Ibn ʿUmar berichtet:

Der Prophet (S) hielt freitags immer zwei Predigten. Zwischen ihnen setzte er sich.

10

Wer verspätet zum Freitagsgebet kommt, wenn der Prediger bereits zu den Menschen spricht, soll zwei Rakʿas beten.

Ǧābir berichtet:

Eines Freitags kam ein Mann erst zum Gebet, als der Prophet (S) bereits predigte. Der Prophet (S) fragte ihn: »Hast du schon gebetet?« – »Nein«, erwiderte er. »Dann bete zwei Rakʿas!«

11

Das Gebet um Regen während der Freitagspredigt.

Anas Ibn Mālik berichtet:

Zu Lebzeiten des Propheten (S) brach eine große Hungersnot aus. Als der Prophet (S) am Freitag die Predigt hielt, erhob sich ein Beduine und sagte: »O Gesandter Gottes, das Vieh geht zugrunde, und die Menschen leiden Hunger! Ruf doch Gott für uns an!«

Der Prophet (S) hob seine Hände in die Höhe. Zu diesem Zeitpunkt war am Himmel nicht die kleinste Wolke zu sehen.

Bei dem, in dessen Händen ich mich befinde! Noch hatte er seine Hände nicht wieder gesenkt, als Wolken aufzogen, so groß wie Berge! Der Prophet (S) stieg erst von der Kanzel herab, als ihm das Wasser schon vom Bart herabtropfte. Es regnete den ganzen Tag und auch den nächsten und übernächsten, es regnete eine ganze Woche lang! Am nächsten Freitag wandte sich wieder dieser Beduine – oder es kann auch ein anderer gewesen sein – an den Propheten (S) und sagte: »O Gesandter Gottes, der Regen zerstört unsere Häuser, das Vieh ertrinkt! Ruf doch Gott für uns an!« Der Prophet (S) hob seine Hand und sagte: »O Gott, es soll nur noch im Umland regnen, nicht mehr hier bei uns!« Kaum hatte er mit der Hand ein Zeichen in Richtung der Wolken gegeben, als diese sich schon teilten und den Himmel über Medina freigaben.

Der Wadi Qanāt führte einen ganzen Monat lang Wasser. Zu dieser Zeit sprachen alle Leute aus der Gegend von Medina nur von diesem ausgiebigen Regen.

12

Der Freitagspredigt ist aufmerksam zuzuhören.
Wenn jemand während der Predigt seinen Gefährten neben sich auffordert, ruhig zu sein, so ist dies bereits ein Vergehen.
Salmān erzählte, der Prophet (S) habe gesagt: »Hört gut zu, wenn der Prediger spricht!«

Abū Huraira berichtet, der Gesandte Gottes (S) habe gesagt:

Wenn du während der Freitagspredigt deinen Gefährten neben dir aufforderst, ruhig zu sein, hast du dich bereits eines Vergehens schuldig gemacht!

13

Wenn einige Leute sich während des Freitagsgebets entfernen, können der Vorbeter und die übrigen Menschen ihr Gebet dennoch fortsetzen.

Ǧābir Ibn ʿAbdullāh berichtet:

Einmal verrichteten wir mit dem Propheten (S) das Gebet, als eine Karawane mit Nahrungsmitteln ankam. Die meisten Leute wandten sich der Karawane zu und verließen die Moschee. Nur zwölf Männer blieben beim Propheten (S). Im Anschluss an dieses Vorkommnis offenbarte Gott der Erhabene den Vers: »Wenn die Leute Handelsware oder eine andere Ablenkung sehen, so laufen sie dort hin und lassen dich stehen!« (al-ǧumʿa – 62,11.)

14

Gott der Erhabene sagte: »Wenn das Gebet vorüber ist, geht eurer Wege und trachtet nach der Gunst Gottes!«

(al-ǧumʿa – 62,10.)

Sahl Ibn Saʿd berichtet:

In unserer Stadt lebte eine Frau, die an den Bewässerungsgräben ihres Gartens Silq[2] anbaute. Freitags erntete sie immer einige dieser Wurzeln. Sie tat sie in einen Topf, fügte eine Handvoll gemahlene Gerste dazu und kochte es. Die Wurzeln waren bei diesem Gericht gewissermaßen ein Ersatz für das Fleisch.

Nach dem Freitagsgebet gingen wir immer bei dieser Frau vorbei und grüßten sie. Sie reichte uns dann dieses Essen, und wir aßen davon. Wegen dieses köstlichen Gerichts freuten wir uns auf den Freitag.

15

Der Mittagsschlaf nach dem Freitagsgebet.

Sahl berichtet:

Wir verrichteten mit dem Propheten (S) das Freitagsgebet und hielten anschließend einen Mittagsschlaf.

2 Silq: eine Rübenart.

XII Das Gebet um Regen

1

Während einer langen Trockenperiode baten die Menschen den Vorbeter, dass er Gott um Regen anruft.

ʿAbdurraḥmān Ibn ʿAbdullāh Ibn Dīnār berichtet, sein Vater habe erzählt:

Ich hörte, wie Ibn ʿUmar folgenden Vers von Abū Ṭālib[1] rezitierte: »Es ist ein hellhäutiger Mann, dessen Antlitz die Wolken zum Regnen veranlasst, der die Waisen unterstützt und die Witwen beschützt.«

Sālim berichtet, sein Vater habe erzählt:

Ich erinnerte mich immer an diesen Vers, wenn ich den Propheten (S) sah und er Gott um Regen anrief. Er stieg erst von der Kanzel herab, wenn schon an alle Seiten das Wasser rauschte.

2

Während der Dürre wandten sich die Götzendiener an die Muslime um Hilfe.

Masrūq berichtet:

Eines Tages ging ich zu Ibn Masʿūd, und er erzählte mir Folgendes: »Als die Quraiš sich weigerten, den Islam anzunehmen, rief der Prophet (S) Gott gegen sie an, und eine große Dürre

1 Abū Ṭālib, dem Onkel des Propheten, werden einige Gedichte zugeschrieben.

kam über sie. Ihr Vieh ging zugrunde, und sie mussten sich schon von den Kadavern und Knochen ernähren.

Abū Sufyān[2] ging zum Propheten (S) und sagte: ›O Muhammad, du sagst doch immer, wir sollten ein gutes Verhältnis zu unserer Verwandtschaft pflegen! Aber jetzt geht dein Volk zugrunde! Ruf doch Gott den Erhabenen für uns an!‹ Der Prophet (S) rezitierte darauf den Vers: ›Pass auf am Tag, da vom Himmel deutlich zu sehender Rauch herabkommt!‹ (ad-duẖān – 44,10.)

Die Quraiš aber blieben weiterhin bei ihrem Unglauben. Da offenbarte Gott der Erhabene: ›Am Tag, da wir einen gewaltigen Angriff durchführen werden!‹ (ad-duẖān – 44,16.)

Damit war der Tag von Badr[3] gemeint.«

3

Das Gebet um Regen ist im Stehen zu verrichten.

Abū Isḥāq berichtet:

ʿAbdullāh Ibn Yazīd al-Anṣārī (R a) begab sich zum Gebetsplatz, um Gott um Regen anzurufen, und al-Barāʾ Ibn ʿĀzib und Zaid Ibn Arqam (R a) begleiteten ihn. Auf dem Gebetsplatz stellte ʿAbdullāh sich aufrecht hin, bestieg aber nicht die Kanzel. Er rief Gott um Regen an und betete zwei Rakʿas. Deutlich vernehmbar rezitierte er dabei aus dem Koran. Zuvor war weder zum Gebet gerufen noch der Gebetsbeginn angesagt worden.

2 Abū Sufyān war zu jener Zeit einer der Anführer der mit den Muslimen verfeindeten Mekkaner.

3 Die Schlacht von Badr im Jahr 624.

Abū Isḥāq ergänzte zu seinem Bericht:

'Abdullāh Ibn Yazīd hatte beobachtet, dass der Prophet (S) genauso vorgegangen war.

'Abbād Ibn Tamīm berichtet, sein Onkel väterlicherseits, der ein Gefährte des Propheten (S) war, erzählt:

Der Prophet (S) ging mit einigen Leuten zum Gebetsplatz, um Gott um Regen anzurufen. Auf dem Gebetsplatz stellte er sich aufrecht hin und rief Gott an. Anschließend wandte er sich der Gebetsrichtung zu und kehrte die Innenseite seines Obergewands nach außen. Da begann es zu regnen.

4

Bei dem Gebet um Regen hebt der Vorbeter seine Hand in die Höhe.

Anas Ibn Mālik berichtet:

Der Prophet (S) hob nie seine Hände in die Höhe, wenn er Gott anrief. Die einzige Ausnahme ist das Gebet um Regen. Bei dieser Anrufung hob er seine Hände so weit in die Höhe, dass man die weiße Haut seiner Achselhöhlen sehen konnte.

5

Was sagt man, wenn es regnet.

'Ā'iša berichtet:

Wenn der Gesandte Gottes (S) sah, dass es regnete, rief er: »O Gott, es möge ein ausgiebiger und heilsamer Regen sein!«

6

Niemand außer Gott allein weiß, wann es regnet.
Abū Huraira erzählte, der Prophet (S) habe gesagt: »Fünf Dinge sind es, über die einzig Gott Bescheid weiß!«

Ibn ʿUmar berichtet, der Gesandte Gottes (S) habe gesagt:

Fünf Dinge sind es, über die niemand außer Gott allein Bescheid weiß: Niemand weiß, was morgen sein wird; niemand weiß, was sich im Mutterleib befindet; niemand weiß, was er am nächsten Tag erreichen wird; niemand weiß, wo er sterben wird; und niemand weiß, wann es regnet.

XIII Die Sonnen- und Mondfinsternis

1

Das Gebet bei Sonnenfinsternis.

Abū Bakra berichtet:

Wir waren gerade beim Gesandten Gottes (S), als die Sonne sich verfinsterte. Er stand auf und eilte mit wehendem Überwurf zur Moschee. Wir folgten ihm. In der Moschee betete er mit uns zwei Rakʿas. Anschließend war die Sonne wieder vollständig sichtbar. Der Prophet (S) sagte: »Sonne und Mond verfinstern sich nicht, weil irgendjemand gestorben ist!

Wenn ihr eine Sonnen- oder Mondfinsternis seht«, fuhr er fort, »dann betet und ruft Gott an, bis diese Erscheinung vorüber ist.«

Al-Muġīra Ibn Šuʿba berichtet:

Zu Lebzeiten des Gesandten Gottes (S) verfinsterte sich einmal die Sonne. Dies geschah an dem Tag, als Ibrāhīm, der Sohn des Propheten (S), starb.[1] Die Leute sagten: »Die Sonne hat sich verfinstert, weil Ibrāhīm gestorben ist!« Der Gesandte Gottes (S) aber sagte: »Sonne und Mond verfinstern sich nicht wegen Leben oder Tod eines Menschen! Aber wenn ihr eine Sonnen- oder Mondfinsternis seht, dann betet und ruft Gott an.«

1 Ibrāhīm starb im Säuglingsalter.

2

Bei einer Sonnen- oder Mondfinsternis wird zum gemeinsamen Gebet gerufen.

ʿAbdullāh Ibn ʿAmr (R a) berichtet:
Als sich zu Lebzeiten des Gesandten Gottes (S) die Sonne verfinsterte, wurde zum gemeinsamen Gebet gerufen.

3

Die Predigt anlässlich der Sonnen- und Mondfinsternis.

ʿĀʾiša, die Frau des Propheten (S), berichtet:
Als die Sonne sich verfinsterte, ging der Prophet (S) in die Moschee, und die Menschen stellten sich hinter ihm zum Gebet auf. Der Gesandte Gottes (S) sprach den Lobpreis Gottes und rezitierte lange aus dem Koran. Darauf sprach er wieder den Lobpreis Gottes und verrichtete eine lange Verbeugung. Anschließend sagte er: »Gott erhört den, der ihn preist!« Er erhob sich, ohne eine Niederwerfung verrichtet zu haben, und rezitierte wieder lange aus dem Koran, doch war diese Rezitation kürzer als die vorangegangene. Er sprach erneut den Lobpreis Gottes und verbeugte sich. Auch diese Verbeugung war kürzer als die vorangegangene. Im Anschluss daran sagte er: »Gott erhört den, der ihn preist! O Gott, du seist gelobt!« Dann verrichtete er eine Niederwerfung. Auf dieselbe Art verfuhr der Prophet (S) bei dem folgenden Rakʿa. Insgesamt betete er vier Rakʿas, die er mit vier Niederwerfungen abschloss.

Noch war das Gebet nicht beendet, als die Sonne wieder vollständig sichtbar war.

Der Prophet (S) erhob sich, sprach den Lobpreis Gottes und sagte zu uns: »Sonnen- und Mondfinsternis sind zwei von den

Zeichen Gottes! Sie verfinstern sich nicht, weil jemand gestorben ist oder geboren wurde. Wenn ihr eine solche Erscheinung seht, nehmt eure Zuflucht bei Gott!«

XIV Das verkürzte Gebet

1

Was über das verkürzte Gebet gesagt wird und unter welchen Bedingungen man es verrichten darf.

Ibn ʿAbbās (R a) berichtet:

Der Prophet (S) verrichtete über einen Zeitraum von neunzehn Tagen hinweg seine Gebete in gekürzter Form.

Wenn wir auf Reisen waren, beteten wir neunzehn Tage lang verkürzt, vom zwanzigsten Tag an aber verrichteten wir wieder das vollständige Gebet

Yaḥyā Ibn Abī Isḥāq berichtet:

Anas erzählte: »Wir ritten mit dem Propheten (S) von Medina nach Mekka. Er betete unterwegs immer nur zwei Rakʿas, bis wir nach Medina zurückkamen.«

Ich fragte Anas: »Habt ihr euch längere Zeit in Mekka aufgehalten?« – »Wir waren zehn Tage lang da«, erwiderte er.

2

Wie lange muss eine Reise dauern, dass man das verkürzte Gebet verrichten darf?

Der Prophet (S) sprach von einer Reise, wenn man einen Tag und eine Nacht unterwegs ist.

Ibn ʿUmar (R a) und Ibn ʿAbbās (R a) verkürzten ihre Gebete und unterbrachen ihr Fasten, wenn sie eine Entfernung von vier Barīd zurücklegten. Vier Barīd entsprechen sechzehn Farsaḫ.

Ibn ʿUmar (R a) berichtet, der Prophet (S) habe gesagt:

Eine Frau soll nicht länger als drei Tage auf Reisen sein, sofern sie nicht von einem Mann begleitet wird, den zu heiraten ihr verboten ist.

3

Sobald der Reisende sein Zuhause verlässt, kann er das Gebet in verkürzter Form verrichten.
Als ʿAlī (R a) aus Kufa fortritt, betete er schon zu einem Zeitpunkt verkürzt, da die Häuser der Stadt noch zu sehen waren. Bei seiner Rückkehr sagte ein Mann zu ihm: »Dort vor uns ist Kufa! Du musst jetzt wieder vollständig beten!« ʿAlī aber entgegnete: »Nein, erst wenn wir die Stadt betreten haben!«

Anas (R a) berichtet:

Zur Mittagszeit betete ich mit dem Propheten (S) in Medina vier Rakʿas. Als wir zum Nachmittagsgebet in Ḏū al-Ḥulaifa waren, beteten wir zwei Rakʿas.

ʿĀʾiša (R a) berichtet:

Als das Gebet zur Pflicht gemacht wurde, bestand es aus zwei Rakʿas. Diese Bestimmung wurde für Reisende beibehalten, für alle anderen aber vervollständigt!

XV Tod und Begräbnis

1

Wenn jemand mit dem Glaubensbekenntnis auf den Lippen stirbt.

Jemand fragte Wahb Ibn Munabbih: »Ist nicht das Glaubensbekenntnis der Schlüssel zum Paradies?«

Er erwiderte: »Doch! Aber jeder Schlüssel muss auch einen Bart haben! Wenn du einen Schlüssel mit Bart hast, wird das Tor zum Paradies sich dir öffnen. Im anderen Fall bleibt es dir verschlossen!«

Abū Ḏarr (R a) berichtet:

Der Prophet (S) sagte: »Von meinem Herrn kam die erfreuliche Nachricht, dass alle Mitglieder meiner Gemeinde, die allein Gott dienen und ihm keine Teilhaber an seiner Göttlichkeit zuschreiben, nach ihrem Tod ins Paradies eingehen werden!« Ich fragte ihn: »Gilt das auch für die, die Ehebruch begangen oder gestohlen haben?« – »Ja.«

2

Man soll am Begräbniszeremoniell teilnehmen.

Abū Huraira (R a) berichtet, der Prophet (S) habe gesagt:

Fünf Pflichten hat der Muslim gegenüber seinem Glaubensbruder: Er ist verpflichtet, den Gruß zu erwidern, den Kranken zu besuchen, am Begräbniszeremoniell teilzunehmen, der Einladung nachzukommen und dem Niesenden Gottes Erbarmen zu wünschen.

3

Wenn jemand sich zu einem Verstorbenen begibt, nachdem dieser in das Leichentuch gehüllt wurde.

'Ā'iša, die Frau der Propheten (S), (R a) berichtet:

Abū Bakr kam von seinem Anwesen bei as-Sunh nach Medina zurück. Er saß von seinem Reittier ab und trat in die Moschee. Ohne mit jemandem gesprochen zu haben, kam er zu mir und begab sich unverzüglich zum Leichnam des Propheten (S). Der Prophet (S) war mit einem gestreiften Tuch zugedeckt. Abū Bakr deckte sein Gesicht auf, beugte sich zu ihm herab und küsste ihn. Darauf brach er in Tränen aus. Er sagte: »O Prophet, du warst mir lieber als Vater und Mutter! Gott lässt dich nicht zweimal sterben! Du bist gestorben, wie es für dich bestimmt war!«

Abū Salama berichtet:

Ibn 'Abbās (R a) erzählte den weiteren Hergang wie folgt:

»Als Abū Bakr aus dem Haus des Propheten (S) kam, sprach 'Umar (R a) gerade zu den Menschen, die sich vor der Moschee versammelt hatten. Abū Bakr forderte 'Umar auf, sich zu setzen und still zu sein, 'Umar aber weigerte sich. Abū Bakr wiederholte seine Aufforderung, aber 'Umar blieb bei seiner Weigerung. Da sprach Abū Bakr (R a) das Glaubensbekenntnis, und die Leute wandten sich von 'Umar ab und schenkten Abū Bakr ihre Aufmerksamkeit. Abū Bakr sagte: ›Folgendes möchte ich euch mitteilen: Viele von euch haben Muhammad verehrt! Und jetzt ist er gestorben! Wer aber Gott verehrt, tut wohl daran! Denn Gott lebt und wird niemals sterben! Gott der Erhabene hat gesagt: ‚Muhammad ist nur ein Gesandter, und vor ihm hat es schon viele andere Gesandte gegeben! Werdet ihr denn auf dem rechten Weg kehrtmachen, wenn er stirbt oder getötet wird? Wer kehrtmacht, schadet Gott damit nicht! Aber Gott wird die belohnen, die dankbar sind!‘« (āl ʿImrān – 3,144.)

Ibn ʿAbbās schloss seinen Bericht mit den Worten:

»Bei Gott, es schien, als hätten die Menschen diesen Vers noch nie gehört, bevor Abū Bakr (R a) ihn rezitierte. Sie prägten sich ihn ein, und alle, die ihn hörten, sagten ihn auf!«

4

Ein Leichnam soll mehrmals gründlich gewaschen werden.

Umm ʿAṭiya (R a) berichtet:

Der Gesandte Gottes (S) trat zu uns, als wir gerade den Leichnam seiner Tochter wuschen. Er sagte: »Wascht sie dreimal, fünfmal oder öfter gründlich mit Wasser und Lotos und streut anschließend etwas Kampfer über sie! Und sagt mir Bescheid, wenn ihr soweit seid!« Als wir fertig waren, riefen wir ihn. Er reichte uns sein Kleid und sagte: »Hüllt sie darin ein!«

Aiyūb berichtet:

Ḥafṣa erzählte mir von ähnlichen Anweisungen des Propheten (S). Ihrem Bericht zufolge sagte er: »Wascht sie mehrmals gründlich, dreimal, fünfmal oder siebenmal! Und beginnt auf der rechten Seite und mit den Körperpartien, denen die kleine Waschung gilt.«

Und Ḥafṣa erzählte, Umm ʿAṭiya habe gesagt: »Wir kämmten das Haar der Verstorbenen und flochten es in drei Zöpfe.«

5

Die Trauer einer Frau um einen Mann, der nicht ihr Ehemann war.

Muḥammad Ibn Sīrīn berichtet:

Einer der Söhne Umm ʿAṭiyas (R a) starb. Drei Tage später ließ sie sich Ṣufra[1] bringen und rieb sich damit ein. Sie sagte: »Es wurde uns verboten, länger als drei Tage um einen Mann zu trauern, es sei denn, er war der Ehemann!«

Zainab Bint Abī Salama berichtet:

Aus aš-Šām kam die Nachricht vom Tod Abū Sufyāns. Drei Tage später ließ Umm Ḥabība sich Ṣufra bringen. Sie rieb sich das Gesicht und die Unterarme ein und sagte: »Eigentlich habe ich nicht das Bedürfnis, mich zu parfümieren. Aber ich hörte, wie der Prophet (S) gesagt hat: ›Frauen, die an Gott und den Jüngsten Tag glauben, sollen nicht länger als drei Tage um einen Toten trauern, es sei denn, er war ihr Ehemann. In diesem Fall beträgt die Trauerzeit vier Monate und zehn Tage.‹«

6

Der Prophet (S) sagte: »Dein Tod erfüllt uns mit großer Trauer!«
Ibn ʿUmar (R a) erzählte, der Prophet (S) habe gesagt: »Die Augen tränen, und das Herz trauert.«

Anas Ibn Mālik (R a) berichtet:

Wir gingen mit dem Gesandten Gottes (S) zu Abū Saif, dem Schmied. Abū Saif war mit der Amme von Ibrāhīm, dem Sohn

1 Ṣufra: ein Parfüm und gelbes Färbemittel.

des Propheten (S), verheiratet. Der Gesandte Gottes (S) hatte Ibrāhīm auf den Arm genommen und küsste und liebkoste ihn. Als wir bei Abū Saif eintraten, war Ibrāhīm tot. Die Augen des Propheten (S) begannen zu tränen. ʿAbdurraḥmān Ibn ʿAuf (R a) sagte: »O Prophet, du weinst?« – »Ja, o Ibn ʿAuf! Es ist meine Anteilnahme.« Der Prophet (S) vergoss weitere Tränen und sagte: »Die Augen tränen, und das Herz trauert. Aber wir wollen nichts sagen, was unserem Herrn missfällt! O Ibrāhīm, wir sind sehr traurig, dass du nicht mehr bei uns bist!«

7

Wenn ein Leichenzug vorüberzieht, soll man sich erheben.

ʿĀmir Ibn Rabīʾa berichtet, der Prophet (S) habe gesagt:
Wenn ihr einen Leichenzug seht, erhebt euch, bis er vorüber ist.

Al-Ḥumaidī ergänzte zu diesem Hadith:
Bleibt stehen, bis der Leichenzug aus eurem Blickfeld verschwunden ist oder die Bahre abgesetzt wird.

8

Das Gebet bei der Beerdigung.
Der Prophet (S) sagte: »Beim Begräbnis wird gebetet.«
Er sagte ferner: »Betet für euren verstorbenen Gefährten!«
»Betet für an-Naǧāšī!«
Der Prophet (S) sprach im Zusammenhang mit dem Beerdigungszeremoniell von einem Gebet, obwohl dabei keine Verbeugungen, Niederwerfungen oder Rezitationen verrichtet werden, sondern nur der Lobpreis Gottes und der abschließende Gruß vorgesehen sind.

Niemals verrichtete Ibn ʿUmar das Gebet bei einer Beerdigung, ohne sich vorher gewaschen zu haben. Nie betete er während des Sonnenaufgangs und Sonnenuntergangs, und wenn er den Lobpreis Gottes sprach, hob er seine Hände in die Höhe.

Al-Ḥasan sagte: »Die angesehenen Zeitgenossen des Propheten (S), die mit allgemeiner Zustimmung die Aufgabe des Vorbeters bei den obligatorischen Gebeten übernahmen, leiteten auch das Begräbniszeremoniell. Und wenn jemand an einem Festtag oder bei einer Beerdigung unrein ist, soll er sich nach Wasser umsehen und die Waschung vornehmen. Er soll nicht die Ersatzabreibung mit Erde durchführen! Und wer zu einem Begräbnis kommt, während die Menschen gerade das Gebet verrichten, soll sich zu ihnen gesellen und den Lobpreis Gottes sprechen.«

Ibn al-Musaiyab sagte: »Sprecht den Lobpreis Gottes immer viermal aus, sei es bei Tag oder Nacht, auf der Reise oder zu Hause.«

Anas (R a) sagte: »Der einmalige Lobpreis Gottes steht am Anfang des Gebets.«

Gott der Erhabene sagte: »Verrichte niemals das Gebet für einen Ungläubigen, wenn er gestorben ist!«

(at-tauba – 9,84.)

Auch beim Beerdigungszeremoniell stellen die Betenden sich in Reihen auf, und der Vorbeter leitet das Gebet.

9

Wenn jemand beim Begräbnis bleibt, bis der Tote beerdigt ist.

Abū Huraira (R a) berichtet:

Der Prophet (S) sagte: »Wer bei einem Begräbnis bleibt, bis das Gebet verrichtet ist, wird als Lohn einen Qīrāṭ erhalten. Wer aber bleibt, bis der Tote begraben ist, wird mit zwei Qīrāṭ belohnt.« Jemand fragte den Propheten (S): »Wie viel sind zwei Qīrāṭ?« – »Zwei Qīrāṭ entsprechen zwei riesigen Bergen.«

10

Bei der Beerdigung wird viermal der Lobpreis Gottes gesprochen.
Ḥumaid erzählte: »Einmal verrichtete Anas mit uns das Totengebet. Er rief dreimal den Lobpreis Gottes und sprach darauf den abschließenden Gruß. Als ihn jemand auf sein Versäumnis aufmerksam machte, nahm er wieder die Gebetsrichtung ein und sprach den vierten Lobpreis. Und darauf wiederholte er den Gruß.«

Abū Huraira (R a) berichtet:

Als der Gesandte Gottes (S) die Nachricht vom Tod an-Naǧāšīs erhielt, ging er mit den Menschen hinaus zum Gebetsplatz. Dort stellten die Leute sich in Reihen auf, und der Prophet (S) sprach viermal den Lobpreis Gottes.

11

Wenn jemand im geheiligten Land oder in dessen Nähe beerdigt werden möchte.

Abū Huraira (R a) berichtet:

Der Todesengel wurde zu Moses (Mūsā), Friede sei mit ihm, geschickt, Moses aber verpasste ihm einen kräftigen Hieb und zerstörte dabei sein eines Auge. Der Engel kehrte zu seinem Herrn zurück und sagte: »Du hast mich zu einem deiner Diener gesandt, aber er will nicht sterben!« Gott – er ist mächtig und erhaben – gab dem Engel sein Auge zurück und sagte: »Geh zurück zu Moses und sag ihm, er möge seine Hand auf den Rücken eines Stieres legen, und für jedes Haar, das seine Hand bedeckt, soll er noch ein Jahr zu leben haben!« Als Moses das hörte, sagte er: »Und was soll dann geschehen?« Der Engel erwiderte: »Dann wirst du sterben!« Da rief Moses aus: »Oh, dann möchte ich lieber jetzt sterben!« Er bat Gott, ihn an einen Ort zu bringen, der einen Steinwurf vom geheiligten Land entfernt ist.

Nachdem der Gesandte Gottes (S) uns dies erzählt hatte, sagte er: »Wenn wir dort wären, würde ich euch sein Grab zeigen! Es ist neben der Straße bei der roten Sanddüne!«

12

Darf man einen Toten exhumieren?

Ǧābir (R a) berichtet:

Es war in der Nacht vor der Schlacht am Uḥud, als mein Vater mich zu sich rief und sagte: »Ich habe das Gefühl, dass ich morgen als einer der Ersten von den Gefährten des Propheten (S) ums Leben komme. Ich werde niemanden hinterlassen, der mir teurer ist als du, o Ǧābir, mit Ausnahme des Gesandten Gottes (S). Ich habe einige Schulden. Begleiche sie und sorge für deine Schwestern!«

Am nächsten Morgen war er wirklich der Erste, der getötet wurde. Und nach der Schlacht begruben wir ihn zusammen mit einem anderen Mann.

Aber der Gedanke quälte mich, dass er dort mit diesem anderen Mann begraben war. Sechs Monate später exhumierte ich ihn. Er sah noch genauso aus wie an dem Tag, da ich ihn begrub, mit Ausnahme seines einen Ohres.

13

Soll das Totengebet für ein Kind verrichtet werden, das Muslim war?

Šuʿaib berichtet, Ibn Šihāb habe gesagt:

Für jedes verstorbene Kind soll das Totengebet verrichtet werden, auch wenn seine Eltern eine unrechtmäßige Beziehung hatten, denn jedes Kind hat von Natur aus die Anlage, Muslim zu sein. Und wenn beide Elternteile Muslime sind oder sich der Vater zum Islam, die Mutter aber zu einer anderen Religion bekennt, so ist für das Kind im Todesfall das Gebet zu verrichten, sofern es nach der Geburt geschrien hat. Das Gebet wird nicht verrichtet, wenn es nach der Geburt nicht schreit, denn dann handelt es sich um eine Fehlgeburt.

Abū Huraira (R a) berichtet:

Der Gesandte Gottes (S) sagte: »Jedes Neugeborene hat von Natur aus die Anlage zum rechten Glauben. Es sind die Eltern, die es zum Juden, Christen oder Magier erziehen. Das ist genauso, wie jedes Tier ein vollkommenes Junges gebärt! Seht ihr darin eine Unstimmigkeit?«

Im Anschluss an seinen Bericht rezitierte Abū Huraira (R a):
»Gottes Schöpfung kann nicht verändert werden! Dies ist der rechte Glaube, doch die meisten Menschen wissen es nicht!« (ar-Rūm – 30,30.)

14

Wenn ein Götzendiener auf dem Totenbett das Glaubensbekenntnis ablegt.

Sa'īd Ibn al-Musaiyab berichtet, sein Vater habe erzählt:
Abū Ṭālib lag im Sterben, und der Gesandte Gottes (S) begab sich zu ihm. Als er eintrat, waren auch Abū Ǧahl Ibn Hišām und 'Abdullāh Ibn Abī Umaiya Ibn al-Muġīra gerade da. Der Gesandte Gottes (S) sagte zu Abū Ṭālib: »O Onkel, sag: ›Es gibt keinen Gott außer Gott!‹ Und ich werde das dann vor Gott für dich bezeugen!« Abū Ǧahl und 'Abdullāh Ibn Abī Umaiya sagten: »O Abū Ṭālib, du wirst doch nicht die Religion deiner Väter, der 'Abdulmuṭṭalib, verschmähen!« Der Gesandte Gottes (S) setzte seine Bemühungen fort, Abū Ṭālib zum Übertritt zum Islam zu bewegen, und auch Abū Ǧahl und 'Abdullāh wiederholten ihren Standpunkt.

Schließlich sagte Abū Ṭālib, er werde der alten Religion treu bleiben. Darauf starb er. Er war bei seiner Weigerung geblieben und hatte das Glaubensbekenntnis nicht abgelegt.

Der Gesandte Gottes (S) sagte: »Bei Gott! Ich werde Gott um Gnade für dich bitten, so lange es mir nicht verboten ist!«

Wenig später aber offenbarte Gott der Erhabene: »Es ist dem Propheten und den Gläubigen nicht erlaubt, für die Ungläubigen um Vergebung zu bitten – auch wenn es Angehörige von ihnen sind –, nachdem ihnen eindeutig kundgetan wurde, dass sie Insassen der Hölle sein werden!« (at-tauba – 9,113.)

15

Wenn jemand sich selbst tötet.

Abū Huraira (R a) berichtet, der Prophet (S) habe gesagt:

Wer sich selbst erdrosselt, wird sich in der Hölle weiterhin erdrosseln! Und wer sich mit einem Messer ersticht, wird sich in der Hölle weiterhin erstechen!

16

Wenn die Menschen sich lobend über einen Verstorbenen äußern.

Abū al-Aswad berichtet:

Ich kam nach Medina, als eine Epidemie ausgebrochen war, und saß mit ʿUmar Ibn al-Ḫaṭṭāb (R a) zusammen. Ein Leichenzug kam vorüber, und die Menschen lobten den Verstorbenen. ʿUmar (R a) sagte: »Ja, so ist es für ihn bestimmt!« Ein zweiter Leichenzug zog vorüber, und wieder äußerten die Leute sich lobend über den Toten. ʿUmar (R a) sagte: »So ist es für ihn bestimmt!« Als ein dritter Leichenzug vorbeikam, äußerten die Menschen sich abfällig über den Verstorbenen. ʿUmar sagte: »So ist es für ihn bestimmt!« Ich fragte ihn: »O Beherrscher der Gläubigen, warum sagst du immer: ›So ist es für ihn bestimmt?‹« Er erwiderte: »Der Prophet (S) sagte das. Denn wenn vier Personen die Frömmigkeit und Rechtschaffenheit eines verstorbenen Muslims bezeugen, wird Gott ihn ins Paradies eingehen lassen!« Wir fragten: »Und wenn es nur drei Zeugen sind?« – »Auch bei dreien!« – »Und bei zwei Zeugen?« – »Auch dann!«

Abū al-Aswad ergänzte zu seinem Bericht:

Wir fragten ʻUmar nicht, was mit einem Verstorbenen geschehe, für den *ein* Muslim zeugt.

17

Über die Bestrafung im Grab[2].

Masrūq berichtet:

ʻĀ'iša (R a) erzählte, eine Jüdin sei einmal zu ihr gekommen und habe von der Strafe im Grab erzählt. Sie sagte zu ʻĀ'iša: »Gott möge dich vor dieser Strafe bewahren!«

ʻĀ'iša fragte den Gesandten Gottes (S) später nach dieser Strafe, und er sagte: »Ja, eine solche Bestrafung gibt es!«

Zum Abschluss ihres Berichts sagte ʻĀ'iša (R a) zu mir: »Nach diesem Vorkommnis beobachtete ich nie wieder, dass der Gesandte Gottes (S) das Gebet verrichtete, ohne Gott um Schutz vor der Bestrafung im Grab anzurufen.«

Qatāda berichtet:

Anas Ibn Mālik (R a) erzählte, der Gesandte Gottes (S) habe gesagt:

»Ein Toter hört, nachdem er begraben ist, die Schritte seiner Trauergemeinde, die sich entfernt. Zwei Engel kommen dann zu ihm. Sie setzen sich zu ihm und fragen: ›Was hast du immer über diesen Mann, den Muhammad (S), gesagt?‹ Wenn der Tote gläubig war, sagt er: ›Ich bezeuge, dass er der Diener und Gesandte Gottes ist!‹ Darauf wird zu ihm gesagt: ›Schau, dort ist dein Platz in der Hölle! Aber Gott hat dir einen Platz im Para-

2 In der arabischen Vorlage zitiert al-Buḫārī an dieser Stelle: al-anʻām – 6,93; at-tauba – 9,101; ġāfir – 40,46.

dies zugewiesen!‹ Der Tote wird in dem Moment diese beiden Orte, den in der Hölle und den im Paradies, sehen können.«

Qatāda ergänzt an dieser Stelle seines Berichts:

Man sagt, dass das Grab des Gläubigen nach dieser Befragung sehr geräumig und behaglich für ihn sein wird.

Anas fuhr in seinem Bericht fort:

»Wenn der Tote ein Heuchler oder ein Ungläubiger war, sagen die beiden Engel zu ihm: ›Was hast du immer über diesen Mann, den Muhammad (S), gesagt?‹ Er antwortet: ›Ich weiß nicht, was ich von ihm halten soll! Ich sagte immer, was die anderen auch sagen!‹ – ›Ja, du hast ihn nicht erkannt, du folgtest seiner Rechtleitung nicht!‹ Und der Tote wird mit eisernen Hämmern geschlagen. Er schreit fürchterlich – und nur die Menschen und unsichtbaren Wesen können seine Schreie nicht hören!«

18

Samura Ibn Ǧundab (R a) berichtet:

Wenn der Prophet (S) das Morgengebet verrichtet hatte, wandte er sich oft uns zu und fragte: »Hat jemand von euch heute Nacht etwas geträumt?« Und wenn wir etwas geträumt hatten, erzählten wir es, und der Prophet (S) deutete den Traum.

Eines Tages fragte der Prophet (S) uns wieder nach unseren Träumen. Wir sagten: »Nein, wir haben diese Nacht nicht geträumt!«

Der Prophet (S) sagte:

»Aber ich hatte einen Traum! Zwei Männer sind heute Nacht zu mir gekommen. Sie nahmen mich bei der Hand und gingen mit mir ins geheiligte Land. Dort sah ich einen Mann sitzen, und vor ihm stand ein zweiter Mann, der einen spitzen eisernen Haken in der Hand hatte. Mit diesem Werkzeug fuhr er dem Sitzenden tief in den Mund hinein, bis hin zum Nacken, und zerfleischte ihm die eine Gesichtshälfte. Anschließend wiederholte er dasselbe auf der anderen Seite, während die eine Backe so lange wieder verheilte. Auf diese Art bearbeitete er ihn immerfort! Ich fragte meine beiden Begleiter: ›Was passiert hier?‹ Sie aber sagten: ›Komm, wir wollen weitergehen!‹

Wenig später sahen wir einen Mann, der auf dem Rücken lag. Neben ihm stand ein zweiter Mann, der einen faustgroßen Stein in der Hand hielt. Und diesen Stein schmetterte er auf den Kopf des Liegenden. Der Stein rollte dann zur Seite, und der Mann ging, um ihn wieder aufzunehmen. Und immer, wenn er zurückkam, hatte der Kopf des Liegenden wieder seine ursprüngliche Form angenommen und sah aus wie zuvor. Er stellte sich dann erneut neben ihm auf und schmetterte den Stein auf ihn herab. Ich fragte meine beiden Begleiter: ›Was passiert hier?‹ Sie aber sagten: ›Komm, wir wollen weitergehen.‹

Wir kamen an eine riesige Öffnung, die die Form eines Brotofens hatte – oben war sie schmal, die Unterseite aber war sehr breit. Unterhalb dieses gewaltigen Gefäßes brannte ein Feuer. Und wenn die Flammen hoch loderten, wurden die Menschen in diesem Gefäß in die Höhe getrieben, dass sie fast über den Rand hinauskamen. Wurden die Flammen kleiner, so sanken sie nach unten. Es waren nackte Männer und Frauen, die in dieser Öffnung waren. Ich fragte meine beiden Begleiter: ›Was passiert hier?‹ Sie aber sagten nur: ›Komm, wir wollen weitergehen!‹

Wir kamen an einen Fluss von Blut. In der Mitte dieses Flusses stand ein Mann, und am Ufer war ein zweiter Mann, der einen Stein in der Hand hatte. Und immer, wenn der Mann im Fluss die blutigen Fluten verlassen wollte, warf ihm der Mann am Ufer den Stein in den Mund und trieb ihn so wieder in die Mitte dieser grausigen Fluten zurück. Ich fragte meine beiden

Begleiter: ›Was passiert hier?‹ Sie aber sagten: ›Komm, wir wollen weitergehen!‹

Wir kamen in einen prächtigen Garten, in dem ein gewaltiger Baum stand. Unter diesem Baum saßen ein alter Mann und einige Kinder. Und unweit des Baumes befand sich ein zweiter Mann, der ein Feuer entfachte.

Meine beiden Begleiter stiegen mit mir den Baum hinauf. Sie führten mich in ein Haus, das schöner war, als ich es je zuvor gesehen hatte. In diesem Haus waren alte und junge Männer, Frauen und Kinder. Wir verließen das Haus und kletterten den Baum höher hinauf. Dann traten wir in ein Haus, das noch herrlicher war als das andere. Dort waren alte und junge Leute.

Ich sagte zu meinen Begleitern: ›Ihr habt mich jetzt die ganze Nacht herumgeführt. Jetzt erklärt mir aber auch, was ich gesehen habe!‹

Einer der beiden sagte: ›Ja, das wollen wir tun. Du hast den Mann gesehen, dessen Gesicht mit dem Haken zerfleischt wird. Er ist ein Lügner! Er hat lügnerische Dinge erzählt, und die Menschen erzählten seine Geschichten weiter, bis alle Welt sie kannte. Daher wird er bis zum Jüngsten Tag gefoltert werden, wie du es gesehen hast. Mit jenem Mann, dessen Kopf immerfort zerschmettert wird, hat es folgende Bewandtnis: Gott gab ihm die Kenntnis vom Koran, er aber schlief bei Nacht und rezitierte die Verse des Korans nicht! Und auch tagsüber handelte er nicht im Sinne von Gottes Buch. Daher wird er bis zum Jüngsten Tag bestraft werden, wie du es gesehen hast. Die Menschen in dem großen Ofen haben Ehebruch begangen. Der Mann, der in dem Fluss von Blut stehen muss, hat Wucherei getrieben. Der alte Mann unter dem Baum ist Abraham (Ibrāhīm), Friede sei mit ihm, und die Kinder bei ihm sind die Kinder der Menschen. Der Mann, der das Feuer entfacht, ist Mālik, der Hüter des Höllenfeuers. Das erste Haus, in dem wir waren, ist für alle Muslime, dieses Haus hier aber ist nur für die

Märtyrer. Ich bin Gabriel (Ǧibrā'īl), und mein Begleiter ist Michael (Mīkā'īl). Und nun schau nach oben!‹ Ich blickte nach oben und sah über mir etwas Ähnliches wie eine Wolke. Gabriel sagte: ›Dieser Platz dort oben ist für dich bestimmt!‹ Ich rief: ›Oh, lasst mich dorthin gehen!‹ Er aber entgegnete: ›Nein, du hast noch einige Zeit zu leben! Noch hast du dein Leben nicht vollbracht. Aber wenn es soweit ist, wirst du dorthin gehen dürfen!‹«

19

Wenn jemand plötzlich und unerwartet stirbt.

'Ā'iša (R a) berichtet:

Ein Mann sagte zum Propheten (S): »O Prophet, meine Mutter ist überraschend gestorben. Ich glaube, sie hätte Almosen gegeben, wenn sie noch Zeit gehabt hätte, ihren letzten Willen zu äußern! Wenn ich an ihrer Stelle Almosen gebe, wird sie dann dafür belohnt werden?« Der Prophet (S) erwiderte: »Ja.«

20

Über die Gräber des Propheten (S), Abu Bākrs (R a) und 'Umars (R a).

'Ā'iša berichtet:

Während seiner schweren Krankheit, der er schließlich erlag, sagte der Gesandte Gottes (S) immer wieder: »Wo – bei welcher meiner Frauen bin ich heute? Und wo werde ich morgen sein? Muss ich denn noch lange warten, bis ich bei 'Ā'iša bin?« Als er dann bei mir war, ließ Gott ihn sterben. Sein Kopf lag an meiner Brust. Er wurde in meinem Haus begraben.

Hišām Ibn ʿUrwa berichtet auf Autorität seines Vaters:

Es war während des Kalifats von al-Walīd Ibn ʿAbdulmalik, als die Mauer am Grab des Propheten (S) zusammenstürzte. Die Menschen gingen daran, sie wieder aufzubauen, da sahen sie plötzlich einen Fuß. Sie erschraken sehr und dachten, es sei der Fuß des Propheten (S). Niemand wusste, was mit dem Fuß geschehen sollte, bis ʿUrwa, mein Vater, zu ihnen kam. Er sagte: »Nein, bei Gott! Das ist nicht der Fuß des Propheten (S). Es kann nur der Fuß von ʿUmar sein!«

Hišām berichtet:

ʿĀʾiša (R a) sagte, als sie ʿAbdullāh Ibn az-Zubair ihren letzten Willen mitteilte: »Begrabt mich nicht beim Propheten (S) und seinen Gefährten, sondern bei meinen Freundinnen in al-Baqīʿ[3]. Ich möchte nicht, dass die Nachwelt mich für wichtiger hält, als ich es wirklich war!«

ʿAmr Ibn Maimūn al-Audī berichtet:

Ich war zugegen, als ʿUmar Ibn al-Ḫaṭṭāb (R a) zu ʿAbdullāh sagte: »O ʿAbdullāh, geh zu ʿĀʾiša, der Mutter der Gläubigen (R a), und grüße sie herzlich von mir. Bitte sie um ihre Zustimmung, dass ich bei meinen beiden Gefährten[4] begraben werde.«

ʿĀʾiša sagte zu ʿAbdullāh, als er ihr diese Bitte übermittelt hatte: »Ich wollte dieses Grab eigentlich für mich freihalten. Aber jetzt erscheint es mir als richtiger, dass ʿUmar dort beerdigt wird.«

Mit diesem Bescheid kehrte ʿAbdullāh zu ʿUmar zurück. Dieser fragte: »Welche Nachricht bringst du?« – »Sie hat zugestimmt, o Beherrscher der Gläubigen!« ʿUmar sprach: »Oh,

3 Al-Baqīʿ: der Friedhof der Muslime in Medina.

4 Er meint den Propheten und Abū Bakr.

nichts war mir wichtiger, als dort meine letzte Ruhe zu finden. Bringt mich zu ʿĀʾiša, wenn ich gestorben bin, und grüßt sie von mir. Sag du dann zu ihr: ›ʿUmar Ibn al-Ḫaṭṭāb bittet dich um Einlass.‹ Und wenn sie einwilligt, begrabt mich dort! Im anderen Fall bringt ihr mich zu den Grabstätten der Muslime!«

Anschließend sagte ʿUmar: »Ich wüsste niemanden, der geeigneter wäre, das Kalifenamt nach meinem Tod zu übernehmen, als jene Männer, an denen der Prophet (S) stets Wohlgefallen gehabt hat. Aber wer auch immer nach mir zum Kalifen gewählt wird, der soll Kalif sein! Hört auf ihn und gehorcht ihm!« Als mögliche Anwärter auf das Kalifenamt nannte ʿUmar: ʿUṯmān, ʿAlī, Ṭalḥa, az-Zubair, ʿAbdurraḥmān Ibn ʿAuf und Saʿd Ibn Abī Waqqāṣ.

XVI Die gesetzliche Abgabe

1

Gott der Erhabene sagte: »Verrichtet das Gebet und bezahlt die gesetzliche Abgabe.« (an-nūr – 24,56.)

Ibn ʿAbbās (R a) berichtet:

Der Prophet (S) schickte Muʿāḏ in den Jemen. Er sagte zu ihm: »Fordere die Jemeniten auf, das Glaubensbekenntnis abzulegen! Sie sollen bekennen, dass es keinen Gott außer Gott gibt und ich der Gesandte Gottes bin! Wenn sie dir darin gehorchen, so sag ihnen, dass Gott für jeden Tag fünf Gebete vorgeschrieben hat. Kommen sie dieser Pflicht nach, dann erklär ihnen, dass Gott eine Abgabe auf ihren Besitz verfügt hat. Diese Abgabe wird von den Reichen gefordert und unter den Armen verteilt.«

Abū Huraira (R a) berichtet:

Ein Beduine kam zum Propheten (S) und fragte ihn: »Was muss ich tun, um ins Paradies zu kommen?« Der Prophet (S) erwiderte: »Diene allein Gott und schreib ihm keine Teilhaber an seiner Göttlichkeit zu. Verrichte das vorgeschriebene Gebet, bezahl die gesetzliche Abgabe und faste im Monat Ramaḍān!« Der Beduine sagte: »Bei dem, in dessen Hand ich mich befinde! Ich werde genau das tun, was du gesagt hast, nicht mehr und nicht weniger!« Nach diesen Worten entfernte er sich.

Der Prophet (S) wandte sich seinen Gefährten zu und sagte: »Wenn ihr einen Mann sehen wollt, der ins Paradies eingehen wird, dann schaut euch diesen Beduinen an!«

Abū Huraira (R a) berichtet:

Als der Gesandte Gottes (S) gestorben war und Abū Bakr (R a) das Kalifenamt übernommen hatte, fielen einige Beduinenstämme vom Islam ab.

Abū Bakr beschloss, gegen sie Krieg zu führen. Da sagte ʻUmar (R a) zu ihm: »Wie kannst du gegen diese Leute in den Krieg ziehen? Der Gesandte Gottes (S) hat doch gesagt: ›Mir wurde befohlen, die Menschen zu bekämpfen, bis sie bekennen, dass es keinen Gott außer Gott gibt. Wenn sie sich dazu bekennen, so ist ihre Habe und ihr Leben vor mir sicher. Sie unterstehen dann einzig dem Gesetz des Islams, und Gott wird sie richten!‹« Abū Bakr entgegnete: »Bei Gott, ich werde unbedingt gegen diese Menschen kämpfen, wenn sie einen Unterschied zwischen dem Gebet und der gesetzlichen Abgabe machen! Die Abgabe ist geltendes Recht, genauso wie das Gebet! Sie muss auf Vermögenswerte erhoben werden! Bei Gott, wenn sie mir auch nur eine einzige Ziege verweigern, die sie dem Gesandten Gottes (S) seinerzeit gegeben haben, dann werde ich gegen sie Krieg führen!«

Später bekannte ʻUmar (R a): »Bei Gott! Bestimmt war Gott es, der Abū Bakr (R a) diese Einsicht gegeben hat! Ich habe eingesehen, dass seine Entscheidung die einzig richtige war!«

2

Es ist ein schweres Vergehen, die Entrichtung der gesetzlichen Abgabe zu verweigern.

Gott der Erhabene sagte: »Wer Gold und Silber zusammenträgt und es nicht für die Sache Gottes spendet, denen verkünde, dass sie eine schwere Strafe zu erwarten haben am Tag des Gerichts! Ihr Besitz wird im Höllenfeuer zum Glühen gebracht werden, und ihre Stirnen, Seiten und Rücken werden damit gebrandmarkt werden! Und zu ihnen wird gesagt werden: Das ist es, was ihr für euch zusammengetragen habt! Nun schmeckt, was ihr gehortet habt!«

(at-tauba – 9,34 f.)

Abū Huraira (R a) berichtet:

Der Gesandte Gottes (S) erzählte:

»Wenn Gott einem Menschen Reichtum gegeben hat, er aber die Entrichtung der gesetzlichen Abgabe verweigert, dann wird ihm am Tag des Gerichts sein Reichtum in Gestalt einer haarlosen, männlichen Riesenschlange mit zwei schwarzen Geschwülsten über den Augen[1] vorgeführt. Sie wird ihm um den Hals gelegt, beißt sich an seinem Unterkiefer fest und sagt: ›Ich bin dein Besitz! Ich bin dein Schatz!‹«

Im Anschluss an seine Erzählung rezitierte der Prophet (S): »Und diejenigen, die mit dem geizen, was Gott ihnen in seiner Huld gegeben hat, sollen ja nicht glauben, dieses Vorgehen diene ihnen zum Guten! Nein, zum Bösen soll es ihnen dienen! Als Halskette wird ihnen umgehängt werden, womit sie gegeizt haben!« (āl ʿImrān – 3,180.)

3

Über Almosen, die vom ehrlich erworbenen Besitz gegeben werden.

Gott der Erhabene sagte: »Gott verzinst die Almosen! Und Gott liebt keinen Ungläubigen und keinen Sünder! Wer aber an Gott glaubt und das Rechte tut, das Gebet verrichtet und die gesetzliche Abgabe bezahlt, deren Lohn ist bei ihrem

1 In den Kommentaren heißt es dazu: Die Schlange ist derart giftig, daß ihr keine Haare wachsen. Die schwarzen Geschwülste über ihren Augen sind ein Zeichen ihrer Grausamkeit.

Herrn. Und keine Furcht wird über sie kommen am Tag des Gerichts, und sie werden nicht traurig sein!«

(al-baqara – 2,276 f.)

Abū Huraira (R a) berichtet, der Gesandte Gottes (S) habe gesagt:

Wer ein Almosen im Werte einer Dattel von seinem ehrlich erworbenen Besitz gibt – und Gott akzeptiert ausschließlich Almosen aus rechtmäßig erworbenem Besitz –, dessen Gabe nimmt Gott mit seiner Rechten entgegen, und er lässt sie zugunsten des Spenders wachsen, wie ihr ein Fohlen aufzieht, bis sie die Größe eines Berges angenommen hat!

4

Man gebe Almosen, bevor die Zeit kommt, da sie zurückgewiesen werden.

Ḥāriṯa Ibn al-Wahb berichtet, der Prophet (S) habe gesagt:

Gebt Almosen, denn es wird eine Zeit kommen, da der Mann mit seiner Spende in der Hand herumläuft und niemanden findet, der sie annimmt! Man wird zu ihm sagen: »Wärst du gestern mit diesem Almosen gekommen, so hätte ich es gern angenommen. Aber heute brauche ich es nicht mehr!«

Abū Huraira (R a) berichtet, der Prophet (S) habe gesagt:

Die Stunde des Gerichts wird nicht eintreten, bevor der Besitz sich so sehr vermehrt hat, dass ein reicher Mann größte Schwierigkeiten hat, jemanden zu finden, der sein Almosen annimmt. Denn die Leute, denen er es anbietet, werden sagen: »Nein, ich brauche dein Almosen nicht!«

5

Schützt euch vor dem Höllenfeuer, auch wenn ihr nur eine halbe Dattel oder eine ähnliche Kleinigkeit als Almosen gebt![2]

Abū Mas'ūd al-Anṣārī (R a) berichtet:

Wenn der Gesandte Gottes (S) uns aufforderte, Almosen zu geben, ging einer von uns auf den Bazar, um dort als Lastenträger zu arbeiten. Als Lohn wurde ein Mudd Getreide bezahlt. Das gaben wir als Almosen.

'Ā'iša (R a) berichtet:

Eine Frau kam mit ihren beiden Töchtern zu mir und bat mich um Almosen. Ich konnte nur eine einzige Dattel im Haus finden. Diese Dattel gab ich ihr. Die Frau reichte sie ihren Töchtern, ohne selbst davon zu essen. Dann stand sie auf und ging.

Als der Prophet (S) kam, erzählte ich ihm von diesem Vorfall. Er sagte: »Wer diesen Töchtern zu helfen sucht und sich dabei einer Verfehlung schuldig macht, dem werden sie ein Schutz vor dem Höllenfeuer sein!«

6

'Ā'iša (R a) berichtet:

Der Prophet (S) wurde von einigen seiner Ehefrauen gefragt: »Wer wird die Erste von uns sein, die dir nach deinem Tod ins Grab folgt?« Er erwiderte: »Es wird die mit den längsten Händen sein!« Da nahmen die Frauen einen Stock, um ihre Hände auszumessen. Sauda hatte die längsten Hände.

2 In der arabischen Vorlage zitiert al-Buḫārī hier al-baqara – 2,265 f.

Später erst wurde uns klar, dass er mit der »langen Hand« das Geben von Almosen gemeint hatte. Denn die Frau, die als Erste starb, gab sehr gern und oft Almosen.[3]

7

Wenn jemand versehentlich einem reichen Mann ein Almosen gibt.

Abū Huraira (R a) berichtet, der Gesandte Gottes (S) habe erzählt:

Ein Mann sagte: »Ich möchte jetzt ein Almosen geben!« Er trat auf die Straße und gab seine Spende einem Dieb. Als die Menschen ihn am nächsten Morgen darauf hinwiesen, dass er einen Dieb beschenkt hatte, rief der Mann: »O Gott, du seist gelobt! Aber ich werde ein zweites Almosen geben!« Er trat auf die Straße und gab seine Spende einer Prostituierten. Am nächsten Tag machten die Leute ihn darauf aufmerksam, dass er eine Prostituierte beschenkt hatte. Da rief der Mann: »O Gott, du seist gelobt! Ich habe eine Prostituierte beschenkt! Aber ich werde ein weiteres Almosen geben!« Wieder trat er auf die Straße und gab seine Spende einem Reichen. Als man ihm am nächsten Morgen von dem Reichtum dieses Mannes erzählte, rief er: »O Gott, du seist gelobt! Ich habe einen Dieb, eine Prostituierte und einen Reichen beschenkt!«

Da trat ein Mann zu ihm und sagte: »Du hast einem Dieb Almosen gegeben! Vielleicht verzichtet er jetzt auf weitere Diebstähle! Du hast eine Prostituierte beschenkt. Vielleicht lässt sie jetzt ab von ihrem Tun! Und du hast einem reichen Mann eine Spende gegeben. Vielleicht erwägt er, nun seiner-

3 Es war Zainab Bint Ǧaḥš, die in zahlreichen Überlieferungen als sehr mildtätig und freigebig beschrieben wird.

seits von dem Reichtum, den Gott ihm gegeben hat, Almosen zu geben!«

8

Man gebe Almosen, soweit die eigenen Mittel es erlauben.

Asmā' Bint Abī Bakr (R a) berichtet:

Als ich eines Tages zum Propheten (S) kam, sagte er: »Behalte deinen Besitz nicht für dich, sonst wird Gott seinen Segen für sich behalten! Gib Almosen, soweit deine Mittel es zulassen!«

9

Die Entrichtung der gesetzlichen Abgabe.

Ṭāwus erzählte: »Mu'āḏ (R a) sagte zu den Jemeniten: ›Gebt mir Stoffe und Kleider an Stelle von Gerste und Hirse zur Begleichung der gesetzlichen Abgabe! Das wird für euch leichter sein, und für die Gefährten des Propheten (S) in Medina ist es vorteilhafter!‹«

10

Die gesetzliche Abgabe auf den Besitz von Kamelen und Schafen.

Anas berichtet:

Abū Bakr (R a) schickte mich nach Bahrain. Dorthin sandte er mir einen Brief mit folgendem Wortlaut:

»Im Namen des barmherzigen und gnädigen Gottes!

Dies ist die Vorschrift hinsichtlich der gesetzlichen Abgabe, die der Gesandte Gottes (S) den Muslimen zur Pflicht gemacht und die Gott seinem Gesandten (S) befohlen hat! Wer von den

Muslimen aufgefordert wird, entsprechend diesen Richtlinien die Abgabe zu leisten, soll dieser Anordnung nachkommen! Wird aber mehr als das im Folgenden Aufgeführte verlangt, so soll er die Zahlung verweigern!

Wer vierundzwanzig Kamele oder weniger besitzt, hat die Abgabe in Form von Schafen zu entrichten, und zwar ist ein Schaf für jeweils fünf Kamele zu bezahlen. Wer zwischen fünfundzwanzig und fünfunddreißig Kamele hat, bezahlt eine einjährige Kamelin. Liegt die Anzahl der Tiere zwischen sechsunddreißig und fünfundvierzig, so ist eine zweijährige Kamelin abzugeben. Bei einem Besitz von sechsundvierzig bis sechzig Kamelen beträgt die Abgabe eine dreijährige, fortpflanzungsfähige Kamelin. Wer über einundsechzig und höchstens fünfundsiebzig Tiere hat, bezahlt eine vierjährige Kamelstute. Bei sechsundsiebzig bis neunzig Kamelen sind zwei zweijährige, bei einundneunzig bis einhundertundzwanzig Tieren zwei dreijährige, fortpflanzungsfähige Kamelinnen zu bezahlen. Übersteigt ihre Anzahl einhundertundzwanzig, so ist als Abgabe eine zweijährige Kamelin für jeweils vierzig und eine dreijährige für jeweils fünfzig weitere Tiere zu entrichten. Wenn jemand nur vier Kamele besitzt, besteht für ihn keine Abgabepflicht. Aber vielleicht möchte er freiwillig etwas geben! Und wenn jemand fünf Kamele hat, so hat er ein Schaf abzugeben.

Folgende Abgabe gilt für freiweidende Schafe:

Bei einer Herde von vierzig bis einhundertundzwanzig Tieren ist ein Schaf zu bezahlen; zwischen einhunderteinundzwanzig und zweihundert Schafen sind zwei und zwischen zweihundertundeinem und dreihundert Tieren drei Schafe zu geben. Für jedes weitere Hundert beträgt die Abgabe ein Schaf. Wer nur ein einziges Schaf weniger als vierzig besitzt, braucht keine Abgabe zu entrichten. Aber vielleicht möchte er freiwillig etwas geben!

Für den Besitz von Silber gilt die Abgabe von einem Viertel des Zehnten. Besitzt jemand aber nur den Gegenwert von einhundertundneunzig Dirham, so besteht für ihn keine Abgabepflicht. Aber vielleicht möchte er freiwillig etwas geben!«

11

Alte und minderwertige Tiere sowie Ziegenböcke werden als Begleichung der gesetzlichen Abgabe nicht akzeptiert, es sei denn, der Steuereintreiber macht eine Ausnahme.

Anas (R a) berichtet:

Folgendes teilte Abū Bakr (R a) mir schriftlich mit:

»Gott hat seinen Gesandten (S) angewiesen, dass alte und minderwertige Tiere sowie Ziegenböcke als Begleichung der gesetzlichen Abgabe nicht akzeptiert werden, es sei denn, der Steuereintreiber macht eine Ausnahme.«

12

Für sein Pferd muss der Muslim keine Abgabe leisten.

Abū Huraira (R a) berichtet, der Gesandte Gottes (S) habe gesagt:

Für sein Pferd und seinen Sklaven muss der Muslim keine Abgabe entrichten.

13

»Die gesetzliche Abgabe, die man zu bezahlen hat, darf verwendet werden, um den Lebensunterhalt des Ehepartners und der Waisenkinder, die zum Haushalt gehören, zu bestreiten.« Dies sagte der Prophet (S), wie Abū Sa'īd berichtet.

'Amr Ibn al-Ḥariṯ berichtet:

Zainab, die Frau von 'Abdullāh (R a), erzählte:

»Ich war in der Moschee und sah dort den Propheten (S). Er sagte zu den Frauen: ›Gebt Almosen, auch wenn es euer Schmuck sein sollte!‹«

Zainab hatte damals für den Lebensunterhalt von 'Abdullāh und einigen Waisenkindern zu sorgen. Sie sagte zu 'Abdullāh: »Geh doch zum Gesandten Gottes (S) und frag ihn, ob ich die Abgabe, die ich zu entrichten habe, verwenden darf, um dich und die Kinder zu versorgen!« 'Abdullāh sagte: »Geh und frag du ihn!«

Den weiteren Hergang erzählte mir Zainab wie folgt:

»Ich machte mich auf den Weg zum Propheten (S). An der Tür seines Hauses traf ich eine Frau von den Anṣār, die ein ähnliches Anliegen wie ich hatte. Bilāl kam vorüber. Ich sagte: ›O Bilāl, frag doch den Propheten (S), ob ich die Abgabe, die ich zu bezahlen habe, für die Versorgung meines Mannes und der Kinder verwenden darf!‹ Wir fügten hinzu: ›Und mach ihm keine näheren Angaben über uns!‹ Bilāl trat ins Haus und erzählte dem Propheten (S) von unserem Anliegen. Der Prophet (S) fragte: ›Wer sind die beiden?‹ – ›Zainab ist es.‹ – ›Welche Zainab?‹ – ›Die Frau von 'Abdullāh!‹

Der Prophet (S) sprach: ›Ja, sie darf das tun. Und sie wird dafür doppelt belohnt werden, zum einen, weil sie ihre Familie gut versorgt, und zum anderen, weil sie Almosen gibt!‹«

14

Man vermeide es, andere Leute um eine Gabe zu bitten.

Abū Sa'īd al-Ḫudrī (R a) berichtet:

Einige Anṣār baten den Gesandten Gottes (S) um ein Almosen, und er gab ihnen. Sie baten ihn ein zweites und ein drittes

Mal um eine Gabe. Der Prophet (S) beschenkte sie wieder, bis er selbst fast nichts mehr hatte, und sagte dann: »Was ich habe, werde ich euch nicht vorenthalten! Aber wer sich mit Wenigem begnügt, dem gibt Gott Bescheidenheit. Wer verzichtet, dem gibt Gott Reichtum! Und wer unermüdlich ausharrt, dem schenkt Gott Geduld! Und keine Gabe kann kostbarer und umfangreicher sein als die Geduld!«

Abū Huraira (R a) berichtet, der Prophet (S) habe gesagt:
Bei dem, in dessen Hand ich mich befinde! Es ist besser, einen Strick zu nehmen, Brennholz zu sammeln und es auf dem Rücken herbeizutragen, als zu einem Mann zu gehen und ihn zu fragen, ob er ein Almosen geben will oder nicht!

'Urwa Ibn az-Zubair und Sa'īd Ibn al-Musaiyab berichten:
Ḥakīm Ibn Ḥizām (R a) erzählte:

»Einmal bat ich den Gesandten Gottes (S) um ein Almosen, und er gab mir. Ich bat ihn ein zweites Mal, und er gab mir wieder. Als ich ihn ein drittes Mal um ein Almosen anging, beschenkte er mich erneut und sagte dann: ›O Ḥakīm, der Besitz ist wie eine süße Frucht! Wer großmütig und freigebig damit umgeht, dem gibt Gott seinen Segen! Wer aber maßlos und verschwenderisch ist, wird keinen Segen empfangen – er ist wie jemand, der isst und doch nicht satt wird! Und denke daran: Die obere Hand ist besser als die untere Hand!‹[4] Ich sagte: ›O Gesandter Gottes! Bei dem, der dich mit der Wahrheit gesandt hat! Nie wieder werde ich von jemandem etwas annehmen, bis zu meinem Tod!‹«

Als Abū Bakr (R a) das Kalifat übernommen hatte, ließ er Ḥakīm zu sich kommen, um ihm seinen Anteil an der Kriegsbeute auszuzahlen. Ḥakīm aber weigerte sich, etwas davon an-

4 Die obere Hand ist die gebende, die untere die nehmende.

zunehmen. Und als ʿUmar (R a) ihn später aus demselben Grund vorlud, weigerte Ḥakīm sich wieder. ʿUmar sagte zu den Versammelten: »Ihr Muslime, ihr könnt bezeugen, dass ich Ḥakīm seinen Anteil an den Einnahmen geben wollte, er es aber nicht annehmen will!«

Nie wieder hat Ḥakīm von irgendjemandem etwas angenommen, bis zu seinem Tod.

15

Die gesetzliche Abgabe auf die Erträge landwirtschaftlicher Nutzflächen ist der Zehnte, wenn die Anbaugebiete durch Regen oder Wasserläufe bewässert werden.

ʿAbdullāh (R a) berichtet, der Prophet (S) habe gesagt:

Erträge landwirtschaftlicher Nutzflächen, die durch Regen, Quellen oder Wasserläufe bewässert werden, sind mit dem Zehnten zu besteuern. Der halbe Zehnte gilt für Anbauflächen, die künstlich bewässert werden!

16

Auf Ernteerträge, die weniger als fünf Wasq ausmachen, wird keine gesetzliche Abgabe erhoben.

Abū Saʿīd al-Ḫudrī (R a) berichtet, der Prophet (S) habe gesagt:

Es gibt keine gesetzliche Abgabe auf Ernteerträge, die weniger als fünf Wasq ausmachen. Dasselbe gilt für den Besitz von weniger als fünf Kamelen und weniger als fünf Uqiya Silber.

XVII Die Wallfahrt

1

Der Vollzug der Wallfahrt ist obligatorisch.
Gott der Erhabene sagte: »Die Menschen sind Gott gegenüber verpflichtet, die Wallfahrt zur Kaaba zu vollziehen, sofern es ihnen möglich ist. Wer aber ungläubig ist und dieser Pflicht nicht nachkommt, wird Schaden nehmen – auf niemanden in der Welt ist Gott angewiesen!«

(āl ʿImrān – 3,97.)

ʿAbdullāh Ibn ʿAbbās (R a) berichtet:

Al-Faḍl Ibn ʿAbbās war hinter dem Gesandten Gottes (S) auf dem Reittier aufgesessen, als eine Frau von den Ḫaṯʿam[1] zu ihnen trat, um mit dem Gesandten Gottes (S) zu sprechen. Al-Faḍl musterte die Frau, und sie betrachtete ihn.[2] Der Prophet (S) befahl ihm, sich von ihr abzuwenden. Darauf sagte die Frau: »O Gesandter Gottes, Gott hat es seinen Dienern zur Pflicht gemacht, die Wallfahrt zu vollziehen. Als dies angeordnet wurde, war mein Vater schon ein alter Mann und konnte nicht mehr fest im Sattel sitzen. Kann ich an seiner Stelle die Wallfahrt verrichten?« Der Prophet (S) erwiderte: »Ja.«

Dies geschah während der Abschiedswallfahrt[3].

1 Ḫaṯʿam: ein Stamm aus der Region südlich von Mekka.
2 Al-Faḍl soll ein besonders gutaussehender Mann gewesen sein.
3 Abschiedswallfahrt: die im Jahr 632 unter der Leitung des Propheten durchgeführte Wallfahrt. Der Prophet verrichtete nur diese eine Wallfahrt und starb noch im selben Jahr nach seiner Rückkehr in Medina.

2

Der Vorrang der vollständig und pflichtgemäß verrichteten Wallfahrt.

Abū Huraira (R a) berichtet:

Jemand fragte den Propheten (S): »Welches ist das beste Werk?« Er erwiderte: »Das beste Werk ist der Glaube an Gott und seinen Gesandten.« – »Und was ist das zweitbeste Werk?« – »Der Einsatz für die Sache Gottes.« – »Und was ist das drittbeste?« – »Der vollständige und pflichtgemäße Vollzug der Wallfahrt.«

'Ā'iša (R a), die Mutter der Gläubigen, berichtet:

Ich fragte den Propheten (S): »O Gesandter Gottes, wir dachten, der Einsatz für die Sache Gottes wäre das beste aller Werke! Sollen wir nicht in diesem Sinne unser Möglichstes tun?« Der Prophet (S) erwiderte: »Der beste Einsatz für die Sache Gottes ist die pflichtgemäß und vollständig vollzogene Wallfahrt!«

Abū Huraira (R a) berichtet, der Prophet (S) habe gesagt:

Wer die Wallfahrt für Gott vollzieht, während dieser Zeit keine anstößigen Reden führt und sich keines Vergehens schuldig macht, kehrt wie neugeboren nach Hause zurück.

3

Gott der Erhabene sagte: »Versorgt euch mit Wegzehrung! Aber die beste Wegzehrung ist die Gottesfurcht!«

(al-baqara – 2,197.)

Ibn ʿAbbās (R a) berichtet:

Als die Jemeniten zur Wallfahrt nach Mekka aufbrachen, unterließen sie es, sich für die weite Reise mit Proviant zu versehen. Sie sagten: »Wir stellen unsere Sache gänzlich Gott anheim!« Und in Mekka bettelten sie dann die Menschen um Almosen an.

Da offenbarte Gott der Erhabene den Vers: »Versorgt euch mit Wegzehrung! Aber die beste Wegzehrung ist die Gottesfurcht!« (al-baqara – 2,197.)

4

Wo sollen die Bewohner Mekkas sich treffen, um in den Weihezustand für die Wallfahrt und die Besuchsfahrt[4] zu treten?

Ibn ʿAbbās (R a) berichtet:

Als Orte, wo die Pilger sich vor der Wallfahrt und vor der Besuchsfahrt treffen, um in den Weihezustand zu treten, bestimmte der Prophet (S) Ḏu al-Ḥulaifa für die Medinenser, al-Ǧuḥfa für die Menschen aus aš-Šām, Qarn al-Manāzil für die Bevölkerung des Naǧd sowie Yalamlam für die Jemeniten.[5] Diese Orte gelten für jene Menschen sowie für alle Pilger, die während ihrer Wallfahrt oder Besuchsfahrt durch die genannten Gebiete kommen. Und wer in der näheren Umgebung von Mekka wohnt, kann da in den Weihezustand treten, wo er zur Wallfahrt oder Besuchsfahrt aufbricht, die Mekkaner sogar in Mekka selbst.

4 Die Besuchsfahrt wird im folgenden Kapitel behandelt. Wie bei der Wallfahrt tritt der Pilger auch bei der Besuchsfahrt in den Zustand der Weihe.

5 Die Pilger aus den genannten Regionen kommen auf ihrer Reise durch diese Orte.

5

Darf der Pilger Parfüm benutzen, wenn er in den Zustand der Weihe tritt? Welche Kleidung soll er tragen? Darf er sich kämmen und das Haar fetten?
Ibn 'Abbās (R a) sagte: »Der Pilger, der in den Weihezustand tritt, darf angenehm riechen, in den Spiegel schauen und sich mit Öl oder Fett frisieren.«
'Aṭā' sagte: »Der Pilger kann einen Ring und einen Gürtel zur Aufbewahrung seiner Wertsachen tragen.«
Ibn 'Umar (R a) verrichtete als Pilger den Umlauf um die Kaaba. Er war nur mit einem Tuch bekleidet, das er sich um den Bauch geschlungen hatte.
'Ā'iša (R a) empfand es nicht als anstößig, dass die Männer, die ihre Sänfte trugen, kurze Hosen anhatten.

Sa'īd Ibn Ǧubair berichtet:

Ibn 'Umar (R a) pflegte sich das Haar mit Öl einzureiben. Als ich das gegenüber Ibrāhīm erwähnte, sagte er: »Was hältst du von folgendem Hadith, das mir al-Aswad erzählte: 'Ā'iša (R a) sagte: ›Mir ist, als würde ich noch immer den Duft des Parfüms auf dem Scheitel des Gesandten Gottes (S) wahrnehmen, als er im Zustand der Weihe war!‹«

'Ā'iša (R a), die Frau des Propheten (S), berichtet:

Ich parfümierte den Gesandten Gottes (S), wenn er in den Zustand der Weihe trat und wenn er vor dem die Wallfahrt abschließenden Umlauf um die Kaaba seinen Weihezustand beendete.

6

Welche Kleidung soll der Pilger nicht tragen?

'Abdullāh Ibn 'Umar (R a) berichtet:

Ein Mann fragte den Propheten (S): »O Gesandter Gottes, welche Kleidung soll der Pilger tragen?« Der Gesandte Gottes (S) erwiderte: »Er soll kein Hemd, keinen Turban, keine Hosen, keinen Burnus und kein geschlossenes Schuhwerk tragen! Wenn jemand aber keine Sandalen hat, kann er geschlossene Schuhe anziehen, soll sie aber vorher unterhalb der Knöchel abschneiden. Und er soll keine Kleider tragen, die mit Safran oder Wars[6] gefärbt sind!«

7

Welche Kleidung soll der Pilger tragen, um seinen Ober- und Unterkörper zu verhüllen?
'Ā'iša hatte auf der Wallfahrt Kleider an, die mit Saflor gefärbt waren. Sie sagte: »Eine Pilgerin soll keinen Gesichtsschleier tragen und keine Kleider anziehen, die mit Wars oder Safran gefärbt sind.«
'Ā'iša äußerte keine Bedenken dagegen, dass Pilgerinnen Schmuck, schwarze und rosafarbene Tücher oder geschlossene Schuhe tragen.
Ibrāhīm sagte: »Der Pilger kann ruhig seine Kleider wechseln!«

6 Wars: eine zum Färben verwendete Pflanze. Sie ergibt einen gelben bis ockergelben Farbton.

'Abdullāh Ibn 'Abbās (R a) berichtet:

Der Prophet (S) brach von Medina aus zur Wallfahrt auf, nachdem er sich gekämmt und das Haar gefettet hatte. Bekleidet war er mit einem Obergewand und einem Lendenschurz. Seine Gefährten hatten sich auf dieselbe Weise vorbereitet. Der Prophet (S) hatte keine Vorschriften hinsichtlich der Bekleidung während der Wallfahrt ausgesprochen, nur das Tragen von Kleidern, die mit Safran gefärbt sind und auf der Haut abfärben, hatte er verboten.

In D̲ū al-Ḥulaifa bestieg der Prophet (S) am Morgen seine Reitkamelin und ritt nach al-Baidā'[7]. Dort traten er und seine Gefährten in den Zustand der Weihe, und der Prophet (S) schmückte das Kamel, das er als Opfertier vorgesehen hatte, mit dem Halsgehänge. Dies war am 25. D̲ūal-Qa'da.

Am 4. D̲ū al-Ḥiǧǧa traf der Prophet (S) in Mekka ein. Er verrichtete den Umlauf um die Kaaba sowie den Lauf zwischen aṣ-Ṣafā und al-Marwa. Wegen des Opfertiers, das er geschmückt hatte, beendete er anschließend seinen Weihezustand nicht. Er begab sich zu der Anhöhe unweit von al-Ḥaǧūn[8] und trat dort in den Weihezustand für die Wallfahrt. Der Prophet (S) hatte sich der Kaaba nicht genähert, als er den Umlauf absolvierte. Er näherte sich ihr erst, als er von 'Arafa[9] zurückkehrte.

Der Prophet (S) wies seine Gefährten an, den Umlauf um die Kaaba sowie den Lauf zwischen aṣ-Ṣafā und al-Marwa zu verrichten, sich anschließend das Haar scheren zu lassen und dann den Weihezustand zu beenden. Diese Anweisung galt für jene Leute, die kein Opfertier geschmückt hatten. Und den

7 Al-Baidā': ein Ort zwischen D̲ū al-Ḥulaifa und Mekka.

8 Der Friedhof bei Mekka.

9 Am 9. D̲ū al-Ḥiǧǧa findet der Aufenthalt der Pilger in 'Arafa statt. Am folgenden Tag erfolgt die Rückkehr nach Mekka, und der erwähnte Umlauf um die Kaaba wird durchgeführt.

Männern von ihnen, die in Begleitung ihrer Frauen waren, erlaubte er, sich ihnen anschließend zu nähern. Ebenso gestattete er es ihnen, sich zu parfümieren und nach Belieben zu kleiden.

8

Die Talbiya.

'Abdullāh Ibn 'Umar (R a) berichtet:

Die Talbiya des Gesandten Gottes (S) lautet:

»Ich stehe zu deinen Diensten, o Gott, ich bin bereit! Ich stehe zu deinen Diensten, du hast keinen Teilhaber, ich bin bereit! Dir sei Lob und Preis und die oberste Gewalt! Du hast keinen Teilhaber!«

9

Beim Eintritt in den Weihezustand ist die Gebetsrichtung nach Mekka einzunehmen.

Nāfi' berichtet:

Nachdem Ibn 'Umar (R a) das Morgengebet in Ḏū al-Ḥulaifa verrichtet hatte, ließ er sich seine Reitkamelin bringen und saß auf. Er nahm die Richtung nach Mekka ein und sprach die Talbiya. Diese Worte zitierte er immerfort, bis er in die Gegend von Mekka kam. In Ḏū Ṭuwā[10] verbrachte er die Nacht. Dort verrichtete er auch das Morgengebet und nahm anschließend ein Bad.

10 Ḏū Ṭuwā: ein Ort mit einem bekannten Brunnen unweit von Mekka, heute ein Stadtteil.

Ibn ʿUmar erklärte, der Gesandte Gottes (S) sei in dieser Weise vorgegangen!

10

Gott der Erhabene sagte: »Die Wallfahrt findet in den bekannten Monaten statt. Wer sich in dieser Zeit der Wallfahrt unterzieht, enthalte sich des Beischlafs, begehe kein Unrecht und streite sich nicht mit anderen!« (al-baqara – 2,197.)

Gott der Erhabene sagte ferner: »Sie fragen dich nach den Neumonden. Sag: Sie sind Zeitbestimmungen für die Menschen und die Wallfahrt!« (al-baqara – 2,189.)

Ibn ʿUmar (R a) berichtet:

Die Monate der Wallfahrt sind Šauwāl, Ḏū al-Qaʿda sowie die ersten zehn Tage des Ḏū al-Ḥiǧǧa.[11]

Ibn ʿAbbās (R a) berichtet:

Es entspricht der Vorgehensweise des Propheten (S), dass man nur während der Monate der Wallfahrt in den Weihezustand für die Wallfahrt treten kann.

11

Die Wallfahrt at-tamattuʿ.

Šuʿba berichtet:

Abū Ǧamra Naṣr Ibn ʿImrān aḍ-Ḍubaʿī erzählte:

»Ich wollte die Wallfahrt at-tamattuʿ verrichten, einige Leu-

11 Das sind der zehnte, elfte und zwölfte Monat des islamischen Kalenders.

te aber sagten, dies sei nicht zulässig. Ich fragte Ibn ʿAbbas (R a) nach seiner Meinung, und er erklärte, dass die Wallfahrt at-tamattuʿ sehr wohl zulässig sei.

Einige Zeit später träumte ich, dass ein Mann zu mir sagte: ›Die Wallfahrt at-tamattuʿ ist sowohl eine vollständig und pflichtgemäß verrichtete Wallfahrt als auch eine gültige Besuchsfahrt.‹ Als ich Ibn ʿAbbās von diesem Traum erzählte, sagte er: ›Ja, das entspricht genau der Vorgehensweise des Gesandten Gottes (S)!‹ Anschließend sagte er zu mir: ›Bleib bei mir, und ich werde dir einen Teil meines Vermögens geben!‹«

Šuʿba ergänzte zu seinem Bericht:

Ich fragte Abū Ǧamra: »Warum war Ibn ʿAbbās so großzügig zu dir?« Er erwiderte: »Wegen meines Traums.«

12

Gott der Erhabene sagte: »Dies gilt für alle, deren Angehörige nicht bei der Moschee in Mekka wohnen.«

(al-baqara – 2,196.)

Ibn ʿAbbās (R a) berichtet:

Jemand fragte mich nach der Wallfahrt at-tamattuʿ. Ich erzählte ihm Folgendes:

»Anlässlich der Abschiedswallfahrt traten die Muhāǧirūn, die Anṣār und die Frauen des Propheten (S) in den Weihezustand für die Wallfahrt. Als wir in Mekka ankamen, sagte der Gesandte Gottes (S) zu uns: ›Lasst von eurer Absicht ab, die Wallfahrt zu vollziehen, und verrichtet die Besuchsfahrt, sofern ihr kein Opfertier geschmückt habt!‹

Wir verrichteten den Umlauf um die Kaaba und den Lauf zwischen aṣ-Ṣafā und al-Marwa. Anschließend begaben wir uns zu unseren Frauen und zogen unsere gewöhnliche Kleidung an.

Zu jenen, die ein Opfertier mitgebracht hatten, sagte der Prophet (S): ›Wer ein Opfertier geschmückt hat, darf den Weihezustand nicht beenden, bevor das Tier den Ort seiner Bestimmung erreicht hat!‹

Am Abend des 8. Ḏū al-Ḥiǧǧa befahl der Prophet (S) uns, in den Weihezustand für die Wallfahrt zu treten. Wir erfüllten die Pflichten der Wallfahrt und verrichteten den Umlauf um die Kaaba sowie den Lauf zwischen aṣ-Ṣafā und al-Marwa. Damit hatten wir die Riten der Wallfahrt vollbracht, nur ein Opfertier hatten wir noch zu bringen, wie Gott der Erhabene gesagt hat: ›Wem es möglich ist, der soll ein Opfertier darbringen. Wer nicht die Möglichkeit dazu hat, soll stattdessen während der Wallfahrt drei Tage und nach seiner Rückkehr sieben Tage lang fasten‹ (al-baqara – 2,196). Der Prophet (S) sagte, auch ein Schaf würde als Opfertier ausreichen.

Auf diese Art verbanden die Leute in einem Jahr die Wallfahrt und die Besuchsfahrt miteinander. Gott der Erhabene hat diese Möglichkeit in seinem Buch offenbart, und sein Prophet (S) hat sie durch seine Vorgehensweise bestätigt. Diese Regelung gilt für alle Menschen, mit Ausnahme der Mekkaner. Denn Gott der Erhabene hat gesagt: ›Dies gilt für alle, deren Angehörige nicht bei der Moschee in Mekka wohnen.‹ (al-baqara – 2,196.)

Die Monate der Wallfahrt, die Gott der Erhabene erwähnt hat, sind Šauwāl, Ḏū al-Qaʿda und Ḏū al-Ḥiǧǧa. Wer in diesen Monaten die Wallfahrt at-tamattuʿ verrichtet, soll ein Opfertier darbringen oder fasten.«

13

Der Vorrang der Stadt Mekka und ihrer Gebäude.

ʿĀʾiša (R a), die Frau des Propheten (S), berichtet:

Der Gesandte Gottes (S) sagte zu mir: »Wusstest du nicht, dass deine Stammesgenossen, die Quraiš, damals, als sie die Kaaba wieder aufbauten, sie gegenüber den Grundmauern, die Abraham (Ibrāhīm) errichtet hat, verkleinerten?« Ich sagte: »O Gesandter Gottes, warum baust du sie nicht auf dem alten Fundament neu auf?« – »Das würde ich tun, wenn deine Stammesgenossen nicht noch so eng mit dem Unglauben verbunden wären!«

ʿĀʾiša (R a) berichtet:

Ich fragte den Propheten (S): »Ist die Mauer neben der Kaaba nicht ein Teil des Gebäudes?« Er erwiderte: »Doch, sie gehört dazu!« – »Aber warum hat man sie nicht in das Bauwerk mit einbezogen?« – »Deine Stammesgenossen hatten damals für den Wiederaufbau nur geringe Mittel zur Verfügung!« – »Und warum ist die Eingangstür so weit oben?« – »Das hat man damals so gebaut, damit nur jene Leute die Kaaba betreten können, denen man Zutritt gewähren wollte! Allen anderen konnte so der Eintritt verwehrt werden! Wären deine Stammesgenossen nicht noch so fest mit dem Unglauben verbunden und müsste ich nicht befürchten, dass sie sich gegen alle Maßnahmen eines Umbaus verwahren, so würde ich die Mauer in das Gebäude mit einbeziehen und die Tür ebenerdig anlegen!«

14

Über den schwarzen Stein[12].

'Ābis Ibn Rabī'a berichtet:

'Umar (R a) näherte sich dem schwarzen Stein und küsste ihn. Er sagte: »Ich weiß, dass du nur ein Stein bist, der nicht schaden und nicht nutzen kann. Ich hätte dich nicht geküsst, wenn ich nicht gesehen hätte, dass der Gesandte Gottes (S) dich geküsst hat!«

15

Wie der rasche Umlauf um die Kaaba entstand.

Ibn 'Abbās (R a) berichtet:

Als der Gesandte Gottes (S) mit seinen Gefährten nach Mekka kam, verbreiteten die Götzendiener in der Stadt das Gerücht, die Muslime seien durch das Fieber von Medina geschwächt. Da befahl der Prophet (S) seinen Gefährten, die ersten drei Umrundungen der Kaaba im Laufschritt zu verrichten und zwischen den beiden Ecken[13] im gewöhnlichen Schritt zu gehen. Der Prophet (S) wies sie nicht an, alle sieben Umrundungen im Laufschritt zu absolvieren, da er sie nicht zu sehr anstrengen wollte.

12 Der schwarze Stein ist in der östlichen Ecke der Kaaba eingelassen.

13 Die südliche und östliche Ecke der Kaaba.

16

Wenn man in Mekka eintrifft, soll man bei der ersten Umrundung der Kaaba den schwarzen Stein berühren; und die ersten drei Umläufe sind im Laufschritt zu absolvieren.

Sālim berichtet, sein Vater (R a) habe erzählt:

Ich war dabei, als der Gesandte Gottes (S) in Mekka ankam. Bei seinem ersten Umlauf um die Kaaba berührte er den schwarzen Stein. Und die ersten drei der insgesamt sieben Umrundungen verrichtete er im Laufschritt.

17

Wenn jemand die Ecke der Kaaba[14] mit einem Krummstock berührt.

Ibn ʿAbbās (R a) berichtet:

Bei der Abschiedswallfahrt ritt der Prophet (S) während der Umrundung der Kaaba auf einem Kamel. Die Ecke berührte er mit einem Krummstock.

18

Wenn Frauen und Männer gemeinsam den Umlauf um die Kaaba verrichten.

Ibn Ǧuraiǧ berichtet:

ʿAṭāʾ erzählte uns Folgendes:

»Ibn Hišām verbot den Frauen, gemeinsam mit den Männern den Umlauf um die Kaaba zu verrichten. Ich sagte zu

14 Die Ecke mit dem schwarzen Stein.

ihm: ›Aber warum willst du ihnen das denn verbieten? Auch die Frauen des Propheten (S) haben doch gemeinsam mit den Männern die Kaaba umrundet!‹«

Ibn Ǧuraiǧ fährt in seinem Bericht fort:

Ich fragte ʻAṭā': »War das, bevor Gott den Vers über den Schleier[15] offenbarte oder hinterher?« Er erwiderte: »Bei meinem Leben, das geschah nach der Offenbarung dieses Verses!« Ich fragte: »Und inwieweit hatten die Frauen dabei mit den Männern zu tun?«

»Überhaupt nicht! ʻĀ'iša (R a) verrichtete die Umrundung ganz für sich und kam nie in die Nähe der Männer. Und als eine Frau zu ihr sagte: ›O Mutter der Gläubigen, lass uns den schwarzen Stein gemeinsam berühren‹, wies ʻĀ'iša sie zurück und sagte: ›Nein, geh und mach es allein!‹ Bei Nacht kamen die Frauen aus ihren Häusern und umrundeten zusammen mit den Männern die Kaaba. Durch ihre Kleidung waren sie vor den Blicken der Männer verborgen. Wenn sie die Kaaba aber betreten wollten, warteten sie, bis die Männer wieder herausgekommen waren.

Ich und ʻUbaid Ibn ʻUmair besuchten ʻĀ'iša, als sie sich am Ṯabīr[16] niedergelassen hatte!«

Ibn Ǧuraiǧ schloss seinen Bericht mit den Worten:

Ich fragte ʻAṭā': »Wie war sie vor euren Blicken verborgen?« Er erwiderte: »Ihr Zelt war durch einen Vorhang geteilt. Sonst war nichts zwischen ihr und uns, und ich sah, dass sie ein rotes Frauenhemd trug.«

15 Das ist al-Aḥzāb – 33,53.
16 Ṯbīr: ein Berg bei al-Muzdalifa, zwischen Minā und ʻArafa gelegen.

Umm Salama (R a), die Frau des Propheten (S), berichtet:

Ich erzählte dem Gesandten Gottes (S), dass ich krank war. Er sagte: »Verrichte den Umlauf um die Kaaba, indem du hinter den Leuten herreitest.«

Auf diese Weise absolvierte ich den Umlauf. Der Gesandte Gottes (S) betete währenddessen neben der Kaaba und rezitierte: »Bei dem Berg, bei einem Buch, geschrieben …« (aṭ-Ṭūr – 52,1 f.)

19

Nach der siebenmaligen Umrundung der Kaaba betete der Prophet (S) zwei Rakʿas.

ʿAmr berichtet:

Wir fragten Ibn ʿUmar (R a): »Darf ein Mann sich während der Besuchsfahrt seiner Frau nähern, bevor er den Lauf zwischen aṣ-Ṣafā und al-Marwa absolviert hat?«

Ibn ʿUmar sagte: »Als der Gesandte Gottes (S) in Mekka angekommen war, umrundete er die Kaaba siebenmal. Darauf betete er zwei Rakʿas hinter dem Platz Abrahams (Ibrāhīm)[17] und verrichtete anschließend den Lauf zwischen aṣ-Ṣafā und al-Marwa. Wirklich, der Gesandte Gottes (S) ist für euch das beste Vorbild!«

Ich stellte dieselbe Frage auch Ǧābir Ibn ʿAbdullāh (R a). Er erwiderte: »Nein, er darf seiner Frau nicht beiwohnen, bevor er den Lauf zwischen aṣ-Ṣafā und al-Marwa durchgeführt hat!«

17 Der Platz Abrahams: ein Stein neben der Kaaba, auf dem Abraham, der als der Erbauer der Kaaba gilt, seine Fußabdrücke hinterlassen hat.

20

Der Lauf zwischen aṣ-Ṣafā und al-Marwa ist obligatorisch und gehört zu den Riten, die Gott vorgeschrieben hat.

'Urwa berichtet:

Ich sagte zu 'Ā'iša (R a): »Wie verstehst du folgende Offenbarung Gottes, des Erhabenen: ›Wirklich, aṣ-Ṣafā und al-Marwa gehören zu den Heiligtümern Gottes. Wer die Wallfahrt zur Kaaba oder die Besuchsfahrt verrichtet, macht sich keines Vergehens schuldig, wenn er zwischen ihnen den Lauf durchführt!‹ (al-baqara – 2,158.) – Bei Gott, es ist doch demnach auch kein Vergehen, wenn man auf den Lauf zwischen aṣ-Ṣafā und al-Marwa verzichtet!«

'Ā'iša entgegnete: »O mein Neffe, deine Interpretation ist nicht richtig! Wäre es so gemeint, wie du sagst, so würde es heißen: ›Er macht sich keines Vergehens schuldig, wenn er den Lauf zwischen aṣ-Ṣafā und al-Marwa nicht durchführt.‹ Der Vers, auf den du ansprichst, wurde wegen einiger Anṣār offenbart. Diese Leute traten, bevor sie den Islam annahmen, für Manāt, eine Götzenfigur, die sie am Mušallal[18] verehrten, in den Zustand der Weihe. Und wenn sie in diesem Weihezustand waren, glaubten sie, der Lauf zwischen aṣ-Ṣafā und al-Marwa sei ihnen verboten. Nachdem sie den Islam angenommen hatten, sagten sie zum Gesandten Gottes (S): ›O Gesandter Gottes, wir haben den Lauf zwischen aṣ-Ṣafā und al-Marwa immer unterlassen!‹ Im Anschluss daran offenbarte Gott der Erhabene jenen Vers!«

'Ā'iša schloss ihre Ausführungen mit den Worten:

»Der Gesandte Gottes (S) hat den Lauf zwischen den beiden Hügeln durchgeführt, und niemand darf darauf verzichten!«

18 Mušallal: ein Berg nördlich von Mekka.

'Urwa fährt in seinem Bericht fort:

Einige Zeit später traf ich Abū Bakr Ibn 'Abdurraḥmān und erzählte ihm von 'Ā'išas Ausführungen. Er sagte:

»Diese Erklärung habe ich noch nicht gehört! Aber ich hörte einige Gelehrte davon sprechen, dass in vorislamischer Zeit alle Menschen den Lauf zwischen aṣ-Ṣafā und al-Marwa absolvierten, mit Ausnahme jener, die, wie 'Ā'iša erzählt hat, in den Weihezustand für Manāt getreten waren. Als Gott der Erhabene dann in seiner Offenbarung zunächst nur die Umrundung der Kaaba erwähnte, nicht aber von den beiden Hügeln sprach, sagten die Leute: ›O Gesandter Gottes, wir haben doch immer den Lauf zwischen aṣ-Ṣafā und al-Marwa verrichtet, jetzt aber offenbart Gott nur den Umlauf um die Kaaba! Ist es uns jetzt verboten, den Lauf zwischen den beiden Hügeln durchzuführen?‹ Im Anschluss daran offenbarte Gott der Erhabene den genannten Vers.

Mir scheint«, so fuhr Abū Bakr Ibn 'Abdurraḥmān fort, »dieser Vers wurde aus zwei gänzlich verschiedenen Gründen offenbart, zum einen wegen der Leute, die auf den Lauf zwischen den beiden Hügeln verzichteten, zum anderen wegen jenen, die ihn absolvierten, dann aber, nachdem sie den Islam angenommen hatten, darauf verzichteten, weil Gott der Erhabene zunächst nur die Umrundung der Kaaba in seiner Offenbarung ansprach, nicht aber die beiden Hügel erwähnte.«

21

Eine Frau, die ihre Tage hat, darf alle Riten der Wallfahrt, mit Ausnahme der Umrundung der Kaaba, verrichten.

'Ā'iša (R a) berichtet:

Nachdem ich in Mekka angekommen war, bekam ich meine Tage. Ich verrichtete weder den Umlauf um die Kaaba noch den Lauf zwischen aṣ-Ṣafā und al-Marwa. Als ich dem Gesandten Gottes (S) mein Leid klagte, sagte er: »Absolviere dieselben Riten wie alle anderen Pilger, aber verzichte auf die Umrundung der Kaaba, bis deine Menstruation vorüber ist!«

22

Wo sollen die Pilger am Tag von Tarwiya[19] das Mittagsgebet verrichten?

'Abdul'azīz Ibn Rufai' berichtet:

Ich fragte Anas Ibn Mālik (R a): »Weißt du, wo der Prophet (S) am Tag von Tarwiya das Mittags- und Nachmittagsgebet verrichtet hat?« Er erwiderte »Ja, in Minā!« – »Und wo verrichtete er das Nachmittagsgebet, wenn er von Minā nach Mekka zurückkehrte?« – »In al-Abṭaḥ! Mach es so«, fuhr Anas fort, »wie die Leute, denen die Leitung der Wallfahrt übertragen wurde!«

23

Das Gebet in Minā.

'Abdullāh Ibn 'Umar berichtet:

Der Gesandte Gottes (S) betete in Minā zwei Rak'as. So hielten es auch Abū Bakr, 'Umar sowie 'Uṯmān zu Beginn seines Kalifats.

19 Tag von Tarwiya: der 8. Ḏū al-Ḥiǧǧa, an dem die Pilger nach Minā aufbrechen.

24

Das Fasten am Tag von ʿArafa[20].

Umm al-Faḍl berichtet:

Die Leute waren im Zweifel darüber, ob der Prophet (S) am Tag von ʿArafa fastet oder nicht. Aus diesem Grund ließ ich ihm ein Getränk bringen. Er trank es!

25

Am Tag von ʿArafa wird zur Zeit der größten Mittagshitze aufgebrochen.

Sālim berichtet:

ʿAbdulmalik wies al-Ḥaǧǧāǧ[21] in einem Schreiben an, er solle sich während seiner Wallfahrt genau an die Anweisungen Ibn ʿUmars halten.

Am Tag von ʿArafa, als die Sonne ihren Höchststand gerade überschritten hatte, kamen Ibn ʿUmar (R a) und ich nach Minā. Ibn ʿUmar begab sich zum Zelt al-Ḥaǧǧāǧs und rief nach ihm. Al-Ḥaǧǧāǧ trat heraus. Er trug einen mit Saflor gefärbten Überwurf und fragte: »Was ist, o Abū ʿAbdurraḥmān?«[22] Ibn ʿUmar sagte: »Es ist Zeit zum Aufbruch, wenn du dem Vorbild des Propheten (S) folgen willst!« – »Jetzt, um diese Uhrzeit?« – »Ja.« Al-Ḥaǧǧāǧ sagte: »Warte einen Moment! Ich werde mich noch schnell etwas frisch machen!« Ibn ʿUmar saß von seinem

20 Tag von ʿArafa: der 9. Ḏū al-Ḥiǧǧa.

21 Während des Kalifats von ʿAbdulmalik (685–705) hatte der Feldherr und Provinzstatthalter al-Ḥaǧǧāǧ einige wichtige Posten inne.

22 Die Kunya von Ibn ʿUmar.

Reittier ab, um zu warten, bis al-Ḥaǧǧāǧ fertig war. Anschließend ritten wir los.

Al-Ḥaǧǧāǧ hielt sich in unserer Mitte. Ich sagte zu ihm: »Wenn du dem Vorbild des Propheten (S) folgen willst, musst du dich bei der Predigt kurz fassen und bei der Zusammenkunft in ʻArafa beeilen!«[23] Al-Ḥaǧǧāǧ blickte Ibn ʻUmar fragend an. Dieser sagte, als er den Blick wahrnahm: »Ja, er hat recht!«

26

Die Rückkehr von ʻArafa.

ʻUrwa berichtet, sein Vater habe erzählt:

Ich war bei Usāma, als ein Mann ihn fragte: »Wie schnell ritt der Gesandte Gottes (S) bei der Abschiedswallfahrt während seiner Rückkehr von ʻArafa?« Usāma erwiderte: »In mittlerer Geschwindigkeit. Und wenn die Verhältnisse es zuließen, ritt er schnell.«

27

Der Prophet (S) wies die Leute während der Rückkehr von ʻArafa an, Ruhe zu bewahren; er gab ihnen einen Wink mit der Peitsche.

Ibn ʻAbbās (R a) berichtet:

Ich kehrte mit dem Propheten (S) von ʻArafa nach al-Muzdalifa zurück. Plötzlich brach hinter uns ein heftiges Geschrei und Gezeter aus, und die Kamele wurden geschlagen. Der Prophet (S) gab den Unruhestiftern einen Wink mit der Peitsche und

23 Al-Ḥaǧǧāǧ ist für seine langen Reden bekannt.

sagte: »Ihr da! Seid ruhig! Die fromme Andacht verträgt sich nicht mit solch hektischem Treiben!«

28

In al-Muzdalifa werden die beiden Gebete zusammen verrichtet.

Usāma Ibn Zaid (R a) berichtet:

Als der Gesandte Gottes (S) von ʻArafa zurückkehrte, saß er unterwegs von seinem Reittier ab, um zu urinieren. Anschließend wusch er sich, verrichtete aber nicht die vollständige kleine Waschung. Ich fragte ihn: »Beten wir hier?« Er sagte: »Nein, wir reiten weiter!« Wir ritten bis al-Muzdalifa. Dort verrichtete der Prophet (S) die kleine Waschung. Im Anschluss daran wurde der Beginn des Abendgebets angesagt, und wir beteten. Und nachdem die Leute ihre Kamele versorgt hatten, wurde wieder der Gebetsbeginn angesagt, und wir verrichteten das Nachtgebet. Zwischen diesem und dem vorangegangenen Gebet hatte der Prophet (S) keine weiteren Gebete verrichtet.

29

Schwachen und gebrechlichen Leuten wurde erlaubt, schon in der Nacht von al-Muzdalifa nach Minā aufzubrechen. Sie riefen Gott an und machten sich auf den Weg, nachdem der Mond untergegangen war.

ʻĀʼiša (R a) berichtet:

Wir lagerten in al-Muzdalifa, und Sauda bat den Propheten (S) um seine Erlaubnis, schon vor den anderen Pilgern nach Minā aufbrechen zu dürfen. Sauda war eine recht korpulente und langsame Frau. Der Prophet (S) gab ihr seine Erlaubnis, und sie ritt los. Wir blieben in al-Muzdalifa, bis der Morgen graute, dann brachen wir auf. Unterwegs wünschte ich, wie Sauda den Gesandten Gottes (S) um seine Erlaubnis zum vorzeitigen Aufbruch gebeten zu haben, so sehr strengte der Ritt mich an! Nichts wünschte ich mir damals sehnlicher als das!

30

Um welche Zeit wird in al-Muzdalifa das Morgengebet verrichtet?

'Abdullāh (R a) berichtet:

Nur zweimal beobachtete ich, dass der Prophet (S) das Gebet zu einer anderen als der festgelegten Zeit verrichtete. Das Abend- und Nachtgebet in al-Muzdalifa verrichtete er direkt hintereinander, und am nächsten Morgen betete er vor der üblichen Zeit.

31

In Ḏū al-Ḥulaifa wird das Opfertier gezeichnet und mit dem Halsgehänge versehen. Anschließend tritt der Pilger in den Zustand der Weihe.

Nāfi' berichtet:

Ibn 'Umar (R a) hatte ein Opfertier aus Medina mitgebracht. Er schmückte und zeichnete es in Ḏū al-Ḥulaifa. Mit einem breiten Messer stach er dem Kamel in die rechte Seite des Höckers, wobei er sich der Gebetsrichtung zuwandte.

32

Das Halsgehänge für die Opfertiere kann aus Wolle hergestellt werden.

ʿĀʾiša (R a), die Mutter der Gläubigen, berichtet:

Ich habe den Halsschmuck für die Opfertiere aus der Wolle geflochten, die ich bei mir hatte.

33

Eine Sandale als Halsschmuck für das Opfertier.

Abū Huraira (R a) berichtet:

Der Prophet (S) sah einen Mann, der ein Kamel, das er als Opfer bringen wollte, vor sich hertrieb. Er sagte zu ihm: »Reite das Tier doch!« Der Mann entgegnete: »Aber es ist doch ein Opfertier!« – »Steig auf und reite es!«

Wenig später sah ich, dass der Mann aufgesessen war und neben dem Propheten (S) herritt. Am Hals des Tieres hing eine Sandale.

34

Der Schlächter erhält nichts von den Opfertieren als Lohn für seine Arbeit.

ʿAlī (R a) berichtet:

Der Prophet (S) schickte mich los, um die Schlachtung der Opfertiere zu überwachen. Er befahl mir, mich um die Verteilung des Fleisches zu kümmern, und wies mich an, die Decken und Häute zu verteilen und dem Schlächter nichts davon abzugeben.

35

Wie viel von dem Fleisch des Opfertieres darf man selbst essen, und wie viel ist als Almosen zu geben?

Ibn Ǧuraiǧ berichtet:

ʿAṭāʾ erzählte, Ǧābir Ibn ʿAbdullāh habe zu ihm gesagt: »Wir aßen nur während der drei Tage von Minā[24] von dem Fleisch unserer Opfertiere. Später gab der Prophet (S) uns eine weitergehende Erlaubnis. Er sagte: ›Esst von dem Fleisch und versorgt euch auch mit Wegzehrung!‹«

Ich fragte ʿAṭāʾ: »Sagte Ǧābir, dass sie bis zu ihrer Rückkehr nach Medina von dem Fleisch aßen?« – »Nein, das sagte er nicht«, erwiderte er.

36

Wenn man den Weihezustand beendet, soll man sich das Haar schneiden oder rasieren lassen.

ʿAbdullāh berichtet:

Der Prophet (S) und einige seiner Gefährten ließen sich das Haar rasieren, andere ließen es sich kurz schneiden.

37

Der Prophet (S) gab Auskünfte über die Riten der Wallfahrt. Er saß dabei unweit von al-Ǧamra[25] auf seinem Reittier.

24 Der 11., 12. und 13. Ḏū al-Ḥiǧǧa, die dem Wohlleben und friedlichen Beisammensein gewidmet sind.

25 Al-Ǧamra: gemeint ist die Ǧamra al-ʿaqaba.

'Abdullāh Ibn 'Amr berichtet:

Während der Abschiedswallfahrt hielt der Gesandte Gottes (S) sein Reittier unweit von al-Ǧamra an, und die Leute fragten ihn nach den Riten der Wallfahrt. Ein Mann sagte: »Ich habe mich versehentlich rasiert, bevor ich das Opfertier geschlachtet hatte.« Der Prophet (S) sagte: »Schlachte dein Opfertier jetzt, das macht nichts!« Ein anderer Mann sagte: »Versehentlich habe ich das Opfertier geschlachtet, bevor ich die Steine[26] geworfen hatte!« Der Prophet (S) sagte: »Wirf die Steine jetzt, das macht nichts!«

Noch viele andere Fragen wurden dem Propheten (S) an diesem Tag hinsichtlich der Riten der Wallfahrt, die in falscher Reihenfolge durchgeführt worden waren, vorgelegt, und immer antwortete er: »Mach es jetzt, das macht nichts!«

38

Die Predigt an den Tagen von Minā.

Ibn 'Abbās (R a) berichtet:

Am Opfertag predigte der Gesandte Gottes (S) den Menschen. Er sagte: »Ihr Leute! Welcher Tag ist heute?« Sie antworteten: »Heute ist ein unverletzlicher Tag!« – »Und welche Stadt ist dies?« – »Es ist eine unverletzliche Stadt!« – »Und welchen Monat haben wir?« – »Einen unverletzlichen Monat!« Der Prophet (S) sagte: »Euer Leben, euer Eigentum und euer Ansehen sind ebenso unverletzlich wie dieser Tag in dieser Stadt in diesem Monat!«

Mehrmals wiederholte er diesen Satz. Dann hob er seinen Kopf in die Höhe und rief: »O Gott, habe ich deine Botschaft

26 Vgl. Abschn. 39.

richtig übermittelt? O Gott, habe ich deine Botschaft richtig übermittelt?«

Ibn 'Abbās (R a) ergänzte zu seinem Bericht:

Bei dem, in dessen Hand ich mich befinde! Das war seine Anweisung an seine Gemeinde! Wer sie gehört hat, soll sie den anderen weitererzählen! Und der Prophet (S) sagte: »Werdet nach meinem Tod nicht wieder zu Ungläubigen, die einander auf den Nacken schlagen!«

39

Die Anrufung Gottes bei den beiden Ǧamras.

Az-Zuhrī berichtet:

Wenn der Gesandte Gottes (S) die Ǧamra unweit der Moschee von Minā mit Steinen bewarf, verwendete er dafür sieben Kieselsteine. Und bei jedem Stein, den er warf, rief er »Allāh akbar!« Anschließend trat er an die Ǧamra heran und blieb stehen. Er nahm die Gebetsrichtung ein, hob seine Arme in die Höhe und rief Gott an. Lange blieb er so stehen. Dann ging er zur zweiten Ǧamra und bewarf auch sie mit sieben Steinchen. Bei jedem Wurf rief er »Allāh akbar!« Er wandte sich darauf nach links und stieg fast bis ins Tal hinab. Darauf blieb er stehen, nahm die Gebetsrichtung ein, hob die Hände und rief Gott an. Schließlich ging er zur Ǧamra al-ʿaqaba. Auch sie bewarf er mit sieben Kieselsteinen, wobei er jeweils »Allāh akbar« rief. Darauf entfernte er sich, ohne bei dieser Ǧamra stehen geblieben zu sein.

40

Nachdem der Pilger die Ǧamras mit Steinen beworfen hat, darf er sich parfümieren und das Haar scheren, noch bevor er nach seiner Rückkehr von Minā den Umlauf um die Kaaba verrichtet hat.

ʿĀʾiša (R a) berichtet:

Ich selbst habe den Gesandten Gottes (S) parfümiert, wenn er in den Weihezustand trat. Und er erlaubte den Pilgern, den Weihezustand vor der Umrundung der Kaaba nach ihrer Rückkehr von Minā zu beenden.

41

Die abschließende Umrundung der Kaaba.

Ibn ʿAbbās (R a) berichtet:

Die Pilger wurden angewiesen, als letzten Ritus der Wallfahrt den Umlauf um die Kaaba durchzuführen. Frauen, die ihre Periode haben, wurden von dieser Verpflichtung ausgenommen.[27]

27 Eine zusammenfassende Darstellung der Riten, die bei der Wallfahrt zu verrichten sind, findet sich im »Verzeichnis arabischer Namen und Begriffe« unter dem Stichwort »Wallfahrt«.

XVIII Die Besuchsfahrt

1

Der Vollzug der Besuchsfahrt ist obligatorisch; die große Bedeutung der Besuchsfahrt.
Ibn ʻUmar (R a) sagte: »Die Wallfahrt und die Besuchsfahrt sind für jedermann obligatorisch.«
Ibn ʻAbbās (R a) sagte: »Im Buch Gottes – er ist mächtig und erhaben – wird die Besuchsfahrt in Verbindung mit der Wallfahrt erwähnt. Dort heißt es: ›Und vollzieht die Wallfahrt und die Besuchsfahrt für Gott.‹« (al-baqara – 2,196.)

Abū Huraira (R a) berichtet, der Gesandte Gottes (S) habe gesagt:

Die Besuchsfahrt ist eine Sühne für die Vergehen, die zwischen ihr und der vorangegangenen Besuchsfahrt begangen wurden. Und der Lohn für die vollständig und pflichtgemäß verrichtete Wallfahrt ist nichts Geringeres als der Einzug ins Paradies.

2

Wenn die Besuchsfahrt vor der Wallfahrt verrichtet wird.

ʻIkrima Ibn Ḫālid berichtet:

Ich fragte Ibn ʻUmar (R a), ob man die Besuchsfahrt vor der Wallfahrt verrichten darf. Er erwiderte: »Ja, zweifellos ist das zulässig! Auch der Prophet (S) vollzog vor seiner Wallfahrt die Besuchsfahrt.«

3

Wie oft verrichtete der Prophet (S) die Besuchsfahrt?

Hammām berichtet:

Viermal vollzog der Prophet (S) die Besuchsfahrt. Es war jeweils im Monat Ḏū al-Qaʻda, mit Ausnahme jener Besuchsfahrt, die er in Verbindung mit seiner Wallfahrt verrichtete. Folgende Besuchsfahrten waren es im Einzelnen: Die erste war die von al-Ḥudaibiya; die zweite fand im folgenden Jahr statt; die dritte war die von al-Ǧiʻrāna[1], als die Beute der Schlacht von Ḥunain[2] verteilt wurde; und die letzte Besuchsfahrt verrichtete er zusammen mit seiner Wallfahrt[3].

4

Bei der Besuchsfahrt sind in Mekka dieselben Riten zu vollziehen wie bei der Wallfahrt.

Ṣafwān Ibn Yaʻlā Ibn Umaiya berichtet:

Mein Vater erzählte:

»Ein Mann, der in ein langes, vorn offenes Gewand gehüllt war und sich mit Ḫalūq[4] oder Sufra gefärbt hatte, kam in al-Ǧiʻrāna zum Propheten (S) und fragte: ›O Prophet, welche Zeremonien habe ich bei der Besuchsfahrt zu verrichten?‹

1 Al-Ǧiʻrāna: ein Ort unweit Mekkas.

2 Die Schlacht von Ḥunain fand 630 nach der Eroberung Mekkas zwischen den Ḥawāzin, einem zentralarabischen Stamm, und den Muslimen statt. Die Muslime sollen bei dieser Schlacht sehr gute Beute gemacht haben.

3 Die Abschiedswallfahrt im Jahr 632.

4 Ḫalūq: ein gelbrotes Färbemittel.

In diesem Augenblick hatte der Prophet (S) eine Offenbarung. Mit einem Tuch deckte man ihn zu.

Ich wollte den Propheten (S) gern einmal sehen, während ihm geoffenbart wird. ʿUmar rief mir zu: ›Komm her! Du wolltest doch immer den Propheten (S) sehen, während er eine Offenbarung hat!‹ Ich ging zu ʿUmar. Er hob den Zipfel des Tuches ein wenig in die Höhe, und ich betrachtete den Propheten (S). Er stöhnte.«

Ṣafwān ergänzt an dieser Stelle seines Berichts:

Ich glaube, mein Vater sagte: »Er stöhnte wie ein junges Kamel!«

Dann erzählte er: »Als die Offenbarung vorüber war, fragte der Prophet (S): ›Wo ist der Mann, der sich nach der Besuchsfahrt erkundigt hat?‹ Nachdem man ihn auf jenen Mann verwiesen hatte, wandte er sich ihm zu und sagte: ›Zieh dein Gewand aus und wasch den Ḫalūq oder die Ṣufra ab. Und verrichte bei der Besuchsfahrt dieselben Riten in Mekka wie bei der Wallfahrt!‹«

5

Wann soll man nach der Besuchsfahrt den Weihezustand beenden?

Ǧābir (R a) sagte: »Der Prophet (S) wies seine Gefährten an, die Besuchsfahrt durchzuführen und den Umlauf um die Kaaba zu verrichten. Anschließend sollten sie sich das Haar scheren und den Weihezustand beenden.«

Ismaʿīl berichtet:

ʿAbdullāh Ibn Abī Aufā erzählte:

»Mit dem Gesandten Gottes (S) führten wir die Besuchsfahrt durch. Als wir in Mekka angekommen waren, verrichteten wir den Umlauf um die Kaaba und den Lauf zwischen aṣ-Ṣafā und al-Marwa. Dabei schirmten wir den Propheten (S) vor den Mekkanern ab, denn wir fürchteten, sie könnten mit ihren Pfeilen auf ihn schießen.«

Isma'īl ergänzte zu seinem Bericht:

Einer meiner Gefährten fragte 'Abdullāh: »Betrat der Prophet (S) damals die Kaaba?« – »Nein«, erwiderte er.

Abū Mūsā al-Aš'arī (R a) berichtet:

In al-Baṭḥā'[5] traf ich den Propheten (S). Er hatte sein Kamel niederknien lassen und war abgesessen. Er fragte mich: »Willst du die Wallfahrt verrichten?« Ich antwortete: »Ja.« – »Mit welchem Vorsatz bist du in den Zustand der Weihe getreten?« – »Mit demselben Vorsatz wie du!« – »Du hast recht gehandelt! Verrichte den Umlauf um die Kaaba und den Lauf zwischen aṣ-Ṣafā und al-Marwa! Beende dann den Weihezustand!« Ich tat, wie er gesagt hatte. Anschließend ging ich zu einer Frau vom Stamme Qais[6], und sie suchte meinen Kopf nach Läusen ab. Später trat ich in den Weihezustand für die Wallfahrt.

5 Āl-Baṭḥā': das Tal, in dem Mekka liegt.
6 Qais: ein zentralarabischer Stamm.

XIX Das Fasten

1

Das Fasten im Ramaḍān ist obligatorisch.

Gott der Erhabene sagte: »Ihr Gläubigen, vorgeschrieben ist euch das Fasten, wie es auch den Menschen, die vor euch gelebt haben, vorgeschrieben war. Vielleicht werdet ihr gottesfürchtig sein!« (al-baqara – 2,183.)

ʿĀʾiša (R a) berichtet:

In der vorislamischen Zeit fasteten die Quraiš am ʿĀšūrāʾtag. Der Gesandte Gottes (S) wies die Muslime an, das Fasten an diesem Tag einzuhalten. Als später das Fasten im Ramaḍan vorgeschrieben wurde, sagte er: »Wer weiterhin am ʿĀšūrāʾtag fasten möchte, soll es tun. Und wer darauf verzichten will, mag es unterlassen.«

2

Die große Bedeutung des Fastens.

Abū Huraira (R a) berichtet, der Gesandte Gottes (S) habe gesagt:

Das Fasten ist ein Schutz! Wer fastet, soll keine ungehörigen Reden führen und sich nicht unverständig benehmen. Und wenn jemand gegen einen Fastenden vorgeht oder ihn beleidigt, soll dieser sagen: »Ich faste!« Zweimal soll er das sagen!

Bei dem, in dessen Hand ich mich befinde! Der Mundgeruch eines Fastenden ist Gott lieber als der Duft von Moschus. Gott sagt: »Mir zuliebe verzichtet der Fastende auf Essen und Trinken, auf die Befriedigung seiner Leidenschaft. Das Fasten ist für mich, und ich werde es vergelten! Und die gute Tat wird zehnfach belohnt werden!«

3

»Ar-Raiyān« – das Paradiesestor für die Menschen, die das Fasten einhalten.

Sahl (R a) berichtet, der Prophet (S) habe gesagt:

Das Paradies hat ein Tor, das »ar-Raiyān« genannt wird. Am Tag der Auferstehung werden nur die Menschen, die das Fasten eingehalten haben, durch dieses Tor ins Paradies eintreten dürfen. Es wird gefragt werden: »Wo sind die Menschen, die gefastet haben?« Die Genannten werden sich erheben, und niemand außer ihnen wird durch dieses Tor ins Paradies eintreten dürfen. Und wenn sie eingetreten sind, wird es verschlossen werden, und niemand wird es mehr passieren können!

4

Sagt man »Ramaḍān« oder »Monat Ramaḍān«?

Abū Huraira (R a) berichtet, der Gesandte Gottes (S) habe gesagt:

Wenn der Ramaḍān beginnt, werden die Tore des Paradieses geöffnet.

Abū Huraira (R a) berichtet, der Gesandte Gottes (S) habe gesagt:

Wenn der Monat Ramaḍān beginnt, werden die Tore des Himmels geöffnet und die Tore der Hölle verschlossen. Und die Teufel werden in Ketten gelegt.

5

Im Ramaḍān war der Prophet (S) noch großmütiger als sonst.

Ibn ʿAbbās (R a) berichtet:

Der Prophet (S) war der großmütigste aller Menschen. Und im Ramaḍān, wenn Gabriel (Ǧibrā'īl) zu ihm kam, war er noch großmütiger als sonst. In jeder Nacht dieses Monats kam Gabriel, Friede sei mit ihm, zum Propheten (S), und er rezitierte für ihn den Koran. In den Wochen des Ramaḍāns war der Prophet (S) noch großmütiger als der Wind, der die Regenwolken mit sich bringt.

6

Der Prophet (S) sagte: »Beginnt mit dem Fasten, sobald ihr die Mondsichel seht! Und fastet, bis ihr sie wieder seht!«

Ibn ʿUmar (R a) berichtet:

Der Prophet (S) sagte: »Ein Monat kann so oder so sein!« Bei diesen Worten spreizte er dreimal die Finger seiner beiden Hände, und beim drittenmal zog er seinen einen Daumen, nachdem dieser zunächst zu sehen war, zurück.[1]

Abū Huraira (R a) berichtet, der Prophet (S) habe gesagt:

Beginnt und beendet das Fasten, sobald ihr die Mondsichel seht. Und wenn der Himmel bedeckt und eine Beobachtung

1 Ein Monat kann also 30 oder 29 Tage haben. Ein Monat des islamischen Kalenders entspricht der Umlaufzeit des Mondes um die Erde.

des Mondes daher nicht möglich ist, vervollständigt die Anzahl der Tage im Ša'bān auf dreißig!

7

Der Prophet (S) sagte: »Wir schreiben nicht, und wir rechnen nicht!«

Ibn 'Umar (R a) berichtet:

Der Prophet (S) sagte: »Wir sind ein unwissendes Volk! Wir schreiben nicht, und wir rechnen nicht! Und der Monat ist mal so und mal so!« Er meinte damit, dass ein Monat manchmal neunundzwanzig und manchmal dreißig Tage hat.

8

Gott der Erhabene sagte: »Esst und trinkt, bis ihr in der Morgendämmerung einen weißen Faden von einem schwarzen Faden unterscheiden könnt. Dann sollt ihr das Fasten bis zur Nacht einhalten!« (al-baqara – 2,187.)

'Adī Ibn Ḥātim (R a) berichtet:

Als der Vers »... bis ihr einen weißen Faden von einem schwarzen Faden unterscheiden könnt« geoffenbart wurde, nahm ich eine weiße und eine schwarze Schnur und legte sie neben mein Kopfkissen. Während der Nacht beobachtete ich diese beiden Schnüre, konnte aber keinen Unterschied zwischen ihnen feststellen. Am nächsten Morgen lief ich zum Gesandten Gottes (S) und erzählte ihm davon. Er sagte: »Die beiden Fäden, die in der Offenbarung erwähnt werden, stehen für die Dunkelheit der Nacht und die Helligkeit des Tages!«

9

Ein Frühstück vor Tagesanbruch während der Fastenzeit ist ein Segen; es ist aber nicht obligatorisch.

Anas Ibn Mālik (R a) berichtet, der Prophet (S) habe gesagt:

In der Fastenzeit solltet ihr vor Tagesanbruch frühstücken. Ein solches Frühstück ist ein Segen!

10

Wenn jemand während des Fastens versehentlich isst oder trinkt.

Abū Huraira (R a) berichtet, der Prophet (S) habe gesagt:

Wenn jemand das Fasten vergisst und versehentlich isst und trinkt, soll er anschließend sein Fasten fortsetzen. Gott war es, der ihm zu essen und zu trinken gegeben hat!

11

Wenn jemand während des Ramaḍāns Geschlechtsverkehr gehabt hat und nichts besitzt, womit er dieses Vergehen sühnen könnte, dann sollte man ihm ein Almosen geben, das er als Sühne verwenden kann.

Abū Huraira (R a) berichtet:

Wir saßen mit dem Propheten (S) zusammen, als ein Mann herbeikam und sagte: »Ich bin verloren, o Gesandter Gottes!« Der Prophet (S) fragte: »Was ist passiert?« – »Ich habe während der Fastenzeit mit meiner Frau geschlafen!« – »Hast du einen Sklaven, den du als Sühne freilassen könntest?« – »Nein!« –

»Kannst du zwei Monate hintereinander fasten?« – »Nein!« – »Hast du die Mittel dazu, sechzig Bedürftige zu speisen?« – »Nein!«

Darauf setzte der Mann sich zu uns. Einige Zeit später wurde dem Propheten (S) ein großer Korb mit Datteln gebracht. Er fragte: »Wo ist der Mann von eben?« – »Hier bin ich«, rief der Mann. »Nimm diese Datteln und gib sie als Almosen!« – »Soll ich sie jemandem geben, der bedürftiger ist als ich, o Gesandter Gottes? Bei Gott, in Medina gibt es keine Familie, die ärmer ist als meine!« Da lachte der Prophet (S), dass seine Eckzähne zu sehen waren, und sagte: »Dann gib die Datteln deiner Familie!«

12

Soll man während einer Reise fasten?

ʿĀʾiša (R a), die Frau des Propheten (S), berichtet:

Ḥamza Ibn ʿAmr al-Aslamī, der sehr häufig fastete, fragte den Propheten (S): »Soll ich auch auf Reisen fasten?« Der Prophet (S) erwiderte: »Wenn du willst, kannst du auf der Reise fasten. Und wenn du willst, kannst du darauf verzichten!«

13

Der Prophet (S) sagte: »Es hat nichts mit Frömmigkeit zu tun, auf der Reise zu fasten!«

Ǧābir Ibn ʿAbdullāh (R a) berichtet:

Als der Gesandte Gottes (S) einmal auf einer Reise war, traf er auf eine große Ansammlung von Menschen. Sie standen bei einem Mann, den man im Schatten niedergelegt hatte. Der Prophet (S) fragte: »Was ist passiert?« Man antwortete ihm:

»Dieser Mann fastet.« Der Prophet (S) sagte: »Es hat nichts mit Frömmigkeit zu tun, auf der Reise zu fasten!«[2]

14

Der Prophet (S) brach das Fasten auf der Reise, um den Menschen die Zulässigkeit dessen vorzuführen.

Ibn 'Abbās (R a) berichtet:

Als der Prophet (S) von Medina nach Mekka ritt, fastete er, bis er nach 'Usfān kam. Dort ließ er sich Wasser bringen. Er hob das Gefäß in die Höhe, dass alle es sehen konnten, und trank. Er brach sein Fasten, bis er nach Mekka kam. Dies ereignete sich im Ramaḍān.

15

Frauen, die ihre Menstruation haben, sollen auf das Fasten und auf das Gebet verzichten.
Abū az-Zinād sagte: »Die Vorgehensweise des Propheten (S) und die Offenbarungen Gottes stehen oft im Widerspruch zu allgemein verbreiteten Überzeugungen, obwohl die Muslime sich doch gerade an den Koran und das Vorbild des Propheten (S) halten sollten. Ein Beispiel dafür ist die weit verbreitete Meinung, Frauen sollten während ihrer Menstruation zwar auf das Gebet verzichten, das Fasten aber einhalten!«

Abū Sa'īd (R a) berichtet, der Prophet (S) habe gesagt:

Ist es nicht so, dass Frauen während ihrer Menstruation nicht beten und nicht fasten? Das ist ein Mangel ihrer Religiosität!

2 Der Mann hatte infolge seines Fastens und der Anstrengung der Reise einen Schwächeanfall erlitten.

16

Wenn jemand zu einem Zeitpunkt stirbt, da er noch ein Fasten zu leisten hat.

ʿĀʾiša (R a) berichtet, der Gesandte Gottes (S) habe gesagt:

Wenn jemand zu einem Zeitpunkt stirbt, da er noch ein Fasten zu leisten hat, soll ein naher Verwandter an seiner Stelle fasten.

Ibn ʿAbbās (R a) berichtet:

Ein Mann kam zum Propheten (S) und sagte: »O Gesandter Gottes, meine Mutter ist gestorben, als sie noch einen Monat zu fasten hatte! Kann ich dieses Fasten an ihrer Stelle leisten?« Der Prophet (S) erwiderte: »Ja! Und eine Schuld gegenüber Gott verdient es mehr als alle anderen Verbindlichkeiten, dass sie beglichen wird!«

17

Zu welchem Zeitpunkt soll man das Fasten brechen?
Abū Saʿīd al-Ḫudrī brach das Fasten, als die Sonne hinter dem Horizont verschwunden war.

ʿUmar Ibn al-Ḫaṭṭāb (R a) berichtet, der Gesandte Gottes (S) habe gesagt:

Wenn die Nacht an dieser Seite hereinbricht und der Tag auf jener Seite dahinschwindet und die Sonne untergeht, dann bricht der Fastende das Fasten.

18

Wenn die Menschen es eilig haben, das Fasten zu brechen.

Sahl Ibn Sa'd berichtet, der Gesandte Gottes (S) habe gesagt:
Den Menschen geht es gut, so lange sie darauf drängen, das Fasten zu brechen.

19

Das Fasten von Kindern.
Im Ramaḍān sagte ʻUmar (R a) zu einem Betrunkenen: »Wehe dir! Unsere Kinder fasten, und du bist betrunken!« Er ließ ihn mit Hieben bestrafen.

Ar-Rubaiyiʻ Bint Muʻauwiḏ berichtet:
Am Morgen des ʻĀšūrā'tages schickte der Prophet (S) einen Boten in die Dörfer der Anṣār, um Folgendes zu verkünden: »Wer heute Morgen etwas gegessen hat, soll den restlichen Tag auf das Fasten verzichten. Und wer noch nichts gegessen hat, soll bis zum Abend fasten.«

Wir fasteten am ʻĀšūrā'tag und hielten auch unsere Kinder zum Fasten an. Aus gefärbter Wolle bastelten wir Spielzeuge und gaben sie ihnen, wenn sie weinten und um Essen baten, bis es schließlich am Abend Zeit für das Fastenbrechen war.

20

Wenn jemand fortgesetzt fastet.
Man sagt: »Es gibt kein Fasten in der Nacht.« Denn Gott – er ist mächtig und erhaben – sagte: »Haltet das Fasten bis zur Nacht ein!« (al-baqara – 2,187.)

Der Prophet (S) verbot das fortgesetzte Fasten, da er sich der Muslime erbarmte und ihre Gesundheit schonen wollte.

ʿĀ'iša (R a) berichtet:

Der Gesandte Gottes (S) untersagte den Menschen, auch in den Nächten zu fasten, da er sich ihrer erbarmte. Da sagten die Leute zu ihm: »Aber du fastest doch auch in der Nacht!« Er entgegnete: »Ich bin nicht wie ihr! Mein Herr gibt mir zu essen und zu trinken!«

21

Das Fasten im Šaʿbān.

ʿĀ'iša (R a) berichtet:

Der Gesandte Gottes (S) fastete auf eine Art, dass wir glaubten, er werde das Fasten niemals brechen. Und er brach das Fasten, dass wir dachten, er werde wohl nie wieder fasten. Nie fastete er einen ganzen Monat lang, außer im Ramaḍān. Und in keinem Monat fastete er häufiger als im Šaʿbān.

22

Wenn jemand langfristig fastet.

ʿAbdullāh Ibn ʿAmr berichtet:

Jemand erzählte dem Gesandten Gottes (S), dass ich gesagt hatte: »Bei Gott, ich werde bei Tag fasten und in der Nacht wachen, um zu beten, so lange ich lebe!«

Wenig später sprach der Prophet (S) mich darauf an, und ich sagte: »Ja, das habe ich gesagt!« Er sagte: »Lass davon ab! Du bist dazu nicht imstande! Faste und brich das Fasten! Wache in der Nacht, aber schlafe auch! Faste an drei Tagen im Monat – du weißt, die gute Tat wird zehnfach belohnt –, und es wird sein, als hättest du immer gefastet!« Ich entgegnete: »Aber ich kann mehr als das leisten!« – »Dann faste an einem Tag und brich das Fasten am nächsten Tag. So hat David (Dāwud), Friede sei mit ihm, gefastet. Das ist das beste Fasten, das es gibt!« – »Aber ich kann ein noch besseres Fasten leisten!« Der Prophet (S) sagte: »Nein! Es gibt kein besseres Fasten als dieses!«

23

Das Fasten am Freitag.

Abū Huraira (R a) berichtet, der Prophet (S) habe gesagt:

Fastet nicht an Freitagen, es sei denn, ihr fastet auch am Tag davor oder am Tag danach!

24

Das Fasten am Opfertag.

Abū Saʿīd al-Ḫudrī (R a), der den Propheten (S) auf zwölf Feldzügen begleitet hat, berichtet:

Vier Anweisungen des Propheten (S) haben mich ganz besonders beeindruckt. Er sagte: »Eine Frau darf nicht länger als zwei Tage auf Reisen sein, ohne von ihrem Ehemann oder einem Mann, den zu heiraten ihr verboten ist,[3] begleitet zu werden. An zwei Tagen gibt es kein Fasten: Am Tag des Fastenbrechens und am Tag des Opferfests. Es gibt kein Gebet nach dem Morgengebet, bis die Sonne aufgegangen ist, und nach dem Nachmittagsgebet, bis die Sonne untergegangen ist. Und nur zu drei Moscheen soll man Reisen unternehmen. Das sind die Mo-

3 Vgl. dazu Kap. XXIX, Abschn. 11.

schee in Mekka, die Aqṣā-Moschee in Jerusalem und meine Moschee[4]!«

25

Das Fasten an den Tašrīq-Tagen[5].
Hišām erzählte auf Autorität seines Vaters: »'Ā'iša (R a) fastete an den Tagen von Minā. Und auch Abū Bakr, ihr Vater, fastete.«

'Ā'iša (R a) und Ibn 'Umar (R a) berichten:

Es ist nicht gestattet, an den Tašrīq-Tagen zu fasten. Von dieser Bestimmung ausgenommen sind Pilger, die kein Opfertier darbringen konnten und das Fasten als Ersatz dafür leisten.

26

Das Fasten am 'Āšūrā'tag.

Ibn 'Abbās (R a) berichtet:

Als der Prophet (S) nach Medina kam, sah er, dass die Juden am 'Āšūrā'tag fasteten. Er fragte sie: »Warum fastet ihr heute?« Sie erwiderten: »Heute ist für uns ein wichtiger Gedenktag! Es ist der Tag, an dem Gott die Kinder Israels vor ihrem Feind errettete! Deshalb fastete Moses (Mūsā) an diesem Tag!« Der Prophet (S) sagte: »Ich habe ein größeres Anrecht auf Moses als ihr!« Darauf fastete er am 'Āšūrā'tag und hielt auch die Muslime dazu an.

4 Die Moschee in Medina.

5 Tašrīq-Tage: die Festtage am 11.–13. Ḏū al-Ḥiǧǧa, auch »Tage von Minā« genannt.

XX Kauf und Verkauf

1

Gott – er ist mächtig und erhaben – sagte: »Gott hat den Handel erlaubt, den Wucher aber verboten.«

(al-baqara – 2,275.)[1]

Er sagte ferner: »Wenn das Gebet vorüber ist, dann geht eurer Wege und strebt nach der Gunst Gottes! Denkt häufig an Gott, auf dass es euch wohl ergehen möge! Doch wenn die Menschen Handelsware oder eine andere Ablenkung sehen, laufen sie dorthin und lassen dich stehen. Sag: Was bei Gott für euch bereitsteht, ist besser als jede Ablenkung und Handelsware! Gott versorgt euch am besten!«

(al-ǧumʿa – 62,10 f.)[2]

Abū Huraira (R a) berichtet:

Ihr sagt, ich würde so viele Hadithe vom Gesandten Gottes (S) erzählen, und wundert euch, dass die Muhāǧirūn und Anṣār nicht genauso viel zu berichten haben wie ich!

Nun, meine Brüder, die Muhāǧirūn, waren auf den Märkten tätig und betrieben Handelsgeschäfte. Ich hingegen begleitete den Gesandten Gottes (S) auf Schritt und Tritt und war mit allem zufrieden, was mir den Bauch füllte. Ich war bei ihm, wenn sie an anderen Orten tätig waren; ich prägte mir seine Äußerungen ein, während sie sie vergaßen. Meine Brüder, die Anṣār, waren auf ihren Feldern und Plantagen beschäftigt, ich

1 In der arabischen Vorlage zitiert al-Buḫārī hier ferner al-baqara – 2,282.
2 In der arabischen Vorlage zitiert al-Buḫārī hier ferner an-nisāʾ – 4,29.

dagegen war ein armer Mann und gehörte zu den Ahl aṣ-Ṣuffa. Ich bemühte mich, die Ereignisse im Gedächtnis zu behalten, während sie sie oft vergaßen.

Einmal sagte der Gesandte Gottes (S): »Wer sein Gewand ausbreitet, während ich dies sage, und es anschließend wieder zusammenschlägt, wird im Gedächtnis bewahren, was ich sage!« Ich breitete mein geflicktes Kleid auseinander, und als er seine Rede beendet hatte, schlug ich es vor meiner Brust zusammen. Und von den Worten des Gesandten Gottes (S) habe ich nichts vergessen!

Ibn ʿAbbās (R a) berichtet:

ʿUkāẓ, Maǧanna und Ḏū al-Maǧāz waren wichtige Handelsplätze in vorislamischer Zeit.[3] Nach dem Aufkommen des Islams hatten die Menschen das Gefühl, der Handel an diesen Orten während der Wallfahrt könnte unrecht sein. Da offenbarte Gott der Erhabene: »Es ist kein Vergehen, wenn ihr im Streben nach der Gunst Gottes die Wallfahrt mit Handelsgeschäften verbindet.« (al-baqara – 2,198.)

2

Der Handel mit Stoffen und anderen Waren.

Gott der Erhabene sagte: »Die wahren Gläubigen sind die, die weder Handel noch Ware davon abhält, Gottes zu gedenken.« (an-nūr – 24,37.)

3 In ʿUkāẓ, Maǧanna und Ḏū al-Maǧāz, drei Orten ohne ständige Besiedelung südöstlich von Mekka, wurden Jahrmärkte abgehalten und tribale Heiligtümer verehrt. Die Termine der Jahrmärkte orientierten sich an der vorislamischen Wallfahrt.

Qatāda erzählte: »Die Menschen kauften und verkauften. Aber wenn sie einer ihrer Pflichten gegenüber Gott nachzukommen hatten, hielt sie weder Kauf noch Verkauf davon ab, Gottes zu gedenken, bis sie ihre Pflicht erfüllt hatten.«

Abū al-Minhāl berichtet:

Ich arbeitete als Geldwechsler. Eines Tages fragte ich al-Barā' Ibn 'Āzib und Zaid Ibn Arqam nach dieser Art des Handels. Sie erzählten: »Zu Lebzeiten des Gesandten Gottes (S) waren wir Kaufleute. Wir fragten ihn damals nach dem Tausch von Zahlungsmitteln, und er sagte: »Wenn es sich dabei um ein Geschäft mit unverzüglicher gegenseitiger Besitzergreifung handelt, so ist es unbedenklich. Nicht zulässig aber ist es, wenn dabei eine Verzögerung eintritt!«

3

Das Einkommen eines Menschen; wenn jemand seinen Lebensunterhalt durch körperliche Arbeit verdient.

'Ā'iša (R a) berichtet:

Nachdem Abū Bakr aṣ-Ṣiddīq zum Kalifen gewählt worden war, sagte er: »Die Leute wissen, dass mein Beruf sehr wohl dazu geeignet ist, meine Familie zu ernähren. Jetzt aber wurde ich mit der Herrschaft über die Muslime betraut. Meine Familie wird sich von nun an aus öffentlichen Geldern ernähren, und ich werde ausschließlich für das Wohl der Muslime tätig sein!«

'Ā'iša (R a) berichtet:

Die Gefährten des Gesandten Gottes (S) verrichteten körperliche Arbeit, um ihren Lebensunterhalt zu verdienen. Daher rochen sie oft sehr stark nach Schweiß. Die Leute sagten zu ihnen: »Wenn ihr doch ein Bad nehmen würdet!«

Al-Miqdām (R a) berichtet, der Gesandte Gottes (S) habe gesagt:

Am besten schmeckt das Essen, das man sich durch eigener Hände Arbeit verdient hat. Auch der Prophet David (Dāwud), Friede sei mit ihm, ernährte sich von dem, was er durch die Arbeit seiner Hände verdiente.

4

Entgegenkommen und Nachsicht beim Kauf und Verkauf; man soll sein Recht in redlicher Weise einfordern.

Ǧābir Ibn ʿAbdullāh (R a) berichtet, der Gesandte Gottes (S) habe gesagt:

Gott wird Nachsicht mit einem Mann haben, der großmütig vorgeht, wenn er verkauft, kauft oder eine Reklamation vorzubringen hat!

5

Wenn jemand seinem Schuldner, der in eine missliche Lage geraten ist, Aufschub gewährt, um seine Verbindlichkeiten zu begleichen.

Abū Huraira (R a) berichtet, der Prophet (S) habe erzählt:

Ein Kaufmann hatte mehreren Leuten Kredit gegeben. Wenn er sah, dass einer seiner Schuldner in eine missliche Lage geraten war, sagte er zu seinen Angestellten: »Habt Nachsicht mit ihm, vielleicht wird Gott dann Nachsicht mit uns haben!«

Ja, Gott wird nachsichtig mit ihm sein!

6

Wenn Käufer und Verkäufer den Gegenstand ihres Geschäfts genau bestimmen, sich dabei nichts verschweigen und aufrichtig zueinander sind.

Al-'Addā' Ibn Ḫālid erzählte: »Der Prophet (S) schrieb mir folgenden Kaufvertrag:

Dieser Sklave ist es, den Muhammad, der Gesandte Gottes (S), von al-'Addā' Ibn Ḫālid im Sinne eines Geschäfts zwischen zwei Muslimen gekauft hat. Besagter Sklave ist nicht krank, boshaft oder unselig.«

Qatāda sagte zu diesem Bericht: »›Unselig‹ meint, dass der Sklave dazu neigen könnte, Ehebruch zu begehen, zu stehlen oder wegzulaufen.«

'Uqba Ibn 'Āmir sagte: »Es ist nicht zulässig, eine Ware zu verkaufen, von der man weiß, dass sie mangelhaft ist, es sei denn, man macht den Käufer darauf aufmerksam.«

Ḥakīm Ibn Ḥizām (R a) berichtet:

Der Gesandte Gottes (S) sagte: »Käufer und Verkäufer haben beide das Recht, von ihrem Geschäft zurückzutreten, solange sie noch nicht auseinandergegangen sind.« Oder er sagte: »Beide haben ein Rücktrittsrecht, bis sie auseinandergegangen sind. Wenn sie aufrichtig zueinander waren und ihr Geschäft genau besprochen haben, ist der Segen Gottes mit ihnen. Wenn sie einander aber etwas verschwiegen oder die Unwahrheit gesagt haben, so wird kein Segen mit ihnen sein.«

7

Wenn jemand kranke oder räudige Kamele kauft.

'Amr berichtet:

Hier in Medina lebte ein Mann namens Nauwās, der einige kranke Kamele besaß. Diese Tiere konnten das Wasser, das sie getrunken hatten, nicht umwandeln und waren daher nur beschränkt einsatzfähig. Eines Tages kaufte Ibn 'Umar (R a) diese Kamele von Nauwās' Kompagnon. Dieser Mann begab sich anschließend zu Nauwās und sagte: »Wir haben die Kamele verkauft!« Nauwās fragte: »Wer hat sie erworben?« – »Dieser alte Mann«, und er beschrieb Ibn 'Umar. Nauwās rief: »Wehe dir! Bei Gott, dieser Mann ist kein anderer als Ibn 'Umar!«

Er lief zu Ibn 'Umar und sagte: »Mein Kompagnon hat dir kranke Kamele verkauft! Er kannte dich nicht!« Ibn 'Umar sprach: »Wenn es so ist, wie du sagst, dann nimm sie zurück!«

Als Nauwās sich darauf anschickte, die Tiere fortzutreiben, sagte Ibn 'Umar zu ihm: »Lass sie ruhig erst mal hier! Wir haben ja vom Gesandten Gottes (S) erfahren, dass es keine Ansteckung gibt!«

8

Das Abwiegen oder Abmessen der Handelsware obliegt dem Verkäufer oder dem, der die Ware übergibt.

Gott der Erhabene sagte: »Wehe denen, die weniger als das Maß geben, wenn sie etwas abmessen oder abwägen!«

(al-muṭaffifīn – 83,3.)

Der Prophet (S) sagte: »Lasst euch die Waren zumessen, damit ihr die richtige Menge erhaltet!«

'Uṯmān (R a) erzählte, der Prophet (S) habe gesagt: »Wenn

du etwas verkaufst, so miss die Menge ab! Und wenn du etwas kaufst, lass den Verkäufer die Menge abmessen!«

9

Der Verkauf von Lebensmitteln; wenn jemand Nahrungsmittel aufkauft, um sie später gewinnbringend weiterzuveräußern.

Sālim berichtet, sein Vater (R a) habe erzählt:

Zu Lebzeiten des Gesandten Gottes (S) wurden Menschen, die Lebensmittel in großen Mengen aufkauften, um sie, ohne sie in ihre Häuser zu bringen, weiterzuveräußern, mit Peitschenhieben bestraft.

10

Wenn jemand Lebensmittel und andere Handelswaren weiterveräußert, bevor er sie vollständig in Besitz genommen hat.

Ṭāwus berichtet:

Ibn ʿAbbās (R a) erzählte, der Prophet (S) habe es verboten, Lebensmittel weiterzuverkaufen, bevor man sie vollständig in Besitz genommen hat. Ibn ʿAbbās sagte dazu: »Ich denke, dies gilt auch für alle anderen Handelswaren!«

11

Es ist verboten, einer Karawane entgegenzureiten und ihre Handelswaren aufzukaufen, bevor diese auf dem Markt angeboten werden. Ein solches Handelsgeschäft ist schändlich. Der Käufer ist ein Aufrührer und Missetäter, wenn er es wissentlich getan hat. Sein Handeln ist betrügerisch und damit illegal.

Abū Huraira (R a) berichtet:

Der Prophet (S) verbot es, einer Karawane entgegenzureiten und ihre Handelswaren aufzukaufen, bevor diese auf dem Markt angeboten werden. Er untersagte es ferner, dass ein Städter für einen Beduinen dessen Handelswaren veräußert.

Ṭāwus berichtet, sein Vater habe erzählt:

Ich fragte Ibn ʿAbbās (R a): »Was ist damit gemeint, dass ein Städter nicht an Stelle eines Beduinen dessen Handelswaren veräußern darf?« Er erwiderte: »Der Städter darf nicht der Zwischenhändler oder Makler des Beduinen sein!«

12

Wenn Früchte verkauft werden, bevor sie reif sind und ihre Qualität feststeht.

ʿAbdullāh Ibn ʿUmar (R a) berichtet:

Der Gesandte Gottes (S) verbot den Handel mit Früchten, bevor ihre Qualität feststeht. Er untersagte dies sowohl dem Verkäufer als auch dem Käufer.

Ǧābir Ibn ʿAbdullāh (R a) berichtet:

Der Prophet (S) verbot den Verkauf von Früchten, bevor sie zu reifen beginnen. Als jemand ihn fragte, wie dieser Zeitpunkt genau zu bestimmen sei, sagte er: »Wenn sie rot oder gelb werden und man sie essen kann!«

13

Der Kauf von Nahrungsmitteln auf Kredit.

'Ā'iša (R a) berichtet:

Der Gesandte Gottes (S) kaufte von einem Juden Nahrungsmittel auf Kredit. Als Pfand gab er ihm sein Kettenhemd.

14

Wenn jemand Datteln gegen Datteln einer besseren Qualität eintauscht.

Abū Sa'īd al-Ḫudrī (R a) und Abū Huraira (R a) berichten:

Der Gesandte Gottes (S) ernannte einen Mann zum Verwalter von Ḫaibar. Eines Tages kam dieser Mann nach Medina und brachte Datteln einer sehr guten Sorte mit. Der Gesandte Gottes (S) fragte ihn: »Sind alle Datteln in Ḫaibar so gut?« Der Mann erwiderte: »Nein, bei Gott! O Gesandter Gottes, wir tauschen ein Ṣā' dieser Datteln gegen zwei Ṣā' unserer Früchte, und zwei Ṣā' gegen drei!« Der Gesandte Gottes (S) sagte: »Nein, das darfst du nicht machen! Verkauf eure Datteln gegen Geld, und kauf diese leckeren Datteln für Geld!«

15

Wenn jemand Dattelpalmen, die bereits befruchtet sind, oder Felder, auf denen ausgesät wurde, verkauft oder verpachtet.

Nāfi', der Maulā von Ibn 'Umar, berichtet:

Wenn Dattelpalmen verkauft werden, die bereits befruchtet sind, und keine weiteren Abmachungen hinsichtlich der

Früchte getroffen wurden, steht die Ernte dem zu, der die Palmen befruchtet hat.

'Abdullāh Ibn 'Umar (R a) berichtet, der Gesandte Gottes (S) habe gesagt:

Wer Dattelpalmen verkauft, die bereits befruchtet sind, behält das Eigentum an der Ernte, es sei denn, der Käufer hat sie durch eine zusätzliche Vereinbarung miterworben.

16

Wenn jemand für einen anderen ohne dessen Einverständnis etwas erwirbt und dieser den Kauf gutheißt.

Ibn 'Umar (R a) berichtet, der Prophet (S) habe erzählt:

Eine Gruppe von drei Männern reiste durch das Land, als es plötzlich zu regnen begann. In einer Höhle im Berg suchten sie vor dem Regen Schutz. Da stürzte ein großer Felsblock vom Berg herab und versperrte ihnen den Ausgang der Höhle.

Einer der Männer sagte: »Lasst uns Gott anrufen, indem wir das beste Werk, das wir jemals getan haben, erzählen!«

Der erste Mann erzählte: »O Gott, meine Eltern waren sehr alt, und ich ging jeden Tag auf die Weide, um das Vieh zu hüten. Ich molk die Tiere und brachte meinen Eltern die Milch. Sie tranken, bis sie genug hatten. Dann erst gab ich meinen Kindern und meiner Frau von der Milch. Eines Tages war ich unterwegs aufgehalten worden, und als ich nach Hause kam, schliefen meine Eltern bereits. Es widerstrebte mir, sie aufzuwecken. Meine Kinder klagten über ihren Hunger, ich aber gab ihnen nichts, bis der Morgen graute und meine Eltern zuerst getrunken hatten! O Gott, wenn du weißt, dass ich dies nur im Streben nach deiner Gunst getan habe, dann öffne uns den Weg aus dieser Höhle, dass wir den Himmel wieder sehen können!« Da bewegte der Felsblock sich ein wenig zur Seite.

Der zweite Mann erzählte: »O Gott, du weißt, ich liebte eine Frau, wie ein Mann eine Frau nur zu lieben vermag! Sie war eine der Töchter meines Onkels väterlicherseits, und sie sagte, sie würde meinem Verlangen nur nachkommen, wenn ich ihr hundert Goldstücke gäbe. Ich musste viel arbeiten, bis ich das Geld zusammenhatte. Und dann war ich bei ihr, aber sie rief: ›Fürchte Gott und halt ein! Nimm mir meine Unschuld nicht auf unrechte Weise!‹ Da stand ich auf und ging! O Gott, wenn du weißt, dass ich das nur im Streben nach deiner Gunst getan habe, dann gib uns den Weg aus dieser Höhle frei!« Da bewegte sich der Fels und gab zwei Drittel des Höhlenausgangs frei.

Der dritte Mann erzählte: »O Gott, du weißt, ich beschäftigte einmal einen Lohnarbeiter, und sein Lohn betrug einen Faraq Hirse. Als ich ihm seinen Lohn geben wollte, wollte er ihn aber nicht annehmen. Da nahm ich die Hirse, säte sie ein und erntete, bis ich von dem Ertrag schließlich einige Kühe und einen Hirten kaufen konnte. Eines Tages kam dieser Lohnarbeiter zurück und sagte: ›Gib mir meinen Lohn!‹ Ich sagte: ›Diese Kühe und der Hirte dort gehören dir!‹ Er sagte: ›Du willst dich über mich lustig machen!‹ – ›Nein, ich rede im Ernst! Sie gehören dir!‹ O Gott, wenn du weißt, dass ich dies nur im Streben nach deiner Gunst getan habe, dann gib uns den Weg aus dieser Höhle frei!«

Da rollte der Fels zur Seite.

17

Über den Verkauf von Bildern, die keine beseelten Wesen darstellen, und was in dieser Hinsicht abzulehnen ist.

Saʿīd Ibn Abī al-Ḥasan berichtet:

Ich war bei Ibn ʿ Abbās (R a), als ein Mann zu ihm kam und sagte: »O Abū ʿAbbās[4], ich lebe von dem, was meine Hände schaffen. Ich male Bilder!« Ibn ʿAbbas sagte: »Ich werde dir sagen, was der Gesandte Gottes (S) zur Malerei gesagt hat. Er sagte: ›Wer ein Bild malt, den wird Gott so lange bestrafen, bis er das, was er dargestellt hat, zu beleben vermag. Und niemals wird er dazu in der Lage sein!‹«

Da geriet der Mann in schwere Atemnot, und er wurde bleich. Ibn ʿAbbās sagte zu ihm: »Wehe dir, wenn du weiterhin Bilder malst, es sei denn, du malst diesen Baum dort oder andere unbeseelte Objekte!«

18

Der Verkauf von verendeten Tieren und Götzenbildern.

Ǧābir Ibn ʿAbdullāh (R a) berichtet:

Im Jahr der Eroberung Mekkas sagte der Gesandte Gottes (S): »Gott und sein Gesandter haben den Verkauf von Wein, von verendeten Tieren, Schweinen und Götzenbildern verboten!« Ein Mann sagte zu ihm: »O Gesandter Gottes, was ist mit dem Fett von toten Tieren? Damit werden doch die Boote bestrichen, die Felle eingerieben, und wir verwenden es für die Beleuchtung!« Der Prophet (S) entgegnete: »Nein, es ist verboten!« Anschließend sagte er: »Gott verfluche die Juden! Auch

4 Die Kunya von Ibn ʿAbbās.

ihnen hat er dieses Fett verboten, aber sie verarbeiteten und verkauften es! Und so verdienten sie sich ihren Lebensunterhalt!«

19

Der Wert eines Hundes.

Abū Mas'ūd al-Anṣārī (R a) berichtet:

Der Gesandte Gottes (S) erklärte es für unzulässig, für einen Hund Geld zu nehmen. Dasselbe gilt für die Prostitution und die Wahrsagerei.

20

Der Terminkauf einer festgelegten Menge von Waren.

Isma'īl Ibn 'Ulaiya berichtet:

Ibn 'Abbās (R a) erzählte: »Als der Gesandte Gottes (S) nach Medina kam, stellte er fest, dass die Menschen dort die Fruchternte des nächsten und übernächsten Jahres bereits im Voraus verkauften.«

Isma'īl ergänzt an dieser Stelle, er wüsste nicht genau, ob Ibn 'Abbās nicht sogar von zwei oder drei Jahren im Voraus sprach.

»Der Prophet (S) sagte: ›Wenn Datteln veräußert werden, bevor sie reif sind, dann soll sich dieses Geschäft auf eine festgelegte Menge und ein bestimmtes Gewicht beziehen!‹«

21

Der Terminkauf von Waren, deren Gewicht festgelegt wurde.

Muḥammad oder ʿAbdullāh Ibn Abī al-Muǧālid berichtet: ʿAbdullāh Ibn Šaddād Ibn al-Hād und Abū Burda waren verschiedener Meinung über die Zulässigkeit des Terminkaufs. Sie schickten mich zu Ibn Abī Aufā (R a), um ihn danach zu fragen. Er sagte: »Ja, zu Lebzeiten des Gesandten Gottes (S) und während der Regierungszeit der Kalifen Abū Bakr und ʿUmar kauften wir Weizen, Gerste, Weinbeeren und Datteln als Terminware.« Ich befragte auch Ibn Abzā dazu, und er gab mir denselben Bescheid.

XXI Ackerbau und Landwirtschaft, die Verpachtung landwirtschaftlicher Nutzflächen

1

Der Vorzug des Säens und Pflanzens.
Gott der Erhabene sagte: »Was denkt ihr von dem, was ihr anbaut? Seid ihr es, die es wachsen lassen, oder wir? Wenn wir wollten, würden wir es für euch unbrauchbar machen!«

(al-wāqiʿa – 56,63–65.)

Anas (R a) berichtet, der Gesandte Gottes (S) habe gesagt:
Jedem Muslim wird das, was er pflanzt oder sät, als Almosen angerechnet, wenn Vögel, Menschen oder Vierfüßler davon essen!«

2

Wenn jemand sich einen Hund hält, um ihn in der Landwirtschaft einzusetzen.

Abū Huraira (R a) berichtet:
Der Gesandte Gottes (S) sagte: »Wenn jemand sich einen Hund hält, so wird ihm für jeden Tag ein Qīrāṭ des Lohnes, den er für seine guten Taten zu erwarten hat, abgezogen, es sei denn, der Hund dient zum Schutz der Felder und des Viehs.«

Ein anderes Mal sagte der Prophet (S): »Von dieser Regel ausgenommen sind Hunde, die zur Bewachung des Kleinviehs oder der Felder dienen beziehungsweise auf der Jagd eingesetzt werden!«

3

Der Einsatz von Ochsen im Ackerbau.

Abū Huraira (R a) berichtet, der Prophet (S) habe erzählt:

Ein Mann ritt auf einem Ochsen. Da wandte der Ochse sich nach ihm um und sagte: »Dafür bin ich nicht geschaffen! Ich wurde geschaffen, um den Acker zu pflügen!«

Ich glaube daran, und Abū Bakr und ʿUmar auch!

Einmal riss ein Wolf ein Schaf. Der Hirte verfolgte den Wolf und konnte ihn schließlich einfangen. Da sagte der Wolf: »Wer wird sich am Tag, an dem die wilden Tiere kommen, um die Schafe kümmern, an einem Tag, da sie keinen Hirten haben außer mir?«

Ich glaube daran, und Abū Bakr und ʿUmar auch!

Abū Salama ergänzte zu diesem Hadith:

Als der Prophet (S) dies erzählte, waren Abū Bakr und ʿUmar nicht dabei!

4

Wenn ein Mann zu einem anderen sagt: »Übernimm die Bewirtschaftung meiner Dattelpalmen und Nutzpflanzen, und gib mir einen Teil an der Ernte!«

Abū Huraira (R a) berichtet:

Die Anṣār sagten zum Propheten (S): »Verteil die Palmen zwischen uns und unseren Brüdern, den Muhāǧirūn!« Der Prophet (S) aber entgegnete: »Nein, das werde ich nicht tun!«

Darauf sagten die Anṣār zu den Muhāǧirūn: »Übernehmt die Bewirtschaftung unserer Felder, und wir geben euch dafür einen Teil der Ernte!« Sie erwiderten: »Ja, das werden wir gern tun!«

5

Rāfiʿ Ibn Ḫadīǧ berichtet:

Wie die meisten Menschen in Medina arbeiteten auch wir in der Landwirtschaft. Die Felder hatten wir gepachtet, und als Pachtzins lieferten wir dem Grundbesitzer den Ertrag eines festgelegten Teils der Anbaufläche ab. Es kam vor, dass die Ernte des Verpächters durch Schädlinge oder Ähnliches vernichtet wurde, während unsere Ernte unbeschädigt blieb, und umgekehrt. Später wurde uns verboten, den Pachtzins in dieser Weise zu entrichten. Gold und Silber dienten damals nicht als Zahlungsmittel.

6

Die Verpachtung landwirtschaftlicher Nutzflächen für die Hälfte oder einen anderen Teil des Ertrags. Abū Ǧaʿfar erzählte: »Die Muhāǧirūn in Medina bewirtschafteten die Felder und erhielten dafür den dritten oder vierten Teil des Ertrags.«

ʿAbdullāh Ibn ʿUmar (R a) berichtet:

Der Prophet (S) traf mit den Menschen in Ḫaibar die Abmachung, dass sie für die Bewirtschaftung der Ländereien die Hälfte des Ertrags erhalten.

Seinen Frauen gab der Prophet (S) einhundert Wasq – achtzig Wasq Datteln und zwanzig Wasq Gerste.[1]

ʿUmar nahm eine neue Verteilung der landwirtschaftlichen Nutzflächen in Ḫaibar vor. Die Frauen des Propheten (S) stellte er vor die Wahl, ob sie einen Teil der Felder einschließlich der entsprechenden Wasserrechte haben oder die alte Regelung

1 Wasq: Ein Wasq entspricht etwa 200 kg Getreide.

beibehalten wollten. Manche von ihnen entschieden sich für den Grundbesitz, andere zogen die alte Praxis vor. ʿĀʾiša entschied sich für Ersteres.

7

Wer unbebautes Land kultiviert, hat das Recht, als Besitzer dieses Landes zu gelten.
Diese Meinung vertrat ʿAlī (R a) hinsichtlich einiger ungenutzter Ländereien unweit von Kufa.
ʿUmar sagte: »Wenn jemand Ödland kultiviert, gehört es ihm!«
ʿUmar und Ibn ʿAuf erzählten: »Auch der Prophet (S) äußerte sich in diesem Sinne. Und er fügte hinzu: ›Das gilt nur, wenn kein Muslim ein Recht auf das Land hat. In einem solchen Fall ist es unrecht, wenn jemand das Land für sich nutzt!‹«

ʿĀʾiša (R a) berichtet, der Prophet (S) habe gesagt:
»Wer Ländereien kultiviert, die niemandem gehören, hat das Recht, als ihr Eigentümer angesehen zu werden.«

ʿUrwa ergänzte zu diesem Hadith:
»Auch ʿUmar (R a) entschied während seines Kalifats in diesem Sinne.«

8

Wenn der Grundbesitzer zu seinem Pächter sagt: »Bebaue dieses Land bis auf weiteres«, und er keinen festen Zeitraum für die Nutzung bestimmt, so ist diese Abmachung gültig, solange beide Seiten sie gutheißen.

Ibn ʿUmar berichtet:

ʿUmar Ibn al-Ḫaṭṭāb (R a) vertrieb die Juden und Christen aus dem Ḥiǧāz.

Als der Gesandte Gottes (S) Ḫaibar erobert hatte, wollte er die Juden von dort vertreiben, denn nach der Eroberung gehörte das Land Gott, seinem Gesandten (S) und den Muslimen. Die Juden aber baten den Gesandten Gottes (S), sie weiterhin in Ḫaibar zu dulden. Sie wollten die Bewirtschaftung der Ländereien besorgen und als Lohn ihrer Arbeit die Hälfte des Ertrags für sich behalten. Der Gesandte Gottes (S) sagte zu ihnen: »Ja, zu diesen Bedingungen könnt ihr hierbleiben, bis wir eine andere Entscheidung treffen!«

Die Juden lebten weiterhin in Ḫaibar, bis ʿUmar sie nach Taimāʾ[2] und Arīḥāʾ[3] vertrieb!

9

Die Gefährten des Propheten (S) teilten die Arbeit auf den Feldern und die Ernte miteinander.

Ǧābir (R a) berichtet:

Die Menschen bestellten die Felder und erhielten dafür ein Drittel, ein Viertel oder die Hälfte des Ertrags.

Der Prophet (S) sagte: »Wer landwirtschaftliche Anbauflächen besitzt, soll sie selbst bestellen oder seinen Glaubensbrüdern unentgeltlich zur Nutzung überlassen. Oder er soll, falls dies nicht möglich ist, den Boden brachliegen lassen.«

2 Taimāʾ: Stadt in Nordarabien.

3 Arīḥāʾ: Stadt im heutigen Jordanien.

10

Abū Huraira (R a) berichtet:

In Gegenwart eines Beduinen erzählte der Prophet (S): »Einer der Bewohner des Paradieses bat seinen Herrn um Erlaubnis, Ackerbau betreiben zu dürfen. Gott fragte ihn: ›Hast du denn nicht alles, was du dir wünschen kannst?‹ – ›Doch, schon! Aber ich möchte so gern säen und ernten!‹ Da gab Gott ihm seine Erlaubnis, und der Mann säte. Innerhalb eines Augenblicks wuchsen seine Pflanzen heran und reiften, und der Ertrag hatte die Größe von Bergen. Gott der Erhabene sagte: ›Da hast du es nun, du Menschenkind! Du bist wirklich unersättlich!‹«

Der Beduine sagte, nachdem der Prophet (S) seine Erzählung beendet hatte: »Dieser Mann muss ein Quraiš oder ein Anṣār gewesen sein! Die sind es, die Ackerbau betreiben, nicht wir Beduinen!«

Da lachte der Prophet (S).

XXII Die Nutzung und Verteilung des Wassers

1

Gott der Erhabene sagte: »Wir haben alles Leben aus Wasser erschaffen. Wollen sie es denn nicht glauben?«

(al-anbiyā' – 21, 30)

Er sagte ferner: »Was denkt ihr von dem Wasser, das ihr trinkt? Habt ihr es von den Wolken herabkommen lassen oder wir? Wenn wir wollten, würden wir es für euch ungenießbar machen! Warum dankt ihr es uns nicht?«

(al-wāqi'a – 56,68–70.)

Wenn jemand glaubt, es sei zulässig, Wasser als Almosen, Geschenk oder Erbschaft anderen zu überlassen.
'Uṯmān erzählte: »Der Prophet (S) sagte: ›Wer den Brunnen Rūma[1] kauft, wird seinen Schöpfeimer genauso in ihn hinablassen, wie die anderen Muslime es tun!‹«
'Uṯmān (R a) kaufte diesen Brunnen.

2

Man sagt: »Der Besitzer des Wassers hat das größte Recht, es zu nutzen.«
Der Prophet (S) sagte: »Überschüssiges Wasser darf anderen nicht vorenthalten werden!«

Abū Huraira (R a) berichtet, der Prophet (S) habe gesagt:
Haltet überschüssiges Wasser nicht zurück! Ihr würdet dadurch anderen das Futter für ihr Vieh vorenthalten!

1 Rūma: ein Brunnen in Medina.

3

Künstlich bewässerte Anbauflächen dürfen bis auf Knöchelhöhe unter Wasser gesetzt werden.

'Urwa Ibn az-Zubair berichtet:

Ein Mann von den Anṣār geriet mit az-Zubair über die Rechte an einem Bewässerungskanal in al-Ḥarra in Streit, den az-Zubair zur Bewässerung seiner Palmenplantage nutzte. Sie wandten sich mit ihrem Anliegen an den Gesandten Gottes (S). Er sagte: »O az-Zubair, bewässere dein Land in angemessener Weise, und lass dann deinen Nachbarn das Wasser nutzen!« Da rief der Anṣārī: »Du sagst das doch nur, weil er der Sohn deines Onkels ist!« Da wurde der Gesandte Gottes (S) zornig, sein Gesicht verfärbte sich, und er rief: »Az-Zubair, bewässere dein Land und staue das Wasser bis auf Höhe der Mauern!«

Der Prophet (S) gab az-Zubair in dieser Angelegenheit vollständig recht.

Az-Zubair sagte später: »Bei Gott! Wegen dieser Sache erfolgte die Offenbarung des Verses: ›Aber nein, bei deinem Herrn! Sie werden nicht eher wirklich gläubig sein, bis sie dich zum Richter über die Dinge machen, die zwischen ihnen umstritten sind!‹« (an-nisā' – 4,65.)

Ibn Šihāb sagte zu diesem Hadith:

Die Anṣār und anderen Muslime verstanden die Aussage des Propheten (S) »Bewässere dein Land und staue das Wasser bis auf Höhe der Mauern« so, dass das Wasser bis zu den Knöcheln reichen darf.

4

Der Vorzug dessen, der anderen zu trinken gibt.

Abū Huraira (R a) berichtet:

Der Gesandte Gottes (S) erzählte:

»Ein Reisender war einmal sehr durstig. Er stieg in einen Brunnen hinab und trank. Als er wieder hinaufgeklettert war, sah er einen Hund, der seine Zunge heraushängen ließ und wegen seines großen Durstes feuchte Erde fraß. Der Mann sagte zu sich selbst: ›Diesem Hund geht es, wie es mir vorher ergangen ist!‹ Er stieg erneut in den Brunnen hinab und füllte seinen Schuh mit Wasser. Er hielt den Schuh mit den Zähnen fest, während er wieder hinaufkletterte, und gab dem Hund zu trinken. Gott dankt diesem Mann seine gute Tat und verzeiht ihm seine Verfehlungen!«

Die Leute fragten: »O Gesandter Gottes, werden wir auch für unser Verhalten gegenüber Tieren belohnt?« Er antwortete: »Ja, jeder Dienst an Lebewesen wird belohnt!«

ʿAbdullāh Ibn ʿUmar (R a) berichtet, der Gesandte Gottes (S) habe erzählt:

Eine Frau wurde bestraft und in die Hölle geworfen, weil sie eine Katze eingesperrt hatte, bis sie verhungert war. Gott, und er weiß es am besten, sagte zu ihr: »Du hast der Katze kein Fressen und kein Wasser gegeben, als du sie eingesperrt hast! Und du hast sie nicht hinausgelassen, dass sie die Insekten und kleinen Tiere jagen und fressen kann!«

5

Wenn die Menschen aus dem Fluss trinken und ihre Tiere dort tränken.

Abū Huraira (R a) berichtet:

Der Gesandte Gottes (S) erzählte:

»Pferde können ihrem Besitzer Lohn einbringen, sie können für ihn eine Sicherheit oder eine Bürde sein!

Der Mann, dessen Pferde ihm Lohn einbringen werden, hält sich diese Tiere um der Sache Gottes willen. Mit einem langen Strick bindet er sie auf der Weide oder im Garten an, dass sie fressen können, und jeder Teil des Weidelandes, den die Pferde dank der Länge des Stricks erreichen können, wird dem Besitzer als gute Tat angerechnet. Und wenn die Pferde ihren Strick zerreißen und über ein oder zwei Anhöhen hinweggaloppieren, so werden ihre Spuren und ihr Dung dem Pferdehalter als gute Tat angerechnet. Und wenn sie an einem Fluss vorüberkommen und dort trinken, wird auch das dem Besitzer zugute geschrieben, auch wenn er nicht die Absicht hatte, sie zu tränken. Auf diese Weise können Pferde ihrem Besitzer Lohn einbringen.

Wer Pferde hat, um in redlicher Weise seinen Lebensunterhalt zu verdienen, und nicht vergisst, seinen Pflichten gegenüber Gott nachzukommen, während er sie sich zunutze macht, und sie nicht überanstrengt, für den sind sie eine Sicherung.

Wenn ein Mann sich aber Pferde aus Gründen der Selbstgefälligkeit und der Wichtigtuerei hält oder er sich mit ihnen von den anderen Muslimen abheben will, so werden sie für ihn am Tag des Gerichts eine Bürde sein!«

Einer der Zuhörer fragte den Gesandten Gottes (S), ob es sich mit Eseln ähnlich verhalte. Er erwiderte: »Über Esel wurde mir nichts geoffenbart, mit Ausnahme des folgenden, allgemeingültigen Verses: ›Wer Gutes im Gewicht eines Stäubchens getan hat, wird es am Tag des Gerichts zu sehen bekommen, und wer Böses im Gewicht eines Stäubchens getan hat, wird es ebenfalls sehen!‹« (az-zalzala – 99,7 f.)

XXIII Darlehen und Darlehenstilgung, Pfändung und Zahlungsunfähigkeit

1

Wenn jemand etwas auf Kredit kauft.

Ǧābir Ibn ʿAbdullāh (R a) berichtet:

»Ich war mit dem Propheten (S) auf einem Feldzug. Er fragte mich: ›Was ist mit deinem Kamel? Willst du es mir verkaufen?‹ Ich willigte ein und verkaufte es ihm. Nachdem wir nach Medina zurückgekehrt waren, brachte ich ihm das Kamel, und er bezahlte es mir.«

Al-Aʿmaš berichtet:

Wir saßen mit Ibrāhīm zusammen und sprachen über das Pfand beim Terminkauf. Ibrāhīm erzählte: »Al-Aswad erzählte auf Autorität von ʿĀ'iša (R a), dass der Prophet (S) einmal bei einem Juden Nahrungsmittel auf Kredit gekauft hat. Als Pfand gab er ihm ein eisernes Kettenhemd.«

2

Wenn jemand von einem anderen etwas nimmt und die Absicht hat, es später zu bezahlen.

Abū Huraira (R a) berichtet, der Prophet (S) habe gesagt:

Wer von einem anderen etwas nimmt und dabei die feste Absicht hat, es später zu bezahlen, für den wird Gott diese Schuld begleichen. Wer aber etwas nimmt und es für sich behalten will, ohne dafür aufzukommen, dem wird Gott seinen Lohn vorenthalten!

3

Über die Schuldentilgung.
Gott der Erhabene sagte: »Gott gebietet euch, dass ihr Güter, die euch anvertraut wurden, ihren Eigentümern zurückgebt. Und wenn ihr als Richter zwischen den Menschen zu urteilen habt, so entscheidet, was recht und billig ist! Wirklich, wie trefflich ist doch das, wozu Gott euch mahnt! Gott hört und sieht alles!« (an-nisā' – 4,58.)

Abū Huraira (R a) berichtet, der Gesandte Gottes (S) habe gesagt:

Wenn ich einen Berg Goldes von der Größe des Uhud hätte, so möchte ich davon doch nichts länger als drei Tage lang behalten, mit Ausnahme jenes Betrages, den ich zur Begleichung meiner Schulden brauche!

4

Wie man seine Schulden bezahlen soll.

Abū Huraira (R a) berichtet:

Der Prophet (S) schuldete einem Mann ein Kamel eines bestimmten Alters. Als der Mann seinen Besitz zurückforderte, wies der Prophet (S) seine Gefährten an, ihm ein entsprechendes Kamel zu geben. Sie suchten nach einem passenden Tier, konnten aber nur ein Kamel finden, das etwas älter und wertvoller war. Der Prophet (S) befahl ihnen, dem Mann dieses Tier zu geben.

Später sagte der Mann zum Propheten (S): »Du hast deine Schuld vollständig beglichen! Möge Gott dir vollständigen Lohn geben!«

Der Prophet (S) sagte zu seinen Gefährten: »Die Vorzüglichsten von euch sind die, die ihre Schuld auf beste Weise begleichen!«

Ǧābir Ibn ʿAbdullāh (R a) berichtet:

Ich kam zum Propheten (S), als er gerade in der Moschee war. Er sagte zu mir: »Bete zwei Rakʿas!«

Der Prophet (S) hatte Schulden bei mir. Er bezahlte sie zurück und gab mir etwas mehr als jenen Betrag!

5

Wenn jemand vermittelnd tätig wird, um Schuldforderungen zu vermindern.

Ǧābir (R a) berichtet:

ʿAbdullāh, mein Vater, starb und hinterließ eine große Familie und einige Schulden. Ich bat die Gläubiger, mir einen Teil dieser Schuld zu erlassen, sie aber weigerten sich. Darauf begab ich mich zum Propheten (S) und bat ihn, sich zum Fürsprecher meiner Sache zu machen. Er kam meinem Wunsch nach. Die Gläubiger aber blieben bei ihrer ablehnenden Haltung.

Der Prophet (S) sagte darauf zu mir: »Sortiere deine Datteln und lege die ʿIḏq Ibn Zaid, die Līn und die ʿAǧwa[1] jeweils auf einen Haufen! Die Gläubiger sollen dann zu dir kommen, und ich werde auch da sein!«

Ich tat, wie er gesagt hatte. Darauf kam der Prophet (S) und setzte sich neben die Datteln. Alle Gläubiger wurden vollständig ausgezahlt. Und es blieben so viele Datteln übrig, wie es anfangs gewesen waren – es schien, als hätte niemand sie angerührt!

1 Verschiedene Dattelsorten.

Einmal war ich mit dem Propheten (S) auf einem Feldzug. Ich ritt das Kamel, das wir zur Bewässerung unserer Felder verwendeten. Es schleppte sich mühsam voran, und ich blieb weit hinter den anderen zurück. Der Prophet (S) schlug auf mein Tier ein und sagte dann: »Verkauf mir dein Kamel! Du kannst es dann noch reiten, bis wir wieder in Medina sind!«

Als wir uns Medina näherten, bat ich den Propheten (S) um seine Erlaubnis, sofort nach Hause zu meiner Familie reiten zu dürfen. Ich sagte: »O Gesandter Gottes, ich bin frisch verheiratet!« Er fragte: »Ist es eine Jungfrau oder eine ältere Frau?« – »Eine ältere Frau! Als mein Vater starb, hinterließ er einige kleine Töchter. Ich habe geheiratet, damit meine Frau die Schwestern unterweist und in rechter Weise erzieht!« Der Prophet (S) sagte: »Ja, geh zu deiner Familie!«

Zu Hause erzählte ich meinem Onkel mütterlicherseits von dem Verkauf des Kamels. Er tadelte mein Vorgehen. Da berichtete ich ihm, dass es so langsam gelaufen war und der Prophet (S) es mit der Faust geschlagen hatte.

Am nächsten Morgen ging ich mit dem Kamel zum Propheten (S). Er bezahlte mir den Preis des Tieres und schenkte mir dann das Kamel. Mir und den anderen, die an dem Feldzug teilgenommen hatten, gab er ferner unseren Anteil an der Beute.

XXIV Teilhaberschaft und soziales Verhalten

1

Über die Teilung von Nahrungsmitteln, des Proviants auf Reisen und anderer Dinge.
Die Muslime hatten keine Bedenken, dass jeder sich nach Belieben von den Reisevorräten bedient.

Ǧābir Ibn ʿAbdullāh (R a) berichtet:

Der Gesandte Gottes (S) schickte eine Armee, die aus dreihundert Männern bestand, zur Meeresküste. Den Befehl hatte er Abū ʿUbaida Ibn al-Ǧarrāḥ übertragen.

Wir ritten los. Unterwegs gingen unsere Vorräte zur Neige. Abū ʿUbaida gab Befehl, sämtliche Esswaren zusammenzutragen. Ich hatte einige Datteln mitgenommen. Von den verbliebenen Vorräten wurde uns Tag für Tag eine kleinere Portion gegeben, bis schließlich alles aufgebraucht war und jeder nur noch eine einzige Dattel erhielt. Ich sagte zu Abū ʿUbaida: »Wie sollen wir denn von einer einzigen Dattel satt werden?« Er erwiderte: »Wir werden auch diese eine Dattel vermissen, wenn wir überhaupt nichts mehr haben!« Schließlich kamen wir ans Meer. Dort sahen wir einen Fisch liegen, der so groß wie ein Erdhügel war. Die gesamte Armee ernährte sich achtzehn Tage lang von diesem Fisch. Abū ʿUbaida befahl, ein Rippenpaar des Fisches aufzurichten und eine Kamelin herbeizubringen. Sie konnte unter dem Rippenpaar hindurchlaufen, ohne es zu berühren!

Salama (R a) berichtet:

Der Proviant der Leute ging zur Neige, und sie litten Mangel. Sie begaben sich zum Propheten (S) und fragten ihn, ob sie ihre Kamele schlachten dürften. Der Prophet (S) erlaubte es ihnen. Als sie anschließend ʿUmar trafen und ihm dies erzählten, rief er: »Aber wie soll es denn weitergehen, wenn ihr keine Kamele mehr habt?«

ʿUmar begab sich unverzüglich zum Propheten (S) und sagte: »O Gesandter Gottes, wie soll es mit den Leuten weitergehen, wenn sie auch keine Kamele mehr haben?« Der Prophet (S) sagte: »Sag den Leuten, dass sie ihre restlichen Esswaren herbeibringen sollen!«

Ein Teppich wurde ausgebreitet, und die Leute legten ihre wenigen Vorräte darauf. Der Gesandte Gottes (S) erhob sich und rief Gott um seinen Segen an. Anschließend forderte er die Leute auf, mit dem Essen zu beginnen. Sie nahmen sich eine Handvoll nach der anderen von den Speisen. Schließlich waren alle gesättigt. Darauf sagte der Gesandte Gottes (S): »Ich bezeuge, dass es keinen Gott gibt außer Gott und ich der Gesandte Gottes bin!«

2

Die Verteilung von Schafen.

ʿAbāya Ibn Rifāʿa Ibn Rāfiʿ Ibn Ḫadīǧ berichtet:

Mein Großvater erzählte:

»Wir waren mit dem Propheten (S) in der Gegend von Ḏū al-Ḥulaifa. Die Leute waren sehr hungrig. Sie bemächtigten sich einiger Kamele und Schafe aus der Beute, die wir gemacht hatten, als der Prophet (S) mit der Nachhut zurückgeblieben war, und beeilten sich, die Tiere zu schlachten und in den Kochtöpfen zuzubereiten. Da aber kam der Prophet (S). Er befahl, die Töpfe auszuleeren, und verteilte die erbeuteten Tiere. Dabei setzte er den Wert von zehn Schafen dem eines Kamels gleich.

Plötzlich rannte eines der Kamele davon. Die Menschen liefen hinter dem Tier her, um es einzufangen[1] – Pferde waren damals sehr selten! Ein Mann schoss einen Pfeil auf das flüchtige Kamel ab, und Gott ließ es in seinem Lauf innehalten, so dass wir es einfangen konnten. Der Prophet (S) sagte: ›Manche Kamele sind wie wilde Tiere! Wenn ihr die Kontrolle über ein solches Tier verliert, dann ergreift wie dieser Mann die Initiative!‹«

3

Bei einem gemeinsamen Essen soll man keine zwei Datteln gleichzeitig essen, bevor man die anderen um ihre Zustimmung gebeten hat.

Ibn ʿUmar (R a) berichtet:

Der Prophet (S) verbot es, bei einem gemeinsamen Mahl zwei Datteln gleichzeitig zu essen, bevor man die anderen um ihre Erlaubnis gebeten hat!

Ǧabala berichtet:

Wir waren in Medina, als eine Hungersnot ausbrach. Ibn az-Zubair versorgte uns mit Datteln. Ibn ʿUmar kam zu uns und sagte: »Esst nicht zwei Datteln gleichzeitig – der Prophet (S) hat das verboten, es sei denn, ihr bittet eure Gefährten vorher um ihre Zustimmung!«

1 Sie nehmen die Verfolgung zu Fuß auf, da Kamele sich dazu nicht eignen.

XXV Das Geschenk

1

Der Vorzug des Schenkens.

Abū Huraira (R a) berichtet, der Prophet (S) habe gesagt:
Ihr Musliminnen! Verschmäht ja nicht das Geschenk eurer Nachbarin, auch wenn es nur der Fuß eines Schafes sein sollte!

ʿUrwa berichtet:
ʿĀʾiša (R a) erzählte mir: »O mein Neffe, wir haben den Neumond gesehen, und wir sahen ihn ein zweites und ein drittes Mal – zwei Monate lang wurde beim Gesandten Gottes (S) kein Feuer angezündet!« Ich fragte sie: »Aber Tante, was habt ihr denn während dieser Zeit gegessen?« – »Wir ernährten uns von Datteln und Wasser, dazu kam noch etwas Milch – einige Anṣār hatten Milchkamelinnen und Schafe und gaben dem Gesandten Gottes (S) von dieser Milch.«

2

Ein kleines Geschenk.

Abū Huraira (R a) berichtet, der Prophet (S) habe gesagt:
Wenn mich jemand zum Essen einlädt, und es gibt nur den Fuß eines Schafes, so komme ich der Einladung doch nach! Und wenn mir jemand den Fuß eines Schafes schenkt, so nehme ich es doch an!

3

Wenn jemand um etwas zu trinken bittet.

Anas (R a) berichtet:

Eines Tages kam der Gesandte Gottes (S) zu uns und bat um etwas zu trinken. Wir molken ein Schaf für ihn, vermischten die Milch mit Wasser aus unserem Brunnen und reichten ihm das Getränk.

Links vom Propheten (S) saß Abū Bakr, ihm gegenüber ʿUmar, und ein Beduine hatte sich zu seiner Rechten niedergelassen. Als der Prophet (S) getrunken hatte, sagte ʿUmar zu ihm: »Da ist Abū Bakr! Gib ihm die restliche Milch!« Der Prophet (S) aber reichte den Becher dem Beduinen und sagte: »Immer zuerst die auf der rechten Seite! Immer erst rechts! Fangt immer rechts an!«

Anas schloss seinen Bericht mit den Worten:

Ja, das war seine Regel, das war seine gewohnte Vorgehensweise!

4

Wenn jemand seinem Freund nur dann ein Geschenk bringt, wenn dieser sich bei einer bestimmten seiner Frauen aufhält.

ʿUrwa berichtet auf Autorität von ʿĀʾiša (R a):

Unter den Frauen des Gesandten Gottes (S) hatten sich zwei Parteien herausgebildet. Die eine Partei bestand aus ʿĀʾiša, Ḥafṣa, Ṣafiya und Sauda, die andere aus Umm Salama und den übrigen Frauen.

Die Muslime wussten, dass der Gesandte Gottes (S) ʿĀʾiša

ganz besonders liebte. Aus diesem Grund hatten sie es sich zur Gewohnheit werden lassen, dass sie, wenn sie dem Gesandten Gottes (S) etwas schenken wollten, den Zeitpunkt abwarteten, da er bei ʿĀʾiša war, und schickten ihm dann das Geschenk dorthin.

Die Frauen um Umm Salama besprachen dieses Problem. Schließlich sagten sie zu Umm Salama: »Sprich mit dem Gesandten Gottes (S)! Er soll mit den Menschen reden und ihnen sagen, dass sie ihm ihre Geschenke bringen sollen, bei welcher seiner Frauen auch immer er sich gerade aufhalten mag.« Umm Salama übermittelte dies dem Propheten (S), er aber sagte nichts dazu. Als die Frauen Umm Salama später nach seiner Antwort fragten, berichtete sie, dass er nichts gesagt hat. Sie beauftragten sie daher ein zweites Mal damit, ihn darauf anzusprechen. Umm Salama befragte ihn erneut dazu, als der Prophet (S) bei ihr war, aber wieder sagte er nichts. Als die Frauen von seinem neuerlichen Schweigen erfuhren, sagten sie: »Sprich ihn weiterhin auf dieses Problem an, bis er sich dazu äußert!« So fragte Umm Salama ihn ein drittes Mal, und der Prophet (S) sagte: »Du tust mir Unrecht in Hinblick auf ʿĀʾiša! Ich habe doch nur Offenbarungen, wenn ich bei ʿĀʾiša bin, bei keiner anderen Frau!« Umm Salama rief: »O Gesandter Gottes, es tut mir leid! Ich bereue vor Gott, dich belästigt zu haben!«

Im Anschluss daran wandten sich die Frauen um Umm Salama an Fāṭima, die Tochter des Gesandten Gottes (S). Sie schickten sie zum Propheten (S), um zu ihm zu sagen: »Deine Frauen beschwören dich bei Gott, sie und die Tochter Abū Bakrs[1] gleich zu behandeln!« Als Fāṭima ihm dies übermittelt hatte, sagte er: »Oh, liebe Tochter, liebst du denn nicht, wen ich liebe?« Fāṭima erwiderte: »Doch, gewiss!« Sie kehrte zu den Frauen zurück und erstattete ihnen Bericht. Sie sagten:

1 Das ist ʿĀʾiša.

»Geh noch einmal zu ihm!« Fāṭima aber weigerte sich. Darauf schickten die Frauen Zainab Bint Ǧaḥš mit ihrem Anliegen zum Propheten (S). Zainab ging zu ihm und fuhr ihn grob an: »Deine Frauen beschwören dich bei Gott, sie und die Tochter Ibn Abī Quḥāfas[2] jetzt endlich gleich zu behandeln!« Sie schrie so laut, dass ʿĀʾiša, die sich in der Nähe aufhielt, ihre Worte hörte. Und Zainab schimpfte über ʿĀʾiša. Der Prophet (S) wandte sich ʿĀʾiša zu, um zu sehen, wie sie reagieren würde. ʿĀʾiša ergriff das Wort und redete auf Zainab ein, bis sie sich beruhigt hatte. Der Prophet (S) wandte sich an ʿĀʾiša und sagte zu ihr: »Ja, wirklich! Du bist die Tochter Abū Bakrs!«

5

Das Geschenk für das Kind.
Wer seinem einen Kind etwas schenkt, soll gegenüber seinen anderen Kindern gerecht sein und ihnen dasselbe geben.
Der Prophet (S) sagte: »Seid gerecht, wenn ihr euren Kindern etwas schenkt!«

An-Nuʿmān Ibn Bašīr berichtet:

Mein Vater ging mit mir zum Gesandten Gottes (S) und sagte zu ihm: »Ich habe diesem meinen Sohn einen Sklaven geschenkt!« Der Prophet (S) fragte: »Hast du deine anderen Kinder in gleicher Weise beschenkt?« – »Nein!« – »Dann nimm das Geschenk zurück!«

2 Ibn Abī Quḥāfa: die Kunya Abū Bakrs.

6

Wenn jemand die Annahme eines Geschenks verweigert. 'Umar Ibn 'Abdul'azīz sagte: »Zu Lebzeiten des Gesandten Gottes (S) war ein Geschenk noch ein Geschenk! Heute ist es eine Bestechungsgabe!«[3]

Abū Ḥumaid as-Sā'idī (R a) berichtet:

Der Prophet (S) beauftragte einen Mann namens Ibn al-Utabiya, der zu den Azd[4] gehörte, mit der Einsammlung der Almosen. Als dieser Mann nach getaner Arbeit zum Propheten (S) zurückkam, sagte er: »Das ist für euch, und dies wurde mir geschenkt!« Da rief der Prophet (S) verärgert aus: »Warum ist dieser Mensch denn nicht bei seinem Vater oder bei seiner Mutter geblieben, um abzuwarten, ob ihm jemand etwas schenkt oder nicht? Bei dem, in dessen Hand ich mich befinde! Niemand wird zu Unrecht etwas an sich nehmen können, der es am Tag des Gerichts nicht um den Hals tragen muss! Und wenn es ein Kamel war, wird es brüllen, eine Kuh wird muhen, und ein Schaf wird blöken!« Darauf hob der Prophet (S) seine Hände in die Höhe, dass wir die helle Haut seiner Achselhöhlen sehen konnten, und rief: »O Gott, habe ich wahr gesprochen? O Gott, habe ich wahr gesprochen?« Dreimal rief er das aus!

3 'Umar Ibn 'Abdul'azīz herrschte von 717 bis 720 als Kalif. Seit dem Tod des Propheten waren damals etwa 90 Jahre vergangen.

4 Al-Azd: ein südarabischer Stamm.

7

Es ist nicht zulässig, ein Geschenk oder eine Spende zurückzunehmen.

'Umar Ibn al-Ḫaṭṭāb (R a) berichtet:

Ich spendete ein Pferd für die Sache Gottes. Der Mann aber, dem es gegeben wurde, behandelte es sehr schlecht. Aus diesem Grund wollte ich es zurückkaufen. Auch dachte ich, er würde mir einen guten Preis machen. Ich befragte den Propheten (S) zu dieser Angelegenheit. Er sagte: »Nein, kaufe es nicht zurück, auch wenn er es dir für einen einzigen Dirham überlassen sollte! Denn wer eine Spende zurücknimmt, ist wie ein Hund, der frisst, was er zuvor erbrochen hat!«

XXVI Die Zeugenaussage

1

Gott der Erhabene sagte:[1] »Ihr Gläubigen, steht für die Gerechtigkeit ein, wenn ihr Gott gegenüber Aussagen macht, auch wenn es gegen euch selbst, gegen eure Eltern oder Verwandten gerichtet sein sollte! Und wenn der Betreffende reich oder arm ist, so steht Gott ihm doch näher als ihr! Und folgt nicht eurer persönlichen Neigung, anstatt gerecht zu sein! Aber wie auch immer ihr euch dem Recht gegenüber verhalten mögt, Gott weiß doch genau, was ihr tut!«

(an-nisāʾ – 4,135.)

2

Wenn ein Zeuge oder mehrere Zeugen eine Aussage machen, andere Leute aber sagen: »Davon wissen wir nichts«, so ist die Sachlage so zu beurteilen, wie es der Aussage der Zeugen entspricht.
Al-Ḥumaidī sagte: »So wurde geurteilt, als Bilāl erklärte, der Prophet (S) habe in der Kaaba gebetet, al-Faḍl aber das Gegenteil erzählte. Man hielt sich an die Aussage Bilāls.«
Und so ist auch zu entscheiden, wenn zwei Zeugen aussagen, ein Mann schulde einem anderen tausend Dirham, und zwei andere Zeugen erklären, die Schuld betrage tausendfünfhundert Dirham. Das Urteil entspricht dann dem höheren Betrag.

1 In der arabischen Vorlage zitiert al-Buḫārī hier zunächst al-baqara – 2,282.

'Abdullāh Ibn Abī Mulaika berichtet:

'Uqba Ibn al-Ḥariṯ heiratete die Tochter von Abū Ihāb Ibn 'Azīz. Nach der Hochzeit kam eine Frau zu 'Uqba und sagte: »O 'Uqba, ich war sowohl deine Amme als auch die deiner Frau!«[2] 'Uqba sagte: »Ich wusste nicht, dass du meine Amme warst. Du hast es mir nie erzählt!« Er schickte einen Mann zur Familie Abū Ihābs, um Erkundigungen über die Amme seiner Frau einzuziehen. Man sagte ihm: »Wir wissen nicht, ob diese Frau die Nährmutter unserer Schwester war!«

'Uqba ritt nach Medina zum Propheten (S), um ihn zu diesem Problem zu befragen. Der Gesandte Gottes (S) sagte: »Wie kannst du deine Ehe weiterhin aufrechterhalten, nachdem die Frau diese Aussage gemacht hat?«

'Uqba schied sich darauf von seiner Frau, und sie heiratete einen anderen Mann.

3

Rechtschaffene und unbescholtene Zeugen.

Gott der Erhabene sagte: »Und nehmt euch zwei rechtschaffene Leute als Zeugen!« (aṭ-ṭalāq – 65,2.)

Er sagte ferner: »... solche, die euch als Zeugen geeignet erscheinen!« (al-baqara – 2,282.)

'Abdullāh Ibn 'Utba berichtet, 'Umar Ibn al-Ḫaṭṭāb (R a) habe gesagt:

Zu Lebzeiten des Gesandten Gottes (S) konnten wir uns oft an die Offenbarungen Gottes halten, wenn es darum ging, zu einem Urteil zu kommen. Jetzt aber gibt es keine Offenbarungen mehr! Jetzt müssen wir uns an eure Aussagen halten und sie

2 Eine Ehe mit der Milchschwester ist verboten.

danach beurteilen, was wir von euch wissen. Wer uns als rechtschaffen und unbescholten bekannt ist, dem glauben und vertrauen wir. Wir wissen nicht, was er im Geheimen tut – dafür wird Gott ihn zur Rechenschaft ziehen. Wer unserer Kenntnis zufolge aber ein Übeltäter ist, dem vertrauen wir nicht, den halten wir nicht für glaubwürdig, auch wenn er versichert, er würde in Wahrheit immer nur Gutes tun!

4

Zeugenaussagen zu Fragen der Bluts- und Milchverwandtschaft sowie über Menschen, die bereits vor geraumer Zeit gestorben sind.
Der Prophet (S) sagte: »Ṯuwaiba war sowohl meine Amme als auch die Amme von Abū Salama.«

ʿĀʾiša (R a) berichtet:

Aflaḥ bat um Erlaubnis, mich besuchen zu dürfen. Ich erlaubte es ihm nicht. Da sagte er: »Du weist mich ab, obwohl ich dein Onkel bin?« Ich fragte: »Wieso solltest du mein Onkel sein?« – »Die Frau meines Bruders war deine Amme!«

Später fragte ich den Gesandten Gottes (S) danach. Er sagte: »Ja, Aflaḥ hat die Wahrheit gesagt! Erlaub ihm, dich zu besuchen!«

5

Legt kein falsches Zeugnis ab, auch wenn ihr dazu aufgefordert werdet!

Zahdam Ibn Muḍarrib berichtet:

ʿImrān Ibn Ḥuṣain (R a) erzählte, der Prophet (S) habe gesagt: »Die besten Menschen sind die, die meiner Generation angehören. Und die zweitbesten sind die aus der Generation unserer Kinder, gefolgt von der Generation unserer Kindeskinder!«

'Imrān sagte, er wüsste nicht mehr, ob der Prophet (S) von zwei oder drei nachfolgenden Generationen gesprochen habe.

»Anschließend sagte der Prophet (S): ›Nach euch werden Menschen leben, die treulos handeln und in keiner Weise vertrauenswürdig sind. Sie werden Zeugenaussagen machen, ohne dazu berufen zu sein, sie werden Schwüre leisten, ohne sie zu erfüllen, und die Feistheit wird weit verbreitet sein!‹«

6

Wenn jemand eine falsche Zeugenaussage macht.

Gott – er ist mächtig und erhaben – sagte: »Die wahren Gläubigen sind diejenigen, die kein falsches Zeugnis ablegen!«

(al-furqān – 25,72.)

Wenn jemand eine Zeugenaussage unterschlägt.

Gott der Erhabene sagte: »Und unterschlagt keine Zeugenaussage! Wer dies tut, dessen Herz ist ruchlos! Gott weiß genau, was ihr tut!«

(al-baqara – 2,283.)

Er sagte ferner: »Auch wenn ihr das Recht verdreht, so bleibt dies doch nicht verborgen!« (an-nisā' – 4,135.)

'Abdurraḥmān Ibn Abī Bakr berichtet:

Der Prophet (S) fragte: »Soll ich euch sagen, welches die allerschlimmsten Vergehen sind?« Dreimal fragte er das. Die Leute riefen: »Ja, o Gesandter Gottes!« Er sagte: »Die schlimmsten Vergehen sind es, Gott Teilhaber an seiner Göttlichkeit zuzugesellen und ungehorsam und widerspenstig gegenüber den Eltern zu sein!« Nach diesen Worten setzte er sich auf, nachdem er sich zuvor zurückgelehnt hatte, und rief: »Und macht ja keine falschen Zeugenaussagen!« Diese Warnung wiederholte er immer und immer wieder, dass wir schon sagten: »Wenn er jetzt doch still sein würde!«

7

Die Zeugenaussage von Frauen.
Gott der Erhabene sagte: »Und wenn keine zwei Männer als Zeugen zur Verfügung stehen, so seien es ein Mann und zwei Frauen!« (al-baqara – 2,282.)

Abū Sa'īd al-Ḫudrī (R a) berichtet:

Der Prophet (S) sagte zu den Frauen: »Ist es nicht so, dass der Zeugenaussage einer Frau nur das halbe Gewicht der Zeugenaussage eines Mannes zukommt?« Sie erwiderten: »Doch, o Gesandter Gottes!« – »Der Grund dafür ist euer mangelhafter Verstand!«

8

Wenn Frauen einander mit ihrer Aussage entlasten.

'Ā'iša (R a), die Frau des Propheten (S), berichtet:

Wenn der Gesandte Gottes (S) sich auf eine Reise vorbereitete, ließ er immer das Los zwischen seinen Frauen entscheiden, und die Frau, die das Los ermittelte, nahm er mit auf die Reise. Eines Tages loste er wieder zwischen uns, da er einen Feldzug unternehmen wollte, und das Los fiel auf mich.

Kurz darauf brachen wir auf. Der Vers über den Schleier war damals bereits geoffenbart worden. Ich wurde in einer Kamelsänfte befördert, und wenn wir haltmachten, wurde ich in dieser Sänfte vom Kamel herabgehoben.

Als der Gesandte Gottes (S) den Feldzug beendet hatte, machten wir uns auf den Heimweg. Wir waren nicht mehr weit von Medina entfernt, da befahl der Prophet (S), dass bei Nacht geritten werde. Der Befehl zum Aufbruch wurde gegeben, und ich entfernte mich vom Lager, um meine Notdurft zu verrichten. Ich war schon fast wieder zurück, da bemerkte ich, dass meine Halskette aus jemenitischem Achat aufgegangen war und ich sie verloren hatte. Ich ging zurück, um sie zu suchen. Aus diesem Grund wurde ich damals aufgehalten!

Die Leute, die mein Kamel für die Abreise fertigmachten, begaben sich währenddessen zu meiner Sänfte und befestigten sie auf dem Kamel. Sie waren der Meinung, ich würde in der Sänfte sitzen. Damals waren die Frauen im Allgemeinen noch sehr schlank, nicht so schwer und füllig wie heute, da sie so viel essen! Daher bemerkten sie nicht an dem Gewicht der Sänfte, als sie diese hochhoben, dass ich nicht darin saß. Auch war ich damals noch eine sehr junge Frau! Die Kamele wurden angetrieben, und die Leute ritten davon. Als ich meine Halskette fand, hatte die Karawane sich bereits entfernt. Ich kam zum Lagerplatz zurück, und niemand war mehr da. Ich setzte mich und dachte, sie würden mein Fehlen bald bemerken und umkehren. Während ich so dasaß und wartete, fielen mir die Augen zu, und ich schlief ein.

Ṣafwān Ibn al-Muʿaṭṭal as-Sulamī war hinter der Karawane zurückgeblieben. Am Morgen erreichte er den Lagerplatz, wo ich zurückgeblieben war. Er sah, dass dort eine schwarzgekleidete Person lag, und kam heran. Vor der Offenbarung des Verses über den Schleier hatte er mich oft gesehen. Ich erwachte, als er seine Kamelin niederknien ließ und dabei rief: »Wir leben für Gott und werden zu ihm zurückkehren!«[3] Er saß ab

3 Diese Formel spricht aus, wer sich in einer schwierigen oder unglücklichen Lage befindet.

und hielt sein Kamel fest, dass ich aufsteigen konnte. Darauf schritt er los und führte das Kamel am Zügel.

Wir erreichten die Karawane des Propheten (S), als sie zur Zeit der größten Mittagshitze Rast gemacht hatte. Einige von den Leuten spekulierten über die Gründe meines Zurückbleibens und äußerten verleumderische Beschuldigungen. Besonders ʿAbdullāh Ibn Ubai Ibn Salūl tat sich durch sein verlogenes Gerede hervor.

Wenig später kamen wir nach Medina zurück. Ich erkrankte und hütete einen Monat lang das Bett. In dieser Zeit fanden jene verleumderischen Beschuldigungen eine weite Verbreitung, und ich hatte während meiner Krankheit das Gefühl, dass mir seitens des Propheten (S) nicht dieselbe Liebenswürdigkeit entgegengebracht wurde wie sonst, wenn ich krank war. Aber er besuchte mich, sprach den Gruß und erkundigte sich nach meinem Befinden.

Ich wusste nichts von all den schrecklichen Gerüchten, bis es mir wieder besser ging und ich mit Umm Misṭaḥ in die Wüste ging, um dort die Notdurft zu verrichten. Wir machten das immer bei Nacht. Damals gab es noch keine Toiletten bei unseren Häusern, und wir folgten dem Brauch der alten Araber, das heißt, wir gingen in die Wüste oder entfernten uns zumindest aus dem bebauten und kultivierten Gebiet.

Ich und Umm Misṭaḥ Bint Abī Ruhm schritten dahin, da stolperte sie über ihr Kleid und rief erzürnt aus: »Misṭaḥ möge zugrunde gehen!« Ich sagte: »Das ist aber nicht recht, was du da sagst! Warum beschimpfst du einen Mann, der sich um den Islam verdient gemacht hat, der an der Schlacht von Badr teilgenommen hat?« Sie sagte: »Ach ʿĀʾiša, weißt du denn nicht, was die Leute reden?« Und sie erzählte mir von den verleumderischen Beschuldigungen, die gegen mich erhoben wurden.

Ich erkrankte erneut. Nachdem ich nach Hause zurückgekehrt war, trat der Gesandte Gottes (S) bei mir ein. Er grüßte und erkundigte sich nach meinem Befinden. Ich sagte zu ihm: »Erlaub mir, dass ich zu meinen Eltern gehe!« Ich wollte mir bei ihnen über jene Gerüchte Gewissheit verschaffen. Der Gesandte Gottes (S) gab mir seine Erlaubnis.

Ich ging zu meinen Eltern und fragte meine Mutter: »Was ist es, worüber die Menschen reden?« Sie erwiderte: »Ach, liebe Tochter, mach dir darüber keine Sorgen! Bei Gott, es ist wohl noch nie vorgekommen, dass eine attraktive Frau, die von ihrem Mann geliebt wird, nicht von dessen Nebenfrauen mit Missgunst und Eifersucht überschüttet wird!« Ich rief: »Preis sei Gott! Wenn es nur das ist!« In der folgenden Nacht aber musste ich immerzu weinen und konnte keinen Schlaf finden.

Am nächsten Morgen rief der Gesandte Gottes (S) ʿAlī Ibn Abī Ṭālib und Usāma Ibn Zaid zu sich. Er wollte sie um ihre Meinung fragen, ob er sich von seinen Frauen scheiden solle oder nicht. Zu dieser Frage war keine Offenbarung erfolgt. Usāma wies den Propheten (S) darauf hin, dass er doch große Zuneigung gegenüber seinen Frauen empfinde, und sagte: »O Gesandter Gottes, bei Gott, wir wissen nur Gutes über deine Familie!« ʿAlī Ibn Abī Ṭālib sagte: »O Gesandter Gottes! Gott hat dir freie Hand gegeben, und es gibt viele andere Frauen! Aber frag doch Barīra, die Dienerin von ʿĀ'iša. Sie wird dir die Wahrheit sagen!«

Der Gesandte Gottes (S) schickte nach Barīra und sagte zu ihr: »O Barīra, hast du irgendetwas an ʿĀ'iša bemerkt, was dir verdächtig vorkam?« Sie erwiderte: »Nein, bei dem, der dich mit der Wahrheit gesandt hat! Nie habe ich etwas beobachtet, was ich ihr vorwerfen könnte! Ich könnte höchstens sagen, dass sie noch sehr jung ist und manchmal den Teig stehen lässt – und dann kommt die Ziege und frisst ihn auf!«

Am selben Tag bestieg der Prophet (S) die Kanzel und fragte die Versammelten, ob jemand etwas zu sagen habe, was ʿAbdullāh Ibn Ubai Ibn Salūls Behauptungen bestätigen könnte. Er sagte: »Wer von euch kann einen Mann, der schwere Verdächtigungen gegen meine Familie äußert, rechtfertigen, wer kann seine Aussagen bestätigen? Bei Gott, ich weiß nur Gutes über meine Familie! Und mit Ṣafwān wird ein Mann beschuldigt, über den ich nur Gutes sagen kann! Niemals hat er mein Haus betreten, ohne dass ich dabei war!« Saʿd Ibn Muʿāḏ erhob sich und sagte: »O Gesandter Gottes, bei Gott, ich habe etwas dazu zu sagen! Wenn dieser ʿAbdullāh ein Aus[4] ist, werden wir ihm den Kopf abschlagen! Wenn er aber zu unseren Brüdern, den Ḫazraǧ[5], gehört, dann sag uns, was wir tun sollen, und wir werden deinem Befehl nachkommen!« Da sprang Saʿd Ibn ʿUbāda, das Oberhaupt der Ḫazraǧ, auf. Er war ein rechtschaffener Mann, in diesem Moment aber hatte ihn die Wut gepackt, und er schrie Saʿd Ibn Muʿāḏ an: »Du lügst, beim ewigen Gott! Du wirst ʿAbdullāh nicht töten! Das wird dir nicht gelingen!« Da sprang auch Usaid Ibn al-Ḥuḍair auf und rief: »Bei Gott, du bist ein Lügner! Bei Gott, wir werden ihn unbedingt töten! Du bist ein Heuchler, der mit Heuchlern eine Sache macht!« Da gerieten die Aus und Ḫazraǧ dermaßen in Zorn, dass sie fast mit den Waffen aufeinander losgegangen wären! Der Gesandte Gottes (S) stand währenddessen noch immer auf der Kanzel. Er stieg herab und redete auf die beiden Parteien ein, bis sie sich schließlich wieder beruhigten.

Ich weinte den ganzen Tag lang. Meine Tränen liefen ununterbrochen, und in der folgenden Nacht konnte ich wieder keinen Schlaf finden. Am nächsten Morgen kamen meine Eltern zu mir. Ich hatte zwei Nächte und einen Tag lang geweint und glaubte schon, es würde mir das Herz zerreißen. Während

4 Aus: Stamm in Medina.

5 Ḫazraǧ: Stamm in Medina. Besonders in vorislamischer Zeit waren die Ḫazraǧ und Aus miteinander verfeindet. Auch nachdem sie den Islam angenommen hatten, kam es gelegentlich zu Auseinandersetzungen zwischen ihnen.

meine Eltern bei mir saßen und ich weinte, bat eine Frau von den Anṣār um Einlass. Ich ließ sie eintreten. Sie setzte sich und weinte mit mir.

So waren die Verhältnisse, als der Gesandte Gottes (S) eintrat und sich niederließ. Seit dem Tag, da die Vorwürfe gegen mich zum ersten Mal erhoben worden waren, hatte er sich nicht mehr zu mir gesetzt. Ein ganzer Monat war vergangen, in dem er keine Offenbarungen gehabt hatte, die ihm Klarheit über diese Angelegenheit hätten geben können. Er sprach das Glaubensbekenntnis und sagte dann zu mir: »O ʿĀʾiša, man hat mir dieses und jenes über dich erzählt. Wenn du unschuldig bist, wird Gott dich von aller Schuld freisprechen. Wenn du dich aber schuldig gemacht hast, so bitte Gott um Verzeihung und wende dich ihm in Reue zu. Denn wenn ein Mensch sich zu seinen Verfehlungen bekennt und sie bereut, wird Gott sich ihm wieder zuwenden.«

Nachdem der Gesandte Gottes (S) dies gesagt hatte, hörten meine Augen auf zu tränen. Ich fühlte keine einzige Träne mehr! Ich sagte zu meinem Vater: »Antworte du dem Gesandten Gottes (S) an meiner Stelle!« Er aber entgegnete: »Bei Gott, ich weiß nicht, was ich sagen könnte!« Darauf wandte ich mich mit derselben Bitte an die Mutter, aber auch sie wusste nichts zu sagen.

Ich war damals eine sehr junge Frau und kannte den Koran noch nicht sehr gut. Ich sagte: »Bei Gott, ich weiß, dass ihr auf das verleumderische Gerede der Leute hört! Es hat sich in euren Köpfen festgesetzt, und ihr glaubt daran! Und wenn ich beteuere, dass ich unschuldig bin, und Gott weiß, dass ich unschuldig bin, schenkt ihr mir keinen Glauben! Wenn ich aber eine Schuld eingestehen würde, während Gott doch weiß, dass ich unschuldig bin, dann würdet ihr mir glauben! Bei Gott, ich kann meine Lage nur mit der von Josefs (Yūsuf) Vater vergleichen, als er sagte: ›Ich muss Geduld haben und

Gott um Hilfe anrufen gegen das, was ihr behauptet!‹« (Yūsuf – 12,18.)

Nach diesen Worten wandte ich mich von ihnen ab und hoffte, Gott werde meine Unschuld bestätigen. Bei Gott, ich dachte nicht im Entferntesten daran, dass wegen mir eine Offenbarung erfolgen würde! Ich bin doch viel zu unwichtig, als dass wegen mir etwas im Koran gesagt wird! Aber ich hoffte, dass der Gesandte Gottes (S) im Schlaf einen Traum haben werde, in dem Gott meine Unschuld bestätigen würde.

Doch, bei Gott, noch saß der Gesandte Gottes (S) bei uns, und niemand hatte sich entfernt, da kam eine Offenbarung über ihn! Sie ergriff ihn mit solcher Stärke, dass ihm der Schweiß von der Stirn herabtropfte – und es war ein winterlicher Tag! Als die Offenbarung vorüber war, lachte der Gesandte Gottes (S). Und als Erstes sagte er anschließend zu mir: »O ʻĀ'iša, preise Gott, denn er hat deine Unschuld bestätigt!« Meine Mutter sagte: »ʻĀ'iša, steh auf und danke dem Gesandten Gottes (S)!« Ich entgegnete: »Nein, bei Gott! Das werde ich nicht tun! Allein Gott werde ich preisen!«

Gott der Erhabene hatte folgenden Vers offenbart: »Diejenigen, die die Lüge aufgebracht haben, sind nur wenige von euch! Glaubt nicht, dass ihre Lüge ein Übel für euch ist! Nein, sie ist gut für euch! Und jedem von ihnen wird angerechnet, was sie getan haben! Und der Hauptübeltäter hat eine schwere Strafe zu erwarten!« (an-nūr – 24,11.)

Nachdem Gott mit diesem Vers meine Unschuld bewiesen hatte, sagte Abū Bakr aṣ-Ṣiddīq (R a), der für Misṭaḥ Ibn Uṯāṯa, einen der Verleumder, Sorge hatte, da er mit ihm verwandt war: »Bei Gott, nie wieder werde ich Misṭaḥ etwas geben, nachdem er ʻĀ'iša das angetan hat!«

Darauf offenbarte Gott der Erhabene: »Und die Vermögenden und Begüterten von euch sollen nicht schwören, dass sie ihren Verwandten, den Armen und jenen, die um Gottes willen ausgewandert sind, nichts mehr geben! Sie sollen ihnen vielmehr verzeihen und nachsichtig sein! Wollt ihr denn nicht, dass Gott euch vergibt? Gott ist barmherzig und bereit zu vergeben.« (an-nūr – 24,22.)

Als Abū Bakr von dieser Offenbarung hörte, sagte er: »Ja, bei Gott, ich will, dass Gott mir verzeiht!« Und er unterstützte Misṭaḥ weiterhin.

Bevor die Offenbarung meiner Unschuld erfolgt war, hatte der Gesandte Gottes (S) auch Zainab Bint Ǧaḥš über mich befragt. Er hatte zu ihr gesagt: »O Zainab, was weißt du über ʿĀʾiša? Hast du etwas beobachtet?« Sie antwortete damals: »O Gesandter Gottes, ich habe meine Ohren und Augen stets offen gehalten! Aber, bei Gott, ich weiß nur Gutes über ʿĀʾiša!«

Zainab hatte mit mir um die Gunst und die Liebe des Propheten (S) gewetteifert. Aber sie war doch eine rechtschaffene und gottesfürchtige Frau!

9

In welchem Alter werden Kinder mündig und können damit eine Zeugenaussage machen?

Gott der Erhabene sagte: »Wenn eure Kinder in die Pubertät kommen, sollen sie um Erlaubnis bitten, wenn sie eintreten wollen.« (an-nūr – 24,59.)

Frauen werden mit Beginn der Menstruation mündig.[6]

Al-Ḥasan Ibn Ṣāliḥ erzählte: »Eine Frau aus unserer Nachbarschaft wurde im Alter von einundzwanzig Jahren Großmutter.«

6 In der arabischen Vorlage zitiert al-Buḫārī hier al-baqara – 2,234 und aṭ-ṭalāq – 65,4.

Nāfi' berichtet:

Ibn 'Umar (R a) erzählte: »Der Gesandte Gottes (S) ließ mich am Tag von Uḥud, als ich vierzehn Jahre alt war, zu sich kommen. Er erlaubte mir damals nicht, an der Schlacht teilzunehmen. Am Tag von Ḫandaq war ich als Fünfzehnjähriger wieder bei ihm, und da erlaubte er mir die Teilnahme an der Schlacht.«

Nāfi' fährt in seinem Bericht fort:

Eines Tages war ich bei 'Umar Ibn 'Abdul'azīz, der damals Kalif war, und erzählte ihm dieses Hadith. Er sagte: »Ja, dieses Alter ist die Grenze zwischen Kindheit und Erwachsensein!« Und er wies seine Provinzstatthalter an, die jungen Leute in die Pflicht zu nehmen, sobald sie fünfzehn Jahre alt sind.

10

Man bitte Götzendiener nicht um eine Zeugenaussage oder Ähnliches.

Aš-Ša'bī sagte: »Zeugenaussagen von Angehörigen verschiedener Religionsgemeinschaften gegeneinander sind nicht zulässig, denn Gott der Erhabene hat gesagt: ›Wir erregten Feindschaft und Hass unter ihnen!‹«

(al-mā'ida – 5,14.)

Abū Huraira erzählte, der Prophet (S) habe gesagt: »Vertraut den Juden und Christen nicht, und misstraut ihnen auch nicht. Sagt: ›Wir glauben an Gott und seine Offenbarung!‹«

'Ubaidullāh Ibn 'Abdullāh Ibn 'Utba berichtet, Ibn 'Abbās (R a) habe gesagt:

Ihr Muslime! Wie könnt ihr nur die Juden und Christen nach irgendetwas fragen? Euer Buch, das dem Propheten (S) offenbart wurde, ist doch die neueste Nachricht von Gott! Lest und rezitiert es! Es ist nicht verfälscht, während Gott euch doch darauf aufmerksam gemacht hat, dass die Juden und Christen verändert haben, was ihnen vorgeschrieben wurde! Sie verfälschten ihr Buch mit eigener Hand und sagen doch: »Dieses Buch ist von Gott!« Damit wollen sie einen gewissen Wert für ihr Buch reklamieren! Hält euch denn das, was euch an Wissen gegeben wurde, nicht davon ab, sie nach irgendetwas zu fragen? Nein, bei Gott, noch niemals haben wir erlebt, dass einer von ihnen sich danach erkundigte, was uns offenbart wurde!

XXVII Aussöhnung, Beilegung von Konflikten, Vergleich

1

Die Beilegung von Konflikten.
Gott der Erhabene sagte: »Nichts Gutes ist in weiten Teilen ihrer geheimen Reden! Wenn aber jemand zu einem Almosen oder zum rechten Tun auffordert oder zur Aussöhnung zwischen sich streitenden Parteien aufruft und dies im Streben nach Gottes Wohlgefallen tut, dann werden wir ihm gewaltigen Lohn geben.« (an-nisā' – 4,114.)

Wenn der Herrscher sich zu den Menschen begibt, um auf eine Aussöhnung hinzuwirken.

Sahl Ibn Sa 'd (R a) berichtet:

Die Banū 'Amr Ibn 'Auf[1] waren miteinander in Streit geraten. Mit einigen seiner Gefährten ging der Prophet (S) zu ihnen, um ihren Streit zu schlichten.

Zur Gebetszeit war der Prophet (S) noch nicht wieder zurück. Bilāl rief zum Gebet, der Prophet (S) aber kam nicht zur Moschee. Bilāl begab sich darauf zu Abū Bakr und sagte zu ihm: »Der Prophet (S) ist offensichtlich aufgehalten worden! Es ist Zeit für das Gebet! Übernimmst du die Leitung des Gebets?« Abū Bakr sagte: »Ja, wenn du meinst, werde ich das tun!« Bilāl sagte anschließend den Gebetsbeginn an, und Abū Bakr nahm den Platz des Vorbeters ein.

1 Banū 'Amr Ibn 'Auf: eine Unterabteilung der Aus, eines medinensischen Stammes.

Kurz darauf kam der Prophet (S). Er lief durch die Reihen der Betenden und stellte sich in der vordersten Reihe auf. Die Leute begannen, in die Hände zu klatschen. Sie spendeten dem Propheten (S) einen solchen Beifall, dass Abū Bakr, der sich sonst nie während des Gebets umwandte, hinter sich blickte und den Propheten (S) sah. Der Prophet (S) deutete ihm an, das Gebet fortzusetzen, Abū Bakr aber hob seine Hand, sprach den Lobpreis Gottes und trat in die Reihen der Betenden zurück. Der Prophet (S) ging nach vorn und betete den Menschen vor. Nach dem Gebet wandte er sich um und sagte: »Ihr Leute, fangt doch nicht an zu klatschen, wenn während des Gebets etwas Unvermutetes passiert! Klatschen ziemt sich nur für Frauen! Wenn während des Gebets etwas geschieht, dann sagt: ›Preis sei Gott!‹ Und alle, die es hören, werden aufmerken! Und du, Abū Bakr – warum hast du das Gebet denn nicht fortgesetzt, als ich dich dazu aufforderte?« Abū Bakr erwiderte: »Es steht dem Sohn von Abū Quḥāfa[2] nicht zu, vor dem Propheten (S) zu beten!«

Anas (R a) berichtet:

Jemand sagte zum Propheten (S): »Es wäre gut, wenn du zu ʿAbdullāh Ibn Ubai gehen würdest!«

Der Prophet (S) machte sich auf den Weg zu diesem Mann. Er ritt einen Esel, und einige Anṣār begleiteten ihn auf seinem Weg durch die Wüste. Als der Prophet (S) zu ʿAbdullāh Ibn Ubai kam, sagte dieser zu ihm: »Geh weg! Bei Gott, der Gestank deines Esels ist mir zuwider!« Da rief einer von den Anṣār erzürnt aus: »Bei Gott, der Esel des Gesandten Gottes (S) riecht besser als du!« Wegen dieser Worte geriet ein Freund ʿAbdullāhs in Wut, und er und der Anṣārī beschimpften einander. Da verloren auch die anderen ihre Fassung, und sie began-

2 Abū Quḥāfa: der Vater Abū Bakrs.

nen, mit Stöcken, Schuhen und bloßen Händen aufeinander einzuschlagen!

Wegen dieses Vorkommnisses erfolgte die Offenbarung des Verses: »Wenn zwei Parteien der Gläubigen miteinander streiten, dann stiftet Frieden zwischen ihnen!« (al-ḥuǧurāt – 49,9.)

2

Wenn ein Konflikt auf unrechte Weise beigelegt wurde, so ist diese Abmachung rückgängig zu machen.

Abū Huraira (R a) und Zaid Ibn Ḫālid al-Ǧuhanī (R a) berichten:

Ein Beduine kam zum Propheten (S) und sagte: »O Gesandter Gottes, entscheide zwischen uns nach dem Buch Gottes!« Sein Widersacher trat heran und sagte: »Ja, so soll es sein! Entscheide nach Gottes Wort!«

Der Beduine erzählte: »Mein Sohn arbeitete für diesen Mann und beging Ehebruch mit seiner Frau. Die Leute sagten, mein Sohn müsse gesteinigt werden. Daher bezahlte ich die Auslösung für ihn – einhundert Schafe und eine Sklavin. Später befragte ich einige Gelehrte zu dieser Sache, und sie sagten: ›Dein Sohn muss mit hundert Peitschenhieben bestraft und ein Jahr des Landes verwiesen werden.‹«

Der Prophet (S) sagte: »Ja, ich werde zwischen euch nach dem Buch Gottes richten! Die Sklavin und die Schafe müssen zurückgegeben werden! Dein Sohn erhält hundert Peitschenhiebe und wird für ein Jahr des Landes verwiesen! Und du, Unais« – bei diesen Worten wandte er sich an einen der Anwesenden –, »du gehst morgen früh zu dieser Frau und steinigst sie!«

Unais führte diesen Befehl am nächsten Morgen aus.

3

Die Formulierung von Verträgen, die einen Friedensschluss oder eine Aussöhnung betreffen.

Al-Barā' (R a) berichtet:

Im Monat Ḏū al-Qa'da wollte der Prophet (S) die Besuchsfahrt nach Mekka durchführen, die Mekkaner aber weigerten sich, ihn in die Stadt zu lassen. Schließlich einigten sie sich darauf, dass der Prophet (S) sich drei Tage lang in Mekka aufhalten dürfe.

Als es daran ging, ein Dokument zu diesem Abkommen anzufertigen, schrieben die Muslime: »Muhammad, der Gesandte Gottes, verpflichtet sich zu Folgendem.« Da riefen die Mekkaner: »Nein, das können wir nicht unterschreiben! Wenn du der Gesandte Gottes wärst, würden wir dich nicht aufhalten! Aber du bist nur Muhammad, der Sohn 'Abdullāhs!« Der Prophet (S) sagte: »Ich bin der Gesandte Gottes, und ich bin Muhammad, der Sohn 'Abdullāhs!« Er wandte sich an 'Alī und sagte: »Streich die Worte ›der Gesandte Gottes‹ aus!« 'Alī aber entgegnete: »Nein, bei Gott! Das werde ich niemals tun!« Da griff der Gesandte Gottes (S) selbst nach dem Papier und schrieb:

»Muhammad, der Sohn 'Abdullāhs, verpflichtet sich zu Folgendem:

- Er und seine Gefährten nehmen keine Waffen mit nach Mekka, die nicht sicher in ihren Behältnissen verwahrt sind.
- Er erlaubt es keinem der Bewohner Mekkas, mit ihm die Stadt zu verlassen, auch wenn dies ausdrücklich gewünscht wird.
- Er verbietet es keinem seiner Gefährten, in Mekka zu bleiben.«

Anschließend ritt der Prophet (S) mit seinen Leuten in die Stadt. Als die vereinbarte Frist vorüber war, wandten die Mekkaner sich an ʿAlī und sagten: »Richte deinem Gebieter aus, dass er die Stadt jetzt verlassen muss! Die Zeit ist abgelaufen!«

Der Prophet (S) und seine Gefährten verließen die Stadt. Da lief die Tochter von Ḥamza hinter ihnen her und rief: »Onkel! O Onkel!« ʿAlī nahm sie an die Hand und sagte zu Fāṭima: »Nimm sie zu dir! Sie ist die Tochter deines Onkels väterlicherseits!«

Da gerieten ʿAlī, Zaid und Ǧaʿfar miteinander in Streit. ʿAlī sagte: »Ich habe das größte Recht auf sie! Sie ist die Tochter meines Onkels väterlicherseits!« Ǧaʿfar sagte: »Sie ist die Tochter meines Onkels väterlicherseits, und außerdem ist ihre Tante mütterlicherseits meine Frau!« Und Zaid sagte: »Sie ist die Tochter meines Bruders!«

Der Prophet (S) sprach das Mädchen ihrer Tante mütterlicherseits zu und sagte: »Eine Tante ist wie eine Mutter!« Darauf sagte er: »O ʿAlī, du bist ein Teil von mir, und ich bin ein Teil von dir! Du, o Ǧaʿfar, ähnelst mir äußerlich und innerlich! Und du, o Zaid, bist unser Glaubensbruder und Maulā!«

4

Der Prophet (S) sagte über al-Ḥasan Ibn ʿAlī (R a): »Dieser mein Sohn ist ein edler Mensch! Vielleicht wird Gott durch ihn eines Tages zwei mächtige Parteien miteinander versöhnen!«

Gott der Erhabene sagte: »Stiftet Frieden unter ihnen!«

(al-ḥuǧurāt – 49,9.)

Abū Mūsā berichtet auf Autorität von al-Ḥasan:

Bei Gott, al-Ḥasan Ibn ʿAlī zog mit einer gewaltigen Armee, die Bergen glich, gegen Muʿāwiya![3]

ʿAmr Ibn al-ʿĀṣ[4] sagte zu Muʿāwiya: »Ich glaube, diese Armee wird sich nicht zurückziehen, bevor sie ihre Gegner vernichtet hat!« Muʿāwiya, und bei Gott, er war weitsichtiger als ʿAmr, entgegnete: »Aber wenn diese Menschen gegen meine Leute kämpfen und sie sich gegenseitig töten, wer bleibt mir dann noch, um die Geschäfte der Menschen zu regeln, wer bleibt mir dann für ihre Frauen und für ihre Ländereien?«

Muʿāwiya schickte zwei Quraiš aus der Sippe ʿAbdšams[5] – es waren ʿAbdurraḥmān Ibn Samura und ʿAbdullāh Ibn ʿĀmir Ibn Kuraiz – zu al-Ḥasan. »Geht zu al Ḥasan«, wies er sie an, »und fordert ihn auf, einem Frieden zuzustimmen! Sprecht mit ihm, redet ihm ins Gewissen!«

Die beiden Männer begaben sich zu al-Ḥasan. Sie sprachen mit ihm und redeten auf ihn ein. Al-Ḥasan sagte: »Wir, die Nachkommen von ʿAbdulmuṭṭalib[6], haben große finanzielle Einbußen erlitten. Diese Leute[7] haben Unheil über uns gebracht und das Blut der Muslime vergossen!« Die Boten von Muʿāwiya sagten: »Muʿāwiya bietet dir dies und das an! Er bittet dich, einer Beilegung des Konflikts zuzustimmen, und fordert dich auf, deine Bedingungen zu nennen!« – »Wer garan-

3 Al-Ḥasan Ibn ʿAlī wurde nach der Ermordung ʿAlīs im Jahr 661 zum Kalifen ausgerufen. Zur sclben Zeit beanspruchte auch Muʿāwiya Ibn Abī Sufyān das Kalifat. Muʿāwiya konnte sich schließlich durchsetzen und herrschte bis zu seinem Tod im Jahre 680.

4 ʿAmr Ibn al-ʿĀṣ war ein enger Vertrauter Muʿāwiyas und hatte unter dessen Herrschaft zahlreiche wichtige Posten inne.

5 ʿAbdšams: ein Zweig der Quraiš, dem auch Muʿāwiya angehörte.

6 ʿAbdulmuṭṭalib: der Großvater des Propheten und Urgroßvater al-Ḥasan Ibn ʿAlīs.

7 Er meint Muʿāwiya und seine Leute.

tiert mir, dass meine Bedingungen auch erfüllt werden?« – »Wir stehen dafür ein!« Und zu allen Forderungen, die al-Ḥasan vorbrachte, sagten sie: »Ja, Mu'āwiya wird diese Bedingung erfüllen. Wir bürgen dafür!«

So wurde schließlich Friede zwischen al-Ḥasan und Mu'āwiya geschlossen.

Abū Bakra erzählte, der Gesandte Gottes (S) habe eines Tages mit al-Ḥasan auf der Kanzel gestanden. Er wandte sich teils den Menschen, teils al-Ḥasan zu und sagte: »Wirklich, dieser mein Sohn ist ein edler Mensch! Vielleicht wird Gott durch ihn eines Tages zwei mächtige muslimische Parteien miteinander versöhnen!«

5

Wenn jemand durch eine Geste auf einen Vergleich hinwirkt.

'Abdullāh Ibn Ka'b Ibn Mālik berichtet auf Autorität seines Vaters:

'Abdullāh Ibn Abī Ḥadrad al-Aslamī schuldete meinem Vater einiges Geld. Als sie sich begegneten, forderte mein Vater ihn auf, seine Schulden zurückzuzahlen. Sie gerieten in Streit und schrien sich an. Der Prophet (S) kam vorüber und rief: »O Ka'b!« Mit einer Handbewegung wies er ihn an, seine Forderung um die Hälfte zu vermindern. Mein Vater erhielt darauf die Hälfte seines Geldes und erließ 'Abdullāh die übrige Schuld.

6

Der Vergleich zwischen Gläubigern und Erben.

Ibn 'Abbās sagte: »Es ist nichts dagegen einzuwenden, wenn zwei Teilhaber, die ihre Zusammenarbeit beenden, so miteinander verbleiben, dass der eine die Guthaben und der andere die Außenstände ihres gemeinsamen Besitzes übernimmt. Wenn einer der beiden allerdings anschließend sein Vermögen einbüßt, hat er kein Recht, gegenüber seinem ehemaligen Teilhaber irgendwelche Ansprüche zu erheben.«

Ǧābir Ibn 'Abdullāh (R a) berichtet:

Mein Vater starb und hinterließ einige Schulden. Ich bot den Gläubigern an, ihnen die Datteln der Plantage zu geben. Sie aber wiesen dieses Angebot zurück und sagten, die Früchte würden nicht ausreichen, um ihre Forderungen zu begleichen. Ich ging zum Propheten (S) und erzählte ihm von diesem Problem. Er sagte: »Sag mir Bescheid, wenn du die Datteln geerntet und eingelagert hast! Ich werde dann kommen!«

Als es soweit war, kam der Gesandte Gottes (S) mit Abū Bakr und 'Umar zu mir. Er setzte sich neben die Datteln und rief Gott um seinen Segen an. Darauf sagte er zu mir: »Ruf deine Gläubiger herbei und zahle sie aus!«

Ich konnte alle Gläubiger meines Vaters vollständig auszahlen. Es blieben sogar noch dreizehn Wasq Datteln übrig, sieben Wasq der Sorte 'Aǧwa und sechs der Sorte Laun oder umgekehrt.

Beim Abendgebet begegnete ich dem Gesandten Gottes (S) wieder. Ich berichtete ihm, was vorgefallen war. Er lachte und sagte: »Geh zu Abū Bakr und 'Umar und erzähl es ihnen.«

Als diese beiden meinen Bericht gehört hatten, sagten sie: »Das dachten wir uns schon, als wir den Propheten (S) bei dir sahen!«

XXVIII Der Einsatz für die Sache Gottes

1

Der Vorrang des Einsatzes für die Sache Gottes.
Gott der Erhabene sagte: »Wirklich, Gott hat den Gläubigen ihr Leben und ihren Besitz abgekauft und ihnen dafür das Paradies gegeben! Sie sollen für die Sache Gottes kämpfen, sie sollen töten und getötet werden! Das ist ein Versprechen, dessen Erfüllung gewährleistet ist, wie es in der Thora, im Evangelium und im Koran verzeichnet ist! Und wer wird sein Versprechen eher halten als Gott! Freut euch also dieses Handels, den ihr abgeschlossen habt! Er ist das große Glück! Und diejenigen, die Buße tun und Gott dienen, ihn lobpreisen und für ihn weite Reisen auf sich nehmen, die sich im Gebet verbeugen und niederwerfen, das Rechte gebieten, das Unrechte verbieten und die Gebote Gottes beachten – sie sind die wahren Gläubigen! Verkünde den Gläubigen die gute Nachricht!« (at-tauba – 9,111 f.)

'Abdullāh Ibn Mas'ūd (R a) berichtet:

Ich fragte den Gesandten Gottes (S): »O Gesandter Gottes, welches ist das beste aller Werke?« Er erwiderte: »Das beste Werk ist die Verrichtung des Gebets zu den festgelegten Zeiten!« – »Und welches ist das zweitbeste Werk?« – »Die Achtung und Wertschätzung der Eltern!« – »Und was folgt als Nächstes?« – »Der Einsatz für die Sache Gottes!«

Ich stellte dem Gesandten Gottes (S) damals keine weiteren Fragen. Aber er hätte mir wohl noch mehr erzählt, wenn ich ihn weiter gefragt hätte!

Ibn ʿAbbās (R a) berichtet, der Gesandte Gottes (S) habe gesagt:

Nach der Eroberung Mekkas gibt es keine Auswanderung mehr! Aber es gibt weiterhin den Einsatz für die Sache Gottes und die Absicht, diesem Gebot nachzukommen! Wenn ihr zum Einsatz für die Sache Gottes aufgefordert werdet, so kommt diesem Ruf unverzüglich nach!

ʿĀʾiša (R a) berichtet:

Ich sagte: »O Gesandter Gottes, der Einsatz für die Sache Gottes gilt doch als das beste aller Werke! Sollen wir nicht in diesem Sinne unser Bestes tun?« Er erwiderte: »Der beste Einsatz für die Sache Gottes ist die vollständig und pflichtgemäß verrichtete Wallfahrt!«

Abū Huraira (R a) berichtet:

Ein Mann kam zum Gesandten Gottes (S) und sagte: »Nenn mir ein Werk, das dem Einsatz für die Sache Gottes hinsichtlich des Lohnes, den wir von Gott dafür zu erwarten haben, gleichkommt!« Der Prophet (S) erwiderte: »Ich kenne kein solches Werk! Oder bist du etwa in der Lage, während der Zeit, da der Glaubenskämpfer für die Sache Gottes streitet, in der Moschee im Gebet zu verweilen, ohne zu ermüden, und gleichzeitig zu fasten, ohne es zu brechen?« Der Mann sagte: »Nein. Wer wäre dazu schon in der Lage!«

2

Wenn Männer und Frauen Gott anrufen, dass er ihnen die Gelegenheit gebe, für seine Sache einzutreten und den Märtyrertod zu erleiden.

ʿUmar sagte: »O Gott, lass mich den Märtyrertod in der Stadt deines Gesandten erleiden!«

Anas Ibn Mālik (R a) berichtet:

Oft besuchte der Gesandte Gottes (S) Umm Ḥarām Bint Milḥān. Und immer wenn er zu ihr kam, reichte sie ihm etwas zu essen. Umm Ḥarām war die Frau von ʻUbāda Ibn aṣ-Ṣāmit.

Eines Tages ging der Prophet (S) wieder zu ihr. Sie servierte ihm ein Essen und suchte seinen Kopf nach Läusen ab. Anschließend schlief der Gesandte Gottes (S) ein. Als er wieder erwachte, lachte er.

Den weiteren Hergang erzählte mir Umm Ḥarām wie folgt:

»Ich fragte ihn: ›Warum lachst du, o Gesandter Gottes?‹ Er sagte: ›Einige Leute aus meiner Gemeinde erschienen mir im Traum. Sie waren auf einem Feldzug für die Sache Gottes – inmitten dieses gewaltigen Meeres saßen sie wie Könige auf ihren Thronen.‹ Ich rief: ›O Gesandter Gottes, ruf Gott für mich an, dass er mich zu einer Teilnehmerin an diesem Feldzug macht!‹ Der Gesandte Gottes (S) rief Gott an und schlief dann wieder ein.

Als er erwachte, lachte er wieder. Ich fragte: ›Warum lachst du, o Gesandter Gottes?‹ Er sagte: ›Einige Leute aus meiner Gemeinde erschienen mir im Traum.‹ Und er erzählte dasselbe wie nach seinem ersten Traum. Ich rief: ›O Gesandter Gottes, bitte doch Gott, dass er mich zu einer Teilnehmerin an diesem Feldzug macht!‹ Er entgegnete: ›Du warst schon bei den Glaubenskämpfern im ersten Traum dabei!‹«

Anas fährt in seinem Bericht fort:

Viele Jahre später nahm Umm Ḥarām an einem Feldzug teil, der zu Schiff unter der Leitung von Muʻāwiya Ibn Abī Sufyān unternommen wurde. Nachdem sie wieder an Land gegangen war, stürzte sie von ihrem Reittier und brach sich das Genick.

3
Die Rangstufen des Paradieses für die, die sich für die Sache Gottes einsetzen.

Abū Huraira (R a) berichtet:

Der Gesandte Gottes (S) sagte: »Wer an Gott und seinen Gesandten glaubt, das Gebet verrichtet und das Fasten im Ramaḍān einhält, den wird Gott ins Paradies eingehen lassen. Dabei ist es gleichgültig, ob er für die Sache Gottes ausgezogen oder immer zu Hause geblieben ist.« Die Leute fragten: »O Gesandter Gottes, dürfen wir den Menschen diese gute Nachricht bringen?« Der Prophet (S) aber antwortete ihnen nicht, sondern fuhr fort: »Im Paradies gibt es einhundert Rangstufen, die Gott für jene bestimmt hat, die für seine Sache eintreten. Der Abstand zwischen zwei solchen Stufen entspricht dem zwischen Himmel und Erde. Und wenn ihr an Gott eine Frage richtet, so fragt ihn nach al-Firdaus! Al-Firdaus ist der höchstgelegene und beste Teil des Paradieses!«

Ein Überlieferer ergänzt zu diesem Hadith:

Ich glaube, der Prophet (S) sagte ferner: »Oberhalb von al-Firdaus befindet sich der Thron des allbarmherzigen Gottes, aus dem die Flüsse des Paradieses strömen.«

4
Wenn jemand verwundet wird, während er für die Sache Gottes – er ist mächtig und erhaben – eintritt.

Abū Huraira (R a) berichtet, der Gesandte Gottes (S) habe gesagt:

Bei dem, in dessen Hand ich mich befinde! Wer verletzt wird, während er für die Sache Gottes eintritt, und Gott weiß ganz genau, wer bei dieser Gelegenheit verletzt wird, dessen Verletzung wird am Tag des Gerichts die Farbe des Blutes haben und nach Moschus duften!

5

Gott der Erhabene sagte: »Unter den Gläubigen gibt es Männer, die wahr gemacht haben, was sie Gott gelobten. Manche haben ihr Gelübde erfüllt, andere warten noch auf die rechte Gelegenheit, ohne aber ihren Vorsatz geändert zu haben.«

(al-Aḥzāb – 33,23.)

Anas (R a) berichtet:

Anas Ibn an-Naḍr, mein Onkel väterlicherseits, hatte an der Schlacht von Badr nicht teilnehmen können. Er sagte zum Propheten (S): »O Gesandter Gottes, ich war nicht dabei, als du die erste Schlacht gegen die Götzendiener geschlagen hast. Aber wenn Gott mir Gelegenheit gibt, gegen diese Menschen zu kämpfen, so wird er gewiss erkennen, mit welchem Eifer ich für seine Sache streite!«

Am Tag von Uḥud flohen die Muslime vor ihren Feinden. Als Ibn an-Naḍr das sah, rief er: »O Gott, ich bitte dich um Verzeihung für das, was diese Leute tun!« Er meinte damit seine fliehenden Gefährten. »Und ich werde frei von meiner Schuld durch das, was jene Leute tun!« Damit meinte er die Götzendiener.

Darauf eilte er den Feinden entgegen. Er traf auf Sa‘d Ibn Mu‘āḏ und sagte: »O Sa‘d, das Paradies! Ich rieche den Duft des Paradieses vom Uḥud her!«

Sa‘d sagte später zum Propheten (S): »O Gesandter Gottes, ich könnte das nicht, was er tat!«

Wir fanden Ibn an-Naḍr auf dem Schlachtfeld. Sein Körper

wies mehr als achtzig Verletzungen auf, die ihm die Schwerter, Lanzen und Pfeile der Feinde beigebracht hatten. Er war tot. Die Götzendiener hatten ihn aufs grausamste verstümmelt. Nur seine Schwester war noch in der Lage, ihn anhand seiner Fingerspitzen zu identifizieren. Wir alle hatten den Eindruck, dass der Vers: »Unter den Gläubigen gibt es Männer ...« wegen ihm offenbart wurde, wegen ihm und seinesgleichen, »... die wahr gemacht haben, was sie Gott gelobten.« (al-Aḥzāb – 33,23.)

Anas fährt in seinem Bericht fort:

Die Schwester von Ibn an-Naḍr – sie hieß ar-Rubaiyi' – hatte einer Frau einen Schneidezahn ausgeschlagen. Der Gesandte Gottes (S) befahl, dass Wiedervergeltung an ihr geübt werde. Da rief Ibn an-Naḍr: »O Gesandter Gottes, bei dem, der dich mit der Wahrheit gesandt hat! Ihr soll kein Zahn ausgeschlagen werden!« Darauf erklärten sich die Angehörigen der verletzten Frau mit der Entschädigungszahlung einverstanden und verzichteten auf die Wiedervergeltung. Der Gesandte Gottes (S) sagte: »Wirklich, es gibt Menschen, deren Schwur von Gott unverzüglich erfüllt wird!«

6

Wenn jemand für den Sieg von Gottes Wort kämpft.

Abū Mūsā (R a) berichtet:

Ein Mann kam zum Propheten (S) und sagte: »Manche Menschen ziehen in den Krieg, um Beute zu machen, andere, um Ruhm zu ernten oder um später mit ihrer Tapferkeit prahlen zu können! Wer aber ist wirklich auf dem Weg Gottes?« Der Prophet (S) erwiderte: »Auf dem Weg Gottes ist der, der für den Sieg von Gottes Wort kämpft!«

7

Die Engel spenden dem Märtyrer Schatten.

Ǧābir berichtet:
Der Leichnam meines Vaters wurde zum Propheten (S) gebracht und vor ihm niedergelegt. Er war völlig verunstaltet. Ich wollte sein Gesicht aufdecken, die Leute aber hinderten mich daran. Als der Prophet (S) die Klagerufe einer Frau hörte – es soll die Tochter oder die Schwester von ʿAmr gewesen sein –, sagte er zu ihr: »Warum weinst du?« Oder er sagte: »Weine nicht! Die Engel spenden ihm mit ihren Flügeln Schatten!«

8

Der Wunsch des Glaubenskämpfers im Paradies, auf die Erde zurückkehren zu dürfen.

Anas Ibn Mālik (R a) berichtet, der Prophet (S) habe gesagt:
Niemand im Paradies möchte wieder auf die Erde zurückkehren, mit Ausnahme des Märtyrers, der im Kampf für die Sache Gottes gefallen ist. Er möchte auf die Erde zurückkehren, um noch zehnmal getötet zu werden, nach all den Ehrenbezeigungen, die ihm im Paradies zuteil wurden.

9

Das Paradies liegt im Schatten der Schwerter.
Al-Muġīra Ibn Šuʿba erzählte: »Der Prophet (S) übermittelte uns eine Botschaft von Gott. Er sagte: ›Wer von uns getötet wird, wird ins Paradies eingehen!‹ ʿUmar fragte ihn: ›Ist es nicht so, dass unsere gefallenen Gefährten ins Paradies kommen, während die Toten aus den Reihen unserer

Feinde in die Hölle müssen?‹ Der Prophet (S) erwiderte: ›Ja, so ist es!‹«

ʿAbdullāh Ibn Abī Aufā (R a) berichtet, der Gesandte Gottes (S) habe gesagt:

Seid euch darüber im Klaren, dass das Paradies im Schatten der Schwerter liegt!

10

Wenn jemand sich ein Pferd hält, um es für die Sache Gottes einzusetzen.

Gott – er ist mächtig und erhaben – sagte: »Und rüstet gegen sie, was ihr an Kriegsgerät und Pferden aufbieten könnt!«

(al-anfāl – 8,60.)

Abū Huraira (R a) berichtet, der Prophet (S) habe gesagt:

Wenn jemand sich ein Pferd hält, um es für die Sache Gottes einzusetzen, beseelt von seinem Glauben an Gott und dem Versprechen Gottes[1], so wird am Tag des Gerichts das Futter und Wasser sowie der Dung und Urin des Pferdes zu seinen Gunsten angerechnet werden.

11

Die Namen von Pferden und Eseln.

Sahl berichtet:

Der Prophet (S) besaß ein Pferd, das meist auf unserer Weide war. Es hieß al-Luḥaif.

1 Zu Gottes Versprechen vgl. das Koranzitat in Abschn. 1.

Muʿāḏ (R a) berichtet:

Ich ritt zusammen mit dem Propheten (S) auf einem Esel, der ʿUfair hieß. Der Prophet (S) fragte mich: »O Muʿāḏ, weißt du, welchen Anspruch Gott gegenüber den Menschen hat und welchen Anspruch die Menschen gegenüber Gott haben?« Ich antwortete: »Gott und sein Gesandter wissen das am besten!« Er sagte: »Der Anspruch Gottes gegenüber den Menschen ist, dass sie ihm dienen und nichts als Teilhaber an seiner Göttlichkeit beigesellen. Und der Anspruch der Menschen gegenüber Gott ist, dass niemand bestraft werden wird, der Gott keine Teilhaber an seiner Göttlichkeit zuschreibt!« Ich rief: »O Gesandter Gottes, darf ich den Menschen diese gute Nachricht bringen?« – »Nein, sag es ihnen nicht! Sie sollen ihre Sache vollständig Gott anheimstellen!«

12

Pferderennen.

Sufyān berichtet:

Ibn ʿUmar (R a) erzählte: »Der Prophet (S) veranstaltete ein Pferderennen. Die geschulten Rennpferde liefen von al-Ḥafyāʾ nach Ṯaniya al-Wadāʿ, die anderen Tiere von aṯ-Ṯaniya zur Moschee der Banū Zuraiq.[2] Ich nahm an diesem Rennen teil.«

Sufyān ergänzte zu seinem Bericht:

Die Distanz zwischen al-Ḥafyāʾ und Ṯaniya al-Wadāʿ beträgt fünf oder sechs Meilen, und die zwischen aṯ-Ṯaniya und der Moschee eine Meile.

2 Örtlichkeiten in und um Medina.

13

Die Kamelin des Propheten (S).

Ibn ʻUmar erzählte: »Der Prophet (S) ließ Usāma hinter sich auf al-Qaṣwā' – so hieß die Kamelin des Propheten (S) – aufsitzen.«

Al-Miswar erzählte: »Der Prophet (S) sagte: ›Nein, al-Qaṣwā' ist nicht störrisch geworden!‹«

Anas (R a) berichtet:

Der Prophet (S) besaß eine Kamelin, die al-ʻAḍbā' hieß. Kein anderes Kamel konnte sie in einem Rennen besiegen. Eines Tages aber kam ein Beduine mit einem Kamel, das noch keine sechs Jahres alt war, und besiegte al-ʻAḍbā' in einem Rennen. Die Muslime waren sehr traurig darüber. Als der Prophet (S) das bemerkte, sagte er: »Gott lässt nichts auf dieser Welt existieren, dem er einen besonderen Rang verleiht, ohne es auch zu erniedrigen!«

14

Wenn Frauen sich auf Feldzügen um die Toten und Verletzten kümmern.

Ar-Rubaiyiʻ Bint Muʻauwiḏ berichtet:

Wir begleiteten den Propheten (S) auf seinen Feldzügen. Unsere Aufgabe war es, die Leute mit Wasser zu versorgen und zu bedienen. Und die Toten und Verletzten brachten wir nach Medina zurück.

15

Wenn jemand einen Jungen als Diener mit auf den Feldzug nimmt.

Anas Ibn Mālik (R a) berichtet:

Der Prophet (S) sagte zu Abū Ṭalḥa: »Such mir einen von deinen Jungen aus, damit er mich während des Feldzugs nach Ḫaibar bedient!«

Als nach Ḫaibar aufgebrochen wurde, ließ Abū Ṭalḥa mich hinter sich auf seinem Reittier aufsitzen.[3] Ich war damals im vorpubertären Alter.

Ich bediente den Propheten (S), wenn er haltmachte und absaß. Oft hörte ich, wie er sagte: »O Gott, ich nehme meine Zuflucht zu dir vor Kummer und Sorge, Schwäche und Trägheit, Habsucht und Feigheit, drückender Geldschuld und der Übermacht der Feinde!« Schließlich kamen wir nach Ḫaibar, und Gott gab dem Propheten (S) die Macht, die Befestigungsanlagen zu erobern.

Später erzählte ein Mann dem Gesandten Gottes (S) von der Schönheit Ṣafiyas, der Tochter von Ḥuyai Ibn Aḫtab. Ihr Mann war getötet worden, als sie gerade geheiratet hatten. Der Gesandte Gottes (S) wählte Ṣafiya für sich aus und nahm sie mit. Wir ritten bis aṣ-Ṣahbā'[4]. Dort war die Wartezeit Ṣafiyas vorüber, und der Prophet (S) vollzog die Ehe mit ihr.[5] Anschließend wurde Ḥaisa auf einem kleinen Lederteppich serviert, und der Gesandte Gottes (S) befahl mir, die Leute zum Essen zu rufen. Das war das Hochzeitsmahl des Gesand-

3 Abū Ṭalḥa war der Vormund von Anas Ibn Mālik.

4 aṣ-Ṣahbā': ein Ort südlich von Ḫaibar.

5 Frauen haben vor Wiederverheiratung eine Wartezeit zu beachten. Näheres dazu in den beiden folgenden Kapiteln.

ten Gottes (S), als er Ṣafiya heiratete. Im Anschluss daran brachen wir nach Medina auf. Ich sah, dass der Gesandte Gottes (S) einen Mantel zusammenrollte, um für Ṣafiya hinter sich auf seinem Kamel einen bequemen Sitz zu bereiten. Darauf ließ er sich neben dem Tier nieder und brachte seine Knie in die Stellung, dass Ṣafiya ihren Fuß daraufsetzen konnte, um bequem aufzusteigen.

Wir ritten, bis wir von der Anhöhe auf Medina herabblicken konnten. Der Prophet (S) schaute zum Uḥud und sagte: »Das ist der Berg, der uns liebt und den wir lieben!« Anschließend schaute er nach Medina hinunter und sagte: »O Gott, ich erkläre diese Stadt zwischen den beiden Bergen für unverletztlich, wie Abraham (Ibrāhīm) seinerzeit Mekka für unverletztlich erklärt hat. O Gott, gib den Menschen in Medina deinen Segen für ihre Mudds und Ṣā's!«

16

Man sage nicht, der Soundso ist ein Märtyrer.

Abū Huraira erzählte, der Prophet (S) habe gesagt: »Gott weiß am besten, wer für die Sache Gottes in den Krieg zieht und wer um der Sache Gottes willen verletzt wird!«

Sahl Ibn Sa'd as-Sā'idī (R a) berichtet:

Der Gesandte Gottes (S) und seine Armee und die Götzendiener trafen aufeinander und bekämpften sich. Schließlich zog der Gesandte Gottes (S) sich mit seinen Leuten in das Heerlager zurück, und auch die Feinde traten den Rückzug an. Einer der Muslime aber verfolgte alle Götzendiener, die ihren Rückzug außerhalb ihres Kampfverbandes antraten, und schlug sie mit seinem Schwert nieder.

Später im Heerlager sagten die Muslime: »Keiner von uns hat heute seine Aufgabe so gut erfüllt wie dieser Mann!« Der

Gesandte Gottes (S) aber entgegnete: »Nein! Er wird zu den Bewohnern der Hölle gehören!«

Einer der Muslime sagte: »Ich werde diesem Mann folgen und ihn genau beobachten!« Beim nächsten Angriff ging er mit ihm den Feinden entgegen. Immer, wenn er stehen blieb, blieb auch er stehen, und immer, wenn er schnell voranlief, lief er mit ihm. Dann aber wurde jener Mann schwer verletzt und wünschte sich einen schnellen Tod. Er steckte den Griff seines Schwerts in den Boden und richtete die Klinge der Waffe auf seine Brust. Dann warf er sich mit aller Kraft auf das Schwert und tötete sich.

Der Mann, der dies mit angesehen hatte, eilte zum Gesandten Gottes (S) und rief: »Ich bezeuge, dass du der Gesandte Gottes bist!« Der Prophet (S) fragte: »Was ist passiert?« – »Dieser Mann, von dem du gesagt hast, er werde in die Hölle kommen! Wir konnten das nicht glauben! Darum bin ich der Sache nachgegangen. Ich verfolgte und beobachtete ihn. Er erlitt eine schwere Verletzung und wollte schnell sterben! Er steckte den Griff seines Schwertes in den Boden und richtete die Klinge der Waffe auf seine Brust. Dann warf er sich mit aller Kraft auf das Schwert und tötete sich selbst!« Der Gesandte Gottes (S) sagte: »Ja, wirklich! Es gibt Männer, die scheinbar wie die Paradiesbewohner handeln, aber doch zu den Insassen der Hölle gehören! Und es gibt Männer, die scheinbar wie die Höllenbewohner handeln, aber dennoch ins Paradies eingehen werden!«

17

Über den Kampf gegen die Byzantiner.

Ḫālid Ibn Maʿdān berichtet:

ʿUmair Ibn al-Aswad al-ʿAnsī erzählte, er sei eines Tages zu ʿUbāda Ibn aṣ-Ṣāmit gekommen. Dieser hatte sich damals an der Mittelmeerküste, wo er ein Haus besaß, niedergelassen. Umm Ḥarām, seine Frau, war bei ihm. Sie erzählte uns Folgendes:

»Der Prophet (S) sagte: ›Das erste muslimische Heer, das einen Feldzug zu Schiff unternimmt, wird ins Paradies eingehen!« Ich fragte ihn damals: ›O Gesandter Gottes, werde ich an diesem Feldzug teilnehmen?‹ – ›Ja‹, erwiderte er. Darauf sagte er: ›Und dem ersten muslimischen Heer, das die Stadt des Kaisers von Byzanz erobert, wird verziehen werden!‹ Ich fragte: ›Werde ich dabei sein, o Gesandter Gottes?‹ – ›Nein.‹«

18

Der Kampf gegen die Juden.

ʿAbdullāh Ibn ʿUmar (R a) berichtet, der Gesandte Gottes (S) habe gesagt:

Ihr werdet die Juden bekämpfen, bis einer von ihnen Zuflucht hinter einem Stein sucht. Und dieser Stein wird rufen: »Komm herbei! Dieser Jude hat sich hinter mir versteckt! Töte ihn!«

19

Der Kampf gegen die Türken.

Abū Huraira (R a) berichtet, der Gesandte Gottes (S) habe gesagt:

Die Stundes des Gerichts wird nicht eintreten, bevor ihr die Türken bekämpft habt. Das sind Menschen mit kleinen Augen, bräunlichen Gesichtern und platten Nasen. Ihre Gesichter sehen aus wie ein Schild, das mit Leder überzogen ist. Und die Stunde wird nicht eintreten, bevor ihr Menschen bekämpft habt, die aus Fell hergestellte Schuhe tragen.

20

Die Aufforderung an die Juden und Christen, zum Islam überzutreten.
Der Prophet (S) schrieb Briefe an den König der Perser und den byzantinischen Kaiser.
Vor der Schlacht sollen die Feinde aufgefordert werden, zum Islam überzutreten.

Anas (R a) berichtet:

Als der Prophet (S) einen Brief an die Byzantiner schreiben wollte, sagte ein Mann zu ihm: »Sie werden den Brief nicht lesen, wenn er nicht versiegelt ist!« Darauf ließ der Prophet (S) sich einen silbernen Ring anfertigen.

Mir ist, als könnte ich jetzt noch den hellen Glanz des Ringes an seiner Hand wahrnehmen! Dieser Ring hatte die Gravur: »Muhammad, der Gesandte Gottes«.

ʿAbdullāh Ibn ʿAbbās berichtet:

Der Gesandte Gottes (S) schickte einen Brief an den Perserkönig. Dem Boten befahl er, das Schreiben dem Statthalter von Bahrain zu bringen, damit dieser es an den Empfänger weiterleite. Nachdem der König der Perser den Brief gelesen hatte, zerriss er ihn.

Saʿīd Ibn al-Musaiyab erzählte: »Als der Prophet (S) davon erfuhr, rief er Gott gegen die Perser an, dass sie in tausend Stücke zerrissen würden!«

21

Der Prophet (S) rief die Menschen auf, sich zum Islam zu bekennen, an das Prophetentum zu glauben und sich nicht einander anstelle von Gott zu Göttern zu nehmen.

Gott der Erhabene sagte: »Es steht einem Menschen nicht zu, nachdem Gott ihm die Schrift, die Weisheit und das Prophetentum gegeben hat, dass er zu den Menschen sagt: ›Erweist mir anstelle von Gott göttliche Verehrung!‹«

(āl ʿImrān – 3,79.)

Anas (R a) berichtet:

Wenn der Gesandte Gottes (S) gegen seine Feinde auszog, griff er sie nicht an, bevor der Morgen graute. Hörte er dann den Gebetsruf, so verzichtete er auf einen Angriff. Wenn aber kein Gebetsruf zu hören war, griff er unmittelbar nach der Dämmerung an.

22

Wenn jemand das Ziel eines Feldzuges verschweigt; wenn jemand mit Vorliebe donnerstags aufbricht.

Kaʿb Ibn Mālik (R a) berichtet:

Wenn der Gesandte Gottes (S) einen Feldzug plante, pflegte er das Ziel der Unternehmung zu verschweigen, indem er ein anderes angab. Er blieb bei dieser Gewohnheit, bis er den Feldzug nach Tabūk[6] vorbereitete, der zu einer Zeit großer Hitze stattfinden sollte. Der Gesandte Gottes (S) ging davon aus, dass es eine lange Reise durch wasserlose Wüsten werden und sie auf viele Feinde treffen würden. Er wies die Muslime auf diese besonderen Schwierigkeiten hin und befahl ihnen, sich entsprechend vorzubereiten. Auch über das Ziel des Kriegszugs informierte er sie.

6 Tabūk: eine große und bedeutende Oase im nördlichen Arabien.

Der Prophet (S) brach zumeist donnerstags zu seinen Reisen auf.

23

Man soll auf den Befehlshaber hören und ihm gehorchen.

Ibn ʿUmar (R a) berichtet, der Prophet (S) habe gesagt:
Hört auf euren Anführer und gehorcht ihm, solange er nichts Ungesetzliches anordnet. Sollte das aber der Fall sein, dann hört nicht auf ihn und verweigert ihm den Gehorsam!

24

Der Spion.
Gott der Erhabene sagte: »Nehmt euch nicht meinen und euren Feind zum Freund!« (al-mumtaḥana – 60,1.)

ʿAlī (R a) berichtet:
Der Gesandte Gottes (S) ließ mich, az-Zubair und al-Miqdād zu sich kommen und sagte: »Reitet nach Rauḍa H̱āẖ[7]! Dort werdet ihr eine Frau in einer Kamelsänfte antreffen, die einen Brief bei sich hat. Nehmt diesen Brief an euch und bringt ihn mir!«
Wir ritten los und ließen unsere Pferde weit ausgreifen, bis wir nach Rauḍa H̱āẖ kamen. Dort fanden wir jene Frau und sagten zu ihr: »Gib uns den Brief!« Sie entgegnete: »Ich habe keinen Brief!« Wir sagten: »Gib uns den Brief, oder wir müssen dich von Kopf bis Fuß durchsuchen!« Da holte sie den Brief, den sie in ihrem geflochtenen Haar versteckt hatte, her-

7 Rauḍa H̱āẖ: ein Ort unweit Medinas.

vor und gab ihn uns. Wir kehrten zum Gesandten Gottes (S) zurück.

Bei dem Brief handelte es sich um ein Schreiben von Ḥāṭib Ibn Abī Balta'a an einige Götzendiener in Mekka, in dem er sie von einigen Plänen des Gesandten Gottes (S) unterrichtete.

Der Gesandte Gottes (S) ließ Ḥāṭib zu sich kommen und sagte zu ihm: »O Ḥāṭib, was ist mit diesem Brief?« Er sagte: »O Gesandter Gottes, verurteile mich nicht vorschnell! Ich stehe in Verbindung mit einigen Quraiš, ohne aber mit ihnen verwandt zu sein. Alle Muhāǧirūn, die bei dir sind, haben Verwandte in Mekka, die ihre Frauen und Kinder dort beschützen und ihren Besitz verwalten. Ich aber habe keine Verwandtschaft dort und wollte mit diesem Brief das Wohlwollen einiger Quraiš erwerben, damit sie sich meiner Angehörigen annehmen. Ich habe es nicht getan, weil ich ein Ungläubiger bin oder weil ich vom Islam abgefallen bin und den Unglauben dem Islam vorziehe!«

Der Gesandte Gottes (S) sagte zu seinen Gefährten: »Er hat die Wahrheit gesagt!« 'Umar (R a) rief: »O Gesandter Gottes, lass mich diesem Heuchler den Kopf abschlagen!« Der Prophet (S) aber entgegnete: »Nein! Er hat an der Schlacht von Badr teilgenommen, und – wer weiß – vielleicht hat Gott sich der Kämpfer von Badr in besonderer Weise angenommen und gesagt: ›Macht, was ihr wollt! Ich habe euch bereits verziehen!‹«

25

Der Vorrang dessen, der einen anderen dazu bewegt, zum Islam überzutreten.

Sahl (R a) berichtet:

Am Tag von Ḫaibar sagte der Prophet (S): »Morgen werde ich die Fahne einem Mann übergeben, dem Gott den Sieg über die

Feinde verleihen wird. Dieser Mann liebt Gott und seinen Gesandten, und Gott und sein Gesandter lieben ihn!«

In der Nacht machten sich die Menschen fortgesetzt darüber Gedanken, wen der Prophet (S) wohl gemeint hatte. Alle hofften, selbst gemeint zu sein.

Am nächsten Morgen fragte der Prophet (S): »Wo ist ʻAlī?« Man antwortete ihm: »Er hat ein Augenleiden!« Der Prophet (S) befahl, ʻAlī herbeizuholen. Er spuckte ihm in die Augen und rief Gott für ihn an. Da waren ʻAlīs Augen wieder gesund – es war, als hätte ihnen nie etwas gefehlt!

Anschließend übergab der Prophet (S) ʻAlī die Fahne. ʻAlī fragte: »Soll ich gegen die Feinde kämpfen, bis sie den Islam annehmen?« Der Prophet (S) erwiderte: »Geh ihnen langsam entgegen! Fordere sie auf, zum Islam überzutreten, und erzähl ihnen, welche Pflichten ein Muslim gegenüber Gott hat! Und, bei Gott, wenn Gott durch dich auch nur einen einzigen Mann auf den rechten Weg führt, so ist das besser für dich als der Besitz von roten Kamelen!«

26

Wenn Frauen und Kinder im Krieg getötet werden.

Ibn ʻUmar (R a) berichtet:

Auf einem der Feldzüge des Gesandten Gottes (S) wurde die Leiche einer Frau gefunden. Sie war getötet worden. Der Prophet (S) untersagte es, Frauen und Kinder zu töten.

27

Wie ein Götzendiener im Schlaf getötet wurde.

Al-Barā' Ibn 'Āzib (R a) berichtet:

Der Gesandte Gottes (S) schickte einige Anṣār mit dem Auftrag los, Abū Rāfi'[8] zu töten.

Nachdem sie an ihrem Ziel angekommen waren, trennte sich ein Mann von der Gruppe und schlich zur Festung von Abū Rāfi' und seinen Leuten. Später erzählte dieser Mann:

»Ich versteckte mich in einem Gehege, wo sie ihre Lasttiere unterbrachten, als sie gerade das Tor der Festung verschlossen. Später vermissten sie einen ihrer Esel. Sie gingen hinaus, um ihn zu suchen. Ich trat zu ihnen und tat so, als würde ich zu ihnen gehören und bei der Suche helfen. Schließlich fanden sie das Tier und kehrten in die Festung zurück. Sie verschlossen das Tor für die Nacht und legten die Schlüssel in ein Loch in der Mauer – ich sah sie dort liegen!

Als alle schliefen, nahm ich die Schlüssel an mich und öffnete das Tor. Ich trat ein und rief: ›O Abū Rāfi'!‹ Während er antwortete, folgte ich der Richtung seiner Stimme und verpasste ihm einen Schlag. Er stieß einen Schrei aus. Schnell zog ich mich zurück, näherte mich ihm dann wieder, als sei ich einer der Seinen und wollte ihm helfen. Mit verstellter Stimme rief ich: ›O Abū Rāfi'!‹ Er schrie: ›Was willst du? Wehe deiner Mutter!‹ Ich fragte: ›Was ist mir dir?‹ – ›Ich weiß nicht – jemand ist hereingekommen und hat mich geschlagen!‹

8 Abū Rāfi' war das Oberhaupt der Juden in Ḫaibar. Er soll versucht haben, die Ġaṭafān, einen nordarabischen Stamm, gegen die Muslime aufzuwiegeln.

Mit aller Kraft bohrte ich ihm das Schwert in den Bauch, bis es auf Knochen stieß. Dann floh ich in aller Eile. Ich kam an eine Leiter und wollte hinunterklettern, aber ich stürzte hinab und verletzte mich dabei am Fuß. Schließlich kam ich zu meinen Gefährten und sagte: ›Ich werde hierbleiben, bis ich die Klagerufe höre, die den Tod Abū Rāfi‘s verkünden.‹ Und ich entfernte mich erst, als ich Gewissheit über seinen Tod hatte. Wir ritten zum Propheten (S) zurück und erstatteten ihm Bericht.«

Al-Barā' Ibn 'Āzib (R a) berichtet:

Der Gesandte Gottes (S) schickte einige Anṣār zu Abū Rāfi‘. ‘Abdullāh Ibn ‘Atīk schlich bei Nacht in das Haus Abū Rāfi‘s und tötete ihn im Schlaf.

28

Krieg ist Betrug.

Abū Huraira (R a) berichtet:

Der Prophet (S) sagte: »Der König der Perser wird zugrunde gehen, und nach ihm wird es keinen Perserkönig mehr geben. Und der Kaiser von Byzanz wird zugrunde gehen, und nach ihm wird es keinen byzantinischen Kaiser mehr geben. Und ihr werdet die Schätze dieser beiden Herrscher für die Sache Gottes verwenden können!«

Der Prophet (S) bezeichnete den Krieg als Betrug.

29

Die Behandlung einer Verletzung mit der Asche einer Binsenmatte; wenn eine Frau ihrem Vater das Blut aus dem Gesicht wäscht und das Wasser zu diesem Zweck mit einem Schild herbeigetragen wird.

Abū Ḥāzim berichtet:

Die Leute fragten Sahl Ibn Sa'd as-Sā'idī (R a): »Wie wurde damals die Verletzung des Gesandten Gottes (S) behandelt?« Er erwiderte: »Niemand lebt mehr unter uns, der dies besser wüsste als ich! 'Alī brachte mit seinem Schild Wasser herbei, und Fāṭima wusch dem Propheten (S) das Blut aus dem Gesicht. Eine Binsenmatte wurde verbrannt, und die Asche streute man auf die Wunde des Gesandten Gottes (S).«

30

Streitereien und Meinungsverschiedenheiten im Krieg.
Gott der Erhabene sagte: »Streitet euch nicht, damit ihr nicht verzagt und der Sieg euch verlorengeht!«

(al-anfāl – 8,46.)

Al-Barā' Ibn 'Āzib (R a) berichtet:

Am Tag von Uḥud bestimmte der Prophet (S) 'Abdullāh Ibn Ǧubair zum Befehlshaber der Infanterie, die aus fünfzig Männern bestand. Der Prophet (S) sagte zu ihnen: »Verlasst euren Platz nicht, wenn ihr seht, dass die Schlacht sich zu unseren Ungunsten entwickelt, bevor ich euch rufe! Und bleibt auch an eurem Platz, wenn wir die Feinde in die Flucht schlagen, bis ich euch benachrichtige!«

Die Truppen des Propheten (S) schlugen die Feinde in die

Flucht. Bei Gott, ich sah die Frauen in aller Eile davonlaufen – sie hatten ihre Kleider hochgenommen, dass ihre Fußreife und Unterschenkel zu sehen waren!

Die Gefährten von ʿAbdullāh Ibn Ǧubair riefen: »Die Beute, ihr Leute! Die Beute! Unsere Leute haben den Sieg errungen! Was hält uns noch hier?« ʿAbdullāh Ibn Ǧubair entgegnete: »Habt ihr vergessen, was der Gesandte Gottes (S) gesagt hat?« – »Bei Gott, wir müssen unbedingt den Feinden entgegen und uns einen Teil der Beute sichern!« Und sie stürmten den Feinden entgegen. Aber sie wurden zurückgeschlagen und besiegt. In diesem Moment wandte sich der Gesandte Gottes (S) an die Infanterie um Hilfe. Ihm waren nur zwölf von seinen Männern geblieben, siebzig waren gefallen!

– Bei der Schlacht von Badr hatten der Gesandte Gottes (S) und seine Leute den Götzendienern Verluste in Höhe von einhundertundvierzig Mann beigebracht, siebzig waren gefangen genommen und siebzig getötet worden. –

Abū Sufyān rief: »Ist Muhammad bei den Leuten?«[9] Dreimal fragte er das. Der Prophet (S) verbot seinen Gefährten, ihm zu antworten. Darauf fragte Abū Sufyān dreimal: »Ist Ibn Abū Quḥāfa[10] unter ihnen?« Anschließend fragte er: »Ist Ibn al-Ḫaṭṭāb[11] dabei?« Darauf wandte er sich seinen Leuten zu und sagte: »Diese drei Männer sind getötet worden!«

Da konnte ʿUmar sich nicht länger beherrschen. Er rief: »Du lügst, bei Gott, du Feind Gottes! Diese drei leben! Und Schlim-

9 Nach der Schlacht standen sich die feindlichen Armeen in sicherer Entfernung gegenüber. Abū Sufyān, der Anführer der mit dem Propheten verfeindeten Mekkaner, wandte sich mit seinen Worten sowohl an seine Leute als auch an die Feinde, da er den Propheten nicht bei den Muslimen sah. Der Prophet war bei dieser Schlacht verletzt und in Sicherheit gebracht worden.

10 Das ist Abū Bakr.

11 Das ist ʿUmar Ibn al-Ḫaṭṭāb.

mes wird über dich kommen!« Abū Sufyān sagte: »Unser heutiger Sieg ist die Vergeltung der Niederlage bei Badr! Der Krieg ist ein Wettstreit mit wechselndem Glück! Ihr werdet einige eurer Leute verstümmelt auf dem Schlachtfeld vorfinden! Ich habe das nicht befohlen, aber ich bedauere es auch nicht!« Darauf rezitierte er: »Du bist erhaben, o Hubal! Du bist erhaben, o Hubal!« Der Prophet (S) wandte sich an seine Gefährten und fragte: »Wollt ihr ihm nicht antworten?« – »O Gesandter Gottes, was sollen wir sagen?« – »Sagt: Gott ist größer und mächtiger!«

Abū Sufyān rief: »Wir haben al-'Uzzā! Ihr habt keine 'Uzzā!« Der Prophet (S) sagte zu seinen Gefährten: »Wollt ihr ihm nichts entgegnen?« – »Was sollen wir sagen, o Gesandter Gottes?« – »Sagt: Gott ist unser Schutzherr! Ihr aber habt keinen Schutzherrn!«

31

Wenn jemand die Feinde sieht und laut »Die Feinde sind da« ruft, um die Menschen auf die Gefahr aufmerksam zu machen.

Salama berichtet:

Ich brach von Medina auf, um nach al-Ġāba[12] zu reiten. Auf dem Bergpfad nach al-Ġāba begegnete mir ein Hirte von 'Abdurraḥmān Ibn 'Auf. Ich sagte: »Was machst du hier?« Er rief: »Die Kamelinnen des Propheten (S) – sie haben sie geraubt!« – »Wer hat sie geraubt?« – »Die Ġaṭafān und die Fazāra!«[13] Dreimal schrie ich laut: »Die Feinde sind da«, um von den Menschen in Medina gehört zu werden. Dann nahm ich eiligst die Verfolgung der Räuber auf! Wenig später sah ich sie

12 Al-Ġāba: ein Tal bei Medina.

13 Ġaṭafān und Fazāra: zwei nordarabische Stämme.

vor mir. Ich schoss mit Pfeilen auf sie und rief: »Ich bin's, Ibn al-Akwaʿ! Heute ist der Tag eures Untergangs, ihr Schurken!«

Auf diese Weise konnte ich die Kamele retten, denn die Räuber hatten nicht mehr die Möglichkeit, sich für den weiten Weg mit genügend Wasser zu versorgen. Sie ritten davon und ließen die erbeuteten Tiere zurück.

Ich begann, die Kamele zurückzutreiben. Der Prophet (S) kam mir entgegen. Ich sagte: »O Gesandter Gottes, sie waren sehr durstig! Aber ich habe sie bedrängt – sie konnten nicht genug Wasser mitnehmen! Schicke Leute zu ihrer Verfolgung los!« – »O Ibn al-Akwaʿ«, entgegnete der Prophet (S), »du hast die Kamele gerettet! Hab jetzt Nachsicht mit den Räubern! Und sie werden jetzt auch wieder bei ihren Angehörigen sein!«

32

Über Männer, die sich ihren Feinden ergaben, und andere, die sich nicht gefangen nehmen ließen; wenn jemand zwei Rakʿas betet, bevor er getötet wird.

Abū Huraira (R a) berichtet:

Der Gesandte Gottes (S) schickte einen Spähtrupp von zehn Männern los und bestimmte ʿĀṣim Ibn Ṯābit al-Anṣārī, den Großvater von ʿĀṣim Ibn ʿUmar Ibn al-Ḫaṭṭāb, zum Befehlshaber. Sie ritten, bis sie nach al-Had'a, einem Ort zwischen ʿUsfān und Mekka, kamen.

Die Banū Liḥyān, eine Unterabteilung der Huḏail[14], erfuhren von ihnen. Mit etwa zweihundert Männern, die alle geübte Bogenschützen waren, nahmen sie die Verfolgung der Muslime auf. Sie folgten ihrer Spur, bis sie an einen Ort kamen, wo die Muslime Datteln gegessen hatten. Diese Früchte hatten sie

14 Huḏail: ein zentralarabischer Stamm.

als Wegzehrung aus Medina mitgenommen. Die Banū Liḥyān sagten: »Das sind Datteln aus Yaṯrib[15]!« Darauf setzten sie die Verfolgung fort.

Als ʿĀṣim und seine Gefährten ihre Verfolger sahen, suchten sie Zuflucht auf einer Anhöhe. Die Banū Liḥyān umzingelten sie und riefen: »Kommt herab und ergebt euch! Wir versprechen euch, niemanden zu töten!« ʿĀṣim, der Anführer der Muslime, entgegnete: »Nein, bei Gott! Ich werde nicht hinunterkommen und mich einem Ungläubigen ergeben! O Gott, gib deinem Propheten Nachricht von uns!«

Die Banū Liḥyān beschossen die Muslime mit Pfeilen und töteten ʿĀṣim und sechs seiner Leute. Die übrigen drei ergaben sich den Feinden. Es waren Ḫubaib al-Anṣārī, Ibn Daṯina und ein Dritter. Die Banū Liḥyān nahmen sie in Gewahrsam. Sie lösten die Sehnen von ihren Bögen und fesselten die Gefangenen damit. Jener dritte Muslim rief: »Das ist schon der erste Verrat! Nein, bei Gott, ich werde nicht mit euch gehen! Wirklich, diese sind uns ein gutes Vorbild!« Er meinte damit seine gefallenen Gefährten.

Die Banū Liḥyān versuchten, ihn zu fesseln, und setzten ihm zu, um seinen Widerstand zu brechen, er aber widersetzte sich ihnen und blieb bei seiner Weigerung. Darauf töteten sie ihn. Ḫubaib und Ibn Daṯina aber nahmen sie mit sich und verkauften sie in Mekka.

Dies ereignete sich nach der Schlacht von Badr. Die Söhne von al-Ḥariṯ Ibn ʿĀmir Ibn Naufal Ibn ʿAbdulmanāf kauften Ḫubaib, da er bei der Schlacht von Badr ihren Vater getötet hatte, und hielten ihn als Gefangenen.

ʿUbaidullāh Ibn ʿIyāḍ erzählte:

»Die Tochter von al-Ḥariṯ berichtete mir Folgendes:

›Die Leute versammelten sich, um über die Hinrichtung

15 Yaṯrib: der Name Medinas in vorislamischer Zeit.

Ḫubaibs zu beraten, da bat Ḫubaib mich um ein Messer, um sich die Schamhaare zu rasieren. Ich kam seiner Bitte nach. Ich war einen Moment unaufmerksam, und einer meiner Söhne trat zu ihm. Der Junge saß auf seinem Oberschenkel, und Ḫubaib hatte das Messer in der Hand! Ich erschrak zu Tode! Ḫubaib bemerkte das und sagte: ‚Du hast Angst, dass ich ihn töten könnte! Nein, das werde ich nicht tun!' Bei Gott, niemals sah ich einen besseren Gefangenen als Ḫubaib!

Bei Gott, eines Tages hatte er Weintrauben in der Hand und aß sie! Er war in Eisen gekettet, und in Mekka gab es damals keine solchen Früchte! Sie waren ein Geschenk Gottes! Er muss es gewesen sein, der Ḫubaib diese Trauben gab!‹«

'Ubaidullāh fuhr in seinem Bericht fort:

»Die Leute verließen Mekka, um Ḫubaib außerhalb der Stadt zu töten. Ḫubaib sagte: ›Lasst mich noch zwei Rak'as beten, bevor ihr mich tötet!‹ Sie erlaubten es ihm, und Ḫubaib verrichtete sein Gebet. Anschließend sagte er: ›Ich hätte viel ausführlicher gebetet, wenn ihr mir dann nicht unterstellt hättet, Angst vor dem Tod zu haben! O Gott, lass ihnen allen ihre verdiente Strafe zukommen!‹ Darauf rezitierte er: ›Ich, der ich als Muslim getötet werde, sorge mich nicht, auf welche Weise ich für Gott getötet werde! Mein Tod ist doch nur für Gott allein, und wenn er will, gibt er den Gliedern meines zerfetzten Körpers seinen Segen!‹ Der Sohn von al-Ḥariṯ tötete ihn. Ḫubaib war es, der den Brauch einführte, dass jeder Muslim, bevor er getötet wird, zwei Rak'as betet.

'Āṣim hatte vor seinem Tod Gott angerufen, dass er dem Propheten (S) Kunde gebe, was ihm und seinen Gefährten zugestoßen war. Noch am selben Tag kam Gott dieser Bitte nach. Der Prophet (S) erzählte seinen Gefährten von dem Schicksal des Spähtrupps.

Auch die ungläubigen Quraiš hörten, dass 'Āṣim getötet worden war. Sie schickten einige Leute los, um einen Teil der

Leiche für eine sichere Identifizierung zu holen. ʿĀṣim hatte nämlich am Tag von Badr einen ihrer Anführer getötet. Aber ein Schwarm Hornissen wurde zum Leichnam ʿĀṣims gesandt. Sie umhüllten ihn wie eine Wolke und schützten ihn so vor den Boten der Quraiš. Es gelang ihnen nicht, einen Teil seines Körpers mitzunehmen!«

33

Die Verteilung der Beute.

Rāfiʿ berichtet:

Wir waren mit dem Propheten (S) in Ḏū al-Ḥulaifa und hatten Kamele und Schafe erbeutet. Der Prophet (S) übernahm die Verteilung der Tiere und berechnete zehn Schafe für ein Kamel.

34

Wenn jemand etwas von der Beute unterschlägt.

Gott der Erhabene sagte: »Wer einen Teil der Beute unterschlägt, wird das, was er veruntreut hat, am Tag des Gerichts mit sich bringen!« (āl ʿImrān – 3,161.)

Abū Huraira (R a) berichtet:

Der Prophet (S) stellte sich in unserer Mitte auf und sprach über die Unterschlagung von Beutestücken. Er wies uns darauf hin, wie schwerwiegend dieses Vergehen ist und welche Strafe es nach sich zieht. Darauf sagte er: »Ich möchte wirklich niemandem von euch am Tag des Gerichts begegnen, der ein blökendes Schaf, ein wieherndes Pferd oder ein brüllendes Kamel um den Hals trägt, oder wertvolle Metalle oder Tücher, die sich hin und her bewegen, und der zu mir sagt: ›O Prophet, hilf mir!‹ Ich werde dann nur sagen können: ›Ich kann nichts für dich tun! Ich habe es dir ja gesagt!‹«

35

Was sagt man bei der Rückkehr von einem Feldzug?

ʿAbdullāh (R a) berichtet:

Als der Prophet (S) von einem Feldzug zurückkehrte, sprach er dreimal den Lobpreis Gottes. Anschließend sagte er: »Wir kehren zurück, wie Gott es bestimmt hat. Wir bereuen unsere Verfehlungen, beten zu Gott, lobpreisen ihn und werfen uns vor ihm nieder. Gott erfüllt sein Versprechen und steht seinem Diener bei! Er allein ist es, der die Feinde besiegt!«

36

Das Gebet nach der Rückkehr von der Reise.

Ǧābir Ibn ʿAbdullāh (R a) berichtet:

Ich war mit dem Propheten (S) auf einer Reise. Nachdem wir nach Medina zurückgekehrt waren, sagte er zu mir: »Geh in die Moschee und bete zwei Rakʿas!«

Kaʿb (R a) berichtet:

Wenn der Prophet (S) von einer Reise zurückkehrte, ging er zunächst in die Moschee und betete zwei Rakʿas. Dann erst setzte er sich.

XXIX Heirat und Ehe

1

Der Wunsch nach Verehelichung.
Gott der Erhabene sagte: »Heiratet, was euch an Frauen beliebt.«

(an-nisā' – 4,3.)

Anas Ibn Mālik (R a) berichtet:

Drei Männer begaben sich zu den Wohnungen der Frauen des Propheten (S), um sich nach den gottesdienstlichen Handlungen des Propheten (S) zu erkundigen. Nachdem ihnen die entsprechende Auskunft erteilt worden war, hatten sie den Eindruck, dass seine Art des Gottesdienstes recht bescheiden sei, und sie sagten: »Was sind wir nur im Vergleich zum Propheten (S), dem alle seine vergangenen und zukünftigen Verfehlungen vergeben wurden!« Einer von ihnen sagte: »Ich werde von jetzt an jede Nacht beten!« Der Zweite sagte: »Ich werde immer fasten, und das Fasten niemals brechen!« Der Dritte sagte: »Ich werde mich von den Frauen fernhalten und niemals heiraten!«

Da trat der Gesandte Gottes (S) zu ihnen und sagte: »Habt ihr das gerade gesagt? Bei Gott, ich fürchte Gott mehr als ihr! Ich bin frommer als ihr! Und dennoch: Ich faste und breche das Fasten, ich bete und schlafe doch in der Nacht, und ich bin mit einigen Frauen verheiratet!

Ich sagte euch: Wer mein Tun nicht für rechtens hält, der gehört nicht zu meiner Gefolgschaft!«

'Urwa berichtet:

Ich fragte 'Ā'iša nach der Offenbarung Gottes des Erhabenen: »Und wenn ihr fürchtet, nicht gerecht gegenüber den euch anvertrauten weiblichen Waisen zu sein, dann heiratet, was euch an Frauen beliebt, ein jeder zwei, drei oder vier. Aber wenn ihr befürchtet, so viele nicht gerecht behandeln zu können, dann heiratet nur eine Frau oder was ihr an Sklavinnen besitzt. Auf diese Weise könnt ihr am ehesten vermeiden, Unrecht zu tun!« (an-nisā' – 4,3.)

'Ā'iša sagte: »O mein Neffe, dieser Vers wurde im Zusammenhang mit einer Waise geoffenbart, die der Vormundschaft eines Mannes unterstand. Dieser Vormund begehrte sie wegen ihres Besitzes und ihrer Schönheit und wollte sie heiraten, aber nur ein geringeres Brautgeld als üblich bezahlen. Dieser Vers nun untersagt es solchen Schutzherren, ihre Schutzbefohlenen zu heiraten, und macht es ihnen zur Pflicht, andere Frauen zu heiraten, die nicht ihrer Vormundschaft unterstehen – es sei denn, sie handeln gerecht und entrichten das vollständige Brautgeld.«

2

Der Prophet (S) sagte: »Wer von euch die Möglichkeit hat zu heiraten, der soll es tun. Denn die Ehe hilft euch dabei, den Blick zu senken und die Keuschheit zu wahren!«
Soll auch jemand heiraten, der nicht den Wunsch nach Verehelichung hat?

'Alqama berichtet:

Ich war mit 'Abdullāh in Minā, als wir 'Uṯmān trafen. 'Uṯmān sagte zu 'Abdullāh: »O Abū 'Abdurraḥmān[1], ich möchte mit dir

1 Die Kunya von 'Abdullāh.

unter vier Augen sprechen!« Sie gingen zur Seite, und ʿUṭmān sagte: »Abū ʿAbdurraḥmān, möchtest du, dass wir dich mit einer Jungfrau verheiraten? Sie würde die Tage deiner Jugend in dir wachrufen!« ʿAbdullāh aber hatte nicht den Wunsch nach einer Ehe und winkte mich zu sich. Ich hörte, wie er zu ʿUṯmān sagte: »Zu der Frage, die du angesprochen hast, hat der Prophet (S) gesagt: ›Ihr jungen Leute! Wem von euch es möglich ist zu heiraten, der soll es tun! Wer diese Möglichkeit nicht hat, soll fasten, denn das Fasten verschafft ihm Linderung!‹«

3

Die Ehe mit mehreren Frauen.

Anas (R a) berichtet:

Gewöhnlich wohnte der Prophet (S) in einer Nacht allen seinen Frauen bei. Und er hatte neun Frauen.

Saʿīd Ibn Ǧubair berichtet:

Eines Tages fragte mich Ibn ʿAbbās: »Bist du verheiratet?« – »Nein«, erwiderte ich. Er sagte: »Du solltest heiraten! Denk daran: Der vorzüglichste Mann von uns hat die meisten Frauen!«

4

»Ein Mann sagte zu seinem Glaubensbruder: ›Überleg dir, welche meiner beiden Frauen du begehrst! Ich werde mich dann von ihr scheiden, damit du sie heiratest!‹«
Dies erzählte ʿAbdurraḥmān Ibn ʿAuf.

Anas Ibn Mālik berichtet:

Als ʿAbdurraḥmān Ibn ʿAuf nach Medina kam, schloss der Prophet (S) zwischen ihm und Saʿd Ibn ar-Rabīʿ al-Anṣārī einen

Freundschafts- und Bruderschaftspakt. Sa'd war mit zwei Frauen verheiratet und machte seinem neuen Freund den Vorschlag, mit ihm seine Frauen und seinen Besitz zu teilen. 'Abdurraḥmān sagte zu ihm: »Gott möge dir für deine Frauen und dein Vermögen seinen Segen geben. Bitte zeig mir den Bazar!«

Auf dem Markt erwarb 'Abdurraḥmān etwas Quark und Butter.

Einige Tage später sah der Prophet (S) 'Abdurraḥmān, als gelbe Flecken auf seiner Kleidung waren.[2] Der Prophet (S) fragte: »Was ist passiert, o 'Abdurraḥmān?« Er erwiderte: »Ich habe geheiratet. Die Familie meiner Frau gehört zu den Anṣār.« – »Was hast du ihr als Brautgeld gegeben?« – »Eine Nawā Gold!« Der Prophet (S) sagte: »Gib für sie noch ein Gastmahl, und wenn es nur ein Schaf sein sollte!«

5

Verabscheuungswürdiges hinsichtlich der sexuellen Enthaltsamkeit und der Kastration.

Sa'd Ibn Abī Waqqāṣ berichtet:

Der Gesandte Gottes (S) verbot 'Uṯmān Ibn Maẓ'ūn die vollständige sexuelle Enthaltsamkeit. Hätte er ihm die Erlaubnis dazu gegeben, so hätten wir ein Keuschheitsgelübde abgelegt.

'Abdullāh berichtet:

Wir waren mit dem Gesandten Gottes (S) auf einem Kriegszug und hatten keine Frauen dabei. Daher sagten wir zum Propheten (S): »Ist es nicht besser, wenn wir uns kastrieren

2 Flecken von Parfüm, das nur zu besonderen Anlässen verwendet wird.

lassen?« Er verbot uns das, erlaubte aber, Frauen für eine begrenzte Zeit zu ehelichen. In diesem Zusammenhang rezitierte er: »Ihr Gläubigen! Verwehrt euch nicht die guten Dinge, die Gott euch erlaubt hat! Und begeht keine Übertretung! Gott liebt die nicht, die Übertretungen begehen!« (al-mā'ida – 5,87.)

Abū Huraira (R a) berichtet:

Ich sagte zum Propheten (S): »O Gesandter Gottes, ich bin ein junger Mann und fürchte, ich könnte der Versuchung erliegen! Aber ich verfüge nicht über die Mittel für eine Heirat! Was soll ich tun?« Der Prophet (S) antwortete nicht. Ich fragte ihn ein zweites und ein drittes Mal, aber er schwieg. Als ich ihm zum vierten Mal diese Frage vorlegte, sagte er: »O Abū Huraira, es steht unabänderlich fest, was mit dir geschehen wird! Lass dich kastrieren oder lass es bleiben!«

6

Die Heirat einer Jungfrau.
Ibn 'Abbās sagte zu 'Ā'iša: »Du bist die einzige Jungfrau, die der Prophet (S) jemals geheiratet hat!«

'Ā'iša (R a) berichtet:

Ich sagte: »O Gesandter Gottes (S), angenommen, du machst in einem Tal Rast, in dem ein Strauch ist, von dem die Tiere schon gefressen haben, und ein zweiter Strauch, der noch unberührt ist! An welchem dieser beiden Sträucher lässt du dein Kamel weiden?« Der Prophet (S) erwiderte: »An dem unberührten Strauch!«

ʿĀʾiša berichtet, der Gesandte Gottes (S) habe erzählt:

O ʿĀʾiša, zweimal habe ich von dir geträumt. Ein Mann trug dich, gehüllt in ein seidenes Tuch. Und er sagte: »Das ist deine Frau!« Ich entfernte das Tuch, und – siehe da du warst es! Da sagte ich zu mir selbst: »Wenn Gott dich das träumen lässt, wird er auch dafür sorgen, dass der Traum in Erfüllung geht!«

7

Die Ehelichung einer verwitweten oder geschiedenen Frau. Umm Ḥabība berichtet, der Prophet (S) habe gesagt: »Bietet mir nicht eure Töchter und Schwestern zur Ehe an!«

Ǧābir Ibn ʿAbdullāh berichtet:

Wir kehrten mit dem Propheten (S) von einem Feldzug nach Medina zurück. Ich trieb mein Kamel zur Eile an, denn es lief mir zu langsam. Ein Mann, der hinter mir ritt, stach mit seinem Speer nach meinem Kamel. Da stürmte es dahin wie die schnellsten Reitkamele, die es gibt. Jener Reiter war der Prophet (S). Er sagte zu mir: »Warum hast du es so eilig?« Ich antwortete: »Ich bin frisch verheiratet.« – »Ist sie eine Jungfrau oder eine ältere Frau?« – »Eine ältere Frau!« Er fragte: »Warum hast du nicht ein junges Mädchen geheiratet, dass ihr miteinander spielen und scherzen könnt?«

Als wir uns unserem Ziel näherten, sagte der Prophet (S): »Lasst euch Zeit und reitet langsam, damit ihr erst bei Anbruch der Nacht, zum Nachtgebet, in Medina ankommt! Denn die Frauen sollen noch Zeit finden, sich zu frisieren und die Schamhaare zu rasieren!«

8

Wenn bedürftige Menschen heiraten.
Gott der Erhabene sagte: »Und wenn sie arm sind, wird Gott sie durch seine Gnade reich machen.«

(an-nūr – 24,32.)

Sahl Ibn Saʿd as-Sāʿidī berichtet:

Eine Frau kam zum Gesandten Gottes (S) und sagte: »O Gesandter Gottes, ich bin gekommen, um mich dir zur Frau zu geben!« Der Gesandte Gottes (S) betrachtete sie von oben bis unten und senkte dann seinen Kopf. Als die Frau erkannte, dass er nichts zu ihrem Vorschlag sagen wollte, setzte sie sich. Einer der Gefährten des Propheten (S) erhob sich und sagte: »O Gesandter Gottes, wenn du sie nicht begehrst, dann gib sie mir zur Frau!« Der Prophet (S) fragte ihn: »Hast du etwas bei dir, das du ihr als Brautgeld geben kannst?« – »Bei Gott! Nein, ich habe nichts, o Gesandter Gottes!« – »Dann geh nach Hause und sieh nach, ob du etwas für sie findest!« Der Mann entfernte sich. Als er zurückkam, sagte er: »Nein, bei Gott, ich habe nichts gefunden!« Der Gesandte Gottes (S) sagte: »Sieh noch einmal nach, ob du nicht doch etwas hast, und wenn es nur ein eiserner Ring sein sollte!« Wieder entfernte sich der Mann. Aber als er zurückkehrte, sagte er: »Nein, bei Gott! O Gesandter Gottes, ich habe auch keinen eisernen Ring, aber diesen Lendenschurz!« Der Mann hatte nur dieses eine Kleidungsstück! Er sagte: »Ich könnte ihr die Hälfte des Lendenschurzes geben!« Der Gesandte Gottes (S) entgegnete: »Was soll sie denn damit? Wenn du ihn trägst, hat sie nichts davon, und wenn sie ihn anhat, kannst du ihn nicht tragen!« Der Mann setzte sich. Nach einiger Zeit stand er auf und entfernte sich.

Als der Gesandte Gottes (S) sah, dass der Mann wegging

wies er seine Gefährten an, ihn zurückzuholen. Darauf fragte er ihn: »Was kennst du aus dem Koran?« Er erwiderte: »Ich kenne die und die Sure!« Er zählte sie auf. »Kannst du sie denn auswendig?« – »Ja.« – »Dann geh jetzt! Ich verheirate dich mit dieser Frau, und als Brautgabe soll gelten, was du aus dem Koran auswendig rezitieren kannst!«

9

Ehepartner sollen derselben Religion angehören.

Gott der Erhabene sagte: »Er ist es, der den Menschen aus Wasser geschaffen und ihm die Blutsverwandtschaft und die Verschwägerung gegeben hat. Dein Herr ist allmächtig!«

(al-furqān – 25,54.)

Abū Huraira (R a) berichtet, der Prophet (S) habe gesagt:

Vier Kriterien sind für die Entscheidung ausschlaggebend, eine Frau zu heiraten: Ihr Vermögen, das Ansehen ihrer Familie, ihre Schönheit und ihre Frömmigkeit. Wähle die fromme Frau! Im anderen Fall könntest du Schaden nehmen!

Sahl berichtet:

Ein Mann ging beim Gesandten Gottes (S) vorüber. Der Gesandte Gottes (S) wandte sich an seine Gefährten und fragte sie: »Was haltet ihr von diesem Mann?« Sie erwiderten: »Er ist ein ehrenwerter Mann! Wenn er um eine Frau anhält, sollte man ihn mit ihr verheiraten. Wenn er sich zum Fürsprecher einer Sache macht, so ist dem stattzugeben. Und wenn er spricht, lohnt es sich, ihm zuzuhören!« Der Prophet (S) sagte nichts zu dieser Antwort. Als wenig später ein anderer Mann vorüberkam, der ein mittelloser Muslim war, fragte der Prophet (S) wieder: »Und was haltet ihr von diesem Mann?«

Seine Gefährten sagten: »Wenn er um eine Frau anhält, sollte man ihn abweisen. Seiner Fürbitte ist nicht stattzugeben. Und wenn er spricht, lohnt es sich nicht, ihn anzuhören!« Da entgegnete der Gesandte Gottes (S): »Dieser arme Mann ist mehr wert als eine ganze Erdenbevölkerung von der Art des ersten Mannes!«

10

Man hüte sich vor Frauen, die Unheil bringen!
Gott der Erhabene sagte: »Ihr Gläubigen! Unter euren Gattinnen und Kindern sind solche, die eure Feinde sind.«

(at-taġābun – 64,14.)

'Abdullāh Ibn 'Umar (R a) berichtet, der Gesandte Gottes (S) habe gesagt:

Unheil kann durch die Frau, das Haus und das Pferd heraufbeschworen werden.[3]

Usāma Ibn Zaid (R a) berichtet, der Prophet (S) habe gesagt:

Wenn ich meinen Auftrag als Prophet (S) erfüllt habe, wird es in dieser Welt keine Versuchung mehr geben, die für die Männer verhängnisvoller sein kann, als die Frauen!

3 Die Kommentatoren schreiben dazu: Frauen können möglicherweise keine Kinder bekommen oder haben einen schlechten Charakter; ein Haus kann zu klein oder zu weit von der Moschee entfernt sein, unangenehm können auch die Nachbarn sein; Pferde sind in Wüstengebieten nur beschränkt einsatzfähig.

11

Welche Frauen darf man heiraten, und welche sind verboten?

Gott der Erhabene sagte: »Verboten sind euch eure Mütter, eure Töchter, eure Schwestern, eure Tanten väterlicher- und mütterlicherseits, eure Nichten, eure Ammen, eure Milchschwestern, die Mütter eurer Frauen, eure Stieftöchter, die unter eurem Schutz stehen und von jenen von euren Frauen stammen, zu denen ihr eingegangen seid. Wenn ihr aber noch nicht zu ihnen gegangen seid, so ist es kein Vergehen, solche Stieftöchter zu heiraten. Und verboten sind euch ferner die Ehefrauen eurer Söhne. Und ihr dürft nicht zwei Schwestern zusammen zur Frau haben, es sei denn, es ist bereits geschehen. Gott ist barmherzig und bereit zu vergeben.« (an-nisā' – 4,23.)

Anas sagte: »Gott der Erhabene sagte: ›Und verboten sind euch verheiratete Frauen …‹ (an-nisā' – 4,24).

Diese Aussage bezieht sich auf freie Frauen. Denn im selben Vers heißt es weiter: ›… davon ausgenommen sind eure Sklavinnen.‹«

Anas äußerte keine Bedenken dagegen, dass jemand die Ehe seiner Sklavin auflöst und sie selbst heiratet.

Gott der Erhabene sagte: »Und heiratet keine heidnischen Frauen, bevor sie gläubig werden!« (al-baqara – 2,221.)

Ibn ʿAbbās sagte: »Eine Ehe mit mehr als vier Frauen ist ebenso verboten wie die Heirat der eigenen Mutter, Tochter oder Schwester.«

Ibn ʿAbbās sagte ferner: »Unzulässig ist die Heirat bei sieben Arten der Blutsverwandtschaft und sieben Arten der Ver-

wandtschaft durch Heirat.« Als Beleg zitierte er Sure an-nisā' – 4,23.
'Abdullāh Ibn Ǧa'far war gleichzeitig mit der Tochter und der Frau 'Alīs verheiratet.[4] Ibn Sīrīn äußerte keine Einwände dagegen. Al-Ḥasan bezeichnete dies zunächst als verabscheuungswürdig, ließ aber später seine Einwände fallen.
Al-Ḥasan Ibn al-Ḥasan Ibn 'Alī heiratete an einem Tag zwei Töchter seines Onkels väterlicherseits. Ǧābir Ibn Zaid missbilligte dieses Vorgehen, da es zur Feindschaft zwischen Verwandten führen könne. Es ist aber nicht verboten, denn Gott der Erhabene sagte: »Und erlaubt ist euch, was darüber hinausgeht!« (an-nisā' – 4,24.)

'Ikrima erzählte, Ibn 'Abbās habe gesagt: »Wenn jemand illegalen sexuellen Verkehr mit der Schwester seiner Frau hat, so ist ihm seine Frau deshalb nicht verboten.«
Yaḥyā al-Kindī sagte auf Autorität von aš-Ša'bī und Abū Ǧa'far: »Wenn jemand ein homosexuelles Verhältnis zu einem Jungen hat, darf er die Mutter dieses Jungen auf keinen Fall heiraten.« Dieser Yaḥyā aber gilt nicht als zuverlässiger Überlieferer, und es gibt keine Parallelen zu seiner Aussage bei anderen Traditionariern.
'Ikrima erzählte, Ibn 'Abbās habe gesagt: »Wenn jemand illegalen sexuellen Verkehr mit seiner Schwiegermutter hat, so ist ihm seine Frau deshalb nicht verboten.« Abū Naṣr zufolge soll Ibn 'Abbās die Ehefrau in diesem Fall für verboten erklärt haben. Es ist aber nicht bekannt, dass Abū Naṣr mit Ibn 'Abbās verkehrte. Von 'Imrān Ibn Ḥuṣain, Ǧābir Ibn Zaid, al-Ḥasan und einigen Gelehrten aus dem Irak wird berichtet, dass sie in einem solchen Fall die Ehefrau für verboten erklärten. Abū Huraira sagte: »Die Ehe ist nicht verboten, es

4 Sie waren Tochter und Stiefmutter.

sei denn, der Mann hält sein sexuelles Verhältnis mit seiner Schwiegermutter aufrecht.« Ibn Musaiyab, ʿUrwa und az-Zuhrī erklärten die Ehe in diesem Fall für zulässig. Az-Zuhrī erzählte, ʿAlī habe zu dieser Problematik gesagt: »Die Ehe ist nicht unzulässig!« Die Überliefererkette zu dieser Aussage von ʿAlī aber ist unvollständig.

12

Gott der Erhabene sagte: »Und ihr dürft nicht zwei Schwestern zusammen zur Frau haben, es sei denn, es ist bereits geschehen.« (an-nisāʾ – 4,23.)

Umm Ḥabība berichtet:

Ich sagte: »O Gesandter Gottes, heirate doch meine Schwester, die Tochter von Abū Sufyān!« Er fragte: »Möchtest du das denn?« – »Ja. Ich bin nicht deine einzige Ehefrau, und meine Schwester ist mir die liebste Person, um das Glück, mit dir verheiratet zu sein, mit mir zu teilen!« – »Es ist mir aber nicht erlaubt, zwei Schwestern zusammen zur Frau zu haben!«

Ich sagte: »O Gesandter Gottes, man sagt, du wolltest Ḏurra, die Tochter von Abū Salama, heiraten!« – »Die Tochter von Umm Salama?« – »Ja.« – »Nein, bei Gott! Selbst wenn sie nicht meine Stieftochter wäre, so wäre sie mir doch als Ehefrau verboten, denn sie ist die Tochter meines Milchbruders – Ṯuwaiba stillte sowohl mich als auch Abū Salama! Ihr sollt mir nicht eure Töchter und Schwestern zur Ehe anbieten!«

13

Aš-Šiġār.

Ibn ʿUmar (R a) berichtet:

Der Gesandte Gottes (S) verbot aš-Šiġār. Aš-Šiġār ist jenes Vorgehen, dass ein Mann seine Tochter mit einem anderen Mann verheiratet, der wiederum ihm seine Tochter zur Frau gibt, wobei beide Seiten auf die Entrichtung eines Brautgelds verzichten.

14

Der Gesandte Gottes (S) verbot die Zeitehe, die auf kurze Zeit zum Zwecke des geschlechtlichen Genusses geschlossen wurde, nachdem er sie vorübergehend erlaubt hatte.

Al-Ḥasan Ibn Muḥammad Ibn ʿAlī und sein Bruder ʿAbdullāh berichten:

ʿAlī (R a) sagte zu Ibn ʿAbbās: »Der Prophet (S) verbot die Zeitehe und den Genuss des Fleisches domestizierter Esel. Das war zu der Zeit der Eroberung Ḫaibars.«

Abū Ǧamra berichtet:

Ich war dabei, als jemand Ibn ʿAbbās nach der Zeitehe fragte. Ibn ʿAbbās erklärte sie für zulässig. Da sagte einer seiner Maulās zu ihm: »Die Zeitehe ist nur in Ausnahmefällen erlaubt, zum Beispiel, wenn ein Mangel an Frauen herrscht, oder in vergleichbaren Situationen.« Ibn ʿAbbās stimmte ihm zu.

Ǧābir Ibn ʿAbdullāh und Salama Ibn al-Akwaʿ berichten:

Wir waren auf einem Feldzug, als der Gesandte Gottes (S) zu uns kam und sagte: »Es ist euch gestattet, eine Zeitehe einzugehen. Nehmt diese Möglichkeit wahr!«

Salama Ibn al-Akwaʿ berichtet:

Der Gesandte Gottes (S) sagte: »Wenn ein Mann und eine Frau sich darauf verständigen, miteinander eine Zeitehe einzugehen, so soll ihre eheliche Gemeinschaft auf drei Tage befristet sein. Wenn sie ihre Beziehung danach fortsetzen wollen, können sie es tun. Und wenn sie sich trennen wollen, können sie auseinandergehen.«

Salama Ibn al-Akwaʿ ergänzte zu seinem Bericht:

Ich weiß nicht, ob diese Weisung nur für uns während des Feldzugs damals galt oder für alle Menschen Gültigkeit hat.

Abū ʿAbdullāh al-Buḫārī sagt:

ʿAlī hat eindeutig darauf hingewiesen, dass der Prophet (S) seine Genehmigung der Zeitehe zurückgenommen hat.

15

Wenn eine Frau sich einem rechtschaffenen Mann zur Ehe anbietet.

Ṯābit al-Bunānī berichtet:

Eines Tages war ich bei Anas, als auch seine Tochter gerade anwesend war, und Anas erzählte: »Eine Frau kam zum Gesandten Gottes (S) und bot sich ihm zur Ehe an. Sie sagte: ›O Gesandter Gottes, möchtest du mich heiraten?‹« Da rief Anas' Tochter aus: »Welch schamlose Person! Schande über sie!« Anas aber entgegnete: »Nein, sie ist ehrenhafter als du! Sie empfindet eine tiefe Zuneigung gegenüber dem Propheten (S). Deshalb hat sie sich ihm angeboten!«

16

Wenn jemand seine Tochter oder Schwester einem ehrenhaften Mann zur Ehe anbietet.

'Abdullāh Ibn 'Umar (R a) berichtet:

Folgendes hat sich zugetragen, als Ḥafṣa ihren Mann H̱unais Ibn Ḥuḏāfa as-Sahmī verlor. H̱unais war ein Gefährte des Gesandten Gottes (S) und starb in Medina. Ḥafṣas Vater, 'Umar Ibn al-H̱aṭṭāb, erzählte es mir wie folgt:

»Ich ging zu 'Uṯmān Ibn 'Affān und bot ihm Ḥafṣa zur Ehe an. 'Uṯmān versprach, über mein Angebot nachzudenken. Ich ließ einige Tage verstreichen. Als wir uns darauf wieder begegneten, sagte er: ›Ich glaube, ich kann zurzeit nicht heiraten!‹

Einige Zeit später traf ich Abū Bakr aṣ-Ṣiddīq und sagte zu ihm: ›Wenn du willst, verheirate ich dich mit Ḥafṣa, meiner Tochter.‹ Abū Bakr sagte nichts zu meinem Vorschlag. Er schwieg. Ich war sehr verärgert über sein Verhalten, mehr noch als über die Absage von 'Uṯmān. Und wieder vergingen einige Tage.

Dann geschah es, dass der Gesandte Gottes (S) um Ḥafṣa anhielt, und ich gab sie ihm zur Frau.

Einige Zeit später begegnete ich Abū Bakr. Er sagte: ›Du warst wohl böse mit mir, als du mir Ḥafṣa angeboten hast, ich aber nichts dazu sagte?‹ Ich erwiderte: ›Ja. Ich habe mich sehr über dich geärgert!‹ – ›Ich konnte zu dieser Zeit nichts zu deinem Angebot sagen, denn ich wusste, dass der Gesandte Gottes (S) ein Auge auf Ḥafṣa geworfen hatte. Ich konnte dir doch die Herzensgeheimnisse des Gesandten Gottes (S) nicht verraten! Aber wenn er Ḥafṣa nicht geheiratet hätte, hätte ich sie gern zur Frau genommen!‹«

17

Gott – er ist mächtig und erhaben – sagte: »Und ihr macht euch keines Vergehens schuldig, wenn ihr den Frauen gegenüber noch vor Ablauf ihrer Wartezeit gewisse Andeutungen auf einen Heiratsantrag macht oder es beabsichtigt. Gott weiß, dass ihr an sie denkt. Aber sprecht nicht während ihrer Wartezeit im Geheimen mit ihnen! Und sagt nur, was sich geziemt! Entscheidet euch nicht endgültig zur Ehe, bevor die Wartezeit vorüber ist! Ihr müsst euch darüber im Klaren sein, dass Gott genau weiß, was in euch vor sich geht. Hütet euch also vor ihm und wisset, dass Gott mild ist und bereit zu verzeihen.« (al-baqara – 2,235.)

Ibn ʿAbbās sagte: »Die Aussage: ›Wenn ihr gewisse Andeutungen auf einen Heiratsantrag macht …‹, meint, dass man zu der Frau sagen darf: ›Ich möchte gern heiraten und wünsche, mit einer tugendhaften Frau in Verbindung zu treten.‹«
Al-Qāsim sagte: »Man darf zum Beispiel sagen: ›Du bist eine sehr ehrenwerte Frau. Du bist sehr begehrenswert für mich. Gott wird dich auf die beste Weise leiten!‹«
ʿAṭāʾ sagte: »Man darf versteckte Andeutungen machen, sich aber nicht offen erklären. Sag zum Beispiel zu ihr: ›Ich habe einen Wunsch! Sei guter Dinge! Gott sei gepriesen, du bist eine sehr begehrenswerte Frau!‹ Sie könnte darauf etwa erwidern: ›Ich werde dir zuhören, was du auch sagst.‹ Sie darf aber nichts versprechen. Und auch ihr Vormund darf nicht ohne ihr Wissen eine Abmachung treffen. Wenn aber eine Frau während ihrer Wartezeit einem Mann ihr Versprechen gibt und er sie anschließend heiratet, so soll man die beiden nicht auseinanderbringen!«

18

Man sagt, eine Heirat sei nur durch Vermittlung eines Vormundes möglich.

Gott der Erhabene sagte: »Und wenn ihr euch von euren Frauen scheidet und sie das Ende ihrer Wartezeit erreicht haben, dann hindert sie nicht daran, ihre bisherigen Gatten wieder zu heiraten!« (al-baqara – 2,232.)

Das gilt sowohl für ältere Frauen als auch für Jungfrauen.

Gott der Erhabene sagte ferner: »Und heiratet keine Heidinnen, bevor sie gläubig werden.« (al-baqara – 2,221.)

»Und heiratet die ledigen Frauen.« (an-nūr – 24,32.)

ʿUrwa Ibn az-Zubair berichtet, ʿĀʾiša, die Frau des Propheten (S), habe erzählt:

In vorislamischer Zeit gab es vier verschiedene Formen der Heirat und Ehe.

Eine von ihnen entspricht der heutigen Heirat. Ein Mann hält bei einem anderen Mann um dessen Tochter oder Schutzbefohlene an. Das Brautgeld wird festgelegt, und dann heiratet er sie.

Eine andere Art der Ehe war folgende: Der Mann sagte zu seiner Frau, wenn ihre Menstruation vorüber war: »Halte dich an den Soundso und geh eine Beziehung mit ihm ein!« In der Folgezeit blieb der Ehemann ihr fern und rührte sie nicht an, bis sie von jenem anderen Mann ein Kind erwartete. Wenn Sicherheit über ihre Schwangerschaft bestand, konnte er ihr wieder beiwohnen. Dieser Art der Ehe lag der Wunsch nach einem Kind von besonders edlem und vornehmen Blute zugrunde.

Bei der dritten Kategorie von Ehe hatte eine Gruppe von nicht mehr als zehn Männern sexuelle Beziehungen zu einer

Frau. Oft wurde sie schwanger und brachte ein Kind zur Welt. Einige Tage nach der Entbindung rief sie ihre Liebhaber zusammen, und keiner von ihnen hatte das Recht, dieser Zusammenkunft fernzubleiben. Sobald alle versammelt waren, sagte sie: »Ihr wisst, warum ihr hier seid! Ich habe ein Kind geboren, und es ist dein Kind, o Soundso!« Dabei nannte sie nach Belieben den Namen eines der Männer. Das Kind war damit diesem Mann zugewiesen, und er hatte nicht die Möglichkeit, die Vaterschaft zurückzuweisen.

Bei der vierten Art von Ehe verkehrten viele Männer mit einer Frau. Diese Frauen waren Prostituierte, sie verweigerten sich keinem. Über den Türen ihrer Häuser befestigten sie Fahnen als Zeichen für die Männer, und wer mit ihnen schlafen wollte, begab sich zu ihnen. Wenn eine solche Frau ein Kind zur Welt brachte, wurden alle ihre Liebhaber zusammengerufen und die Physiognomen eingeladen. Diese Gelehrten ordneten das Kind jenem Mann zu, den sie als den Vater erkannten. Ihm wurde das Kind zugesprochen, und es galt als sein Kind, ohne dass er etwas dagegen unternehmen konnte.

Als Muhammad (S) gesandt wurde, um die göttliche Wahrheit zu verkünden, schaffte er diese Bräuche aus vorislamischer Zeit ab. Es blieb nur die Art von Heirat und Ehe, die heute üblich ist.

Al-Ḥasan berichtet:

Maʿqil Ibn Yasār erzählte mir, der Vers: »Hindert sie nicht daran, ihre bisherigen Gatten wieder zu heiraten« (albaqara – 2,232), sei wegen ihm offenbart worden. Er berichtete:

»Ich verheiratete meine Schwester, ihr Mann aber schied sich wenig später von ihr. Als ihre Wartezeit vorüber war, kam dieser Mann zu mir und hielt wieder um sie an. Ich rief: ›Ich habe sie dir zur Frau gegeben! Ich habe dein eheliches Glück gefördert! Ich habe dich ehrenvoll behandelt! Du aber hast sie verstoßen! Und jetzt kommst du wieder daher und hältst um sie an! Nein, bei Gott! Niemals wird sie wieder deine Frau werden!‹

Allerdings war er ein untadeliger Mann, und auch meine Schwester wollte wieder zu ihm zurück. Da offenbarte Gott der Erhabene den Vers: ›Hindert sie nicht daran, ihre bisherigen Gatten wieder zu heiraten.‹

Als ich von dieser Offenbarung erfuhr, sagte ich: ›O Gesandter Gottes, nun kann ich sie ihm wieder zur Frau geben!‹ – ›Ja‹, sagte er. ›Verheirate sie wieder mit ihm!‹«

19

Wenn ein Mann seine Tochter im Kindesalter verheiratet.

'Urwa berichtet auf Autorität von 'Ā'iša (R a):

Der Prophet (S) heiratete 'Ā'iša als sechsjähriges Mädchen. Im Alter von neun Jahren wurde sie zu ihm gebracht. Und neun Jahre lang bis zu seinem Tod war sie seine Frau.

20

Jungfrauen und ältere Frauen dürfen nur mit ihrer Zustimmung verheiratet werden.

Abū Huraira berichtet:

Der Prophet (S) sagte: »Eine ältere Frau darf nur verheiratet werden, wenn dies mit ihr besprochen wurde. Und eine Jungfrau darf nur verheiratet werden, wenn sie der Heirat zustimmt.« Jemand fragte ihn: »O Gesandter Gottes, wie äußert eine Jungfrau ihre Zustimmung?« Er erwiderte: »Sie gibt dadurch ihr Jawort, dass sie schweigt.«

21

Wenn ein Mann seine Tochter gegen ihren Willen verheiratet, ist diese Heirat ungültig.

Ḫansāʾ Bint Ḫiḏām al-Anṣāriya berichtet:

Mein Vater verheiratete mich als ältere Frau gegen meinen Willen. Da ging ich zum Gesandten Gottes (S), und er erklärte die Heirat für ungültig.

22

Man soll nicht um eine Frau anhalten, die von einem anderen Mann umworben wird, sondern abwarten, ob er sie heiratet oder nicht.

Abū Huraira berichtet, der Prophet (S) habe gesagt:

Hütet euch davor, irgendwelche Mutmaßungen zu äußern! Das nämlich sind die schändlichsten und verlogensten Äußerungen! Versucht nicht, Geheimes zu ergründen, und hört nicht auf das, was die Leute reden! Befeindet euch nicht gegenseitig, sondern seid wie Brüder zueinander! Und haltet nicht um eine Frau an, die von einem anderen Mann umworben wird, sondern wartet ab, ob er sie heiratet oder nicht!

23

Während der Hochzeit und des anschließenden Festmahls wird das Tamburin geschlagen.

Ḫālid Ibn Ḏakwān berichtet:

Ar-Rubaiyiʿ Bint Muʿauwiḏ Ibn ʿAfrāʾ erzählte mir:

»Bei meiner Hochzeit trat der Prophet (S) bei mir ein und

setzte sich auf mein Lager, wie du mir jetzt gegenübersitzt. Unsere Dienerinnen schlugen das Tamburin und sangen die Totenklage für unsere Angehörigen, die bei der Schlacht von Badr ums Leben gekommen waren. Da sagte eine von ihnen: ›Wir haben einen Propheten unter uns, der darüber Bescheid weiß, was morgen geschehen wird.‹ Der Prophet (S) entgegnete: ›Sag so etwas nicht, sondern rede so, wie du es immer getan hast!‹«

24

Das Geschenk für den Bräutigam.

Anas Ibn Mālik berichtet:

Immer wenn der Prophet (S) bei Umm Sulaim, meiner Mutter, vorüberkam, trat er bei ihr ein und begrüßte sie.

Als der Prophet (S) Zainab heiratete, sagte Umm Sulaim zu mir: »Wir sollten dem Gesandten Gottes (S) zur Hochzeit etwas schenken!« Ich erwiderte: »Ja, du hast recht!« Sie nahm Datteln, Butter und Quark und bereitete in einem irdenen Topf Ḥaisa zu. Dann schickte sie mich mit dieser Speise zum Propheten (S).

Als ich bei ihm eintrat, sagte er: »Stell es dort hin!« Anschließend befahl er mir, einige Männer, deren Namen er mir nannte, zu ihm einzuladen, dazu noch alle Leute, die mir auf meinem Weg begegnen würden. Ich tat, was er mir aufgetragen hatte. Als ich zurückkam, war das Haus des Propheten (S) voller Menschen. Ich sah, dass der Prophet (S) seine Hände über die Ḥaisa legte und einige Worte dabei sprach. Anschließend forderte er die Besucher auf, in Gruppen zu je zehn Personen von der Ḥaisa zu essen. Er sagte: »Gedenkt Gottes und esst, was vor euch ist.« Schließlich waren alle gesättigt, und die meisten Besucher entfernten sich. Ein paar Leute aber blieben und unterhielten sich. Ich ärgerte mich darüber. Der Prophet (S) zog sich in seine Privaträume zurück. Später folgte ich ihm, um ihn davon zu unterrichten, dass die letzten Gäste gegangen seien. Er ging noch einmal hinaus, kehrte dann in seine privaten Gemächer zurück und zog den Türvorhang zu. Ich hörte ihn darauf folgenden Vers rezitieren: »Ihr Gläubigen! Tretet nicht in die Häuser des Propheten, wenn ihr zum Essen geladen seid, ohne dass euch die Erlaubnis zum Eintreten gegeben wurde und ohne zu warten, bis es soweit ist, dass ihr eintreten dürft. Tretet erst ein, sobald ihr gerufen werdet. Und wenn ihr gegessen habt, geht eurer Wege, und beginnt keine vertraulichen Unterhaltungen! Damit bereitet ihr dem Propheten nur Verdruss! Er schämt sich aber vor euch und schweigt dazu. Doch Gott schämt sich nicht, die Wahrheit zu sagen!« (al-Aḥzāb – 33,53.)

Abū ʿUṯmān berichtet:

Anas Ibn Mālik erzählte, er habe dem Gesandten Gottes (S) zehn Jahre lang als Diener zur Seite gestanden.

25

Wenn für die Hochzeit Kleider und andere Dinge ausgeliehen werden.

Hišām berichtet auf Autorität seines Vaters:

ʿĀʾiša (R a) lieh sich von Asmāʾ eine Halskette und verlor sie. Der Gesandte Gottes (S) schickte einige seiner Gefährten los, um sie zu suchen. Als es Zeit für das Gebet war, kamen diese Leute ihrer Pflicht nach, ohne zuvor die kleine Waschung verrichtet zu haben, denn sie hatten kein Wasser bei sich. Als sie später zum Propheten (S) zurückkamen, erzählten sie ihm von ihrem Versäumnis. Im Anschluss an dieses Vorkommnis offenbarte Gott der Erhabene den Vers über die Ersatzabreibung mit Erde.

Usaid Ibn Hudair sagte zu ʿĀʾiša: »Bei Gott! Immer wenn im Zusammenhang mit dir ein Problem auftaucht, offenbart Gott unverzüglich eine Lösung zu dieser Frage, die zugleich ein Segen für alle Muslime ist!«

26

Was soll ein Mann sagen, wenn er sich seiner Frau nähert.

Ibn ʿAbbās berichtet, der Prophet (S) habe gesagt:

Wenn ihr zu euren Frauen geht, dann sagt: »Im Namen Gottes! O Gott, schütze mich vor dem Teufel, und schütze auch das vor dem Teufel, was du für uns bestimmt hast!«

Und wenn es euch beschieden ist, dass ihr ein Kind bekommt, so wird der Teufel ihm niemals schaden können!

27

Bei Hochzeiten ist ein Festessen zu geben, auch wenn es nur ein Schaf sein sollte.

Anas berichtet:

Das aufwendigste Gastmahl, das der Gesandte Gottes (S) anlässlich seiner Hochzeiten gab, war das, als er Zainab heiratete. Es bestand aus einem Schaf.

28

Wer einer Einladung nicht nachkommt, handelt widersetzlich gegenüber Gott und seinem Gesandten.

Al-A'rağ berichtet, Abū Huraira (R a) habe gesagt:

Das schlechteste Gastmahl ist ein Festessen, zu dem nur Reiche und keine Armen geladen sind. Und wer der Einladung zu einem Festessen nicht nachkommt, handelt widersetzlich gegenüber Gott und seinem Gesandten (S).

29

Frauen und Kinder sollen an den Hochzeitsfeierlichkeiten teilnehmen.

Anas Ibn Mālik (R a) berichtet:

Eines Tages sah der Prophet (S) einige Frauen und Kinder, die von einer Hochzeit kamen. Er sprang von seinem Platz auf und rief: »Bei Gott, ihr seid mir von den Menschen doch die liebsten!«

30

Wenn die Frau sich bei ihrer Hochzeit persönlich um die Gäste kümmert und sie bedient.

Sahl berichtet:

Als Abū Usaid as-Sā'idī seine Hochzeit feierte, lud er den Propheten (S) und seine Gefährten ein. Niemand anders als seine Braut Umm Usaid bereitete die Speisen zu und bediente die Gäste. In der Nacht hatte sie in einem steinernen Topf Datteln mit Wasser aufgesetzt, und als der Prophet (S) gesättigt war, reichte sie ihm von diesem Getränk.

31

Die Anweisung zum Umgang mit den Frauen.

Abū Huraira berichtet, der Prophet (S) habe gesagt:

Wer an Gott und den Tag des Gerichts glaubt, fügt seinem Nächsten keinen Schaden zu. Und behandelt die Frauen fürsorglich und liebevoll!

Die Frauen wurden aus einer Rippe geschaffen, und das am stärksten gebogene Teil einer Rippe ist das obere. Wenn du versuchst, sie gerade zu biegen, wirst du sie zerbrechen. Überlässt du sie aber sich selbst, dann bleibt sie gekrümmt.

Behandelt die Frauen also fürsorglich und liebevoll!

32

Gott der Erhabene sagte: »Ihr Gläubigen! Nehmt euch und eure Angehörigen vor dem Höllenfeuer in Acht!«

(at-taḥrīm – 66,6.)

'Abdullāh berichtet, der Prophet (S) habe gesagt:

Ein jeder trägt Sorge, ein jeder ist verantwortlich! Der Herrscher sorgt sich um seine Untertanen, er trägt die Verantwortung für sie. Der Mann beschützt seine Familie, für sie tritt er ein. Die Frau passt auf das Haus ihres Gatten auf. Und der Sklave hütet das Eigentum seines Herrn. Ihr seht: Ihr alle tragt Sorge, ihr alle seid verantwortlich!

33

Wie man seine Ehefrau behandeln soll.

ʿĀʾiša berichtet:

Elf Frauen saßen zusammen. Sie hatten einander versprochen, sich nichts über ihre Ehemänner zu verschweigen.

Die erste Frau erzählte: »Mein Mann ist wie das Fleisch eines abgemagerten Kamels, das auf einem schwer zugänglichen Berggipfel lebt – ein Tier, das keinerlei Fett angesetzt hat, dass es sich lohnen würde, es an einen anderen Ort zu bringen.«

Die zweite Frau sagte: »Ich sollte besser nicht über meinen Mann sprechen, denn ich fürchte, dass ich zu keinem Ende kommen werde. Würde ich ihn beschreiben, so müsste ich alle seine sichtbaren und verborgenen Mängel aufzählen, und das sind unendlich viele!«

Die dritte Frau berichtete: »Meiner ist ein hochgewachsener und hagerer Mann. Wenn ich von ihm erzähle und er erfährt davon, wird er mir die Scheidung geben. Und wenn ich nichts sage, verstößt er mich nicht, behandelt mich aber auch nicht als seine Frau!«

Die vierte Frau sagte: »Mein Mann ist wie eine Nacht in der Tihāma[5], nicht heiß und nicht kalt. Weder versetzt er mich in Aufregung noch langweilt er mich.«

Die fünfte Frau berichtete: »Wenn mein Mann nach Hause kommt, ist er wie ein Gepard[6]. Geht er aber von Zuhause weg, dann ist er ein Löwe. Nie fragt er danach, was bei mir im Haus vorgefallen ist.«

Die sechste Frau erzählte: »Wenn mein Mann isst, isst er alles weg. Wenn er trinkt, trinkt er alles leer. Und wenn er

5 Tihāma: eine Landschaft am Roten Meer.
6 Der Gepard gilt als müde, scheu und harmlos.

schläft, hüllt er sich vollständig ein. Nie streckt er seine Hand nach mir aus, um sich um mich zu kümmern!«

Die siebte Frau sagte: »Mein Mann ist ein Taugenichts, ein Versager. Alle Mängel und Laster dieser Welt sind in ihm vereinigt. Er schlägt mir ins Gesicht, er fügt mir Verletzungen zu, oder sogar beides zugleich.«

Die achte Frau sagte: »Mein Mann fühlt sich weich und flauschig an wie ein Kaninchen. Und er duftet wie wohlriechendes Gras.«

Die neunte Frau erzählte: »Meiner ist ein hochgewachsener und angesehener Mann. Bei ihm wird gut und reichlich gespeist. Und sein Haus ist ein Mittelpunkt des gesellschaftlichen Lebens.«

Die zehnte Frau berichtete: »Mein Mann ist sehr reich und angesehen. Meine Worte reichen nicht aus, um seine Vorzüge zu beschreiben. Er besitzt viele Kamele, die im Stall gehalten werden,[7] nur wenige werden noch auf die Weide getrieben. Wenn die fetten Kamele im Stall den Klang der Laute hören,[8] wissen sie schon, dass ihre Schlachtung unmittelbar bevorsteht.«

Die elfte Frau erzählte: »Mein Mann ist Abū Zar'! Welch wunderbarer Mann er ist! Er sorgte dafür, dass meine Ohren mit schwerem Schmuck versehen sind, dass meine Oberarme Fett angesetzt haben. Er machte mich so glücklich, dass ich mich über mich selbst freuen konnte. Ich komme aus einer Familie vom Land, die Schafe und Ziegen hält.[9] Er aber führte mich in ein Haus, wo die Pferde wiehern und die Kamele unter der Last, die sie tragen müssen, aufstöhnen. Immer ist das Ge-

7 Die Kamele werden im Stall gehalten, da sie bereits fett genug sind, um geschlachtet zu werden.

8 Die Laute wird zu Ehren der Gäste gespielt.

9 Eine arme Familie also.

räusch zu hören, das durch das Dreschen und Reinigen des Getreides entsteht.[10] Und was auch immer ich zu Abū Zar' sage, er tadelt mich nicht! Ich schlafe bis tief in den Tag hinein und trinke, bis ich genug habe.

Und seine Mutter? Ihre Vorratssäcke sind prall gefüllt, ihr Haus ist sehr geräumig! Sein Sohn? Die Schlafstätte seines Sohnes ist so schmal wie die Klinge eines Schwerts.[11] Er ist schon satt, wenn er den Vorderfuß eines vier Monate alten Schafs verzehrt hat. Seine Tochter gehorcht ihrem Vater und ihrer Mutter. Ihr Kleid füllt sie prächtig aus,[12] und ihre Dienerin beneidet sie darum. Und die Dienerin von Abū Zar'? Sie verbreitet keine Geschichten über unser Zuhause, sie verschwendet die Vorräte nicht und macht kein Durcheinander.

Eines Tages verließ Abū Zar' unser Haus. Es war zu der Zeit, als die Milchschläuche zur Butterherstellung geschleudert wurden. Er begegnete einer Frau mit zwei Knaben, die Geparden glichen und mit Granatäpfeln spielten. Da schied er sich von mir und heiratete diese Frau.

Ich heiratete darauf einen angesehenen und großmütigen Mann, der ein vorzügliches Pferd ritt und immer eine Lanze mit sich führte.[13] Er machte mir viele Geschenke, er gab mir von allen Weidetieren ein Paar und sagte: ›Iss, o Umm Zar', und trag Sorge um die Deinen!‹ Doch selbst wenn ich alles zusammenrechne, was er mir gegeben hat, so kommt es doch dem unbedeutendsten Utensil, das Abū Zar' mir schenkte, nicht gleich.«

10 Im Haus Abū Zar's herrscht also Reichtum und Überfluss
11 Ein sehr schlanker Mann entspricht dem Schönheitsideal.
12 Das weibliche Schönheitsideal fordert recht ausgeprägte Rundungen.
13 Pferd und Lanze sind Ausdruck von Reichtum und Adel.

'Ā'iša ergänzte zu ihrem Bericht:

Der Gesandte Gottes (S) sagte zu mir: »O 'Ā'iša, ich bin zu dir wie Abū Zar' zu Umm Zar'!«

34

Wenn ein Vater seine Tochter zum rechten Verhalten gegenüber ihrem Mann mahnt.

'Abdullāh Ibn 'Abbās (R a) berichtet:

Lange Zeit beabsichtigte ich, 'Umar Ibn al-Ḫaṭṭāb nach den beiden Frauen des Propheten (S) zu fragen, die Gott den Erhabenen zur Offenbarung des Verses veranlassten: »Wenn ihr beide euch Gott in Reue wieder zuwendet, tut ihr gut daran. Eure Herzen sind ja vom rechten Weg abgewichen!« (at-taḥrīm – 66,4.)

Eines Tages machte sich 'Umar zur Wallfahrt nach Mekka auf, und ich begleitete ihn. Unterwegs ging er zur Seite, um seine Notdurft zu verrichten, und ich folgte ihm mit einem Gefäß voll Wasser. Ich schüttete ihm Wasser über die Hände, und er vollzog die kleine Waschung. Darauf sagte ich zu ihm: »O Beherrscher der Gläubigen, wer waren die beiden Frauen des Propheten (S), die Gott den Erhabenen dazu veranlassten, jenen Vers zu offenbaren?« Er sagte: »Ich bin erstaunt über deine Frage, o Ibn 'Abbās! Es waren 'Ā'iša und Ḥafṣa, meine Tochter!«

Darauf erzählte er mir die näheren Umstände:

»Ich und einer meiner Nachbarn – er war ein Anṣār aus der Familie Banū Umaiya Ibn Zaid[14], die in 'Awālī wohnt –, wir beide gingen immer abwechselnd in die Stadt zum Propheten (S). An einem Tag ging er, und am nächsten ich. Wenn ich an der

14 Banū Umaiya Ibn Zaid: eine medinensische Familie.

Reihe war, informierte ich ihn abends davon, was sich an diesem Tag ereignet hatte, seien es nun neue Offenbarungen oder andere wichtige Vorkommnisse. Und er machte es genauso.

Wir, die Quraiš, hatten immer gegenüber unseren Frauen das Sagen. Als wir dann nach Medina kamen, mussten wir feststellen, dass bei den Anṣār die Frauen dominierten. Und unsere Frauen fingen plötzlich an, diese Sitte der medinensischen Frauen nachzuahmen! Einmal schimpfte ich mit meiner Frau, da antwortete sie mir im barschen Ton. Als ich sie deshalb tadelte, entgegnete sie: ›Warum machst du mir Vorwürfe, wenn ich etwas einzuwenden habe? Bei Gott, sogar die Ehefrauen des Propheten (S) dürfen ihm widersprechen und sich ihm widersetzen! Eine von ihnen hat sich sogar einen ganzen Tag lang bis zum Anbruch der Nacht von ihm ferngehalten!‹

Ich war entsetzt über ihre Worte. Als ich meine Fassung wiedergewonnen hatte, sagte ich: ›Diese Frau wird großen Schaden davontragen!‹

Darauf kleidete ich mich an und ging in die Stadt. Ich trat bei Ḥafṣa, meiner Tochter, ein und sagte: ›O Ḥafṣa, hat wirklich eine von euch dem Propheten (S) einen ganzen Tag lang bis zum Anbruch der Nacht getrotzt und ihn erzürnt?‹ Sie antwortete: ›Ja.‹ – ›Aber dann wirst du großen Schaden erleiden! Du wirst zugrunde gehen! Begreifst du denn nicht, dass Gott dem zürnt, der seinem Gesandten (S) Ärger bereitet? Er wird dich verderben! Mute dem Propheten (S) nicht zu viel zu! Widersprich ihm nicht! Wende dich nicht von ihm ab! Hör doch auf mich! Das steht dir nicht zu! Lass dich bloß nicht durch deine Gefährtin ʿĀʾiša irremachen – sie ist attraktiver als du, der Prophet (S) liebt sie mehr als dich! Er begehrt sie sehr!‹«

ʿUmar fuhr in seinem Bericht fort:

»Zu dieser Zeit ging bei uns das Gerücht um, die Ġassāniden würden ihre Pferde bereitmachen, um uns anzugreifen.

Eines Tages ging mein Freund, der Anṣārī, in die Stadt – denn er war an der Reihe. Als er am Abend zurückkam, hämmerte er mit den Fäusten an meine Tür und rief nach mir. Ich erschrak und eilte hinaus. Er berichtete: ›Etwas Wichtiges ist passiert!‹ Ich fragte: ›Was ist los? Sind die Ġassāniden gekommen?‹ – ›Nein, viel schlimmer! Der Prophet (S) hat sich von seinen Frauen geschieden!‹ Da rief ich aus: ›Ḥafṣa ist verloren! Sie wird zugrunde gehen! Ich wusste doch, dass es so kommen musste!‹

Am nächsten Morgen kleidete ich mich an und ging in die Stadt, um zusammen mit dem Propheten (S) das Morgengebet zu verrichten. Der Prophet (S) zog sich im Anschluss daran in seine privaten Gemächer zurück. Ich ging zu Ḥafṣa. Sie war in Tränen aufgelöst. Ich sagte: ›Warum weinst du denn? Habe ich dich nicht gewarnt? Hat der Prophet (S) euch wirklich verstoßen?‹ Sie antwortete: ›Ich weiß es nicht. Er hat sich in seine Privaträume zurückgezogen.‹ Ich verließ Ḥafṣa wieder.

In der Moschee bei der Kanzel saßen einige Leute. Manche weinten. Ich setzte mich eine Weile zu ihnen, bis ich es da nicht mehr aushalten konnte. Ich begab mich zu den Gemächern, wo der Prophet (S) sich aufhielt, und befahl seinem dunkelhäutigen Diener: ›Bitte ihn um Einlass für mich!‹ Der Diener entfernte sich, um mit dem Propheten (S) zu reden. Als er zurückkam, sagte er: ›Ich habe mit dem Propheten (S) gesprochen und deinen Wunsch erwähnt. Aber er hat nichts dazu gesagt!‹ Ich machte kehrt und setzte mich wieder neben die Kanzel. Dieses untätige Herumsitzen aber konnte ich nicht lange ertragen. Ich ging wieder zu dem Diener und sagte: ›Bitte ihn um Einlass für mich!‹ Der Diener entfernte sich wieder. Nach seiner Rückkehr sagte er: ›Ich habe von dir gesprochen, aber er schweigt!‹ Ich setzte mich wieder neben die Kanzel, konnte aber keine Ruhe finden. Ich musste den Diener ein drittes Mal losschicken. Aber wieder lautete der Bescheid, dass der Prophet (S) nichts gesagt habe.

Einige Zeit später wollte ich mich entfernen, da rief der Diener nach mir und sagte: ›Gerade hat der Prophet (S) dir die Erlaubnis gegeben, zu ihm zu gehen!‹

Ich trat ein. Der Gesandte Gottes (S) saß auf einem schlichten Geflecht aus Palmblättern. Keine Decke war zwischen ihm und diesem Lager, und die Palmblätter hatten Druckstellen auf seinem Körper hinterlassen. Er lehnte sich an ein ledernes Kissen, das mit Palmfasern ausgestopft war.

Ich grüßte ihn und sagte, während ich vor ihm stand: ›O Gesandter Gottes, hast du wirklich deinen Frauen die Scheidung gegeben?‹ Er schaute mich an und erwiderte: ›Nein.‹ – ›Gott sei Dank‹, rief ich. Darauf machte ich meinem Herzen Luft. Ich sagte: ›O Gesandter Gottes, hör mich an! Bei uns, den Quraiš, ist es üblich, dass die Männer gegenüber den Frauen die Oberhand haben! Als wir dann hierher nach Medina kamen, sahen wir, dass hier die Frauen dominieren!‹ Der Prophet (S) lächelte über meine Worte. Ich fuhr fort: ›O Gesandter Gottes, hör mich an! Ich bin zu Ḥafṣa gegangen und habe zu ihr gesagt: »Lass dich bloß nicht durch deine Gefährtin ʿĀʾiša irremachen! Sie ist attraktiver als du, der Prophet (S) liebt sie mehr als dich! Er begehrt sie sehr!«‹ Wieder lächelte der Prophet (S). Als ich sein wohlwollendes Gesicht wahrnahm, setzte ich mich und schaute mich in dem Raum um. Bei Gott, ich sah nichts, was meinen Blick anzog, mit Ausnahme einiger schöner Felle! Ich sagte: ›O Gesandter Gottes, bitte doch Gott, dass er deiner Gemeinde größeren Reichtum gibt! Die Perser und Byzantiner sind reich, ihnen wurde ein Überfluss an weltlichen Gütern beschert, obwohl sie Gott nicht dienen!‹ Der Prophet (S) setzte sich auf, nachdem er sich zuvor zurückgelehnt hatte, und sagte: ›Möchtest du das wirklich, o Ibn al-Ḫaṭṭāb? Ihnen wurden diese Genüsse doch nur im diesseitigen Leben gegeben!‹[15] Ich rief: ›O Gesandter Gottes, bitte Gott darum, dass er mir verzeiht!‹

15 Sie haben also im Jenseits keinen Lohn mehr zu erwarten.

Der Prophet (S) blieb seinen Frauen neunundzwanzig Tage lang fern, weil Ḥafṣa jene Sache ʿĀʾiša weitererzählt hatte.[16] Er sagte: ›Ich werde einen ganzen Monat lang nicht zu ihnen gehen!‹ Er war sehr böse mit ihnen. Dies war zu der Zeit, da Gott – er ist mächtig und erhaben – den Propheten (S) tadelte.[17]

Als neunundzwanzig Tage vergangen waren, ging der Prophet (S) als Erstes zu ʿĀʾiša. Sie sagte zu ihm: ›O Gesandter Gottes, du hast doch geschworen, einen ganzen Monat lang nicht zu uns zu kommen. Heute aber sind erst neunundzwanzig Tage vergangen! Ich habe genau mitgezählt!‹ Der Prophet (S) entgegnete: ›Dieser Monat hat nur neunundzwanzig Tage!‹

ʿĀʾiša erzählte:

›Im Anschluss an diese Ereignisse offenbarte Gott der Erhabene den Vers: »Wenn ihr beiden euch Gott in Reue wieder zuwendet, tut ihr gut daran! Eure Herzen sind ja vom rechten Weg abgewichen! Wenn ihr euch aber gegen den Propheten wendet, dann seid euch darüber im klaren, dass Gott sein Schutzherr ist!« (at-taḥrīm – 66,4.)

Als Erste von seinen Frauen stellte der Prophet (S) mich vor die Wahl, ob ich ihm weiterhin trotzen wolle oder nicht. Ich entschied mich dafür, ihm wieder zu gehorchen und beizustehen.‹«

ʿUmar Ibn al-Ḫaṭṭāb schloss seinen Bericht mit den Worten:

»Anschließend befragte der Prophet (S) auch seine anderen Ehefrauen. Sie schlossen sich ʿĀʾišas Entscheidung an!«

16 In Ḥafṣas Ahwesenheit soll der Prophet in ihrem Zimmer mit seiner Sklavin Maryam verkehrt haben. Ḥafṣa, so wird berichtet, erfuhr davon und machte ihm eine Szene. Der Prophet leistete darauf ihr gegenüher den Schwur, nicht mehr mit Maryam zu verkehren, wenn Ḥafṣa diese Sache geheimhalte. Ḥafṣa aber erzählte ʿĀʾiša davon.

17 Gott tadelte den Propheten, da er sich mit seinem Schwur gegenüber Ḥafṣa etwas verbot, was Gott ihm erlaubt hatte (vgl. at-taḥrīm – 66,1: vgl. dazu auch Kap. XXX, Abschn. 5).

35

Wenn eine Frau die Nacht außerhalb des Betts ihres Mannes verbringt.

Abū Huraira (R a) berichtet, der Prophet (S) habe gesagt:

Wenn ein Mann seine Frau auffordert, zu ihm ins Bett zu kommen, sie sich aber weigert, so werden die Engel sie bis zum Morgengrauen verfluchen!

36

Usāma berichtet, der Prophet (S) habe erzählt:

Ich stand am Tor zum Paradies. Es waren zumeist arme Leute, die dort eingelassen wurden. Reiche hingegen wurden oft abgewiesen. Wer große Verfehlungen begangen hatte, wurde in die Hölle geworfen. Ich stand auch am Tor zur Hölle, und die Mehrzahl derer, die dort hinein mussten, waren Frauen.

37

»Deine Frau hat ein Recht auf dich!« Dies sagte der Prophet (S), wie Abū Ǧuḥaifa berichtet.

ʿAbdullāh Ibn ʿAmr Ibn al-ʿĀṣ berichtet:

Der Gesandte Gottes (S) fragte mich: »O ʿAbdullāh, ist es wirklich wahr, dass du den ganzen Tag lang fastest und in der Nacht immer wachst, um zu beten?« – »Ja, o Gesandter Gottes«, erwiderte ich. Er sagte: »Hör auf damit! Faste, aber brich das Fasten wieder! Wache in der Nacht, um zu beten, aber schlafe auch! Dein Körper verlangt nach seinem Recht, deine Augen müssen sich erholen, und auch deine Frau hat ein Anrecht auf dich!«

38

Wenn man sich für eine Reise vorbereitet, kann man das Los entscheiden lassen, welche der Ehefrauen mitkommen soll.

Al-Qāsim berichtet auf Autorität von ʻĀʼiša:

Wenn der Prophet (S) sich auf eine Reise vorbereitete, ließ er gewöhnlich das Los entscheiden, welche seiner Frauen ihn begleiten sollten.

Einmal bestimmte das Los ʻĀʼiša und Ḥafṣa, und kurz darauf wurde aufgebrochen. In der Nacht ritt der Prophet (S) immer neben ʻĀʼiša, um sich mit ihr zu unterhalten. Eines Abends sagte Ḥafṣa zu ʻĀʼiša: »Wie wäre es, wenn du heute Nacht mein Kamel reiten würdest und ich das deine? Wäre das nicht interessant?« ʻĀʼiša erwiderte: »Ja, das ist eine gute Idee.«

Und sie tauschten ihre Kamele. Nachdem aufgebrochen worden war, lenkte der Prophet (S) sein Kamel, wie es seine Gewohnheit war, neben das Reittier von ʻĀʼiša, auf dem nun aber Ḥafṣa saß. Er grüßte sie und hielt sich an ihrer Seite, bis abgesessen wurde. ʻĀʼiša aber vermisste den Propheten (S) sehr. Als Halt gemacht wurde, streckte sie ihre nackten Füße im hohen Gras aus und sagte: »O Gott, mach, dass ein Skorpion mich sticht oder eine Schlange mich beißt und ich nicht mehr mit dem Propheten (S) sprechen kann!«

39

Das Ehrgefühl und die Eifersucht.

Al-Muġīra erzählte: »Saʻd Ibn ʻUbāda sagte: ›Wenn ich einen Mann zusammen mit meiner Frau erwischen würde, dann würde ich mit gezogenem Schwert auf ihn losgehen!‹ Der Prophet (S) sagte zu seinen Gefährten: ›Wundert ihr euch über Sa'ds Ehrgefühl? Ich sage euch: Mein Ehrgefühl ist stärker ausgeprägt! Und noch intensiver ist es bei Gott!‹«

Asmā' Bint Abī Bakr (R a) berichtet:

Zu der Zeit, als az-Zubair mich heiratete, besaß er weder Ländereien noch Sklaven, sondern nur sein Pferd und ein Kamel, das zur Bewässerung der Felder eingesetzt wurde. Ich fütterte das Pferd und schöpfte Wasser, ich besserte den Eimer aus und knetete Teig. Mit dem Brotbacken kam ich nicht zurecht. Aber meine Nachbarinnen halfen mir dabei. Sie gehörten zu den Anṣār und waren sehr nette Frauen.

Gewöhnlich trug ich die Datteln von der Plantage az-Zubairs, die der Gesandte Gottes (S) ihm als Lehen übergeben hatte, auf dem Kopf nach Hause. Die Entfernung betrug etwa zwei Drittel eines Farsaḫ.

Eines Tages, als ich wieder mit den Datteln auf dem Weg nach Hause war, begegnete ich dem Gesandten Gottes (S) und einigen Anṣār. Der Prophet (S) rief mich zu sich und gab seinem Kamel Zeichen, niederzuknien, um mich hinter sich aufsitzen zu lassen. Ich aber schämte mich, zusammen mit einem Mann auf einem Kamel zu sitzen. Ich dachte an az-Zubair und seine Eifersucht – er ist der eifersüchtigste Mensch auf der Welt! Der Gesandte Gottes (S) erkannte, dass ich mich in großer Verlegenheit befand, und ritt mit seinen Gefährten davon.

Zu Hause erzählte ich az-Zubair von diesem Vorfall. Ich sagte: »Ich habe den Gesandten Gottes (S) getroffen, als ich die Datteln nach Hause trug. Einige seiner Gefährten waren bei ihm. Der Prophet (S) ließ sein Kamel niederknien, um mich hinter sich aufsitzen zu lassen. Ich genierte mich aber und dachte an dein Ehrgefühl!« Az-Zubair rief: »Bei Gott, es ist schlimmer für mich, dass du die Datteln selbst tragen musst, als dass du zusammen mit dem Propheten (S) auf einem Kamel reitest!«

Asmā' ergänzte zu ihrem Bericht:

Nach diesem Vorkommnis schickte mir Abū Bakr, mein Vater, einen Sklaven, der mir die Sorge um das Pferd abnahm. Ich fühlte mich, als hätte er mir wie einem Sklaven die Freiheit gegeben.

40

Ehrgefühl und Eifersucht bei Frauen; ihre Unmutsbekundungen.

'Ā'iša (R a) berichtet:

Der Gesandte Gottes (S) sagte zu mir: »O 'Ā'iša, ich merke es dir an, wenn du mit mir zufrieden bist und wenn du mir zürnst!« Ich fragte: »Woran merkst du das?« – »Wenn du mit mir zufrieden bist, sagst du: ›Nein, bei dem Gott von Muhammad!‹ Wenn du aber böse mit mir bist, sagst du: ›Nein, bei dem Gott von Abraham (Ibrāhīm)!‹« Ich rief: »Bei Gott, ja, das ist richtig! Aber, o Gesandter Gottes, ich habe da nur deinen Namen weggelassen!«

'Ā'iša berichtet:

Auf keine Frau des Gesandten Gottes (S) war ich so eifersüchtig wie auf Ḫadīǧa! Denn er sprach sehr oft von ihr, er schwärmte von ihr! Und es ist offenbart worden, dass ihr im Paradies ein Schloss aus Gold und Edelsteinen als Lohn für ihre guten Taten gegeben wird.

41

Ein Vater soll dafür eintreten, dass seine Tochter gerecht behandelt und ihre Eifersucht nicht herausgefordert wird.

Al-Miswar Ibn Maḫrama berichtet:

Der Gesandte Gottes (S) stand auf der Kanzel und sagte: »Die Söhne von Hišām Ibn al-Muġīra haben mich um meine Zustimmung gebeten, dass sie ihre Tochter mit ʿAlī Ibn Abī Ṭālib verheiraten. Nein, das erlaube ich nicht! Das gebe ich nicht zu! Ich würde das nur genehmigen, wenn ʿAlī vorher meiner Tochter Fāṭima die Scheidung gibt. Denn Fāṭima ist ein Teil von mir! Es beunruhigt mich, was ihr Sorge macht! Es schmerzt mich, was ihr weh tut!«

42

Wenn eine Frau ihren Mann um Erlaubnis bittet, zur Moschee oder an einen anderen Ort gehen zu dürfen.

Sālim berichtet auf Autorität seines Vaters:

Der Prophet (S) sagte: »Wenn eure Frau darum bittet, zur Moschee gehen zu dürfen, dann hindert sie nicht!«

XXX Die Scheidung

1

Gott der Erhabene sagte: »O Prophet! Wenn ihr euch von euren Frauen scheidet, so tut das unter Berücksichtigung ihrer Wartezeit. Und berechnet die Wartezeit genau!«

(aṭ-ṭalāq – 65,1.)

Scheidung im Sinne der Aussagen des Propheten (S) bedeutet, dass man sich nur von seiner Ehefrau scheiden kann, wenn sie rein ist und man seit ihrer letzten Menstruation keinen Geschlechtsverkehr mit ihr gehabt hat. Ferner sollen zwei Zeugen anwesend sein.

Nāfiʿ berichtet:

Zu Lebzeiten des Gesandten Gottes (S) sprach ʿAbdullāh Ibn ʿUmar (R a) gegenüber seiner Frau die Scheidung aus, als sie gerade ihre Menstruation hatte. ʿUmar Ibn al-Ḫaṭṭāb befragte den Gesandten Gottes (S) zu dieser Angelegenheit, und er erwiderte: »Befiehl ihm, seine Frau zurückzunehmen! Er muss bei ihr bleiben, bis diese und die nächste Monatsblutung vorüber und sie wieder rein ist. Dann kann er seine Ehe mit ihr fortsetzen oder sie entlassen, Letzteres allerdings, bevor er sie wieder angerührt hat. Das ist die Frist, die Gott für die Scheidung vorgeschrieben hat!«

2

Wenn jemand gegenüber seiner Frau die Scheidung ausspricht, während sie ihre Tage hat, so ist diese Scheidung dennoch gültig.

Anas Ibn Sīrīn berichtet:

Ibn ʻUmar erzählte, er habe sich von seiner Frau geschieden, als sie ihre Tage hatte, ʻUmar, sein Vater, berichtete dem Propheten (S) davon, und der Prophet (S) sagte: »Dein Sohn muss seine Frau zurücknehmen!«

Ich fragte Ibn ʻUmar: »Wird diese Scheidung denn angerechnet?« – »Ja, selbstverständlich!«[1]

3

Ist es zulässig, dreimal unmittelbar hintereinander die Scheidung auszusprechen?
Gott der Erhabene sagte: »Es ist erlaubt, die Scheidung zweimal auszusprechen. Nach der zweimaligen Scheidung müsst ihr die Frauen entweder in rechtlicher Weise behalten oder in Güte freigeben!« (al-baqara – 2,229.)

Ibn az-Zubair sagte im Zusammenhang mit einem Kranken, der sich von seiner Frau geschieden hatte: »Ich bin nicht der Ansicht, dass seiner geschiedenen Frau etwas von seiner Hinterlassenschaft zusteht!«
Aš-Šaʻbī sagte: »Die Frau beerbt ihren geschiedenen Mann!« Ibn Šubruma fragte ihn: »Darf die Frau denn wieder heiraten, wenn die vorgeschriebene Wartezeit vorüber ist?« – »Ja, selbstverständlich!« – »Und wenn ihr zweiter

1 Sobald der Mann die Scheidung ausspricht, beginnt die Wartezeit der Frau. Innerhalb dieser Zeit hat der Mann das Recht, die Scheidung zurückzunehmen. Dieses Recht steht ihm zweimal zu. Wenn er zum dritten Mal die Scheidung ausspricht, ist sie unwiderruflich. (Näheres dazu in Abschn. 3.) – Ibn ʻUmars hier erwähnte Scheidung ist in diesem Sinne als die erste oder zweite der drei möglichen Scheidungen anzusehen.

Ehemann stirbt, was geschieht dann? Erbt sie dann auch von ihm?«

Nach diesem Einwand änderte aš-Šaʿbī seine Meinung.

Sahl Ibn Saʿd as-Sāʿidī berichtet:

ʿUwaimir al-Aǧlānī ging zu ʿĀṣim Ibn ʿAdī al-Anṣārī und sagte zu ihm: »O ʿĀṣim, wenn jemand seine Frau mit einem anderen Mann zusammen erwischt, was soll dann geschehen? Soll er ihn töten, um dann nach dem Gesetz der Wiedervergeltung selbst getötet zu werden, oder was soll er tun? O ʿĀṣim, frag doch für mich den Gesandten Gottes (S) nach diesem Problem!«

ʿĀṣim kam dieser Bitte nach. Der Gesandte Gottes (S) aber lehnte es ab, auf diese Frage einzugehen, und missbilligte sie. ʿĀṣim war sehr betrübt darüber. Nachdem er nach Hause zurückgekehrt war, kam ʿUwaimir zu ihm und fragte: »O ʿĀṣim, was hat der Gesandte Gottes (S) gesagt?« ʿĀṣim erwiderte: »Du bringst mir nichts Gutes! Der Gesandte Gottes (S) lehnte es ab, auf diese Frage einzugehen! Er kritisierte sie sehr.« ʿUwaimir sagte: »Bei Gott, ich werde nicht ruhen, bis ich den Gesandten Gottes (S) dazu befragt habe!«

ʿUwaimir kam zum Gesandten Gottes (S), als er gerade mit einigen Leuten zusammensaß. Er fragte: »O Gesandter Gottes, wenn ein Mann seine Frau mit einem anderen Mann zusammen erwischt, soll er ihn dann töten, und anschließend wird er nach dem Gesetz der Wiedervergeltung selbst getötet, oder was soll er tun?« Der Gesandte Gottes (S) erwiderte: »Gott hat für dich und deine Frau eine Offenbarung herabgesandt. Geh und hol deine Frau herbei!«

Sahl fährt in seinem Bericht fort:

Ich und viele andere Leute waren dabei, als ʿUwaimir und seine Frau in Gegenwart des Gesandten Gottes (S) den Verfluchungsschwur[2] leisteten. Anschließend sagte ʿUwaimir: »O Gesandter Gottes, wenn ich sie jetzt noch als Frau behalten würde, hätte ich einen Meineid geleistet!« Und er sprach dreimal hintereinander die Scheidung aus, bevor der Gesandte Gottes (S) ihn dazu auffordern konnte.

ʿĀʾiša berichtet:

Die Frau von Rifāʿa al-Quraẓī kam zum Gesandten Gottes (S) und sagte: »O Gesandter Gottes, Rifāʿa schied sich von mir, und die Scheidung trat in Kraft. Ich heiratete anschließend ʿAbdurraḥmān Ibn az-Zubair al-Quraẓī. Aber er ist impotent!« Der Gesandte Gottes (S) sagte: »Du willst wohl zu Rifāʿa zurück? Nein, das ist nicht möglich, bevor du deine Ehe mit ʿAbdurraḥmān nicht vollzogen hast!«

4

Wenn jemand seine Frauen vor die Wahl stellt, ob sie bei ihm bleiben oder die Scheidung empfangen wollen.
Gott der Erhabene sagte: »Sag zu deinen Frauen: Wenn ihr das irdische Leben und seinen Glanz begehrt, so kommt herbei. Ich werde euch dann ausstatten und auf ordentliche Weise freigeben!« (al-Aḥzāb – 33,28.)

2 Der Verfluchungsschwur sieht folgende Regelung vor: Wenn ein Mann seine Frau des Ehebruchs beschuldigt, ohne dafür Zeugen beibringen zu können, bezeugt er viermal vor Gott, die Wahrheit hinsichtlich des Ehebruchs seiner Frau gesagt zu haben, und ein fünftes Mal, daß Gottes Fluch über ihn kommen möge, falls er die Unwahrheit gesagt haben sollte. Die Frau hat dann die für Ehebruch vorgesehene Strafe zu erwarten, sofern sie nicht denselben Schwur leistet. (Vgl. an-nūr – 24,6 ff.)

ʿĀʾiša (R a) berichtet:

Der Gesandte Gottes (S) stellte uns vor die Wahl, ob wir bei ihm bleiben oder die Scheidung empfangen wollten. Wir entschieden uns für Gott und seinen Propheten. Dies wurde uns nicht als Scheidung angerechnet.

5

Gott der Erhabene sagte: »O Prophet! Warum erklärst du für verboten, was Gott dir erlaubt hat?« (at-taḥrīm – 66,1.)

ʿĀʾiša (R a) berichtet:

Eines Tages war der Prophet (S) länger als sonst bei Zainab Bint Ǧaḥš. Er trank bei ihr Honig.

Da verabredeten ich und Ḥafṣa miteinander, dass diejenige von uns beiden, zu welcher der Prophet (S) als Nächstes kommen würde, zu ihm sagen solle: »Du riechst nach Miġfār[3] – hast du Miġfār gegessen?« Und wenn er anschließend zu der anderen kommen würde, sollte sie in gleicher Weise zu ihm sprechen.

So geschah es dann auch. Der Prophet (S) rief: »Nein, ich habe keinen Miġfār gegessen. Ich habe bei Zainab Honig getrunken. Nie wieder werde ich Honig trinken!«

Darauf offenbarte Gott der Erhabene: »O Prophet, warum erklärst du für verboten, was Gott dir erlaubt hat?« (at-taḥrīm – 66,1.)

ʿĀʾiša (R a) berichtet:

Sehr gern aß der Gesandte Gottes (S) Honig und andere Süßigkeiten. Gewöhnlich ging er nach dem Nachmittagsgebet zu

3 Miġfār: das sehr unangenehm riechende Harz des ʿUrfut, eines Baums aus der Gattung der Mimosengewächse.

seinen Frauen und blieb bei einer von ihnen. Eines Tages war er bei Ḥafṣa Bint ʿUmar und blieb länger als sonst bei ihr. Das machte mich eifersüchtig. Ich erkundigte mich nach dem Grund dieses außergewöhnlichen Verhaltens und erfuhr, dass eine Frau aus Ḥafṣas Verwandtschaft ihr Honig mitgebracht und Ḥafṣa dem Propheten (S) davon zu trinken gegeben hatte.

Ich sagte: »Bei Gott, wir sollten ihm wirklich einen Streich spielen!«

Zu Sauda Bint Zamʿa sagte ich: »Der Prophet (S) wird bald zu dir kommen. Wenn er sich dir nähert, sag: ›O Prophet, hast du Miġfār gegessen?‹ Er wird das verneinen. Sag dann: ›Was ist das für ein merkwürdiger Geruch?‹ Er wird antworten: ›Ḥafṣa gab mir Honig zu trinken!‹ Sag dann zu ihm: ›Die Bienen müssen am ʿUrfuṭ genascht haben!‹ Ich werde ihm dasselbe erzählen, und du auch, o Ṣafiya!«

Später berichtete Sauda, was sich ereignet hatte. Sie erzählte: »Bei Gott, kaum war der Prophet (S) an meine Tür getreten, da wollte ich schon zu ihm sprechen, wie du es dir ausgedacht hast! Als er sich mir näherte, sagte ich: ›O Gesandter Gottes, hast du Miġfār gegessen?‹ Er erwiderte: ›Nein.‹ – ›Aber was ist das für ein merkwürdiger Geruch?‹ – ›Ḥafṣa gab mir Honig zu trinken!‹ Ich sagte: ›Die Bienen müssen am ʿUrfuṭ genascht haben!‹«

ʿĀʾiša fährt in ihrem Bericht fort:

Als der Prophet (S) zu mir kam, sprach ich zu ihm, wie Sauda es getan hatte. Und auch Ṣafiya hielt sich an unsere Abmachung. Einige Zeit später kam der Prophet (S) wieder zu Ḥafṣa. Sie fragte ihn: »O Gesandter Gottes, möchtest du wieder Honig trinken?« Er erwiderte: »Nein, ich habe kein Verlangen danach!«

'Āʾiša schloss ihren Bericht mit den Worten:

Sauda sagte zu mir: »Bei Gott, wir haben ihn um den Genuss des Honigs gebracht!« Ich sagte: »Schweig davon!«

6

Wenn die Frau sich gegen Entgelt von ihrem Mann scheidet. Gott der Erhabene sagte: »Und es ist euch nicht erlaubt, etwas von dem, was ihr ihnen als Brautgeld gegeben habt, zurückzunehmen, es sei denn, die beiden Ehepartner fürchten, Gottes Gebote nicht einhalten zu können.«

(al-baqara – 2,229.)

'Umar erlaubte es, dass die Frau sich gegen Entgelt von ihrem Mann scheidet, ohne dass die Obrigkeit darauf in irgendeiner Weise Einfluss nimmt.

'Uṯmān erklärte diese Form der Scheidung für zulässig, sofern das Haarband der Frau dabei nicht angerührt wird.

Ṭāwus sagte zu dem Vers: »... es sei denn, die beiden Ehepartner fürchten, Gottes Gebote nicht einhalten zu können« (al-baqara – 2,229): »Das ist die Vorschrift Gottes für beide Ehepartner hinsichtlich ihres Verhaltens zueinander im familiären und außerfamiliären Bereich!«

Ibn 'Abbās berichtet:

Die Frau von Ṯābit Ibn Qais kam zum Propheten (S) und sagte: »O Gesandter Gottes, ich kann Ṯābit nichts hinsichtlich seines Charakters oder seines Glaubens vorwerfen, aber ich fürchte, gegen die Gesetze des Islams zu verstoßen, wenn ich weiterhin seine Frau bleibe.« Der Prophet (S) fragte sie: »Bist du bereit, ihm den Garten, den er dir als Brautgeld gegeben hat, zurückzugeben?« – »Ja.«

Im Anschluss an dieses Gespräch sagte der Gesandte Gottes

(S) zu Ṯābit: »Nimm den Garten zurück und gib ihr die Scheidung!«

7

Gott der Erhabene sagte: »Männer, die schwören, sich von ihren Frauen fernzuhalten, haben eine Wartezeit von vier Monaten. Wenn sie ihr Vorhaben innerhalb dieses Zeitraums aufgeben, wird Gott barmherzig mit ihnen sein und ihnen vergeben. Sind sie aber zur endgültigen Scheidung entschlossen, dann soll es so sein. Gott hört und weiß alles!«

(al-baqara – 2,226 f.)

Nāfi' berichtet:

Ibn 'Umar (R a) sagte zur Aufhebung der ehelichen Gemeinschaft durch den Eid des Mannes, den Gott der Erhabene in seiner Offenbarung angesprochen hat: »Nach Ablauf der Wartezeit muss der Mann seine Frau in rechtlicher Weise behalten oder sie endgültig entlassen, wie Gott – er ist mächtig und erhaben – es vorgeschrieben hat.«

Ibn 'Umar sagte ferner: »Wenn die vier Monate verstrichen sind, soll der Mann angehalten werden, die Scheidung auszusprechen. Denn die Scheidung kann nur in Kraft treten, wenn der Mann sie ausgesprochen hat.«

In diesem Sinne haben sich auch 'Uṯmān, 'Alī, Abū Dardā', 'Ā'iša und zwölf weitere Gefährten des Propheten (S) geäußert.

8

Wenn ein Mann seine Vaterschaft leugnet.

Abū Huraira berichtet:

Ein Mann kam zum Propheten (S) und sagte: »O Gesandter Gottes, meine Frau hat ein dunkelhäutiges Kind geboren. Kann ich der Vater des Kindes sein – ich habe doch helle Haut?« Der Prophet (S) fragte ihn: »Besitzt du Kamele?« – »Ja.« – »Welche Farbe haben sie?« – »Sie sind rot!« – »Ist auch ein graues Kamel dabei?« – »Ja.« – »Wieso hat es diese Farbe?« – »Vielleicht hat es solche Erbanlagen.« Da sagte der Prophet (S): »Vielleicht ist es bei deinem Kind genauso!«

9

Der Prophet (S) sagte: »Wenn ich jemanden ohne eindeutige Beweise steinigen könnte!«

Al-Qāsim Ibn Muḥammad berichtet:

Ibn ’Abbās erzählte:

»In Gegenwart des Propheten (S) wurde über den Verfluchungsschwur gesprochen, und auch ‘Āṣim Ibn ‘Adī äußerte sich dazu. Anschließend entfernte ‘Āṣim sich. Wenig später kam ein Mann zu ‘Āṣim und klagte ihm sein Leid. Er erzählte, er habe seine Frau mit einem anderen Mann zusammen erwischt. ‘Āṣim sagte zu ihm: ›Ich kann dazu nur das sagen, was du schon weißt!‹

‘Āṣim ging mit dem Mann zum Propheten (S) und erzählte ihm, was geschehen war. Der Mann, der Klage gegen seine Frau führte, hatte ein bleiches Gesicht, eine hagere Figur und glattes Haar. Der Mann aber, den er beschuldigte, war korpulent, dunkelhäutig und kräftig gebaut.

Nachdem der Prophet (S) den Bericht vernommen hatte, rief er: ›O Gott, zeig mir die Wahrheit auf!‹

Einige Zeit später gebar die Frau ein Kind, das jenem Mann ähnlich sah, den ihr Mann als Ehebrecher bezeichnet hatte. Der Prophet (S) ließ darauf die Ehepartner den Verfluchungsschwur sprechen.«

Ein Mann sagte zu Ibn ʿAbbās:

»Das war die Frau, wegen der der Prophet (S) gesagt hat: ›Wenn ich jemanden ohne eindeutige Beweise steinigen könnte, so würde ich diese Frau steinigen!‹« Ibn ʿAbbās aber entgegnete: »Nein, das ist nicht richtig! Er sagte das wegen einer Frau, die sich in sehr anstößiger Weise gegenüber dem Islam verhalten hat!«

10

Was passiert mit dem Brautgeld, wenn der Verfluchungsschwur geleistet wurde?

Aiyūb berichtet:

Saʿīd Ibn Ǧubair erzählte: »Ich fragte Ibn ʿUmar: ›Was passiert, wenn ein Mann seine Frau des Ehebruchs beschuldigt?‹ Er erwiderte: ›Der Prophet (S) behandelte einmal einen solchen Fall – es war ein Ehepaar von den Banū al-ʿAǧlān[4]. Der Mann warf seiner Frau vor, Ehebruch begangen zu haben, und die Frau bestritt das. Der Prophet (S) sagte zu ihnen: »Gott weiß, dass einer von euch beiden lügt! Bereust du oder du diese Lüge?« Sie weigerten sich. Erneut sagte der Prophet (S): »Gott weiß, dass einer von euch beiden lügt! Bereust du oder du?« Wieder weigerten sie sich. Und der Prophet (S) sagte ein drittes Mal: »Gott weiß, dass einer von euch beiden lügt! Bereust

4 Banū al-ʿAǧlān: ein Stamm im heutigen Irak.

du oder du?« Sie aber blieben bei ihrer Weigerung! Darauf ließ der Prophet (S) sie den Verfluchungsschwur sprechen und erklärte sie für geschieden.‹«

Aiyūb fährt in seinem Bericht fort:

'Amr Ibn Dinār sagte, nachdem ich ihm dies erzählt hatte: »Zu diesem Hadith gehört noch etwas, das du nicht erwähnt hast! Sa'īd erzählte: ›Der geschiedene Mann fragte: »Was passiert mit dem Brautgeld, das ich ihr gegeben habe?« Man antwortete ihm: »Dir steht nichts davon zu! Denn wenn du die Wahrheit gesagt hast, hast du doch die Ehe mit ihr vollzogen. Und wenn du gelogen hast, stehen dir erst recht keine Ansprüche zu!‹«

11

Im Falle des Verfluchungsschwurs ist das Kind der Frau zuzusprechen.

Ibn 'Umar berichtet:

Der Prophet (S) ließ ein Ehepaar den Verfluchungsschwur aussprechen. Im Anschluss daran weigerte sich der Mann, seine Vaterschaft an ihrem Kind anzuerkennen. Der Prophet (S) erklärte die beiden für geschieden und sprach das Kind der Frau zu.

12

Gott der Erhabene sagte: »Und wenn ihr bei denen von euren Frauen, die keine Menstruation mehr haben, Zweifel hinsichtlich ihrer Wartezeit habt, so soll sie drei Monate betragen.« (aṭ-ṭalāq – 65,4.)

Muǧāhid sagte: »Bei Frauen, von denen ihr nicht wisst, ob sie ihre Menstruation noch haben oder nicht, und bei Frauen, die ihre Menstruation noch nicht haben, beträgt die Wartezeit vor Wiederverheiratung drei Monate.«

13

Gott der Erhabene sagte: »Und bei schwangeren Frauen ist der Termin der Geburt maßgebend.« (aṭ-ṭalāq – 65,4.)

Umm Salama, die Frau des Propheten (S), berichtet:

Eine Frau von den Banū Aslam[5] – sie hieß Subai'a – verlor ihren Mann, als sie ein Kind erwartete. Wenig später hielt Abū as-Sanābil Ibn Ba'kak um sie an, sie aber lehnte sein Angebot ab. Als Abū as-Sanābil erfuhr, dass sie schwanger war, sagte er: »Ja, bei Gott! Es ist nicht rechtens, dass du heiratest, bevor die letzte der beiden Wartezeiten[6] vorüber ist!«

Subai'a wartete, bis nach ihrer Niederkunft etwa zehn Tage vergangen waren. Darauf ging sie zum Propheten (S), um ihn um Auskunft zu bitten. Er sagte: »Ja, jetzt kannst du heiraten!«

14

Die Trauerzeit einer Frau, deren Mann gestorben ist, beträgt vier Monate und zehn Tage.

Ḥumaid Ibn Nāfi' berichtet:

Zainab Bint Abī Salama erzählte mir folgende drei Hadithe:

5 Banū Aslam: Stamm aus der Region südlich von Medina.
6 Die beiden Wartezeiten: für die Witwe gilt eine Wartezeit von vier Monaten und zehn Tagen nach dem Tod ihres Mannes (vgl. Abschn. 14), für schwangere Frauen dauert die Wartezeit bis nach ihrer Niederkunft.

»Ich kam zu Umm Ḥabība, der Frau des Propheten (S), als ihr Vater Abū Sufyān Ibn Ḥarb gestorben war. Sie ließ sich Parfüm bringen und parfümierte zunächst eine Dienerin, um sich dann selbst die Backen damit einzureiben. Sie sagte: ›Eigentlich habe ich nicht das Bedürfnis, mich zu parfümieren, aber ich hörte, dass der Gesandte Gottes (S) gesagt hat: »Eine Frau, die an Gott und den Jüngsten Tag glaubt, soll um einen Toten nicht länger als drei Tage trauern, es sei denn, er war ihr Ehemann. In diesem Fall beträgt die Trauerzeit vier Monate und zehn Tage!«‹

Ich kam zu Zainab Bint Ǧaḥš, als ihr Bruder gestorben war. Sie ließ sich Parfüm geben, rieb sich damit ein und sagte: ›Bei Gott, eigentlich habe ich gar nicht den Wunsch nach Parfüm, aber ich hörte den Gesandten Gottes (S), als er von der Kanzel herab verkündete: »Eine Frau, die an Gott und den Jüngsten Tag glaubt, soll nicht länger als drei Tage um einen Toten trauern. Und wenn ihr Ehemann gestorben ist, beträgt die Trauerzeit vier Monate und zehn Tage.«‹

Und Umm Salama, meine Mutter, erzählte mir Folgendes: ›Eine Frau kam zum Gesandten Gottes (S) und sagte: »O Gesandter Gottes, mein Schwiegersohn ist gestorben, und meine Tochter, die Witwe, hat ein Augenleiden. Darf sie ihre Augen mit Kuḥl[7] bestreichen?« Der Gesandte Gottes (S) erwiderte: »Nein!« Zwei- oder dreimal beantwortete er ihre Frage abschlägig. Darauf sagte er: »Ihre Trauerzeit beträgt vier Monate und zehn Tage. In vorislamischer Zeit durfte eine verwitwete Frau erst nach Ablauf eines Jahres den Dung wegwerfen!«‹«

7 Kuḥl: aus pulverisiertem Antimon hergestellte Paste zum Schwarzfärben der Augenlider.

Ḥumaid fährt in seinem Bericht fort:
Ich fragte Zainab Bint Abī Salama: »Was bedeutet das, dass eine verwitwete Frau erst nach Ablauf eines Jahres den Dung wegwerfen durfte?« Sie erwiderte: »Wenn in vorislamischer Zeit ein Mann gestorben war, zog die Witwe sich in eine Hütte zurück und zog ihr schlechtestes Kleid an. Sie rührte keinerlei Parfüm an, bis ein Jahr vergangen war. Nach Ablauf des Jahres brachte man ihr ein Tier – einen Esel, ein Schaf oder einen Vogel. An diesem Tier rieb sie sich, und meistens starb es dabei. Darauf trat die Frau aus der Hütte heraus, und man reichte ihr Dung. Diesen Dung warf sie weg. Und dann erst durfte sie wieder Parfüm und Ähnliches nach Belieben verwenden!«

XXXI Das Essen

1

Gott der Erhabene sagte: »Esst von den guten Dingen, die wir euch gegeben haben!« (al-baqara – 2,172.)

Er sagte ferner: »Spendet von dem Guten, das ihr erworben habt!« (al-baqara – 2,267.)

»Esst von den guten Dingen und tut, was rechtens ist! Ich weiß genau, was ihr tut!« (al-mu'minūn – 23,51.)

Abū Mūsā al-Aš'arī (R a) berichtet, der Prophet (S) habe gesagt:

Speist den Hungrigen, besucht den Kranken und gebt den Gefangenen frei!

2

Man spreche den Namen Gottes über dem Essen aus und esse mit der rechten Hand.

'Umar Ibn Abī Salama berichtet:

Als kleiner Junge stand ich unter der Vormundschaft des Gesandten Gottes (S). Beim Essen griff ich damals immer völlig gedankenlos mit der Hand in die Schüsseln. Eines Tages sagte der Gesandte Gottes (S) zu mir: »O mein Junge! Sag zuerst: ›Im Namen Gottes‹, nimm dann beim Essen nur die rechte Hand und greif immer nur in die Schüssel, die dir am nächsten ist!«

Noch heute esse ich so, wie er es mir damals befahl.

3

Man esse mit der rechten Hand; auch bei anderen Tätigkeiten hat die rechte Seite Vorrang.

'Ā'iša (R a) berichtet:

Der Prophet (S) liebte es, auf der rechten Seite anzufangen, wenn er sich wusch, die Schuhe anzog und sich das Haar kämmte.

4

Wenn jemand isst, bis er satt ist.

Anas Ibn Mālik berichtet:

Abū Ṭalḥa sagte zu Umm Sulaim: »Eben hörte ich den Gesandten Gottes (S) – seine Stimme klang müde und kraftlos! Ich glaube, er hat Hunger. Hast du etwas zum Essen im Haus?« Umm Sulaim holte einige Fladen Gerstenbrot und packte sie in ein Tuch. Dieses Bündel befestigte sie unter meinem Kleid und schickte mich damit zum Gesandten Gottes (S). Er war in der Moschee, und einige Leute waren bei ihm. Ich trat zu ihnen, und der Gesandte Gottes (S) fragte: »Hat Abū Ṭalḥa dich geschickt?« – »Ja«, erwiderte ich. »Bringst du uns etwas zu essen?« – »Ja.« Der Gesandte Gottes (S) wandte sich an die Leute und sagte: »Steht auf und kommt mit!« Ich ging ihnen voraus zu Abū Ṭalḥa.

Abū Ṭalḥa rief: »O Umm Sulaim, der Gesandte Gottes (S) kommt mit seinen Gefährten zu uns! Aber wir haben doch nicht genug Essen für sie alle!« Umm Sulaim sagte: »Gott und sein Gesandter wissen das am besten!«

Abū Ṭalḥa verließ das Haus, um dem Gesandten Gottes (S) entgegenzugehen. Wenig später traten die beiden bei uns ein.

Der Gesandte Gottes (S) sagte: »O Umm Sulaim, gib uns zu essen, was du da hast!« Umm Sulaim holte das Brot. Der Prophet (S) wies sie an, es in kleine Stücke zu brechen, und Umm Sulaim presste die Butter aus dem Schlauch und verteilte sie auf dem Brot.

Der Gesandte Gottes (S) rief darauf Gott an und sagte zu seinen Gefährten: »Zehn von euch sollen hereinkommen!« Sie traten ein und aßen, bis sie satt waren. Anschließend ließ der Prophet (S) die nächsten zehn hereinkommen, und auch sie aßen sich satt. Dann kam die nächste Gruppe von zehn Männern, und so ging es weiter, bis schließlich alle gesättigt waren. Und es waren achtzig Leute!

ʿAbdurraḥmān Ibn Abī Bakr (R a) berichtet:

Wir waren mit dem Propheten (S) auf einer Reise. Insgesamt waren wir hundertdreißig Leute.

Der Prophet (S) fragte: »Hat jemand etwas zum Essen dabei?« Einer der Leute hatte etwa ein Ṣāʿ Mehl mitgebracht, und wir verarbeiteten es zu Teig.

Ein hochgewachsener Götzendiener kam mit einer Schafherde vorüber. Der Prophet (S) fragte ihn: »Verkaufst oder schenkst du uns eines deiner Schafe?« Er antwortete: »Ich kann euch ein Schaf verkaufen!« Der Prophet (S) kaufte eines der Tiere, und wir schlachteten es. Dann wies er uns an, die Leber des Schafs zu braten.

Ich schwöre bei Gott! Jeder von den hundertdreißig Leuten erhielt einen Teil von der Leber! Allen, die da waren, gab der Prophet (S) seinen Anteil! Und für jene, die gerade abwesend waren, legte er die Portionen beiseite!

Anschließend legten wir das gebratene Fleisch in zwei große Schüsseln, und wir alle aßen, bis wir satt waren. Es blieb sogar noch etwas übrig! Die Reste packte ich auf das Kamel!

5

Feines, in dünne Scheiben geschnittenes Brot; die Benutzung eines Esstisches oder eines Speisetuchs.

Qatāda berichtet:

Anas (R a) erzählte: »Niemals sah ich den Propheten (S) aus kostbarem Geschirr essen! Niemals aß er feines, in dünne Scheiben geschnittenes Brot, und nie aß er an einem Tisch!«

Qatāda fährt in seinem Bericht fort:

Jemand fragte mich: »Wie aß der Prophet (S), wenn er keinen Tisch benutzte?« Ich erwiderte: »Man servierte das Essen damals auf großen Speisetüchern!«

Anas berichtet:

Als der Prophet (S) Ṣafiya heiratete, rief ich die Muslime zum Essen zusammen. Der Prophet (S) ließ Lederteppiche auf dem Boden ausbreiten, und Datteln, Quark und Butter wurden darauf angerichtet!

6

Der Prophet (S) rührte keine Speise an, bevor man ihm sagte, um was es sich handelt.

Ibn ʿAbbās berichtet:

Ḫālid Ibn al-Walīd, der »Schwert Gottes« genannt wird, erzählte, er sei einmal mit dem Gesandten Gottes (S) zu Maimūna gegangen, die seine und meine Tante mütterlicherseits ist. Und Maimūna hatte gerade eine gebackene Eidechse im Haus, die ihre Schwester Ḥufaida Bint al-Ḥariṯ aus dem Naǧd mitgebracht hatte. Diese Eidechse servierte sie dem Gesandten Gottes (S).

Der Prophet (S) rührte im Allgemeinen keine Speise an, bevor man ihm sagte, um was es sich handelt. An diesem Tag aber griff er nach dem Essen, ohne zu wissen, was es ist. Da sagte eine der Frauen: »Sagt doch dem Gesandten Gottes (S), was das ist! O Gesandter Gottes (S), es ist Eidechse!«

Da zog er seine Hand zurück. Ḫālid Ibn al-Walīd fragte: »O Gesandter Gottes, ist der Genuss von Eidechsenfleisch verboten?« – »Nein«, erwiderte er, »aber dieses Tier kommt im Land meines Volkes nicht vor. Aus diesem Grund möchte ich es nicht essen!«

Ḫālid Ibn al-Walīd ergänzte zu seinem Bericht: »Ich zerlegte die Eidechse und aß sie. Der Gesandte Gottes (S) schaute mir dabei zu.«

7

Ein Essen für eine Person reicht auch für zwei.

Abū Huraira (Ra) berichtet, der Gesandte Gottes (S) habe gesagt:

Ein Essen für zwei Personen reicht auch für drei! Und ein Essen für drei Personen ist genug für vier!

8

»Der Gläubige ist mit wenig Essen zufrieden!«
Dies sagte der Prophet (S), wie Abū Huraira berichtet.

Nāfiʿ berichtet:

Ibn ʿUmar pflegte nur dann zu essen, wenn ein armer Mann ihm dabei Gesellschaft leistete und mit ihm aß. Eines Tages brachte ich einen Bedürftigen mit zu ihm, und dieser Mann aß sehr viel.

Später sagte Ibn ʿUmar zu mir: »O Nāfiʿ, bring diesen Mann nie wieder mit! Denn ich hörte, dass der Prophet (S) gesagt hat: ›Der Gläubige ist mit einem Teil der Innereien zufrieden, während der Ungläubige deren sieben verschlingt!‹«

9

Wenn jemand sich beim Essen zurücklehnt.

Abū Ǧuḥaifa berichtet:

Einmal war ich beim Propheten (S), als er zu einem Mann sagte: »Niemals esse ich und lehne mich dabei zurück!«

10

Niemals übte der Prophet (S) Kritik am Essen.

Abū Huraira berichtet:

Niemals rügte der Prophet (S) ein Essen. Wenn es ihm schmeckte, aß er. Und wenn es ihm nicht schmeckte, ließ er es stehen!

11

Was der Prophet (S) und seine Gefährten gegessen haben.

Abū Huraira berichtet:

Einmal verteilte der Prophet (S) Datteln unter seinen Gefährten. Jedem gab er sieben Datteln. Auch mir gab er sieben Datteln, eine davon aber war trocken und hart.

Und doch hat keine andere Dattel mir so viel Freude bereitet wie diese! Denn ich konnte lange auf ihr herumkauen!

Abū Ḥāzim berichtet:

Ich fragte Sahl Ibn Sa'd: »Hat der Gesandte Gottes (S) jemals Brot gegessen, das aus reinem Mehl gebacken war?« Er erwiderte: »Nein, niemals, seit Gott ihm offenbarte bis zu seinem Tod, hat er solches Brot gegessen!« Ich fragte: »Habt ihr zu Lebzeiten des Gesandten Gottes (S) Siebe verwendet, um das Getreide zu reinigen?« – »Nein, das habe ich nie gesehen!« – »Aber wie konntet ihr Brot essen, ohne ein Sieb für die Reinigung des Mehls zu benutzen?« – »Wir haben das Getreide gemahlen und anschließend kräftig in das Mehl geblasen! Die Kleie flog dann weg, und das Mehl bereiteten wir zu!«

Sa'īd al-Maqburī berichtet:

Abū Huraira (R a) erzählte, er sei einmal bei einigen Leuten vorübergekommen, die gerade ein Schaf gebraten hatten. Sie luden ihn ein, mit ihnen zu essen, er aber lehnte ihr Angebot ab und sagte: »Der Gesandte Gottes (S) hat diese Welt verlassen, ohne auch nur ein Gerstenbrot gegessen zu haben!«

12

Über einige Speisen.

Abū Mūsā al-Aš'arī berichtet, der Gesandte Gottes (S) habe gesagt:

Der Gläubige, der den Koran rezitiert, ist wie die süße Zitrone, die gut riecht und angenehm schmeckt. Der Gläubige, der den Koran nicht rezitiert, ist wie die Dattel, die keinen Geruch an sich hat, aber lecker schmeckt. Der Heuchler, der den Koran rezitiert, ist wie die Myrrhe, die angenehm duftet und bitter schmeckt. Und der Heuchler, der den Koran nicht rezitiert, ist wie die Koloquinte, die nicht riecht und bitter schmeckt.

Abū Huraira berichtet, der Prophet (S) habe gesagt:

Das Reisen ist eine Qual! Es raubt einem den Schlaf und den Appetit. Wer den Zweck seiner Reise erreicht hat, sollte schleunigst nach Hause zurückkehren!

13

Süßigkeiten und Honig.

'Ā'iša (R a) berichtet:

Der Gesandte Gottes (S) aß sehr gern Süßigkeiten und Honig.

14

Knoblauch und Zwiebeln.

'Abdul 'azīz berichtet:

Jemand fragte Anas: »Hat der Prophet (S) etwas über den Knoblauch gesagt?« Anas erwiderte: »Ja. Er sagte: ›Wer Knoblauch gegessen hat, soll sich ja nicht unserer Moschee nähern!‹«

Ǧābir Ibn 'Abdullāh (R a) berichtet, der Gesandte Gottes (S) habe gesagt:

Wer Knoblauch oder Zwiebeln gegessen hat, soll sich von uns und unserer Moschee fernhalten!

15

Nach dem Essen soll man seine Finger gründlich ablecken und sie erst dann mit einem Tuch abwischen.

Ibn 'Abbās berichtet, der Prophet (S) habe gesagt:

Wenn ihr mit dem Essen fertig seid, wischt eure Hände nicht ab, bevor ihr sie gründlich abgeleckt habt!

16

Wenn ein Mann zum Essen eingeladen ist und sagt: »Ich habe noch jemanden mitgebracht!«
Anas sagte: »Wenn du zu einem rechtschaffenen Muslim kommst, dann iss und trink bei ihm.«

Abū Mas'ūd al-Anṣārī berichtet:

Ein Mann von den Anṣār namens Abū Šu'aib hatte einen Sklaven, der Fleischer war.

Eines Tages kam Abū Šu'aib zum Propheten (S), als er gerade mit einigen seiner Gefährten zusammensaß. Abū Šu'aib sah es dem Propheten (S) an, dass er hungrig war. Er begab sich zu seinem Sklaven und sagte: »Mach Essen für fünf Personen! Ich möchte den Propheten (S) und vier seiner Gefährten zum Essen einladen!«

Der Sklave machte sich an die Arbeit, und Abū Šu'aib ging zum Propheten (S) zurück und lud ihn und seine Gefährten zu sich ein. Sie nahmen die Einladung an. Und noch ein weiterer Mann wollte mit ihnen kommen. Der Prophet (S) sagte: »O Abū Šu'aib, dieser Mann möchte mit uns essen. Erlaubst du, dass er mit uns kommt, oder möchtest du das nicht?« Abū Šu'aib erwiderte: »Ja, er soll mit uns essen!«

XXXII Die Getränke

1

Gott der Erhabene sagte: »Der Wein, das Glücksspiel, die Götzenbilder und die Losspiele sind ein Gräuel, ein Werk des Teufels! Meidet sie! Vielleicht ergeht es euch dann wohl!« (al-mā'ida – 5,90.)

'Abdullāh Ibn 'Umar (R a) berichtet, der Gesandte Gottes (S) habe gesagt:

Wer im Diesseits Wein trinkt, ohne dafür Buße zu tun, dem werden die Freuden des Jenseits vorenthalten bleiben!

Abū Huraira (R a) berichtet:

Zwei Trinkschalen wurden dem Gesandten Gottes (S) in Jerusalem während seiner nächtlichen Himmelsreise angeboten. Die eine enthielt Wein und die andere Milch. Der Prophet (S) betrachtete die beiden Gefäße und griff dann nach der Milch. Da sagte Gabriel (Ǧibrā'īl): »Gott sei gepriesen! Er hat dir den rechten Weg gewiesen! Hättest du nach dem Wein gegriffen, so würdest du deine Gemeinde in die Irre führen!«

Anas (R a) berichtet:

Ich hörte ein Hadith vom Gesandten Gottes (S), das euch niemand außer mir erzählen kann!

Er sagte: »Zu den Vorzeichen der Stunde des Gerichts gehört, dass die Unwissenheit sich verbreitet, während das Wissen einen Niedergang erfährt, dass die Menschen Ehebruch begehen und Wein trinken und dass die Zahl der Männer ab- und die der Frauen zunimmt, bis ein einziger Mann für fünfzig Frauen aufkommen muss!«

Abū Huraira (R a) berichtet, der Prophet (S) habe gesagt:

Ein Mensch, der Ehebruch begeht, ist nicht gläubig, während er sich dieses Vergehens schuldig macht. Wer Wein trinkt, ist währenddessen nicht gläubig. Und wenn jemand einen Diebstahl begeht, ist er dabei nicht gläubig.

2

Wein kann aus Trauben und anderen Zutaten hergestellt werden.

Anas berichtet:

Als uns der Genuss von Wein verboten wurde, gab es hier in Medina sehr wenig Wein aus Trauben. Zumeist wurde Wein bei uns aus reifen oder unreifen Datteln hergestellt.

Ibn ʻUmar (R a) berichtet:

ʻUmar Ibn al-Ḫaṭṭāb stand auf der Kanzel und sagte: »Zur Sache: Es wurde uns offenbart, dass der Genuss von Wein verboten ist! Wein kann aus Trauben, Datteln, Honig, Weizen und Gerste hergestellt werden. Und als Wein bezeichnen wir jedes Getränk, das den Verstand trübt!«

3

Honigwein.
Maʻn erzählte: »Ich fragte Mālik Ibn Anas, ob der Genuss von Fuqqāʻ, ein aus zerkleinerten Weintrauben hergestelltes Getränk, erlaubt sei. Mālik sagte: ›Wenn dieses Getränk nicht berauscht, kannst du es bedenkenlos trinken!‹«

ʿĀʾiša berichtet:

Jemand fragte den Gesandten Gottes (S) nach dem Honigwein. Er sagte: »Jedes Getränk, das berauscht, ist verboten!«

4

Dattelsaft darf getrunken werden, sofern er nicht berauscht.

Sahl Ibn Saʿd as-Sāʿidī berichtet:

Abū Usaid as-Sāʿidī lud den Propheten (S) zu seiner Hochzeit ein. Seine Frau, die an diesem Tag seine Braut war, bediente die Gäste.

Später erzählte sie ihren Freundinnen: »Wisst ihr, was ich dem Gesandten Gottes (S) zu trinken gab? In der Nacht vor meiner Hochzeit habe ich Datteln mit Wasser in einem hölzernen Gefäß aufgesetzt. Von diesem Saft gab ich ihm!«

5

Milch.

Gott der Erhabene sagte: »Wir geben euch von dem, was sie in ihren Körpern haben, zu trinken – etwas zwischen Mageninhalt und Blut – reine Milch, die so angenehm durch die Kehle läuft!« (an-naḥl – 16,66.)

Abū Huraira (Ra) berichtet, der Gesandte Gottes (S) habe gesagt:

Welch herrliche Spende ist doch eine Kamelin und ein Schaf, die reichlich Milch geben – am Morgen eine Schale und am Abend eine zweite!

Anas Ibn Mālik berichtet, der Prophet (S) habe gesagt:

Ich wurde zum Lotosbaum im siebten Himmel geführt. Vier Flüsse sah ich dort – zwei diesseitige und zwei jenseitige. Die beiden ersteren waren der Nil und der Euphrat, und die beiden anderen waren die Flüsse des Paradieses. Drei Trinkschalen wurden mir gereicht. Die eine enthielt Milch, die andere Honig und die dritte Wein. Ich griff nach der Milch und trank. Da wurde zu mir gesagt: »Du und deine Gemeinde haben den rechten Weg eingeschlagen!«

6

Frisches Wasser.

Anas Ibn Mālik berichtet:

Abū Ṭalḥa besaß mehr Dattelpalmen als alle anderen Anṣār in Medina. Und am liebsten war ihm die Plantage, die der Moschee gegenüber lag und Bairuḥā' genannt wurde. Der Gesandte Gottes (S) ging oft in diesen Garten und trank dort von dem wohlschmeckenden Wasser.

Nachdem der Vers: »Ihr werdet nicht wirklich fromm sein, bevor ihr nicht von dem spendet, was euch lieb ist« (āl ʻImrān – 3,92), geoffenbart worden war, ging Abū Ṭalḥa zum Gesandten Gottes (S) und sagte: »O Gesandter Gottes! Gott hat doch diesen Vers geoffenbart, und mir ist nichts von meinem Besitz lieber als Bairuḥā'! Diesen Garten möchte ich spenden, und ich hoffe, dann die wahre Frömmigkeit zu erlangen und Gottes Lohn zu verdienen! O Gesandter Gottes, verfüge über diese Plantage, wie Gott es dich gelehrt hat!«

Der Prophet (S) sagte: »O Abū Ṭalḥa, das ist ein einträglicher Besitz! Ich habe dein Angebot zur Kenntnis genommen, aber ich denke, du solltest diesen Garten deinen Verwandten geben!« Abū Ṭalḥa rief: »O Gesandter Gottes, ja, das werde ich tun!«

Und er verteilte den Garten unter seinen Verwandten.

7

Milch gemischt mit Wasser.

Anas Ibn Mālik (R a) berichtet:

Ich sah den Gesandten Gottes (S) Milch trinken.

Als er später zu mir kam, molk ich für ihn ein Schaf und mischte die Milch mit Wasser aus dem Brunnen. Er griff nach dem Becher und trank. Links von ihm saß Abū Bakr, während ein Beduine sich zu seiner Rechten niedergelassen hatte. Diesem Beduinen reichte der Prophet (S) den Becher, nachdem er getrunken hatte, und sagte: »Der rechten Seite gebührt der Vorrang! Beginnt immer auf der rechten Seite!«

8

Wenn jemand im Stehen trinkt.

An-Nazzāl Ibn Sabra berichtet:

ʿAlī (R a) verrichtete das Mittagsgebet und ließ sich anschließend auf dem Platz vor der Moschee in Kufa nieder, um sich bis zum Nachmittagsgebet mit den Angelegenheiten der Menschen zu beschäftigen.

Jemand brachte ihm Wasser, und er trank. Darauf wusch er sich Gesicht und Hände, den Kopf und die Füße. Anschließend erhob er sich, trank das übrige Wasser und sagte: »Manche Leute verabscheuen es, im Stehen zu trinken! Aber auch der Prophet (S) hat im Stehen getrunken, wie ich es gerade getan habe.«

9

Wenn jemand trinkt, während er auf einem Kamel sitzt.

Abū an-Naḍr berichtet:

Umm al-Faḍl Bint al-Ḥariṯ erzählte, sie habe dem Propheten (S) einen Becher mit Milch geschickt, als er in ʻArafa war. Er habe den Becher genommen und getrunken.

Abū an-Naḍr ergänzte zu diesem Hadith:

Der Prophet (S) saß auf seinem Kamel, während er trank.

XXXIII Krankheiten

1

Krankheiten sind eine Sühne für Vergehen.
Gott der Erhabene sagte: »Wenn jemand Böses tut, so wird es ihm vergolten werden!« (an-nisā' – 4,123.)

'Ā'iša (R a), die Frau des Propheten (S), berichtet, der Gesandte Gottes (S) habe gesagt:

Nur dann kommt ein Unheil über den Muslim, wenn Gott ihm damit eine Sühne für seine Vergehen auferlegen will. Das gilt auch für den winzigen Dorn, der ihn sticht.

Abū Sa'īd al-Ḫudrī und Abū Huraira berichten, der Prophet (S) habe gesagt:

Keine Müdigkeit und keine Krankheit, keine Sorge und keine Trauer, kein Schmerz und kein Kummer befällt den Muslim, nicht einmal ein winziger Dorn kann ihn stechen, es sei denn, Gott will ihm damit eine Sühne für seine Verfehlungen auferlegen.

2

Schwere Krankheiten.

'Ā'iša (R a) berichtet:

Niemals sah ich jemanden, der größere Schmerzen ertragen musste, als der Gesandte Gottes (S).

ʿAbdullāh (R a) berichtet:

Ich besuchte den Propheten (S), als er krank war. Er hatte sehr hohes Fieber. Ich sagte zu ihm: »O Gesandter Gottes, du hast sehr hohes Fieber!« Darauf fragte ich: »Wirst du für dein Leiden doppelt belohnt werden?« Er erwiderte: »Ja, gewiss! Kein Muslim wird von einem Leiden geplagt, dem Gott dadurch nicht eine Sühne für seine Verfehlungen auferlegt. Und Gott nimmt die Verfehlungen von ihm, wie die Blätter eines Baumes abfallen.«

3

Es ist obligatorisch, die Kranken zu besuchen.

Abū Mūsā al-Ašʿarī berichtet, der Gesandte Gottes (S) habe gesagt:

Speist den Hungrigen, besucht den Kranken und gebt den Gefangenen frei.

4

Der Besuch bei einem bewusstlosen Menschen.

Ǧābir Ibn ʿAbdullāh (R a) berichtet:

Ich war krank, und der Prophet (S) und Abū Bakr kamen, um mich zu besuchen. Als sie bei mir eintraten, war ich bewusstlos. Der Prophet (S) verrichtete die kleine Waschung und schüttete das übrige Wasser über mich. Da erwachte ich aus meiner Ohnmacht und erkannte den Propheten (S). Ich sagte: »O Gesandter Gottes, was soll mit meinem Vermögen geschehen? Wie soll ich es unter meinen Angehörigen verteilen?«

Er aber gab mir keine Antwort, bis der Vers über die Erbteilung[1] offenbart wurde.

1 Das ist an-nisāʾ – 4,7 ff.

5

Der Besuch bei einem kranken Beduinen.

Ibn ʿAbbās (R a) berichtet:
Einmal besuchte der Prophet (S) einen kranken Beduinen. Immer wenn der Prophet (S) einen Krankenbesuch machte, sagte er: »Sorge dich nicht! Nach dem Willen Gottes des Erhabenen ist die Krankheit eine Läuterung für dich!« Der Beduine entgegnete: »›Läuterung‹ sagst du? Aber nein! Die Krankheit ist es, die den alten Mann erhitzt, ihn quält und schließlich ins Grab bringt!« Der Prophet (S) sagte: »Nun gut, das ist auch richtig!«

6

Der Besuch bei einem kranken Götzendiener.

Anas (R a) berichtet:
Ein Junge jüdischen Glaubens war einige Zeit lang der Diener des Propheten (S). Eines Tages erkrankte er. Der Prophet (S) besuchte ihn und sagte: »Werde Muslim!« Da trat der Junge zum Islam über.

Al-Musaiyab berichtet:
Als Abū Ṭālib im Sterben lag, besuchte der Prophet (S) ihn.

7

Wenn jemand einen Kranken besucht und es Zeit für das Gebet ist, sollen der Besucher und der Kranke gemeinsam beten.

ʿĀʾiša (R a) berichtet:

Als der Prophet (S) krank war, besuchten ihn seine Gefährten. Er verrichtete mit ihnen das Gebet. Zunächst saß er dabei, während sie hinter ihm standen. Dann wies er sie an, ebenfalls im Sitzen zu beten. Als das Gebet vorüber war, sagte er: »Folgt dem Vorbeter in allem, was er tut! Wenn er sich verbeugt, dann verbeugt auch ihr euch. Wenn er sich aufrichtet, erhebt euch. Und wenn er im Sitzen betet, betet auch ihr sitzend.«

Al-Ḥumaidī ergänzte zu diesem Hadith:

Diese Anweisung wurde später zurückgenommen. Als der Prophet (S) zum letzten Mal betete, saß er, während die Leute hinter ihm standen!

8

Wenn der Kranke sagt: »Ich habe Schmerzen«, »Oh, mein Kopf«, »Meine Schmerzen sind stärker geworden!«
Hiob (Aiyūb), Friede sei mit ihm, sagte: »Not und Unheil sind über mich gekommen. Doch du, o Gott, bist der Barmherzigste der Barmherzigen!« (al-anbiyāʾ – 21,83.)

Saʿd berichtet:

Der Gesandte Gottes (S) kam, um mich zu besuchen. Es war während der Abschiedswallfahrt, und ich hatte sehr starke Schmerzen. Ich sagte zu ihm: »O Gesandter Gottes, mir geht es sehr schlecht! Ich habe einiges Vermögen, aber meine Tochter ist meine einzige Erbin. Kann ich zwei Drittel meines Vermögens als Almosen geben?« Er erwiderte: »Nein.« – »Oder die Hälfte?« – »Nein.« – »Oder den dritten Teil?« Er sagte: »Ein Drittel ist sehr viel! Denk daran: Es ist viel besser, wenn du deine Angehörigen als wohlhabende Leute zurücklässt, als wenn sie arm sind und die Menschen um Gaben anbetteln müssen. Und alle Kosten, für die du im Streben nach der Gunst Gottes aufkommst, werden dir belohnt werden, sogar jeder einzelne Bissen, den du deiner Frau in den Mund steckst!«

9

Wenn der Kranke zu seinen Besuchern sagt: »Geht weg!«

Ibn ʿAbbās (R a) berichtet:

Der Gesandte Gottes (S) lag im Sterben, und einige Leute waren bei ihm, darunter auch ʿUmar Ibn al-Ḫaṭṭāb. Der Prophet (S) sagte: »Kommt her zu mir! Ich möchte euch etwas aufschreiben, damit ihr nach meinem Tod nicht vom rechten Weg abweicht!« ʿUmar sagte: »Der Schmerz hat den Propheten (S) übermannt! Aber wir haben ja den Koran. Gottes Buch wird uns den rechten Weg weisen!«

Manche Leute aber waren anderer Meinung als er, und sie gerieten in Streit. Einige sagten: »Wir müssen zum Propheten (S)! Er wird uns etwas aufschreiben, damit wir nach seinem Tod nicht vom rechten Weg abweichen!« Andere vertraten die Meinung ʿUmars. Als sie in Gegenwart des Gesandten Gottes (S) immerzu redeten und stritten, sagte er: »Geht weg!«

Ibn ʿAbbās ergänzte zu seinem Bericht:

Es ist ein großes Unglück, dass der Gesandte Gottes (S) damals wegen der Streitereien der Leute dieses Schreiben nicht mehr aufsetzen konnte.

10

Wenn Gott für einen kranken Jungen angerufen wird.

As-Sā'ib Ibn Yazīd berichtet:

Meine Tante mütterlicherseits ging mit mir zum Gesandten Gottes (S) und sagte zu ihm: »O Gesandter Gottes, der Sohn meiner Schwester ist sehr krank.« Der Prophet (S) strich mir mit der Hand über den Kopf und rief Gott um seinen Segen für mich an.

Anschließend verrichtete er die kleine Waschung, und ich trank von dem Wasser. Dabei stand ich hinter ihm und sah das Siegel des Prophetentums zwischen seinen Schulterblättern. Es sah aus wie der Knopf eines kleinen Zeltes.

11

Wenn ein Kranker sich nach dem Tod sehnt.

Anas Ibn Mālik (R a) berichtet, der Prophet (S) habe gesagt:

Wünscht euch nicht den Tod herbei, auch wenn es euch sehr schlecht geht, sondern sagt im äußersten Fall: »O Gott, lass mich weiterhin leben, solange das Leben besser für mich ist, und lass mich sterben, wenn der Tod besser für mich ist!«

XXXIV Medizin

1

Gott hat keine Krankheit auf die Erde herabgesandt, ohne zugleich auch für das entsprechende Heilmittel zu sorgen.

Abū Huraira (R a) berichtet, der Prophet (S) habe gesagt:
Gott hat keine Krankheit auf die Erde herabgesandt, ohne zugleich auch für das entsprechende Heilmittel zu sorgen.

2

Darf ein Mann eine kranke Frau behandeln; darf eine Frau einen kranken Mann behandeln?

Rubaiyi' Bint Mu'auwiḏ Ibn 'Afrā' berichtet:
Wir Frauen begleiteten den Gesandten Gottes (S) auf seinen Feldzügen. Wir versorgten die Leute mit Wasser und bedienten sie. Und die Toten und Verletzten brachten wir nach Medina zurück.

3

Dreierlei führt zur Genesung.

Ibn 'Abbās (R a) berichtet, der Prophet (S) habe gesagt:
Dreierlei führt zur Genesung: der Honigtrank, das Aufsetzen des Schröpfkopfes und die Kauterisation. Aber ich verbiete meiner Gemeinde die Kauterisation.

4

Die Behandlung mit Honig.
Gott der Erhabene sagte: »Aus den Leibern der Bienen kommt ein Getränk, das für die Menschen heilsam ist.«

(an-naḥl – 16,69.)

ʿĀʾiša (R a) berichtet:

Der Prophet (S) aß gern Honig und Süßigkeiten.

Abū Saʿīd berichtet:

Ein Mann kam zum Propheten (S) und sagte: »O Gesandter Gottes, mein Bruder hat starke Bauchschmerzen!« Der Prophet (S) sagte: »Gib ihm Honig zu trinken!« Der Mann kam ein zweites Mal, und wieder sagte der Prophet (S): »Gib deinem Bruder Honig!« Erneut kam der Mann, und wieder empfahl der Prophet (S) die Einnahme von Honig. Und der Mann kam noch ein viertes Mal und sagte: »Ich habe meinem Bruder Honig gegeben, aber es hilft nicht gegen die Schmerzen!« Der Prophet (S) entgegnete: »Gott sagt die Wahrheit, der Bauch deines Bruders lügt! Gib ihm nochmals Honig!« Der Mann kam dieser Anweisung nach, und sein Bruder wurde wieder gesund.

5

Wann darf man sich schröpfen lassen?
Abū Mūsā wurde nachts der Schröpfkopf aufgesetzt.

Ibn ʿAbbās berichtet:

Der Prophet (S) wurde geschröpft, als er fastete.

6

Wer sich selbst oder andere kauterisiert.
Der Vorrang derer, die sich nicht dieses Heilverfahrens bedienen.

Ibn ʿAbbās berichtet:

Der Gesandte Gottes (S) erzählte:

»Die Völker der Welt erschienen mir im Traum. Ein Prophet ging bei ihnen vorüber. Dann kamen zwei Propheten. Ihre wenigen Anhänger folgten ihnen. Darauf ging ein Prophet vorüber, dem niemand folgte. Und anschließend sah ich eine gewaltige Menschenmenge. Ich fragte: ›Wer ist das? Sind das meine Anhänger?‹ Man antwortete mir: ›Nein, das ist Moses (Mūsā) und seine Gefolgschaft! Aber schau zum Horizont!‹ Tatsächlich – eine riesige Menschenmenge war in der Ferne zu sehen. ›Und schau auch in die anderen Himmelsrichtungen!‹ Auch dort sah ich gewaltige Ansammlungen von Menschen. Man sagte zu mir: ›Das ist deine Gemeinde! Und siebzigtausend von ihnen werden direkt ins Paradies einziehen, ohne am Tag des Gerichts über ihre Taten Rechenschaft ablegen zu müssen.‹«

Ohne weitere Erklärungen abzugeben, trat der Prophet (S) anschließend ins Haus. Die Leute redeten über seine Erzählung. Sie sagten: »Wir glauben an Gott und folgen seinem Gesandten! Wir sind es, die direkt ins Paradies eingehen werden, wir oder unsere Kinder, die im Zeitalter des Islams geboren wurden, während wir noch in vorislamischer Zeit zur Welt kamen.«

Der Prophet (S) hörte diese Unterhaltung. Er kam wieder heraus und sagte: »Es sind die, die sich nicht um Heilzauber oder Vogelflug kümmern und die sich nicht kauterisieren lassen, sondern ihre Sache gänzlich Gott anheimstellen!« Da fragte ʿUkkāša Ibn Miḥṣan: »O Gesandter Gottes, werde ich einer von ihnen sein?« – »Ja«, erwiderte er. Ein anderer Mann erhob sich und fragte: »Gehöre ich auch dazu?« – »Höre: ʿUkkāša ist dir mit seiner Frage zuvorgekommen!«

7

Lepra.

Abū Huraira berichtet, der Gesandte Gottes (S) habe gesagt:
Es gibt keine Ansteckung, und es gibt keine bösen Vorzeichen im Vogelflug, es gibt keine Hāma[1] und kein Ṣafar[2]! Und fliehe vor dem Leprakranken, wie du vor dem Löwen die Flucht ergreifst!

8

ʿUbaidullāh Ibn ʿAbdullāh Ibn ʿUtba berichtet:
ʿĀʾiša (R a), die Frau des Propheten (S), erzählte:

»Als die Krankheit des Gesandten Gottes (S) in ein ernstes Stadium trat und seine Schmerzen stärker wurden, bat er seine Ehefrauen um ihre Zustimmung, dass er in meinem Haus behandelt würde. Sie willigten ein. Auf zwei Männer gestützt, machte er sich auf den Weg zu mir. Seine Füße hinterließen eine tiefe Linie auf der Erde. Jene beiden Männer waren ʿAbbās und ein anderer.«

1 Hāma: ein mythischer Totenvogel, zumeist als Eule vorgestellt.
2 Ṣafar: ein mythisches, reptilartiges Tier, das in der Bauchhöhle der Menschen lebt und Schmerzen verursachen kann.

ʻUbaidullāh ergänzt an dieser Stelle seines Berichts:

Als ich Ibn ʻAbbās dies erzählte, fragte er mich: »Weißt du, wer der zweite Mann war, den ʻĀʼiša nicht namentlich erwähnte?« – »Nein«, erwiderte ich. Er sagte: »Es war ʻAlī!«

ʻĀʼiša fuhr in ihrem Bericht fort:

»Als der Prophet (S) dann bei mir war, hatte er starke Schmerzen. Er sagte: ›Schüttet sieben volle Wasserschläuche über mich! Vielleicht kann ich dann zu den Menschen sprechen!‹

Wir setzten den Propheten (S) in die Wanne, die zum Färben diente und Ḥafṣa gehörte. Darauf schütteten wir Wasser über ihn, bis er Zeichen gab, dass es genug sei. Er verließ anschließend das Haus, betete mit den Menschen und hielt ihnen eine Ansprache.«

9

Das Fieber ist eine Ausdünstung der Hölle.

ʻĀʼiša berichtet, der Prophet (S) habe gesagt:

Das Fieber ist eine Ausdünstung der Hölle! Kühlt es mit Wasser!

10

Wenn Menschen einen Ort verlassen, weil ihnen das Klima dort nicht bekommt.

Anas Ibn Mālik berichtet:

Einige Leute, die den Stämmen ʻUkl und ʻUraina[3] angehörten, kamen zum Gesandten Gottes (S) nach Medina und nahmen

3 ʻUkl und ʻUraina: zwei südarabische Stämme.

den Islam an. Eines Tages sagten sie zu ihm: »O Prophet, wir sind Viehzüchter und keine Ackerbauern!« Sie vertrugen das Klima in Medina nicht. Der Gesandte Gottes (S) wies ihnen einige Kamelinnen und einen Hirten zu und sagte zu ihnen, sie sollten Medina verlassen und die Milch und den Urin der Kamele trinken.

Sie ritten davon. In einem Ort in al-Ḥarra machten sie halt. Dort wurden sie wieder zu Ungläubigen, nachdem sie sich zuvor zum Islam bekannt hatten. Sie töteten den Hirten des Gesandten Gottes (S) und trieben die Kamele fort. Als der Prophet (S) dies erfuhr, ließ er sie verfolgen und festnehmen. Er befahl, ihre Augen mit glühenden Eisen zu blenden und ihre Hände abzuschlagen. In al-Ḥarra wurden sie in diesem Zustand zurückgelassen, bis sie ihren Verletzungen erlagen.

11

Die Pest.

Sa'd berichtet, der Prophet (S) habe gesagt:

Wenn ihr hört, dass die Pest in einem Land ausgebrochen ist, dann geht nicht in dieses Land. Und bricht sie in einem Land aus, wo ihr euch aufhaltet, dann bleibt da!

'Abdullāh Ibn 'Abbās berichtet:

'Umar Ibn al-Ḫaṭṭāb (R a) brach nach aš-Šām auf. In Sarġ[4] traf er Abū 'Ubaida Ibn al-Ǧarrāḥ und seine Kollegen, die Oberkommandierenden des Heeres. Diese Männer erzählten, dass in aš-Šām die Pest ausgebrochen sei.

'Umar Ibn al-Ḫaṭṭāb befahl, die Muhāǧirūn zu ihm zu bringen. Als sie bei ihm waren, erzählte er ihnen von der Pest in

4 Sarġ: ein Ort bei Tabūk in Nordarabien.

aš-Šām und fragte sie nach ihrer Meinung, ob sie dorthin reiten oder lieber darauf verzichten sollten. Die Muhāǧirūn waren verschiedener Meinung. Einige sagten: »Wir sind mit einem bestimmten Ziel aufgebrochen und denken nicht, dass wir wegen der Pest umkehren sollten.« Andere sagten: »Viele Leute sind bei dir, darunter auch einige Gefährten des Gesandten Gottes (S)! Wir glauben, du solltest sie nicht in dieses pestverseuchte Land führen!«

'Umar entließ die Muhāǧirūn und befahl, die Anṣār herbeizuholen. Auch sie fragte er nach ihrer Meinung. Die Anṣār waren wie die Muhāǧirūn verschiedener Meinung. 'Umar schickte sie wieder fort und befahl: »Bring mir die alten Quraiš, die im Jahr der Eroberung Mekkas auswanderten und den Islam annahmen, herbei!«

Diese Männer waren alle einer Meinung. Sie sagten: »Wir denken, du solltest mit deinen Leuten umkehren und nicht in dieses Seuchengebiet reiten!«

Darauf verkündete 'Umar den Menschen seine Entscheidung. Er sagte: »Morgen früh werden wir umkehren und nach Medina zurückreiten!« Abū 'Ubaida Ibn al-Ǧarrāḥ wandte sich an 'Umar und fragte: »Bedeutet diese Entscheidung nicht eine Flucht vor der göttlichen Vorherbestimmung?« 'Umar erwiderte: »Dass ausgerechnet du das sagen musst, o Abū 'Ubaida. Ja, wir fliehen vor der göttlichen Vorherbestimmung – hin zur göttlichen Vorherbestimmung! Stell dir vor, du machst mit deinen Kamelen an einem Flusslauf Rast, dessen eines Ufer fruchtbar, das andere aber unfruchtbar ist. Wenn du deine Kamele auf der fruchtbaren Seite weiden lässt, entspricht das dann nicht genauso der göttlichen Vorherbestimmung, wie wenn du sie am unfruchtbaren Ufer weiden lässt?«

Später kam 'Abdurraḥmān Ibn 'Auf, der bei den vorangegangenen Gesprächen nicht dabei gewesen war. Er sagte: »Ich kann zu eurem Problem etwas sagen! Ich war dabei, als der Gesandte Gottes (S) sagte: ›Wenn ihr hört, dass die Pest in einem Land ausgebrochen ist, dann geht nicht in dieses Land! Und bricht sie in einem Land aus, wo ihr euch aufhaltet, dann bleibt da und flieht nicht vor der Seuche!‹«

»Gott sei gelobt«, rief ʿUmar. Und die Leute ritten nach Medina zurück.

12

Der Lohn dessen, der geduldig in einem pestverseuchten Land ausharrt.

Yaḥyā Ibn Yaʿmar berichtet:

ʿĀʾiša, die Frau des Propheten (S), erzählte, sie habe den Gesandten Gottes (S) einmal nach der Pest gefragt. Er erwiderte: »Die Pest ist eine Strafe, die Gott über jene Menschen kommen lässt, für die er sie bestimmt hat. Und für die Gläubigen ist die Pest Teil der göttlichen Barmherzigkeit. Denn jeder Gläubige, der geduldig in einem pestverseuchten Land ausharrt, hat die Gewissheit, dass mit ihm nur das geschehen kann, was Gott für ihn vorgesehen hat, und dass er wie ein Märtyrer belohnt werden wird.«

13

Die heilsame Wirkung der Fātiḥa.

Abū Saʿīd al-Ḫudrī (R a) berichtet:

Einige Gefährten des Propheten (S) kamen zu einem Beduinenstamm, der ihnen die gastliche Aufnahme verweigerte. Eben besprachen sie diese Sachlage, da wurde der Anführer der Beduinen von einer Schlange gebissen. Die Beduinen wandten sich an die Medinenser und fragten: »Habt ihr ein Heilmittel gegen diese Verletzung?« Sie erwiderten: »Ihr habt uns die Gastfreundschaft verweigert. Daher werden wir diesen Mann nur behandeln, wenn ihr uns dafür bezahlt!« Die Beduinen erklärten sich bereit, ihnen einige Schafe zu geben. Darauf begann einer der Medinenser, die Fātiḥa zu rezitieren. Den sich dabei ansammelnden Speichel spuckte er auf die Wunde des Mannes, und wenig später war er wieder gesund. Als die Beduinen ihnen darauf die versprochenen Schafe geben wollten, entgegneten sie: »Wir können die Schafe nicht annehmen, bevor wir den Propheten (S) nicht dazu befragt haben.«

Später sprachen sie den Propheten (S) darauf an. Er lachte und sagte: »Woher wusstet ihr denn, dass die Fātiḥa heilsame Wirkung hat? Ja, nehmt die Schafe, und gebt mir eins davon ab!«

14

Die Rezitation heilsamer Verse als Mittel gegen den bösen Blick.

ʿĀʾiša (R a) berichtet:

Der Gesandte Gottes (S) wies mich an, heilsame Verse gegen den bösen Blick zu rezitieren.

15

Der böse Blick ist Realität.

Abū Huraira (R a) berichtet:

Der Prophet (S) sagte: »Der böse Blick ist Realität!« Und er verbot das Tätowieren.

16

Der Atem bei der Rezitation heilsamer Verse.

ʿĀ'iša (R a) berichtet:

Wenn der Gesandte Gottes (S) zu Bett ging, hauchte er seinen Atem, während er die Suren al-iḫlāṣ, al-falaq und annās[5] rezitierte, in seine Hände und strich mit ihnen anschließend über sein Gesicht und jene Körperpartien, die er mit ihnen erreichen konnte.

Und als er krank war, wies er mich an, das an seiner Stelle zu tun.

17

Die Wahrsagerei.

ʿĀ'iša (R a) berichtet:

Einige Leute fragten den Gesandten Gottes (S) nach der Wahrsagerei. Er erwiderte: »Die Sprüche der Wahrsager sind nichts wert!« Sie entgegneten: »O Gesandter Gottes, aber manchmal sagen die Wahrsager doch etwas, was sich bewahrheitet!« Er sagte: »Diese wahren Dinge wurden von einem unsichtbaren Wesen erlauscht und weitererzählt. Und die Wahrsager vermischen dann diese Wahrheit mit hundert Lügen.«

5 Die drei letzten Suren des Korans.

18

Der Götzendienst und die Magie gehören zu den schweren Vergehen.

Abū Huraira (R a) berichtet, der Gesandte Gottes (S) habe gesagt:

Hütet euch vor den schweren Vergehen: dem Götzendienst und der Magie!

19

Was ist zu tun, wenn ein Mensch unter dem Einfluss von Magie steht?

'Ā'iša (R a) berichtet:

Einmal stand der Gesandte Gottes (S) unter dem Einfluss von Magie. Er glaubte damals, seinen Frauen beigewohnt zu haben, ohne dass das wirklich der Fall war.

Sufyān ergänzte an dieser Stelle zu 'Ā'išas Bericht:

»Das ist die schlimmste Wirkung der Magie.«

'Ā'išas fährt in ihrem Bericht fort:

Einige Zeit später sagte der Prophet (S) zu mir: »O 'Ā'iša, weiß du, dass Gott mir Aufschluss über meinen Zustand gegeben hat, als ich ihn danach fragte? Folgendes ist geschehen: Zwei Männer kamen zu mir. Der eine setzte sich neben meinen Kopf, der andere neben meine Füße. Der Mann neben meinem Kopf fragte den anderen: ›Was ist mit diesem Mann?‹ Jener erwiderte: ›Er ist verhext!‹ – ›Wer hat ihn verhext?‹ – ›Labīd Ibn al-A'ṣam, ein Mann von den Banū Zuraiq[6], die mit den Juden

6 Banū Zuraiq: eine medinensische Familie.

verbündet sind. Er ist ein Heuchler!‹ – ›Wie hat der Magier Macht über ihn gewonnen?‹ – ›Er hat ihm einen Kamm entwendet, in dem einige Haare steckten.‹ – ›Und wo sind diese Dinge jetzt?‹ – ›Sie sind in der Hülle der Blütenscheide einer männlichen Dattelpalme, die er unter dem oberen Begrenzungsstein des Brunnens Ḏarwān versteckt hat!‹«

ʿĀʾiša fährt in ihrem Bericht fort:

Der Prophet (S) ging zu jenem Brunnen, um die genannten Dinge wieder in seinen Besitz zu bringen.

Er erzählte: »Das Wasser des Brunnens sah aus, als sei es mit Henna vermischt. Und die Palmen dort waren wie die Köpfe von Teufeln.«

Er fand die gesuchten Utensilien unter dem Stein.

Später fragte ich den Propheten (S): »Warum hast du dich damals nicht selbst geheilt?« Er erwiderte: »Gott hat mich geheilt. Und ich wollte den Menschen kein schlechtes Vorbild sein!«

20

Es gibt keine Ansteckung.

Abū Huraira berichtet:

Der Gesandte Gottes (S) sagte: »Es gibt keine Ansteckung!« Er sagte ferner: »Bringt Gesunde und Kranke nicht zusammen!«

Abū Huraira (R a) berichtet:

Der Gesandte Gottes (S) sagte: »Es gibt keine Ansteckung!« Da erhob sich ein Beduine und entgegnete: »Siehst du da in der Wüste die Kamele, die Gazellen gleichen?[7] Aber wenn ein räu-

7 Sie sind also sehr schön.

diges Kamel bei ihnen wäre, dann wären sie bald alle räudig!« Da sagte der Prophet (S): »Und wie soll das erste Kamel angesteckt worden sein?«

21

Über das Gift, das dem Propheten (S) dargeboten wurde.

Abū Huraira berichtet:

Nachdem Ḫaibar erobert war, wurde dem Gesandten Gottes (S) ein vergiftetes Schaf zum Essen vorgesetzt. Der Gesandte Gottes (S) befahl: »Bringt alle Juden herbei, die hier wohnen!«

Als sie versammelt waren, sagte er zu ihnen:

»Wenn ich euch eine Frage stelle, werdet ihr mir dann der Wahrheit gemäß antworten?«

Sie erwiderten:

»Ja, o Abū al-Qāsim!«[8]

»Wer ist euer Vater?«

»Unser Vater ist derundder!«

»Nein, ihr lügt! Euer Vater ist der Soundso!«

»Ja, du hast recht.«

»Wenn ich euch etwas anderes frage, werdet ihr mir dann wahrheitsgemäß antworten?«

»Ja, o Abū al-Qāsim. Denn du würdet unsere Lüge doch erkennen, wie du über unseren Vater Bescheid wusstest!«

»Wer wird in die Hölle kommen?«

»Zunächst werden wir ein Weilchen in der Hölle zubringen. Dann aber werdet ihr unsere Plätze dort einnehmen!«

»Hütet eure Zunge! Niemals werden wir eure Plätze dort einnehmen! Werdet ihr meine nächste Frage der Wahrheit gemäß beantworten?«

8 Abū al-Qāsim: die Kunya des Propheten.

»Ja.«

»Habt ihr dieses Schaf vergiftet?«

»Ja.«

»Warum habt ihr das getan?«

»Wir wollten uns damit von dir befreien, wenn du ein Lügner bist! Und wenn du wirklich ein Prophet bist, kann es dir nicht schaden!«

22

Wenn eine Fliege in eine Flüssigkeit fällt.

Abū Huraira (R a) berichtet, der Gesandte Gottes (S) habe gesagt:

Wenn eine Fliege in ein Gefäß mit Flüssigkeit fällt, dann taucht sie erst vollständig unter, bevor ihr sie herausnehmt und wegwerft. Denn in einem ihrer Flügel ist eine Krankheit, während im anderen Flügel ein Heilmittel dagegen ist!

XXXV Bekleidung

1

Gott der Erhabene sagte: »Sag: Wer hat den Schmuck Gottes verboten, den er für seine Diener geschaffen hat?«

(al-a'rāf – 7,32.)

Der Prophet (S) sagte: »Esst, trinkt, kleidet euch und gebt Almosen! Aber tut es ohne Übertreibung und ohne Hochmut!«
Ibn 'Abbās sagte: »Iss, was dir schmeckt, und kleide dich, wie es dir gefällt! Aber hüte dich dabei vor zweierlei: Vor der Maßlosigkeit und vor der Eitelkeit!«

Ibn 'Umar (R a) berichtet, der Gesandte Gottes (S) habe gesagt:

Menschen, die ihre Kleider mit Stolz und Hochmut tragen, wird Gott am Tag des Gerichts mit keinem Blick würdigen!

2

Wenn jemand seine Kleidung voller Stolz und Hochmut trägt.

Abū Huraira berichtet, der Prophet (S) habe gesagt:

Ein Mann ging vorüber. Er war sehr stolz auf sein feines Kleid und sein wohlfrisiertes, schulterlanges Haar. Da ließ Gott ihn im Erdboden versinken. Das wird sein Schicksal sein bis zum Tag des Gerichts!

3

Hemden.
Gott der Erhabene sagte: »Josef (Yūsuf) sprach: Nehmt dieses mein Hemd mit euch und legt es meinem Vater auf das Gesicht, dann wird er wieder sehend werden.«

(Yūsuf – 12,93.)

Ǧābir Ibn ʿAbdullāh (R a) berichtet:

Nachdem wir ʿAbdullāh Ibn Ubai in sein Grab gelegt hatten, kam der Prophet (S). Er befahl, den Leichnam wieder herauszuholen, und wir legten ihn auf seine Knie. Der Prophet (S) spuckte seinen Speichel auf ihn und bekleidete ihn mit seinem eigenen Hemd. Und Gott weiß es am besten.

4

Hosen.

Ibn ʿAbbās berichtet, der Prophet (S) habe gesagt:

Wer keinen Lendenschurz hat, kann Hosen anziehen. Und wer keine Sandalen hat, mag geschlossene Schuhe tragen.

5

Kopftücher.
Ibn ʿAbbās erzählte: »Der Prophet (S) kam zu uns heraus. Er trug ein dunkelgraues Kopftuch.«
Anas erzählte: »Der Prophet (S) wickelte sich den Saum eines Obergewands um den Kopf.«

6

Burda und Ḥibra.
Ḫabbāb erzählte: »Wir klagten dem Propheten (S) unser Leid. Er hatte sich bequem niedergelassen und benutzte eine Burda als Kissen.«

Anas Ibn Mālik berichtet:

Ich war mit dem Gesandten Gottes (S) unterwegs. Er war mit einer Burda aus Naǧrān[1], die einen breiten, kräftigen Saum hatte, bekleidet. Ein Beduine trat an ihn heran und zerrte an dem Mantel. Sein Reißen war so kräftig, dass der Saum der Burda eine Wunde an der Schulter des Gesandten Gottes (S) hinterließ. Der Beduine rief: »O Muhammad, gib mir etwas vom Eigentum Gottes!« Der Gesandte Gottes (S) wandte sich ihm zu und schaute ihn an. Darauf lachte er und befahl, ihm etwas zu geben.

Anas Ibn Mālik (R a) berichtet:

Am liebsten trug der Prophet (S) die Ḥibra.

7

Kisā' und Ḫamīṣa.

'Ā'iša (R a) und 'Abdullāh (R a) berichten:

Die Krankheit des Gesandten Gottes (S) war in ein ernstes Stadium getreten, da zog er sich eine Ḫamīṣa über den Kopf. Als ihm dann aber der Atem zu schwinden drohte, nahm er sie wieder weg und sagte: »Gott verfluche die Juden und Christen!

1 Naǧrān: eine Stadt im südlichen Arabien.

Denn sie machten sich die Gräber ihrer Propheten zu Gebetsstätten!«

Mit diesen Worten warnte er die Muslime davor, dies nachzuahmen.

Abū Burda berichtet:

'Ā'iša kam mit einem Kisā' und einem Lendenschurz zu uns und sagte: »In diesen beiden Kleidungsstücken ist der Prophet (S) gestorben!«

8

Wie man sich nicht kleiden darf.

Abu Sa'īd al-Ḫudrī berichtet:

Der Prophet (S) verbot zwei Arten des Kleidens und zwei Formen des Handels.

Letztere werden al-Mulāmasa und al-Munābaḏa genannt. Bei der Mulāmasa berührt der Mann das Kleidungsstück eines anderen, das er kaufen möchte, sei es bei Tag oder bei Nacht, und schon diese Berührung verpflichtet ihn zum Kauf. Munābaḏa ist jenes Vorgehen, dass zwei Männer einander ihre Kleidungsstücke zuwerfen. Das ist der ganze Handel, und die Ware wird dabei in keiner Weise untersucht und geprüft.

Die beiden verbotenen Arten des Kleidens sind Folgende: Verboten ist es, ein Kleidungsstück so anzuziehen, dass nur eine Schulter bedeckt, die andere aber nackt ist; verboten ist ferner, sich so in ein Kleid zu hüllen, dass es beim Sitzen die Geschlechtsteile unbedeckt lässt.

9

Die schwarze Ḫamīṣa.

Umm Ḫālid Bint Ḫālid berichtet:

Dem Propheten (S) wurden einige Kleider, darunter eine kleine schwarze Ḫamīṣa, gebracht. Er wandte sich an die Leute und fragte: »Wem könnte diese Ḫamīṣa passen?« Als sie keine Antwort wussten, sagte er: »Bringt Umm Ḫālid herbei!« Man holte mich. Der Prophet (S) reichte mir die Ḫamīṣa und forderte mich auf, sie anzuziehen. Er sagte: »Mögest du sie häufig und lange tragen können!«

Auf der Ḫamīṣa waren grüne oder gelbe Muster. Als der Prophet (S) diese Verzierungen sah, rief er: »O Umm Ḫālid, das ist sanāh!« »Sanāh« ist ein Wort aus der abessinischen Sprache und bedeutet »hübsch«.

Anas (R a) berichtet:

Nachdem Umm Sulaim ein Kind geboren hatte, sagte sie zu mir: »O Anas, pass gut auf das Baby auf, dass ihm nichts passiert! Und morgen gehst du mit ihm zum Propheten (S), damit er Taḥnīk[2] mit ihm macht!«

Am nächsten Tag ging ich zum Propheten (S). Er war im Garten und trug eine Ḫamīṣa aus Ḥurait[3]. Eben war er damit beschäftigt, die Kamelin, die er bei der Eroberung Mekkas ritt, mit einem Brandzeichen zu versehen.

2 Taḥnīk: ein Brauch, der schon in vorislamischer Zeit verbreitet war: Man zerkaut etwas Süßes, zumeist eine Dattel, tut dem Baby den Brei in den Mund und reibt ihm damit die Mundhöhle.

3 Ḥuraiṯ: ein Ort bei Medina.

10

Grüne Kleider.

'Ikrima berichtet:

Rifā'a hatte sich von seiner Frau geschieden, und sie heiratete 'Abdurraḥmān Ibn az-Zubair al-Quraẓī.

'Ā'iša erzählte, diese Frau sei eines Tages zu ihr gekommen. Sie trug ein grünes Kopftuch und klagte 'Ā'iša ihr Leid – 'Abdurraḥmān hatte sie geschlagen. Und sie zeigte 'Ā'iša die grünen Flecken auf ihrer Haut.

Der Gesandte Gottes (S) trat bei ihnen ein. Frauen pflegten sich damals immer füreinander einzusetzen, und 'Ā'iša rief: »O Gesandter Gottes, noch nie habe ich gesehen, dass eine gläubige Frau so etwas erdulden muss! Die Flecken auf ihrer Haut sind noch grüner als ihr Kopftuch!«

'Abdurraḥmān erfuhr, dass seine Frau zum Gesandten Gottes (S) gegangen war. In Begleitung seiner beiden Söhne machte er sich unverzüglich auf den Weg zu ihm.

Folgendes hat sich zugetragen, als 'Abdurraḥmān und seine Frau beim Propheten (S) waren:

Die Frau sagte: »Bei Gott, ich kann ihm eigentlich nichts vorwerfen, aber er ist impotent! Er kann mir nicht mehr geben als das!« Bei diesen Worten griff sie nach den Fransen ihres Kleids. Da rief 'Abdurraḥmān: »Sie lügt, bei Gott! O Gesandter Gottes, ich bin sehr kräftig und kann sie sehr wohl zufriedenstellen! Aber sie ist widerspenstig! Sie will zu Rifā'a zurück!« Der Gesandte Gottes (S) sagte zu der Frau: »Wenn es so ist, wie er sagt, dann wisse, dass du nicht zu Rifā'a zurückkannst, bevor du deine Ehe mit 'Abdurraḥmān nicht vollzogen hast.«

Als der Prophet (S) darauf die beiden Jungen bei 'Abdurraḥmān sah, fragte er ihn: »Sind das deine Söhne?« – »Ja.« –

»Und trotzdem behauptet sie, du seist impotent! Bei Gott, sie gleichen ihrem Vater wie eine Krähe der anderen!«

11

Wenn Männer seidene Gewänder tragen, und was in dieser Hinsicht erlaubt ist.

Abū ʿUṯmān an-Nahdī berichtet:

Wir waren mit ʿUtba Ibn Farqad in Aserbaidschan, als uns ein Brief von ʿUmar erreichte. Er schrieb uns Folgendes:

»Der Gesandte Gottes (S) verbot es, seidene Gewänder zu tragen, die mehr als einen bestimmten Anteil an Seide haben. Als er dies anordnete, streckte er Zeige- und Mittelfinger aus.

Unserem Verständnis zufolge sprach er damit auf Verzierungen und Stickereien an.«

ʿUmar berichtet, der Prophet (S) habe gesagt:

Wer im Diesseits seidene Gewänder trägt, wird im Jenseits keine solchen Kleider tragen!

12

Wenn jemand seidene Gewänder betastet, sie aber nicht anzieht.

Al-Barāʾ (R a) berichtet:

Dem Propheten (S) wurde ein seidenes Kleid geschenkt. Wir betasteten es und staunten über den herrlichen Stoff. Da sagte der Prophet (S) zu uns: »Wundert ihr euch über diesen Stoff?« Wir nickten. Er sagte: »Sogar die Taschentücher von Saʿd Ibn Muʿāḏ im Paradies sind von einer besseren Qualität als dieses Kleid!«

13

Männer dürfen Seide tragen, wenn sie die Krätze haben.

Anas berichtet:

Der Prophet (S) erlaubte es az-Zubair und ʿAbdurraḥmān, seidene Kleider zu tragen, als sie die Krätze hatten.

14

Seidene Kleider für Frauen.

ʿAlī Ibn Abī Ṭālib (R a) berichtet:

Der Prophet (S) schenkte mir ein seidenes Kleid. Als ich mit diesem Gewand unter die Leute trat, wurde er sehr ärgerlich. Da zerschnitt ich es in kleine Stücke und gab sie meinen Frauen.

Anas Ibn Mālik berichtet:

Ich sah Umm Kulṯūm, die Tochter des Gesandten Gottes (S), als sie ein seidenes Kleid trug.

15

Das rote Kleid.

Al-Barāʾ (R a) berichtet:

Der Prophet (S) war ein Mann von mittlerer Statur. Einmal sah ich ihn, als er ein rotes Kleid anhatte. Das war der schönste Anblick, den ich je gesehen habe!

16

Man soll zuerst den linken Schuh ausziehen.

Abū Huraira (R a) berichtet, der Gesandte Gottes (S) habe gesagt:

Wenn ihr eure Schuhe anzieht, dann beginnt mit dem rechten. Und wenn ihr eure Schuhe auszieht, beginnt mit dem linken. Der rechte Schuh soll zuerst angezogen und zuletzt ausgezogen werden.

17

Man soll nicht laufen, wenn man nur einen Schuh anhat.

Abū Huraira (R a) berichtet, der Gesandte Gottes (S) habe gesagt:

Ihr sollt nicht laufen, wenn ihr nur einen Schuh anhabt. Zieht entweder beide Schuhe an oder lauft barfuß!

18

Das rote lederne Zelt.

Abū Ǧuḥaifa berichtet:

Eines Tages kam ich zum Propheten (S), als er in einem roten ledernen Zelt war. Bilāl nahm das Wasser, mit dem der Prophet (S) die kleine Waschung verrichtet hatte, entgegen. Die Leute eilten herbei, um etwas von diesem Wasser zu bekommen. Wer etwas davon abbekommen hatte, rieb sich damit ein. Und wer zu spät gekommen war, nutzte die Feuchtigkeit der Hände seiner Gefährten.

19

Goldene Ringe.

Abū Huraira (R a) berichtet:

Der Prophet (S) verbot das Tragen von goldenen Ringen.

'Abdullāh (R a) berichtet:

Der Gesandte Gottes (S) hatte einen goldenen Ring und trug ihn so, dass der Stein nach innen zur Handfläche hin gewendet war. Als die Leute anfingen, ihre Ringe auf dieselbe Weise zu tragen, warf er den Ring fort und trug fortan einen silbernen Ring.

20

Der Ring am kleinen Finger.

Anas (R a) berichtet:

Der Prophet (S) ließ sich einen Ring anfertigen. Er sagte: »Wir haben uns einen Ring herstellen und mit einer Gravur versehen lassen, und niemand darf einen Ring mit derselben Gravur versehen lassen!«

Ich sah den Ring an seinem kleinen Finger glänzen.

21

Wenn die Gravur eines Rings aus drei Zeilen besteht.

Anas berichtet:

Nachdem Abū Bakr (R a) das Kalifenamt übernommen hatte, schrieb er mir einen Brief. Er versiegelte den Brief mit einem Ring, dessen Gravur aus drei Zeilen bestand. In der ersten Zeile war »Muhammad« zu lesen, es folgte »der Gesandte« und schließlich »Gottes«.

Anas fährt in seinem Bericht fort:

Zuerst trug der Prophet (S) diesen Siegelring, dann Abū Bakr, anschließend ʿUmar und schließlich ʿUṯmān.

Eines Tages saß ʿUṯmān am Brunnen. Er nahm den Ring vom Finger, um mit ihm zu spielen, da fiel der Ring in den Brunnen. Drei Tage lang suchten wir mit ʿUṯmān nach dem Ring. Wir schöpften den Brunnen leer, konnten ihn aber nicht mehr finden.

22

Ringe für Frauen.
ʿĀʾiša trug goldene Ringe.

Ibn Ǧuraiǧ berichtet:

Der Prophet (S) ging zu den Frauen und forderte sie auf, Almosen zu geben. Sie legten Ringe und Armreife in das Tuch, mit dem Bilāl die Gaben einsammelte.

23

Das Stutzen des Schnurrbarts.
Ibn ʿUmar pflegte seinen Schnurrbart so kurz zu schneiden, dass seine helle Haut darunter zu sehen war.

Ibn ʿUmar (R a) berichtet, der Prophet (S) habe gesagt:

Es entspricht der menschlichen Natur, den Schnurrbart zu stutzen.

24

Das Schneiden der Nägel.

Abū Huraira (R a) berichtet, der Prophet (S) habe gesagt:

Die menschliche Natur erfordert fünferlei: Die Beschneidung, das Rasieren der Schamhaare, das Stutzen des Schnurrbarts, das Schneiden der Nägel und das Entfernen der Haare unter den Achselhöhlen.

25

Kinn- und Backenbart.

Ibn ʻUmar (R a) berichtet, der Gesandte Gottes (S) habe gesagt:

Schneidet den Schnurrbart kurz und lasst den Kinn- und Backenbart lang!

26

Gelocktes Haar.

Anas Ibn Mālik (R a) berichtet:

Der Gesandte Gottes (S) war weder sehr groß noch sehr klein. Weder war er besonders hellhäutig, noch hatte er eine dunkle Hautfarbe. Sein Haar war weder stark gelockt noch besonders glatt. Gott geoffenbarte ihm zum ersten Mal, als er vierzig Jahre als war. Anschließend lebte er zehn Jahre lang in Mekka und dann zehn Jahre in Medina. Im Alter von sechzig Jahren starb er. Zu dieser Zeit hatte er in Haar und Bart nicht mehr als zwanzig graue Haare.

Anas berichtet:

Das Haar des Propheten (S) hing bis auf seine Schultern herab.

Abū Huraira berichtet:

Der Prophet (S) hatte große Füße und ein sehr schönes Gesicht. Nie sah ich jemanden, der ähnlich gut aussah wie er!

Anas berichtet:

Der Prophet (S) hatte große und kräftige Füße und Hände.

Ǧābir Ibn ʿAbdullāh berichtet:

Der Prophet (S) hatte so große Hände und Füße, wie ich es bei niemand anderem gesehen habe.

27

Das Kämmen der Haare.

Sahl Ibn Saʿd berichtet:

Ein Mann schaute durch ein Loch in das Haus des Propheten (S), als dieser sich gerade mit einem Kamm frisierte. Wir erzählten das dem Propheten (S), und er sagte: »Wenn ich gewusst hätte, dass du zu mir hineinschaust, hätte ich dir mit dem Kamm ins Auge gestochen! Du sollst erst um Erlaubnis bitten, bevor du dir so etwas anschaust!«

28

Das Feilen der Zähne.

ʿAlqama berichtet, ʿAbdullāh habe gesagt:

Gott verflucht die Frauen, die tätowieren und sich tätowieren lassen, die sich die Gesichtshaare auszupfen, die Zähne feilen oder andere Veränderungen an der Schöpfung Gottes des Erhabenen vornehmen, um besser auszusehen!

Warum sollte ich solche Frauen nicht verfluchen? Auch der Prophet (S) hat sie verflucht! Und in Gottes Buch heißt es: »Was der Gesandte euch gibt, das nehmt an!« (al-ḥašr – 59,7.)

29

Perücken und Toupets.

Ḥumaid Ibn ʿAbdurraḥmān Ibn ʿAuf berichtet:

Ich sah Muʿāwiya Ibn Abī Sufyān in dem Jahr, als er die Wallfahrt nach Mekka vollzog – er stand auf der Kanzel, griff nach einem Toupet, das einer der Wachsoldaten in der Hand hielt, und rief: »Wo sind nur die Gelehrten unter euch? Ich hörte, dass der Gesandte Gottes (S) solche Dinge verboten hat! Und er sagte: ›Die Kinder Israel gingen zugrunde, als ihre Frauen anfingen, sich solcher Dinge zu bedienen!‹«

ʿĀʾiša (R a) berichtet:

Eine junge Frau von den Anṣār heiratete. Wenig später erkrankte sie, und alle Haare fielen ihr aus. Ihre Angehörigen wollten für sie eine Perücke besorgen. Sie fragten den Propheten (S), und er sagte: »Gott verflucht die Frauen, die künstliches Haar herstellen oder tragen!«

Abū Huraira (R a) berichtet, der Prophet (S) habe gesagt:

Gott verflucht eine Frau, die künstliches Haar herstellt oder trägt, die tätowiert oder sich tätowieren lässt!

30

Wenn eine Frau sich tätowieren lässt.

Abū Huraira (R a) berichtet:

Eine Frau, die tätowierte, wurde zu ʿUmar gebracht. Er erhob sich und fragte die Versammelten: »Ich beschwöre euch bei Gott! Wer von euch weiß, ob der Prophet (S) etwas über das Tätowieren gesagt hat?« Ich stand auf und rief: »O Beherrscher der Gläubigen, ich hörte ihn davon sprechen!« – »Was hat er gesagt?« – »Er sagte: ›Tätowiert nicht, und lasst euch nicht tätowieren!‹«

31

Bilder.

Abū Ṭalḥa (R a) berichtet, der Prophet (S) habe gesagt:

Die Engel gehen in kein Haus, in dem ein Hund ist oder in dem sich Bilder befinden!

32

Die Bestrafung der Maler am Tag des Gerichts.

ʿAbdullāh Ibn ʿUmar (R a) berichtet, der Gesandte Gottes (S) habe gesagt:

Menschen, die diese Bilder malen, werden am Tag des Gerichts schwer bestraft werden. Zu ihnen wird gesagt werden: »Verleiht dem Leben, was ihr geschaffen habt!«

33

Was man mit Bildern machen soll.

ʿĀʾiša (R a) berichtet:

Am Eingang zu meiner Kammer hatte ich einen Vorhang aufgehängt, auf den Bilder gemalt waren. Als der Gesandte Gottes (S) von seiner Reise zurückkehrte und den Vorhang sah, zerriss er ihn und sagte: »Menschen, die Gottes Schöpfung nachahmen, haben am Tag des Gerichts die schwerste Strafe zu erwarten!«

Aus dem Stoff des Vorhangs machten wir ein oder zwei Kissen!

XXXVI Die Regeln zum Umgang der Menschen miteinander

1

Pietät und Liebenswürdigkeit im Verhalten gegenüber den Eltern.

Gott der Erhabene sagte: »Wir geboten dem Menschen Güte gegenüber seinen Eltern.« (al-'ankabūt – 29,8.)

'Abdullāh berichtet:

Ich fragte den Propheten (S): »Welches Werk der Menschen ist Gott – er ist mächtig und erhaben – am liebsten?« Er erwiderte: »Die Verrichtung des Gebets zu den vorgeschriebenen Zeiten.« – »Und was ist ihm am zweitliebsten?« – »Pietät und Liebenswürdigkeit im Verhalten gegenüber den Eltern.« – »Und was ist das dritte?« – »Der Einsatz für die Sache Gottes.«

Das sagte mir der Prophet (S). Und er hätte mir wohl noch mehr erzählt, wenn ich ihn weiter gefragt hätte!

2

Wer hat den größten Anspruch auf das Wohlwollen seiner Mitmenschen?

Abū Huraira (R a) berichtet:

Ein Mann kam zum Gesandten Gottes (S) und fragte ihn: »O Gesandter Gottes, wer von den Menschen hat das größte Recht auf meine Liebenswürdigkeit und mein Wohlwollen?« Der Prophet (S) erwiderte: »Deine Mutter.« – »Und als Nächstes?« – »Deine Mutter.« – »Und als Nächstes?« – »Deine Mutter.« – »Und als Nächstes?« – »Dein Vater.«

3

Der Ungehorsam gegenüber den Eltern ist ein schweres Vergehen.

Al-Muġīra berichtet, der Prophet (S) habe gesagt:

Gott verbot euch den Ungehorsam gegenüber euren Müttern. Er untersagte euch ferner, zu verweigern, wozu ihr verpflichtet seid, zu fordern, was euch nicht zusteht, und eure neugeborenen Töchter lebendig zu begraben. Und Gott verabscheut den Tratsch, die zudringliche Fragerei und die Verschwendung.

4

Wer gute Beziehungen zu seiner Verwandtschaft unterhält, dem werden Wohltaten erwiesen.

Anas Ibn Mālik berichtet, der Gesandte Gottes (S) habe gesagt:

Wer ein langes und glückliches Leben führen möchte, der pflege ein gutes Verhältnis zu seiner Verwandtschaft!

5

Wer seinen Verwandten wohlgesinnt ist, dem ist auch Gott wohlgesinnt.

Abū Huraira (R a) berichtet, der Prophet (S) habe gesagt:

Das Wort »ar-Raḥim« – »die Verwandtschaft« – und das Wort »ar-Raḥmān« – – »der allbarmherzige Gott« haben dieselbe Wurzel. Gott sagte zu der Verwandtschaft: »Wer dir wohlgesinnt ist, dem bin auch ich wohlgesinnt. Wer sich aber vor dir abwendet, von dem werde auch ich mich abwenden.«

6

Liebe und Herzlichkeit im Umgang mit Kindern; wenn man Kinder umarmt und küsst.
Anas erzählte: »Der Prophet (S) nahm Ibrāhīm auf den Arm. Er küsste und liebkoste ihn.«

Ibn Abī Nu'm berichtet:

Ich war bei Ibn 'Umar, als ein Mann ihn fragte, ob man Moskitos erschlagen darf.[1] Ibn 'Umar fragte ihn: »Wo kommst du her?« – »Ich bin aus dem Irak!« Da rief Ibn 'Umar aus: »Seht euch diesen Mann an! Er fragt mich, ob er Moskitos erschlagen darf, und dabei haben seine Landsleute den Sohn des Propheten (S) getötet![2] Ich hörte, wie der Prophet (S) sagte: ›Diese beiden[3] sind meine duftenden Blumen in dieser Welt!‹«

Abū Qatāda berichtet:

Der Prophet (S) kam zu uns in die Moschee, und Umārna, die Tochter von Abū al-'Āṣ, hing ihm um den Hals. Der Prophet (S) betete mit ihr. Wenn er sich verbeugte, legte er sie beiseite, und wenn er sich aufrichtete, nahm er sie wieder auf.

Abū Huraira (R a) berichtet:

Der Gesandte Gottes (S) küsste al-Ḥasan Ibn 'Alī, als al-Aqra' Ibn Ḥābis at-Tamīmī bei ihm war. Al-Aqra'sagte: »Ich habe zehn Kinder, aber niemals habe ich eines von ihnen geküsst!« Der Gesandte Gottes (S) schaute ihn an und sagte: »Wer ande-

1 Die Frage des Mannes bezieht sich auf den Weihezustand der Wallfahrt und Besuchsfahrt. Dem Pilger ist es im Zustand der Weihe verboten, Blut zu vergießen.
2 Er meint Ḥusain Ibn 'Alī, den Enkel des Propheten, der 680 bei Karbalā' im Irak getötet wurde.
3 Das sind Ḥasan und Ḥusain, die beiden Enkel des Propheten.

ren gegenüber nicht liebevoll und wohlwollend ist, dem wird auch keine Liebe und kein Wohlwollen entgegengebracht!«

7

Gott teilte das Mitgefühl in einhundert Teile.

Abū Huraira berichtet, der Gesandte Gottes (S) habe gesagt:

Gott teilte das Mitgefühl in einhundert Teile. Neunundneunzig Teile behielt er für sich, und einen Teil schickte er auf die Erde herab. Dieser eine Teil ist der Grund dafür, dass die Lebewesen auf der Erde Mitgefühl füreinander empfinden, dass sogar die Stute ihren Huf von ihrem Jungen fernhält, da sie fürchtet, ihm damit vielleicht wehzutun.

8

Wenn man ein Kind auf den Schoß nimmt.

Usāma Ibn Zaid (R a) berichtet:

Der Gesandte Gottes (S) nahm mich hoch und setzte mich auf seinen einen Oberschenkel, und al-Ḥasan Ibn ʿAlī nahm er auf seinen anderen Schenkel. Er umarmte uns und sagte: »O Gott, nimm dich dieser beiden an, wie ich mich ihrer annehme!«

9

Der Vorrang dessen, der sich eines Waisenkinds annimmt.

Sahl Ibn Saʿd berichtet:

Der Prophet (S) sagte: »Ich und der, der sich eines Waisenkinds annimmt, werden im Paradies so zueinander stehen!« Bei diesen Worten deutete er auf seinen Zeige- und Mittelfinger.

10

Wenn jemand für eine Witwe sorgt.

Ṣafwān Ibn Sulaim berichtet, der Prophet (S) habe gesagt:
Wer für eine Witwe oder für einen Bedürftigen sorgt, ist wie der, der für die Sache Gottes eintritt, oder wie der, der bei Tag fastet und nachts wacht, um zu beten.

11

Mitgefühl gegenüber Menschen und Tieren.

An-Nuʿmān Ibn Bašīr berichtet, der Gesandte Gottes (S) habe gesagt:
Die Gläubigen gleichen hinsichtlich ihres Mitgefühls, ihrer freundschaftlichen Beziehungen und ihres Wohlwollens miteinander dem Organismus – wenn eines seiner Glieder leidet, sorgen sich die übrigen um dieses Glied, indem sie mit Schlaflosigkeit und Fieber reagieren.

Anas Ibn Mālik berichtet, der Prophet (S) habe gesagt:
Kein Muslim pflanzt eine Pflanze, von der Menschen und Tiere essen, dem dies nicht als Almosen angerechnet wird.

12

Der freundliche Umgang mit dem Nachbarn.
Gott der Erhabene sagte: »Dient Gott und gesellt ihm keine Teilhaber an seiner Göttlichkeit bei! Seid gut zu euren Eltern und Verwandten, zu den Waisen und Armen, zu dem Nachbarn, sei er verwandt oder fremd, zu dem vertrauten Freund, dem Reisenden und zu euren Sklaven! Und den Hochmütigen und den Prahler liebt Gott nicht!« (an-nisāʾ – 4,36.)

ʿĀʾiša (R a) berichtet, der Prophet (S) habe gesagt:

Gabriel (Ǧibrāʾīl) ermahnte mich so eindringlich zum wohlwollenden Umgang mit dem Nachbarn, dass ich schon glaubte, er würde ihn zu seinem Erben machen.

13

Wer an Gott und den Jüngsten Tag glaubt, fügt seinem Nachbarn keinen Schaden zu.

Abū Huraira berichtet, der Gesandte Gottes (S) habe gesagt:

Wer an Gott und den Jüngsten Tag glaubt, soll seinem Nachbarn keinen Schaden zufügen. Wer an Gott und den Jüngsten Tag glaubt, soll seinen Gast ehrenvoll behandeln. Und wer an Gott und den Jüngsten Tag glaubt, soll sagen, was recht ist, oder schweigen.

14

Das Recht des Nachbarn, dessen Haustür am nächsten ist.

ʿĀʾiša berichtet:

Ich sagte: »O Gesandter Gottes, ich habe zwei Nachbarn. Welchem von beiden soll ich meine Geschenke bringen?« Er erwiderte: »Bring sie dem, dessen Haustür der deinen am nächsten liegt!«

15

Freundlichkeit und Nachsicht in allen Lebenslagen.

ʿĀʾiša (R a), die Frau des Propheten (S), berichtet:

Einige Juden kamen zum Gesandten Gottes (S) und sagten: »Der Tod möge über dich kommen!« Ich hörte diese Worte und schrie sie an: »Und über euch soll auch der Tod kommen und der Fluch Gottes!« Da sagte der Gesandte Gottes (S) zu mir: »Beruhige dich, o ʿĀʾiša! Du weißt doch: Gott liebt die Freundlichkeit und Nachsicht in allen Lebenslagen!« Ich rief: »O Gesandter Gottes, hast du denn nicht gehört, was sie gesagt haben?« Er erwiderte: »Doch, und ich erwiderte ihnen: ›Und über euch auch!‹«

Anas Ibn Mālik berichtet:

Ein Beduine urinierte in der Moschee. Die Leute wollten aufspringen und ihn zurechtweisen, der Gesandte Gottes (S) aber sagte: »Lasst ihn sein Geschäft beenden!« Anschließend wies er die Leute an, einen Eimer mit Wasser zu bringen und über die verschmutzte Stelle zu schütten.

16

Das Zusammenwirken der Gläubigen.

Abū Mūsā berichtet:

Der Prophet (S) sagte: »Die Gläubigen sind zueinander wie ein Gebäude, dessen einer Teil dem anderen Halt gibt.« Bei diesen Worten fügte er seine Finger ineinander.

Er saß noch bei uns, als ein Mann herantrat und um eine Gabe bat. Der Prophet (S) wandte sich uns zu und sagte: »Gebt ihm, und ihr werdet dafür belohnt werden! Und Gott erfüllt, was er durch seinen Propheten verspricht!«

17

Großmut, Freigebigkeit und Habsucht.

Ibn ʿAbbās sagte: »Der Prophet (S) war der großmütigste aller Menschen. Und im Ramaḍān war er noch großmütiger als sonst!«

Abū Ḏarr erzählte: »Als wir von der Sendung des Propheten (S) erfuhren, sagte ich zu meinem Bruder: ›Reite in dieses Tal und hör dir an, was der Mann zu sagen hat!‹ Als er zurückkam, berichtete er: ›Dieser Mann ermahnt die Menschen zu den besten Umgangsformen und Tugenden.‹«

Ǧābir (R a) berichtet:

Der Prophet (S) sagte niemals nein, wenn er um etwas gebeten wurde.

Abū Ḥāzim berichtet:

Sahl Ibn Sa'd erzählte:

»Eine Frau kam mit einer Burda zum Propheten (S).«

An seine Zuhörer gewandt fragte Sahl: »Wisst ihr, was eine Burda ist?« Sie erwiderten: »Ja, ein Mantel!« – »Das ist richtig, ein Mantel mit einem gewebten Saum. Die Frau sagte: ›O Gesandter Gottes, ich möchte dir diese Burda schenken, damit du sie trägst!‹ Der Prophet (S) nahm den Mantel und zog ihn an, denn er brauchte ein solches Kleidungsstück.

Als einer seiner Gefährten ihn in diesem Gewand sah, sagte er: ›O Gesandter Gottes, wie schön ist diese Burda! Gib sie mir, damit ich sie trage!‹ Und der Prophet (S) gab ihm den Mantel.

Nachdem der Prophet (S) sich anschließend entfernt hatte, tadelten die Leute jenen Mann. Sie sagten zu ihm: ›Es war nicht recht, was du getan hast! Der Prophet (S) brauchte den Mantel doch selbst! Das wusstest du doch! Und trotzdem hast du ihn darum gebeten! Du weißt doch, dass er nie eine Bitte ausschlägt!‹ Der Mann sagte: ›Ich wollte, dass der Segen dieses Mantels, den der Prophet (S) trug, über mich kommt, wenn ich ihn anhabe.‹«

Anas (R a) berichtet:

Zehn Jahre lang diente ich dem Propheten (S). Und niemals sagte er: »Ach je!« zu mir, oder: »Warum hast du das gemacht?« oder: »Hast du das denn nicht gemacht?«

18

Wenn jemand einen Muslim beleidigt.

'Abdullāh berichtet, der Gesandte Gottes (S) habe gesagt:

Das Beleidigen eines Muslims ist eine schwere Übertretung! Und das Töten eines Muslims ist Unglaube!

Abū Ḏarr (R a) berichtet, der Prophet (S) habe gesagt:

Ein Mann soll einen anderen nicht der Lasterhaftigkeit oder des Unglaubens beschuldigen. Denn die Anklage fällt auf ihn zurück, wenn sich die Unschuld des Beklagten herausstellt.

19

Inwieweit darf man sich über lasterhafte und verdächtige Menschen abfällig äußern?

'Ā'iša (R a) berichtet:

Ein Mann bat um Erlaubnis, beim Gesandten Gottes (S) eintreten zu dürfen. Der Prophet (S) sagte: »Ja, er soll hereinkommen, aber welch übler Zeitgenosse er doch ist!« Der Mann kam herein, und der Prophet (S) unterhielt sich freundlich mit ihm.

Später sagte ich zum Propheten (S): »O Gesandter Gottes, du hast dich so abfällig über diesen Mann geäußert, aber dann hast du doch freundlich mit ihm geredet!« Er sagte: »Ach 'Ā'iša, die schlimmsten Menschen sind die, vor denen die anderen sich zurückziehen, die wegen ihrer schamlosen Reden gemieden werden.«

20

Verleumderische Reden.
Gott der Erhabene sagte: »Höre auf niemanden, der die Leute gegeneinander aufhetzt und Gerüchte unter ihnen verbreitet!« (al-qalam – 68,11.)

Er sagte ferner: »Wehe jedem Lästerer und Verleumder«.
(al-humaza – 104,1.)

Ḥuḏaifa berichtet, der Prophet (S) habe gesagt:
Ein Verleumder wird nicht ins Paradies eingehen!

21

Menschen mit zwei Gesichtern.

Abū Huraira (R a) berichtet, der Prophet (S) habe gesagt:
Zu den schlechtesten Menschen wird für Gott am Tag des Gerichts der Mensch mit zwei Gesichtern gehören, jener Mensch, der den einen mit dem einen Gesicht und den anderen mit dem anderen Gesicht entgegentritt.

22

Neid und gegenseitige Nichtbeachtung.
Gott der Erhabene sagte: »Ich nehme Zuflucht bei Gott vor dem Übel des Neiders, wenn er neidisch ist!«
(al-falaq – 113,5.)

Abū Huraira berichtet, der Prophet (S) habe gesagt:

Hütet euch vor Mutmaßungen! Denn das sind die verlogensten aller Reden! Zieht keine Erkundigungen über andere ein und verrichtet keine Spitzeldienste! Beneidet euch nicht gegenseitig, kehrt einander nicht den Rücken und verabscheut euch nicht! Seid Diener Gottes, indem ihr wie Brüder zueinander seid!

23

Wenn freundschaftliche Beziehungen abgebrochen werden. Der Gesandte Gottes (S) sagte: »Es ist nicht zulässig, dass jemand seine Beziehung zu seinem Glaubensbruder für einen längeren Zeitraum als drei Tage abbricht!«

'Auf Ibn Mālik Ibn aṭ-Ṭufail, der Neffe von 'Ā'iša, berichtet:

Als Ibn az-Zubair von einem der Käufe oder Schenkungen 'Ā'išas hörte, rief er: »Bei Gott! 'Ā'iša soll gefälligst mit solchen Unternehmungen aufhören, oder ich muss ihr wirklich jegliche Zurechnungsfähigkeit in diesem Bereich absprechen!« Als 'Ā'iša davon erfuhr, fragte sie: »Hat er das wirklich gesagt?« – »Ja«, wurde ihr geantwortet. Da rief 'Ā'iša: »Dann gelobe ich bei Gott, dass ich nie wieder mit diesem Menschen sprechen werde!«

Einige Tage später beauftragte Ibn az-Zubair einen Mann damit, für ihn bei 'Ā'iša Fürsprache einzulegen. 'Ā'iša aber sagte: »Nein, bei Gott, niemals werde ich eine Fürbitte für diesen Menschen akzeptieren!«

Ibn az-Zubair quälte diese Lage. Er sprach mit al-Miswar Ibn Maẖrama und 'Abdurraḥmān Ibn al-Aswad Ibn 'Abdulqaġūṯ, zwei Männern von den Banū Zuhra[4], und sagte zu ihnen: »Ich

4 Banū Zuhra: eine mekkanische Familie.

beschwöre euch bei Gott! Verschafft mir Zutritt bei ʿĀʾiša! Sie darf nicht schwören, dass sie ihre Beziehung zu mir abbricht!«

Al-Miswar und ʿAbdurraḥmān gingen mit Ibn az-Zubair zu ʿĀʾiša und baten sie um Erlaubnis, eintreten zu dürfen. Sie sagten: »Friede, Gottes Erbarmen und Segen seien mit dir, o ʿĀʾiša! Dürfen wir eintreten?« Sie erwiderte: »Ja, kommt herein!« – »Wir alle«, fragten sie. »Ja.«

ʿĀʾiša wusste nicht, dass Ibn az-Zubair bei ihnen war.

Sie traten ein. Ibn az-Zubair eilte auf ʿĀʾiša zu. Er ergriff sie, weinte und beschwor sie, von ihrem Eid zurückzutreten und ihm zu verzeihen. Auch al-Miswar und ʿAbdurraḥmān redeten auf ʿĀʾiša ein und baten sie, doch mit Ibn az-Zubair zu sprechen und seine Entschuldigung anzunehmen. Sie sagten: »Der Prophet (S) verbot es, freundschaftliche Beziehungen abzubrechen, wie du es getan hast! Ein Muslim darf sich nicht länger als drei Tage von seinem Glaubensbruder fernhalten!« Sie redeten auf ʿĀʾiša ein und beschworen sie, ihren Standpunkt doch zu ändern, bis sie in Tränen ausbrach und sagte: »Aber ich habe doch ein Gelübde getan. Und ein Gelübde ist eine schwerwiegende Sache!« Al-Miswar und ʿAbdurraḥmān aber drängten weiter in ʿĀʾiša, bis sie schließlich mit Ibn az-Zubair redete und von ihrem Gelübde zurücktrat. Und als Sühne gab sie vierzig Sklaven frei.[5]

Immer wenn ʿĀʾiša an diesen Vorfall dachte, weinte sie so sehr, dass ihr Kopftuch feucht wurde.

5 Wer von einem Gelübde zurücktritt, hat dafür eine Sühne zu leisten. Der Koran sieht als Sühneleistungen die Freilassung eines Sklaven, die Speisung oder Bekleidung von zehn Armen oder, wem dies nicht möglich ist, ein Fasten von drei Tagen vor (vgl. al-māʾida – 5,89).

Abū Aiyūb al-Anṣārī berichtet, der Gesandte Gottes (S) habe gesagt:

Es ist nicht zulässig, dass ein Mann seinen Glaubensbruder länger als drei Tage lang meidet und die beiden, wenn sie einander begegnen, zur Seite schauen. Und der Bessere der beiden ist der, der den anderen zuerst wieder grüßt.

24

Das Lachen und das Lächeln.

Fāṭima, Friede sei mit ihr, sagte: »Der Prophet (S) flüsterte mir etwas zu, und ich lachte.«

Ibn ʿAbbās sagte: »Gott ist es, der uns lachen und weinen lässt.«

Saʿd berichtet:

ʿUmar Ibn al-Ḫaṭṭāb (R a) bat den Gesandten Gottes (S) um Erlaubnis, bei ihm eintreten zu dürfen. Gerade waren mehrere Frauen von den Quraiš beim Propheten (S), die sich nach einigen Dingen erkundigten. Ihre Stimmen übertönten dabei die des Propheten (S) um ein Vielfaches. Als ʿUmar um Einlass bat, legten sie schnell ihre Kopftücher an. Der Prophet (S) ließ ʿUmar eintreten. Er kam herein und sah, dass der Prophet (S) lachte. Er sagte: »Gott möge dir weiterhin Grund zur Heiterkeit geben, o Gesandter Gottes! Du bist mir mehr wert als Vater und Mutter!« Der Prophet (S) sagte: »Ich amüsiere mich über diese Frauen. Als sie deine Stimme hörten, haben sie sich schnell verhüllt.« ʿUmar sagte: »Aber du hast doch das größte Recht darauf, dass man dir Ehrfurcht und Respekt entgegenbringt, o Gesandter Gottes!« Darauf wandte er sich an die Frauen und rief: »O ihr Feinde eurer Selbst! Mich respektiert ihr, nicht aber den Gesandten Gottes (S)!« Sie entgegneten: »Du bist strenger und hast weniger Nachsicht als der Prophet

(S)!« Der Gesandte Gottes (S) sagte: »O Ibn al-Ḫaṭṭāb, bei dem, in dessen Hand ich mich befinde! Wenn der Teufel sieht, dass du einen Weg beschreitest, schlägt er schnell einen anderen ein!«

Ǧarīr berichtet:

Nachdem ich den Islam angenommen hatte, hatte der Prophet (S) immer für mich Zeit, wenn ich ihn brauchte. Und immer lächelte er, wenn er mich sah. Eines Tages klagte ich ihm mein Leid, denn ich konnte nicht fest auf dem Pferd sitzen. Da klopfte er mir auf die Brust und sagte: »O Gott, gib ihm festen Halt auf dem Pferd, und mach ihn zu einem rechtleitenden und rechtgeleiteten Mann!«

'Ā'iša (R a) berichtet:

Niemals sah ich den Propheten (S) so lachen, dass das Gaumenzäpfchen zu sehen war. Er lächelte immer.

25

Man hüte sich vor Zornesausbrüchen.
Gott der Erhabene sagte: »Die Gottesfürchtigen sind diejenigen, die schwere Vergehen und schändliches Handeln meiden und den Menschen vergeben, wenn sie zornig sind.«

(aš-šūrā – 42,37.)

Er sagte ferner: »Die Gottesfürchtigen sind die, die in guten und in schlechten Zeiten Spenden geben, die ihren Zorn zurückhalten und Nachsicht mit den Menschen haben. Gott liebt die, die Gutes tun.« (āl 'Imrān – 3,134.)

Abū Huraira (R a) berichtet, der Gesandte Gottes (S) habe gesagt:

Der Starke ist nicht der, der den anderen zu Boden wirft, sondern der, der sich selbst in der Gewalt hat, wenn er zornig ist!

Sulaimān Ibn Ṣurad berichtet:

Wir saßen beim Propheten (S), als zwei Männer miteinander in Streit gerieten und sich beschimpften. Einer der beiden wurde dabei so wütend, dass sein Gesicht rot anlief. Der Prophet (S) sagte: »Ich kenne ein Wort, das seinen Zorn sofort vertreiben würde, wenn er es aussprechen würde. Er müsste nur sagen: ›Ich suche meine Zuflucht bei Gott vor dem gesteinigten Teufel!‹« Die Leute sagten zu dem Wüterich: »Hast du nicht gehört, was der Prophet (S) gesagt hat?« Er rief: »Ich bin doch nicht von bösen Geistern besessen!«

26

Schüchternheit und Schamhaftigkeit.

ʿAbdullāh Ibn ʿUmar (R a) berichtet:

Der Prophet (S) kam bei einem Mann vorüber, der seinen Bruder wegen dessen Schamhaftigkeit tadelte. Der Mann sagte: »Du bist so schüchtern und schamhaft, dass es dir schon schaden muss!«

Der Gesandte Gottes (S) wandte sich diesem Mann zu und sagte: »Lass ihn! Die Schamhaftigkeit ist ein Teil des Glaubens!«

Abū Saʿīd berichtet:

Der Prophet (S) war noch schamhafter als die Jungfrau in ihrem Frauengemach.

27

Der Gast ist ehrenvoll aufzunehmen und auf beste Weise zu bewirten.

Gott der Erhabene sagte: »Hast du nicht die Geschichte von den ehrenvoll aufgenommenen Gästen Abrahams (Ibrāhīm) gehört?« (aḏ-ḏāriyāt – 51,24.)

Abū Šuraiḥ al-Kaʿbī berichtet, der Gesandte Gottes (S) habe gesagt:

Wer an Gott und den Jüngsten Tag glaubt, soll seinen Gast ehrenvoll aufnehmen. Eine Nacht und einen Tag lang ist der Gast auf die beste Weise zu bewirten. Und die Gastfreundschaft hat eine Dauer von drei Tagen. Was darüber hinausgeht, ist eine freiwillige Spende. Dem Gast aber ist es nicht erlaubt, so lange bei seinem Gastgeber zu bleiben, dass dieser dadurch in eine schwierige Lage kommt.

ʿUqba Ibn ʿĀmir (R a) berichtet:

Wir sagten: »O Gesandter Gottes, wenn du uns mit einem Auftrag losschickst und wir kommen zu Leuten, die uns die gastliche Aufnahme verweigern, was sollen wir dann tun?« Er erwiderte: »Wenn ihr zu Menschen kommt, die euch als Gäste aufnehmen, dann lasst euch von ihnen bewirten. Wenn euch die Gastfreundschaft aber verweigert wird, dann nehmt, was euch als Gästen zusteht.«

28

Das Niesen und das Gähnen.

Abū Huraira (R a) berichtet, der Prophet (S) habe gesagt:

Gott liebt das Niesen, und er verabscheut das Gähnen.

Wenn jemand niest und anschließend »Preis sei Gott« sagt, so soll jeder Muslim, der ihn hört, »Gott erbarme sich deiner!« erwidern. Das Gähnen aber ist vom Teufel. Unterdrückt es, so gut es geht. Und wenn jemand beim Gähnen »Haa« macht, lacht der Teufel über ihn.

29

Die Entstehung des Grußes.

Abū Huraira berichtet, der Prophet (S) habe erzählt:

Gott erschuf Adam (Ādam) in der Gestalt, die er für ihn vorgesehen hatte. Und er war sechzig Ḏirāʿ groß. Nachdem Gott ihn erschaffen hatte, sagte er zu ihm: »Geh zu den Engeln, die dort sitzen! Grüße sie, und achte darauf, wie sie dich begrüßen! Denn so wie sie sollst du und deine Nachkommen den Gruß entrichten!« Adam trat zu den Engeln und sagte: »Friede sei mit euch!« Sie erwiderten: »Friede und Gottes Erbarmen seien mit dir!«

Die Engel erweiterten den Gruß, indem sie den Wunsch nach Gottes Erbarmen hinzufügten.

Und jeder, der ins Paradies eingehen wird, gleicht Adam.

Allerdings wurden die Menschen bis zum heutigen Tag immer kleiner.

30

Gott – er ist mächtig und erhaben – sagte:[6] »Sag den gläubigen Männern, sie sollen ihre Augen niederschlagen und ihre

6 In der arabischen Vorlage zitiert al-Buḫārī an dieser Stelle zunächst an-nūr – 24,27 ff.

Scham hüten! Und sag den gläubigen Frauen, sie sollen ihre Augen niederschlagen und ihre Scham hüten!«

(an-nūr – 24,30 f.)

Az-Zuhrī wurde gefragt, ob man Mädchen, die ihre erste Monatsblutung noch nicht gehabt haben, betrachten dürfe. Er erwiderte: »Es ist nicht recht, Mädchen nach Belieben anzuschauen, auch wenn sie noch im Kindesalter sind!«
'Aṭā' verabscheute es, Sklavinnen, die in Mekka zum Kauf angeboten wurden, zu betrachten, es sei denn, er wollte für sich selbst eine von ihnen kaufen.

Abū Sa'īd al-Ḫudrī (R a) berichtet:

Der Prophet (S) sagte: »Vermeidet es, an öffentlichen Wegen und Plätzen zu sitzen!« Die Leute entgegneten: »O Gesandter Gottes, es ist sehr wichtig, dass wir da zusammensitzen! Dort treffen wir uns und reden wir miteinander!« – »Wenn ihr schon da sein müsst, dann benehmt euch auch so, wie es sich auf der Straße geziemt!« – »Wie sollen wir uns auf der Straße benehmen, o Gesandter Gottes?« – »Senkt eure Blicke, belästigt niemanden, erwidert den Gruß, gebietet das Rechte und untersagt das Verwerfliche!«

31

Wer an einer sitzenden Person vorüberkommt, soll zuerst den Gruß entrichten.

Abū Huraira (R a) berichtet, der Gesandte Gottes (S) habe gesagt:

Der Reiter soll den Fußgänger zuerst grüßen. Wer an einer sitzenden Person vorbeiläuft, soll zuerst den Gruß sprechen. Und dasselbe gilt für eine kleine Gruppe von Menschen, die auf eine größere trifft.

32

Der Jüngere soll den Älteren zuerst grüßen.

Abū Huraira (R a) berichtet, der Gesandte Gottes (S) habe gesagt:

Der Jüngere soll den Älteren zuerst grüßen.

33

Man grüße die Leute, die man kennt, und auch die, die man nicht kennt.

'Abdullāh Ibn 'Amr berichtet:

Ein Mann fragte den Propheten (S): »Wer ist ein besonders guter Muslim?« Der Prophet (S) erwiderte: »Du bist ein sehr guter Muslim, wenn du anderen zu essen gibst und die Menschen grüßt – die, die du kennst, und auch die, die du nicht kennst.«

34

Wenn der Gruß dreimal gesprochen und dreimal um Einlass gebeten wird.

Anas (R a) berichtet:

Wenn der Gesandte Gottes (S) den Gruß entrichtete, grüßte er dreimal. Und wenn er etwas sagte, sagte er es dreimal.

Abū Sa'īd al-Ḫudrī berichtet:

Eines Tages saß ich mit einigen Anṣār zusammen, als Abū Mūsā zu uns kam. Er war sehr aufgeregt und rief: »Dreimal habe ich 'Umar um Einlass gebeten, aber man hat mich nicht hereingebeten! Da bin ich wieder gegangen!«

Als ʿUmar davon erfuhr, fragte er Abū Mūsā: »Warum bist du nicht hereingekommen?« – »Ich habe doch dreimal um Einlass gebeten, aber niemand gab mir die Erlaubnis, einzutreten! Deswegen bin ich wieder gegangen! Der Gesandte Gottes (S) hat doch gesagt: ›Wenn ihr dreimal um Einlass bittet und ihr werdet nicht hereingebeten, dann geht wieder eurer Wege!‹« ʿUmar rief: »Bei Gott, das musst du erst beweisen, dass er dies wirklich gesagt hat!« Abū Mūsā wandte sich an die Versammelten und fragte: »Kann jemand von euch diese Aussage des Propheten (S) bezeugen?« Ubai Ibn Kaʿb rief: »Der Jüngste von uns kann diesen Ausspruch des Propheten (S) bestätigen!«

Ich war damals der Jüngste der Anwesenden. Ich erhob mich und bestätigte ʿUmar, dass der Prophet (S) dies wirklich gesagt hat.

35

Wenn Männer Frauen und Frauen Männer grüßen.

ʿĀʾiša (R a) berichtet:

Der Gesandte Gottes (S) sagte zu mir: »O ʿĀʾiša, Gabriel (Ǧibrāʾīl) lässt dich grüßen!« Ich sagte: »Friede und Gottes Erbarmen seien mit ihm! O Gesandter Gottes, du siehst, was wir nicht sehen können!«

36

Wenn jemand an eine Tür klopft und auf die Frage, wer da sei, antwortet: »Ich bin es!«

Ǧābir (R a) berichtet:

Wegen der Schulden, die mein Vater mir hinterlassen hatte ging ich zum Propheten (S). Ich klopfte an seine Tür. »Wer ist da«, rief er. Ich sagte: »Ich bin es!« Der Prophet (S) rief: »Ich bin es! Ich bin es!« Und es klang, als würde er diese Antwort verabscheuen.

37

Das Händeschütteln.
Ibn Mas'ūd erzählte: »Der Prophet (S) lehrte mich das Glaubensbekenntnis. Dabei hielt er meine Hand in seinen Händen.«
Ka'b Ibn Mālik erzählte: »Ich betrat die Moschee, als auch der Gesandte Gottes (S) gerade anwesend war. Ṭalḥa Ibn 'Ubaidullāh eilte auf mich zu, schüttelte mir die Hände und beglückwünschte mich.«

Qatāda berichtet:

Ich fragte Anas: »War das Händeschütteln bei den Gefährten des Propheten (S) üblich?« Er erwiderte: »Ja.«

'Abdullāh Ibn Hišām berichtet:

Wir waren beim Propheten (S), und er hielt die Hand von 'Umar Ibn al-Ḫaṭṭāb.

38

Gott der Erhabene sagte: »Wenn auf einer Versammlung zu euch gesagt wird, ihr sollt Platz für weitere Leute machen, dann kommt dieser Aufforderung nach. Gott wird euch dann auch Platz machen. Und wenn zu euch gesagt wird, dass ihr euch erheben sollt, so tut das. Gott wird dann auch diejenigen von euch, die glauben und denen das Wissen gegeben wurde, aufsteigen lassen. Und Gott weiß genau, was ihr tut.« (al-muǧādala – 58,11.)

Ibn 'Umar berichtet:

Der Prophet (S) verbot es, dass ein Mann von seinem Platz aufsteht, damit ein anderer sich setzen kann. Aber ihr sollt zusammenrücken und für andere Platz machen.

39

Zwei Leute sollen nicht vertraulich miteinander reden, wenn sie dabei eine dritte Person übergehen.[7]

'Abdullāh (R a) berichtet, der Gesandte Gottes (S) habe gesagt:

Wenn drei Leute zusammen sitzen, sollen nicht zwei von ihnen unter Ausschluss des Dritten miteinander flüstern.

40

Die Wahrung von Geheimnissen.

Anas Ibn Mālik berichtet:

Der Prophet (S) vertraute mir ein Geheimnis an, und ich habe es niemandem weitererzählt. Umm Sulaim fragte mich danach, aber ich sagte es ihr nicht.

7 In der arabischen Vorlage zitiert al-Buḫārī hier al-muǧādala – 58,9 f. und 12 f.

XXXVII Die gesetzlichen Strafen[1]

1

Wer Wein trinkt, wird mit Schlägen bestraft.

Anas Ibn Mālik (R a) berichtet:

Der Prophet (S) ließ Menschen, die Wein getrunken hatten, mit Palmzweigen und Schuhen schlagen. Abū Bakr bestrafte solche Übeltäter mit vierzig Peitschenhieben.

2

Hiebe mit Stöcken und Schuhen.

ʿUqba Ibn al-Ḥariṯ berichtet:

Nuʿaimān – oder es kann auch sein Sohn gewesen sein – wurde zum Propheten (S) gebracht. Er war betrunken. Der Prophet (S) war entrüstet und befahl den Leuten, ihn zu schlagen. Sie verprügelten ihn mit Stöcken und Schuhen. Ich nahm an dieser Bestrafung teil.

Abū Huraira (R a) berichtet:

Ein Mann, der Wein getrunken hatte, wurde zum Propheten (S) gebracht. Er befahl: »Schlagt ihn!« Wir kamen diesem Befehl nach. Manche schlugen ihn mit bloßen Händen, andere mit ihren Schuhen oder mit Tüchern. Als die Bestrafung vor-

1 Als »die gesetzlichen Strafen« wird das koranische Strafrecht bezeichnet, das folgende Straftaten ahndet: Ehebruch bzw. unerlaubten Geschlechtsverkehr; die Verleumdung einer Frau, sich dieses Vergehens schuldig gemacht zu haben; der Genuss alkoholischer Getränke; Diebstahl; räuberische Überfälle.

über war und der Missetäter sich entfernte, rief einer der Leute ihm nach: »Gott bestrafe und entehre dich!« Da sagte der Prophet (S): »Sagt so etwas nicht! Unterstützt nicht den Teufel gegen ihn!«

'Umair Ibn Sa'īd an-Naḫa'ī berichtet:

'Alī Ibn Abī Ṭālib (R a) sagte: »Wenn ich jemanden nach der gesetzlichen Strafe bestrafen lasse und er stirbt daran, dann habe ich kein Mitleid mit ihm, es sei denn, er hat sich des Weintrinkens schuldig gemacht. In diesem Fall würde ich die Entschädigungszahlung[2] für ihn leisten, denn der Gesandte Gottes (S) hat kein festes Strafmaß für das Vergehen des Weintrinkens vorgeschrieben!«

3

Man verfluche keinen Menschen, der Wein getrunken hat, denn trotz dieses Vergehens kann er ein Gläubiger sein.

'Umar Ibn al-Ḫaṭṭāb berichtet:

Zu Lebzeiten des Propheten (S) lebte ein Mann namens 'Abdullāh bei uns in Medina. Er wurde »Esel« genannt und pflegte den Gesandten Gottes (S) immer zum Lachen zu bringen. Der Prophet (S) hatte ihn einmal schlagen lassen, weil er Wein getrunken hatte. Eines Tages wurde er wegen desselben Delikts erneut zum Propheten (S) gebracht und mit Schlägen bestraft. Nach der Bestrafung rief einer der Leute: »O Gott verflucht sei dieser Mann! Wie oft schon wurde er wegen dieses Vergehens bestraft!« Der Prophet (S) aber entgegnete: »Verflucht ihn nicht! Bei Gott, ich weiß, dass er Gott und seinen Gesandten liebt!«

2 Die Entschädigungszahlung wird im folgenden Kapitel behandelt.

4

Die gesetzliche Strafe ist eine Sühne für Verfehlungen.

ʿUbāda Ibn aṣ-Ṣāmit (R a) berichtet:

Eines Tages waren wir beim Propheten (S), und er sagte: »Gelobt mir, dass ihr Gott keine Teilhaber an seiner Göttlichkeit zugesellt, dass ihr nicht stehlt und keinen unerlaubten Geschlechtsverkehr habt!« Und er rezitierte jenen Vers[3]. Darauf sagte er: »Wer von euch sich an diese Bestimmungen hält, wird von Gott belohnt werden. Wer sich eines dieser Vergehen schuldig macht, wird dafür bestraft werden, und das wird seine Sühne sein. Und wen Gott vor einer Bestrafung im Diesseits bewahrt, dem wird er verzeihen oder bestrafen, wie er es will!«

5

Die Fürsprache für einen Missetäter, der zu einer gesetzlichen Strafe verurteilt wurde, ist zurückzuweisen, wenn der Fall vor den obersten Richter gebracht wurde.

ʿĀʾiša (R a) berichtet:

Die Quraiš waren in großer Sorge um eine Frau aus der Familie Maḫzūm[4], die sich eines Diebstahls schuldig gemacht hatte. Sie sagten: »Wer könnte beim Gesandten Gottes (S) ein Wort für sie einlegen? Wer wagt das? Nur Usāma, den der Gesandte Gottes (S) so schätzt, käme dafür in Frage!«

Und Usāma sprach den Gesandten Gottes (S) auf dieses Problem hin an. Der Prophet (S) sagte: »Du legst Fürsprache ein in

3 Das ist al-mumtaḥana – 60,12.

4 Maḫzūm: eine angesehene und reiche mekkanische Familie.

einem Fall, der nach der gesetzlichen Strafe zu ahnden ist?« Darauf erhob er sich, wandte sich den Versammelten zu und sagte: »Ihr Leute! Die Menschen, die vor euch gelebt haben, sind vom rechten Weg abgewichen! Das geschah, weil sie bei einem vornehmen Mann, der einen Diebstahl begangen hatte, von einer Bestrafung absahen, während sie einen einfachen Mann wegen desselben Delikts bestraften! Ich schwöre bei Gott! Wenn Fāṭima, die Tochter Muhammads, sich eines Diebstahls schuldig machen würde, so würde Muhammad ihr die Hand abschlagen!«

6

Gott der Erhabene sagte: »Wenn ein Mann oder eine Frau gestohlen haben, dann schlagt ihnen die Hand ab!«

(al-mā'ida – 5,38.)

'Ā'iša berichtet, der Prophet (S) habe gesagt:

Die Hand des Diebs soll abgeschlagen werden, wenn er etwas gestohlen hat, das einen Viertel Dinar oder mehr wert ist.

'Abdullāh Ibn 'Umar (R a) berichtet:

Der Gesandte Gottes (S) ließ einem Dieb die Hand abschlagen, der ein Schild im Wert von drei Dirham gestohlen hatte.

7

Wenn jemand Ehebruch begeht.

Gott der Erhabene sagte: »Begeht keinen Ehebruch!«

(al-furqān – 25,68.)

Er sagte ferner: »Begeht keine Unzucht! Denn das ist schändlich und eine üble Handlungsweise.« (al-isrā' – 17,32.)

'Ikrima berichtet:

Ibn 'Abbās (R a) erzählte, der Gesandte Gottes (S) habe gesagt: »Wenn jemand Ehebruch begeht, ist er nicht gläubig, während er sich dieses Vergehens schuldig macht. Und wenn jemand einen Diebstahl begeht, ist er nicht gläubig, während er stiehlt. Und dasselbe gilt für den, der Wein trinkt, und für den, der einen anderen tötet!«

Ich fragte Ibn 'Abbās: »Wie entfernt sich der Glaube von dem Missetäter?« Er erwiderte: »So!« Er legte seine Finger zusammen und nahm sie darauf wieder auseinander. Er sagte: »Und wenn er sein Tun bereut, kehrt der Glaube so zu ihm zurück.« Bei diesen Worten fügte er seine Finger wieder ineinander.

8

Die Steinigung von Ehebrechern.

Aš-Ša'bī berichtet:

An einem Freitag steinigte 'Alī (R a) eine Frau. Er sagte: »Ich habe sie gesteinigt, wie der Gesandte Gottes (S) es in vergleichbaren Fällen getan hat!«

9

Geisteskranke Menschen dürfen nicht gesteinigt werden.

'Alī sagte zu 'Umar: »Weißt du nicht, dass die Taten von Geisteskranken nicht verzeichnet werden, bis sie wieder gesund sind? Und dasselbe gilt für Kinder, bis sie das Alter der Reife erreicht haben, und für den Schlafenden, bis er erwacht!«

Abū Huraira (R a) berichtet:

Ein Mann ging zum Gesandten Gottes (S) in die Moschee und sagte zu ihm: »O Gesandter Gottes, ich habe Ehebruch begangen!« Der Prophet (S) aber kümmerte sich nicht um ihn, sondern wandte sich ab. Der Mann wiederholte darauf seine Selbstbeschuldigung. Als er schließlich viermal gegen sich selbst Zeugnis abgelegt hatte, drehte der Prophet (S) sich nach ihm um und fragte: »Bist du geisteskrank?« – »Nein«, erwiderte der Mann. »Bist du verheiratet?« – »Ja.« Darauf rief der Prophet (S) einige Leute zu sich und befahl: »Geht mit diesem Mann hinaus und steinigt ihn!«

Ǧābir Ibn ʿAbdullāh erzählte: »Ich war einer von denen, die das Urteil vollstreckten. Wir gingen mit ihm hinaus zum Gebetsplatz. Als wir mit der Steinigung begannen, floh er. Wir verfolgten ihn und konnten ihn in al-Ḥarra wieder ergreifen. Dort steinigten wir ihn.«

10

Kann der Richter von der Bestrafung eines Menschen absehen, der sich selbst eines Vergehens beschuldigt, das nach der gesetzlichen Strafe zu ahnden ist, nicht aber erklärt hat, was genau er sich hat zuschulden kommen lassen?

Anas Ibn Mālik (R a) berichtet:

Ich war beim Propheten (S), als ein Mann zu ihm kam und sagte: »O Gesandter Gottes, ich habe mich eines Vergehens schuldig gemacht, das nach der gesetzlichen Strafe zu ahnden ist! Bestrafe mich nach dem Buch Gottes!« Der Prophet (S) aber fragte ihn nicht nach seinem Vergehen.

Dann wurde der Gebetsbeginn angesagt, und der Mann betete mit den Leuten. Anschließend wandte er sich wieder an den Propheten (S) und sagte: »O Gesandter Gottes, ich habe mich eines Vergehens schuldig gemacht, das nach der gesetzlichen Strafe zu ahnden ist! Bestrafe mich nach Gottes Buch!« Der Prophet (S) fragte ihn: »Hast du nicht eben mit uns gebetet?« – »Doch.« – »Dann hat Gott dir deine Schuld verziehen!« Oder er sagte: »Dann hat Gott dir die Strafe erlassen!«

11

Unverheiratete Männer und Frauen, die unerlaubten Geschlechtsverkehr gehabt haben, sind mit Hieben zu bestrafen und des Landes zu verweisen.
Gott der Erhabene sagte: »Bestraft einen Mann und eine Frau, die unerlaubten Geschlechtsverkehr gehabt haben, mit jeweils hundert Peitschenhieben. Und habt kein Mitleid mit ihnen, so ihr an Gott und den Jüngsten Tag glaubt! Und eine Anzahl von Gläubigen soll Zeuge bei der Urteilsvollstreckung sein. Ein Mann, der unerlaubten Geschlechtsverkehr gehabt hat, darf nur eine Frau heiraten, die sich desselben Vergehens schuldig gemacht hat, oder eine Heidin. Und eine Frau, die unerlaubten Geschlechtsverkehr gehabt hat, darf nur einen Mann heiraten, der dasselbe getan hat, oder einen Heiden. Den übrigen Gläubigen ist die Heirat einer solchen Person verboten.« (an-nūr – 24,2 f.)

Zaid Ibn Ḫālid al-Ǧuharī berichtet:

Ich hörte, wie der Prophet (S) eine unverheiratete Person, die unerlaubten Geschlechtsverkehr gehabt hatte, zu einhundert Hieben verurteilte und ein Jahr lang des Landes verwies.

12

Die Bestrafung von Nichtmuslimen, die Ehebruch begangen haben.

'Abdullāh Ibn 'Umar (R a) berichtet:

Einige Juden kamen zum Gesandten Gottes (S) und erzählten ihm, dass ein Mann und eine Frau aus ihrem Stamm Ehebruch begangen hätten. Der Gesandte Gottes (S) fragte sie: »Was steht in der Thora über die Steinigung?« Sie erwiderten: »Wir stellen Ehebrecher an den Pranger und peitschen sie.« Da rief 'Abdullāh Ibn Salām: »Ihr lügt! In der Thora ist die Steinigung vorgeschrieben!« Darauf schlugen die Juden in der Thora nach. Einer von ihnen verdeckte den Vers über die Steinigung mit der Hand und las den vorangehenden und den folgenden Vers vor. 'Abdullāh Ibn Salām sagte: »Nimm deine Hand da weg!« Der Jude gehorchte, und der Vers über die Steinigung kam zum Vorschein. Die Juden sagten: »O Muhammad, er hat die Wahrheit gesagt. Der Vers über die Steinigung ist in der Thora!« Darauf befahl der Gesandte Gottes (S), die beiden Ehebrecher zu steinigen.

Ich war bei der Urteilsvollstreckung dabei. Der Mann warf sich vor die Frau, um sie vor den Steinen zu schützen.

13

Wenn unbescholtene Frauen in Verruf gebracht werden.

Gott – er ist mächtig und erhaben – sagte: »Und bestraft diejenigen, die unschuldige Frauen in Verruf bringen und keine vier Zeugen für ihre Anschuldigung beibringen können, mit achtzig Hieben, und akzeptiert nie wieder eine Zeugenaussage von ihnen. Denn sie sind Frevler! Davon ausgenommen sind jene, die ihr Vergehen bereuen und sich bessern. Gott ist barmherzig und bereit zu vergeben.« (an-nūr – 24,4 f.)

Er sagte ferner: »Und diejenigen, die unschuldige Frauen, die unachtsam, aber doch gläubig sind, verleumden, sind im Diesseits verflucht und werden auch im Jenseits verflucht sein. Sie haben eine schwere Strafe zu erwarten!«

(an-nūr – 24,23.)

Abū Huraira berichtet:

Der Prophet (S) sagte: »Hütet euch vor den sieben schweren Vergehen!« Die Leute fragten: »O Gesandter Gottes, welches sind diese Vergehen?« – »Es sind der Götzendienst und die Vielgötterei, die Zauberei und die Magie, das Töten von Lebewesen, die Gott für unantastbar erklärt hat – es sei denn, es geschieht in Übereinstimmung mit Recht und Gesetz –, die Wucherei, der Verzehr des Eigentums von Waisen, die feige Flucht vor dem Feind und die Verleumdung unschuldiger Frauen, die unachtsam, aber doch gläubig sind!«

XXXVIII Die Entschädigungszahlung

1

Gott der Erhabene sagte: »Wer einen Gläubigen vorsätzlich tötet, dessen Lohn ist die Hölle.« (an-nisā' – 4,93.)

'Abdullāh berichtet, der Prophet (S) habe gesagt:

Das Erste, worüber am Tag des Gerichts unter den Menschen gerichtet wird, ist der Mord.

Al-Miqdād Ibn 'Amr al-Kindī, der an der Schlacht von Badr teilgenommen hat, berichtet:

Ich sagte: »O Gesandter Gottes, angenommen, ich treffe auf einen Ungläubigen und wir kämpfen miteinander, er schlägt mir mit dem Schwert die Hand ab, sucht dann unter einem Strauch vor mir Schutz und ruft: ›Ich ergebe mich dem Willen Gottes und nehme den Islam an!‹ – darf ich ihn dann noch töten, nachdem er das gesagt hat?« Der Gesandte Gottes (S) erwiderte: »Nein, töte ihn nicht!« – »Aber, o Gesandter Gottes, er hat mir doch die Hand abgeschlagen und bekannte sich erst danach zum Islam – dann darf ich ihn doch töten!« – »Nein, töte ihn nicht! Denn wenn du ihn tötest, ist er in der Position gegenüber Gott, in der du warst, bevor du ihn getötet hast, und du bist in der Lage, in der er war, bevor er sich zum Islam bekannte.«

2

Gott der Erhabene sagte: »Wer jemanden am Leben erhält, soll sein, als hätte er die gesamte Menschheit am Leben erhalten.« (al-mā'ida – 5,32.)

'Abdullāh (R a) berichtet, der Prophet (S) habe gesagt:

Immer wenn ein Mensch einen anderen widerrechtlich tötet, fällt ein Teil der Verantwortung dieser Tat auf den erstgeborenen Sohn Adams (Ādam).

Usāma Ibn Zaid Ibn Hāriṯa (R a) berichtet:

Der Gesandte Gottes (S) schickte uns los, um die Ḥuraqa, die zu den Ǧuhaina[1] gehören, zu bekämpfen. Am frühen Morgen stießen wir auf sie und schlugen sie in die Flucht. Ich und ein Anṣārī konnten einen der Feinde ergreifen. Wir überwältigten ihn, da rief er: »Es gibt keinen Gott außer Gott!«[2] Als der Anṣārī diese Worte hörte, ließ er von ihm ab, ich aber durchbohrte ihn mit meinem Speer und tötete ihn.

Nachdem wir nach Medina zurückgekehrt waren, wurde der Prophet (S) über diesem Vorfall informiert. Er sagte zu mir: »O Usāma, hast du den Mann wirklich getötet, nachdem er das Glaubensbekenntnis abgelegt hatte?« Ich erwiderte: »O Gesandter Gottes (S), er sagte das nur, um sein Leben zu retten!« – »Usāma, hast du ihn getötet, nachdem er gesagt hat: ›Es gibt keinen Gott außer Gott?‹« Und er widerholte diese Frage immer und immer wieder, dass ich schon wünschte, den Islam nicht vor diesem Tag angenommen zu haben!

1 Ǧuhaina: ein südarabischer Stamm.

2 Der Mann spricht das Glaubensbekenntnis und kann damit als Muslim gelten.

Abdullāh (R a) berichtet, der Prophet (S) habe gesagt:

Wer gegen uns zu den Waffen greift, gehört nicht zu uns!

Al-Aḥnaf Ibn Qais berichtet:

Ich machte mich auf den Weg, um jenem Mann beizustehen, da begegnete mir Abū Bakra. Er fragte mich: »Wohin gehst du?« Ich erwiderte: »Ich will diesem Mann helfen!« Er rief:

»Nein, tu das nicht, sondern kehr um! Ich hörte, dass der Gesandte Gottes (S) gesagt hat: ›Wenn zwei Muslime mit den Schwertern aufeinander losgehen, werden sowohl der, der den anderen getötet hat, als auch der Getötete in die Hölle kommen!‹ Ich sagte damals zu ihm: ›O Gesandter Gottes, ich verstehe, dass der, der getötet hat, in die Hölle kommt. Aber warum auch der Getötete?‹ Der Prophet (S) antwortete: ›Er hatte die Absicht, seinen Glaubensbruder zu töten!‹«

3

Gott der Erhabene sagte: »Leben um Leben, Auge um Auge, Nase um Nase, Ohr um Ohr, Zahn um Zahn und die entsprechende Wiedervergeltung bei anderen Verletzungen! Und wer eine Spende tut, indem er auf die Wiedervergeltung verzichtet, für den ist das eine Sühne für die Vergehen, die er sich hat zuschulden kommen lassen. Diejenigen aber, die nicht in dem Sinne richten, wie Gott es offenbart hat, sind Frevler.« (al-mā'ida – 5,45.)

'Abdullāh berichtet, der Gesandte Gottes (S) habe gesagt:

Ein Muslim, der bekennt, dass es keinen Gott außer Gott gibt und ich der Gesandte Gottes bin, darf nicht getötet werden, es sei denn, es handelt sich um die Wiedervergeltung Leben um Leben, oder eine verheiratete Person hat Ehebruch begangen, oder jemand ist vom Islam abgefallen und hat sich von der muslimischen Gemeinschaft losgesagt.

4

Wenn mit einem Stein Wiedervergeltung geübt wird.

Anas (R a) berichtet:

Ein Jude erschlug ein Mädchen mit einem Stein, um ihr den Schmuck zu rauben. Das Mädchen wurde zum Propheten (S) gebracht, als es im Sterben lag. Der Prophet (S) fragte sie: »Hat der Soundso dich überfallen?« Sie schüttelte verneinend mit dem Kopf. Er fragte: »War es Derundder?« Wieder verneinte sie die Frage. Als der Prophet (S) sie zum dritten Mal fragte, nickte sie zustimmend. Darauf ließ der Prophet (S) den Mörder des Mädchens mit zwei Steinen töten.

5

Wenn jemand widerrechtlich getötet wurde, haben die Angehörigen des Toten die Wahl zwischen der Wiedervergeltung und der Entschädigungszahlung.

Abū Huraira berichtet:

Im Jahr der Eroberung Mekkas töteten die Banū Ḫuzāʿa einen Mann der Banū Laiṯ.[3] Es handelte sich dabei um eine Blutrache aus vorislamischer Zeit.

Als der Gesandte Gottes (S) davon hörte, erhob er sich und sagte: »Gott schützte Mekka vor dem Elefanten,[4] seinem Ge-

3 Banū Ḫuzāʿa und Banū Laiṯ: zwei südarabische Stämme.

4 Im Jahr 570 unternahm der jemenitische König Abraha einen Feldzug gegen Mekka, bei dem Elefanten als Lasttiere eingesetzt wurden.

sandten und den Gläubigen aber gab er die Macht, Mekka zu erobern und die Ungläubigen zu besiegen. Niemandem vor mir war es erlaubt, in Mekka Kampfeshandlungen auszutragen, und niemandem nach mir wird es erlaubt sein! Und auch ich hatte nur an einem Tag zu einer Stunde die Erlaubnis, in Mekka zu kämpfen. Jetzt, in dieser Stunde, ist Mekka wieder unverletzlich. Pflanzen in Mekka dürfen nicht ausgerissen werden, Bäume dürfen nicht gefällt werden, und wer etwas findet, was jemand verloren hat, darf es nicht an sich nehmen, ohne sich zu bemühen, den Eigentümer ausfindig zu machen. Und wenn jemand widerrechtlich getötet wurde, haben die Angehörigen des Toten die Wahl zwischen der Wiedervergeltung und der Entschädigungszahlung.«

Da erhob sich ein Mann aus dem Jemen, der Abū Šāh genannt wurde, und sagte: »O Gesandter Gottes, kannst du das für mich aufschreiben?« Der Gesandte Gottes (S) wandte sich an seine Gefährten und sagte: »Schreibt diese Vorschriften für Abū Šāh auf!«

Ein Mann von den Quraiš erhob sich und sagte: »O Gesandter Gottes, du sagtest, in Mekka dürften keine Pflanzen ausgerissen werden. Aber davon ausgenommen ist doch das Iḏḫir[5], das wir zum Bau unserer Häuser und für unsere Gräber verwenden?« Der Prophet (S) sagte: »Ja, das Iḏḫir ist davon ausgenommen!«

Muǧāhid berichtet, Ibn ʿAbbās (R a) habe gesagt:

Die Kinder Israel kannten die Wiedervergeltung, nicht aber die Entschädigungszahlung. Uns offenbarte Gott: »Vorgeschrieben ist euch die Wiedervergeltung bei Mord und Totschlag: Ein Freier für einen Freien, ein Sklave für einen Sklaven und eine Frau für eine Frau! Wird dem Täter aber seitens sei-

5 Iḏḫir: eine Pflanze aus der Gattung der Binsengewächse.

nes Glaubensbruders etwas erlassen, so soll die Entschädigungszahlung auf ordentliche Weise erfolgen.« (al-baqara – 2,178.)

Mit jenem Verzicht ist gemeint, dass die Angehörigen des Toten die Entschädigungszahlung akzeptieren und auf die Wiedervergeltung verzichten. Und die Entschädigungszahlung soll in ordentlicher Weise eingefordert und ebenso entrichtet werden.

6

Wenn ein Mann einen anderen beißt und dabei seine Schneidezähne einbüßt.

'Imrān Ibn Ḥuṣain berichtet:

Ein Mann biss einem anderen in die Hand. Dieser riss seine Hand aus dem Mund seines Widersachers, und zwei Schneidezähne brachen dabei heraus. Anschließend stritten die beiden sich um die Entschädigungszahlung und wandten sich schließlich mit ihrem Problem an den Propheten (S). Er rief: »Was? Du beißt deinem Glaubensbruder in die Hand, wie Kamelhengste es tun? Fort mit dir! Dir steht keine Entschädigung dafür zu!«

7

Zahn um Zahn.

Anas (R a) berichtet:

Die Tochter von an-Naḍr gab einem Mädchen eine Ohrfeige und schlug ihr dabei einen Zahn aus. Die Angehörigen des verletzten Mädchens begaben sich zum Propheten (S), um auf eine Bestrafung zu dringen, und er befahl die Wiedervergeltung.

8

Wenn mehrere Leute sich eines Verbrechens schuldig gemacht haben, werden sie dann alle bestraft? Aš-Šaʿbī erzählte: »Zwei Männer bezeugten, dass ein Mann einen Diebstahl begangen hat. ʿAlī ließ darauf dem Missetäter die Hand abschlagen. Einige Zeit später kamen die beiden Männer mit einem anderen Mann zu ʿAlī und sagten: ›Wir haben uns geirrt. Dieser Mann hier ist der Dieb.‹ ʿAlī erklärte daraufhin ihre frühere Aussage für ungültig und ließ die beiden Männer die Entschädigungszahlung für jenen Mann bezahlen, der zu Unrecht bestraft worden war. Und er sagte zu ihnen: ›Wenn ich der Meinung wäre, dass ihr diesen Mann absichtlich zu Unrecht beschuldigt habt, hätte ich euch die Hände abschlagen lassen!‹«
Ibn ʿUmar (R a) erzählte: »Ein Junge wurde hinterrücks ermordet. ʿUmar sagte: ›Wenn die gesamte Bevölkerung von Ṣanʿāʾ[6] damit zu tun hat, lasse ich sie alle töten!‹«

ʿĀʾiša berichtet:

Der Gesandte Gottes (S) war krank, und wir träufelten ihm Medizin in den Mund. Er deutete uns, dass wir aufhören sollten, wir aber dachten, es sei nur die übliche Abneigung eines Kranken gegenüber der Arznei, und schenkten dem keine weitere Beachtung.

Als der Prophet (S) wieder wohlauf war, sagte er: »Habe ich euch nicht verboten, mir diese Medizin zu geben?« Wir entgegneten: »Wir dachten, es sei nur die übliche Abneigung des Kranken gegenüber der Medizin!« Er sagte: »Ihr alle werdet diese Arznei einnehmen müssen, und ich werde dabei zuschauen! Nur ʿAbbās ist davon ausgenommen, denn er war nicht dabei!«

6 Ṣanʿāʾ: Stadt in Südarabien.

XXXIX Das Deuten von Träumen

1

Die Träume von rechtschaffenen Menschen.

Gott der Erhabene sagte: »Wirklich, Gott hat den Traum seines Gesandten wahr werden lassen! Bestimmt werdet ihr, wenn Gott es will, in Sicherheit die Moschee in Mekka betreten und euch das Haupt scheren oder das Haar schneiden lassen können, und ihr werdet dabei nichts zu fürchten haben. Gott wusste, was ihr damals noch nicht gewusst habt. Und zudem hat Gott für euch einen Erfolg bestimmt, der nahe bevorsteht.« (al-fatḥ – 48,27.)

Anas Ibn Mālik (R a) berichtet, der Gesandte Gottes (S) habe gesagt:

Der gute Traum eines rechtschaffenen Mannes ist ein Teil der sechsundvierzig Teile des Prophetentums.

2

Die schönen Träume sind von Gott.

Abū Saʿīd al-Ḫudrī berichtet, der Prophet (S) habe gesagt:

Wenn jemand etwas Schönes träumt, so ist dieser Traum von Gott. Preist Gott nach dem Erwachen und erzählt den Leuten von diesem Traum. Wenn jemand aber etwas Hässliches träumt, dann ist dieser Traum vom Teufel. Nehmt nach dem Erwachen eure Zuflucht bei Gott vor dem Bösen und erzählt niemandem von diesem Traum. Dann kann er keinen Schaden anrichten.

3

Die frohen Botschaften.

Abū Huraira berichtet:

Der Gesandte Gottes (S) sagte: »Nichts wird vom Prophetentum übrigbleiben, mit Ausnahme der frohen Botschaften.« Die Leute fragten: »Was sind die frohen Botschaften?« – »Die frommen und redlichen Träume.«

4

Wenn jemand im Traum den Propheten (S) sieht.

Abū Huraira berichtet, der Prophet (S) habe gesagt:

Wer mich im Traum sieht, wird mich auch nach dem Erwachen sehen. Der Teufel kann meine Gestalt nicht annehmen.

Abū ʿAbdullāh al-Buḫārī ergänzt zu diesem Hadith:

Ibn Sīrīn sagte: »Damit ist die äußere Gestalt des Propheten (S) gemeint!«

Abū Qatāda berichtet, der Prophet (S) habe gesagt:

Der gute Traum ist von Gott, und der böse Traum ist vom Teufel. Wer etwas Böses geträumt hat, soll nach dem Erwachen dreimal nach links hin ausspucken und seine Zuflucht bei Gott vor dem Teufel nehmen. Dann kann der Traum keinen Schaden anrichten. Und der Teufel kann meine Gestalt nicht annehmen.

5

Träume bei Nacht.

Ibn ʿUmar (R a) berichtet, der Gesandte Gottes (S) habe erzählt:

Heute Nacht träumte ich, dass ich bei der Kaaba war. Ich sah einen Mann mit hellbraunem Gesicht und wunderschönem Haar, wie es schöner nicht sein kann. Er hatte sich das Haar gekämmt, und das Wasser tropfte von seinem Kopf herab. Er stützte sich auf die Schultern zweier Männer und verrichtete den Umlauf um die Kaaba. Ich fragte: »Wer ist dieser Mann?« Man antwortete mir: »Das ist Messias, der Sohn der Maria (al-Masīḥ Ibn Maryam).« Darauf sah ich einen Mann mit dichtem, krausen Haar. Er war einäugig, und sein rechtes Auge sah aus wie eine vertrocknete Weintraube. Ich fragte: »Und wer ist das?« Man antwortete mir: »Das ist Messias, der Antichrist (al-Masīḥ ad-Daǧǧāl).«

6

Träume bei Tag.

Ibn Sīrīn sagte: »Die Träume bei Tag sind wie die Träume bei Nacht.«

7

Wenn jemand von Milch träumt.

Ibn ʿUmar berichtet:

Der Gesandte Gottes (S) erzählte: »Ich schlief und träumte, mir würde eine Schale mit Milch gereicht. Ich trank, bis die Milch mir aus den Fingernägeln herauslief. Darauf gab ich ʿUmar Ibn al-Ḫaṭṭāb die Schale mit der übrigen Milch.«

Die Leute fragten: »O Gesandter Gottes, wie deutest du diesen Traum?« Er erwiderte: »Die Milch steht für das Wissen.«

8

Wenn jemand von einem Hemd träumt.

Abū Sa'īd al-Ḫudrī berichtet:

Der Gesandte Gottes (S) erzählte: »Ich schlief und träumte, dass die Menschen bei mir vorübergingen. Alle trugen sie Hemden. Manche Hemden waren gerade lang genug, um die Brust zu bedecken, andere waren etwas länger. Dann kam 'Umar Ibn al-Ḫaṭṭāb vorüber. Er trug ein sehr langes Hemd, das er wie eine Schleppe hinter sich herzog.«

Die Leute fragten: »O Gesandter Gottes, wie deutest du diesen Traum?« Er erwiderte: »Das Hemd steht für den Glauben.«

9

Wenn jemand träumt, er würde eine Frau enthüllen.

'Ā'iša (R a) berichtet:

Der Gesandte Gottes (S) erzählte mir: »Zweimal habe ich von dir geträumt. Ein Mann trug dich, und du warst in ein seidenes Tuch gehüllt. Er sagte zu mir: ›Das ist deine Frau.‹ Ich deckte dich auf und wirklich – du warst es! Da sagte ich zu mir: ›Wenn dieser Traum von Gott war, so wird er ihn auch wahr werden lassen.‹«

10

Wenn jemand von Brokat und seinem Einzug ins Paradies träumt.

Ibn 'Umar (R a) berichtet:

Ich träumte, ich würde ein Tuch aus Brokat in der Hand halten. Und in welche Richtung im Paradies ich es auch warf, es flog immer mit mir dorthin. Ich erzählte Ḥafṣa, meiner Schwester, diesen Traum, und sie berichtete dem Propheten (S) davon. Er sagte: »Ja, wirklich, dein Bruder ist ein rechtschaffener Mann!«

11

Wenn jemand im Traum ein oder zwei Eimer Wasser kraftlos aus dem Brunnen heraufzieht.

Abū Huraira berichtet, der Gesandte Gottes (S) habe erzählt:

Ich träumte, an einem Brunnen zu stehen. Da war ein Schöpfeimer, und ich zog mit ihm Wasser aus dem Brunnen herauf. Dann nahm Abū Bakr den Eimer und ließ ihn ein- oder zweimal in den Brunnen hinab. Seine Bewegungen waren müde und kraftlos – Gott möge ihm verzeihen! Darauf verwandelte sich der Eimer in einen gewaltigen ledernen Sack, und ʿUmar Ibn al-Ḫaṭṭāb ergriff ihn. Niemals sah ich jemanden mit solcher Energie und Ausdauer Wasser schöpfen wie ʿUmar! Er wandte sich erst ab, als alle Leute ihren Durst gelöscht und ihre Reittiere getränkt hatten.

12

Wenn jemand im Traum einen Palast sieht.

Abū Huraira berichtet:

Wir saßen beim Gesandten Gottes (S), und er erzählte: »Ich schlief und träumte, im Paradies zu sein. Ich sah eine Frau, die neben einem Palast die kleine Waschung verrichtete. Ich fragte: ›Wem gehört dieser Palast?‹ Man antwortete mir: ›Das ist das Schloss von ʿUmar Ibn al-Ḫaṭṭāb!‹ Als ich das hörte, musste ich an ʿUmars Eifersucht denken, und ich wandte mich von dem Palast ab.«

ʻUmar, der diesen Bericht mit angehört hatte, brach in Tränen aus und sagte: »O Gesandter Gottes, du bist mir mehr wert als Vater und Mutter! Wie könnte ich auf dich eifersüchtig sein?«

13

Wenn jemand im Traum das Gefühl von Sicherheit hat und seine Angst vergeht.

Nāfiʻ berichtet:

Ibn ʻUmar erzählte:

»Zu Lebzeiten des Propheten (S) erzählten seine Gefährten ihm oft ihre Träume, und er erklärte ihnen, wie sie zu deuten sind. Ich war damals noch sehr jung und wohnte in der Moschee. Das war, bevor ich heiratete.

Eines Tages sagte ich zu mir selbst: ›Wenn etwas Gutes an mir wäre, würde ich auch solche Träume haben!‹ Als ich mich am Abend schlafen legte, sagte ich: ›O Gott, wenn du meinst, dass etwas Gutes in mir steckt, dann lass mich doch auch träumen!‹

Kaum hatte ich das gesagt, da kamen zwei Engel zu mir. Sie hielten eiserne Geißeln in der Hand und gingen mit mir in die Hölle. Ich war zwischen ihnen und rief Gott um Hilfe an. Ich rief: ›O Gott, ich suche meine Zuflucht bei dir vor dem Höllenfeuer!‹

Darauf träumte ich, einem weiteren Engel zu begegnen. Auch er hatte eine eiserne Geißel in der Hand, und er sagte zu mir: ›Du brauchst keine Angst haben! Du bist doch ein rechtschaffener Mann! Wenn du nur häufiger beten würdest!‹

Die Engel gingen mit mir weiter, bis wir an den Rand der Hölle kamen. Ich sah, dass die Hölle wie ein Brunnen gebaut ist. Sie hat dieselben Mauerabsätze wie ein Brunnen. Und zwischen jeweils zwei solchen Mauerabsätzen befand sich ein Engel mit einer eisernen Geißel in der Hand. Ich sah Männer, die an Ketten mit den Köpfen nach unten aufgehängt waren – ich erkannte unter ihnen einige Quraiš.

Die Engel wandten sich darauf mit mir nach rechts, und wir entfernten uns.

Am nächsten Morgen erzählte ich Ḥafṣa, meiner Schwester, diesen Traum, und sie berichtete dem Gesandten Gottes (S) davon. Er sagte: ›Ja, wirklich! ʿAbdullāh ist ein rechtschaffener Mann!‹«

Nāfiʿ ergänzte zu seinem Bericht:
Seit diesem Traum betete ʿAbdullāh Ibn ʿUmar regelmäßig!

14

Wenn im Traum etwas fliegt.

ʿAbdullāh Ibn ʿAbbās berichtet:
Mir wurde berichtet, der Gesandte Gottes (S) habe erzählt:

»Ich schlief und träumte, dass mir zwei goldene Armreife angelegt wurden. Ich fand sie so widerlich und abstoßend. Da wurde mir erlaubt, sie wegzublasen, und sie flogen davon. Ich deute diesen Traum so, dass die beiden Armreife für die beiden Lügner stehen, die von sich reden machen!«

ʿUbaidullāh sagte zu diesem Hadith:
»Der eine der beiden Lügner ist al-ʿAnsī, den Fairūz im Jemen tötete, und der andere ist Musailima.«[1]

1 Al-ʿAnsī und Musailima gaben sich zu Lebzeiten Muhammads als Propheten aus.

15

Wenn jemand im Traum ein Schwert zückt.

Abū Mūsā berichtet, der Prophet (S) habe erzählt:

Ich träumte, ich würde ein Schwert zücken, und da brach die Klinge entzwei. Und wirklich, das ist genau das, was den Gläubigen am Tag von Uḥud zugestoßen ist! Als ich anschließend das Schwert wieder zückte, war es besser als je zuvor. Und das ist, was Gott für uns vorgesehen hat – die Eroberung Mekkas und das Zusammenkommen der Gläubigen dort.

16

Wenn jemand etwas als seinen Traum ausgibt.

Ibn ʿUmar berichtet, der Gesandte Gottes (S) habe gesagt:

Zu den schlimmsten Lügen gehört, wenn jemand etwas für seinen Traum ausgibt, was er nie geträumt hat.

17

Wenn jemand der unrichtigen Deutung eines Traums nicht zustimmt.

Ibn ʿAbbās (R a) berichtet:

Ein Mann kam zum Gesandten Gottes (S) und erzählte:

»Heute Nacht habe ich von einer Wolke geträumt, aus der Butter und Honig auf die Erde herabtropfte. Die Menschen kamen herbei und hoben es auf. Manche sammelten viel davon ein, andere wenig. Und dann war da ein Seil, das von der Erde bis zum Himmel hinauf reichte. Und ich sah dich, o Prophet! Du ergriffst das Seil und klettertest hinauf. Ein zweiter Mann griff nach dem Seil und kletterte hinauf, und noch ein dritter. Als dann ein weiterer Mann nach dem Seil griff, riss es ab. Und dann wurde es wieder zusammengeknüpft.«

Abū Bakr rief: »O Gesandter Gottes, du bist mir mehr wert als mein Vater! Lass mich diesen Traum deuten!« Der Prophet (S) sagte: »Ja, deute den Traum!« Abū Bakr sagte:

»Die Wolke steht für den Islam. Und der Honig und die Butter, die aus ihr herabtropfen, stehen für den Koran, dessen angenehme Süße sich verbreitet. Und manche Menschen machen sich viele Verse aus dem Koran zu eigen, andere kümmern sich wenig um Gottes Buch. Das Seil, das vom Himmel bis zur Erde reicht, ist die göttliche Wahrheit, die du uns gebracht hast. Du greifst nach der Wahrheit, und Gott lässt dich aufsteigen. Nach dir greift ein zweiter und ein dritter Mann nach der Wahrheit, und auch sie dürfen aufsteigen. Als dann ein weiterer Mann nach ihr greift, zerreißt sie. Dann aber wird sie wiederhergestellt, und auch er kann aufsteigen. Sag, o Gesandter Gottes, du bist mir mehr wert als mein Vater! Habe ich den Traum richtig gedeutet oder nicht?«

Der Prophet (S) erwiderte: »Manches war richtig, anderes nicht!« – »O Gesandter Gottes, ich beschwöre dich bei Gott! Sag mir, was ich falsch gedeutet habe!« Der Prophet (S) entgegnete: »Lass es damit gut sein!«

XL Herrschaft und Rechtsprechung

1

Gott der Erhabene sagte: »Ihr Gläubigen! Gehorcht Gott, und gehorcht dem Gesandten und den Leuten, denen der Befehl übertragen wurde!« (an-nisā' – 4,59.)

Abū Huraira (R a) berichtet, der Gesandte Gottes (S) habe gesagt:

Wer mir gehorcht, gehorcht Gott. Und wer mir den Gehorsam verweigert, verweigert Gott den Gehorsam. Wer dem gehorcht, dem ich den Befehl übertragen habe, der gehorcht mir. Und wer sich ihm widersetzt, widersetzt sich mir.

Abdullāh Ibn 'Umar (R a) berichtet, der Gesandte Gottes (S) habe gesagt:

Jeder von euch ist ein Schutzherr, jeder trägt Verantwortung. Der Herrscher ist der Schutzherr der Menschen, ihnen gegenüber ist er verantwortlich. Der Mann hütet seine Familie, für sie steht er ein. Die Frau ist die Hüterin im Haus ihres Gatten und seiner Kinder, ihnen gegenüber ist sie verpflichtet. Und der Sklave hütet das Eigentum seines Herrn, dafür ist er verantwortlich. Ihr seht: Jeder von euch ist ein Schutzherr, jeder trägt Verantwortung!

2

Die obersten Befehlshaber sind aus den Reihen der Quraiš zu bestimmen.

Muḥammad Ibn Ǧubair Ibn Muṭ'im berichtet:

Als eine Delegation der Quraiš bei Mu'āwiya war, erzählte 'Abdullāh Ibn 'Amr, dass in nächster Zeit ein König aus den

Reihen der Qaḥṭān[1] bestimmt werden soll. Da wurde Muʿāwiya sehr zornig. Er erhob sich, sprach den Lobpreis Gottes und sagte:

»Zur Sache: Ich hörte einige Leute von Vorkommnissen sprechen, die sich weder mit Gottes Buch noch mit der Vorgehensweise seines Gesandten (S) vereinbaren lassen. Menschen, die sich an derartigen Aktivitäten beteiligen, sind unwissende Narren! Hütet euch vor solchen Bestrebungen, die die Menschen nur in die Irre führen! Ich hörte, dass der Gesandte Gottes (S) gesagt hat: ›Die Herrschaft über die Muslime gebührt einzig den Quraiš. Und niemand wird den Quraiš zuwiderhandeln können, den Gott nicht auf sein Gesicht niederwerfen wird, solange sie die Herrschaft im Sinne der Religion ausüben!‹«

3

Man höre auf den Herrscher und gehorche ihm, solange er in Übereinstimmung mit der Religion regiert.

Anas Ibn Mālik (R a) berichtet, der Gesandte Gottes (S) habe gesagt:

Hört auf euren Befehlshaber und gehorcht ihm, auch wenn es ein abessinischer Sklave sein sollte, der wie eine vertrocknete Weintraube aussieht!

ʿAbdullāh (R a) berichtet, der Prophet (S) habe gesagt:

Der Muslim soll auf den Befehlshaber hören und ihm gehorchen, mag er seine Anordnungen gutheißen oder nicht, solange ihm nichts Widersetzliches befohlen wird. Sollte dies aber

1 Qaḥṭān: ein südarabischer Stamm.

der Fall sein, dann soll er nicht auf ihn hören und ihm den Gehorsam verweigern!

Alī (R a) berichtet:

Der Prophet (S) schickte einen Streiftrupp aus. Er bestimmte einen Anṣārī als Befehlshaber und wies die Leute an, ihm zu gehorchen. Nach einigen Tagen zürnte dieser Befehlshaber seinen Leuten. Er rief: »Hat der Prophet (S) euch nicht befohlen, mir zu gehorchen?« Die Leute erwiderten: »Doch, das hat er befohlen!« – »Ich befehle euch, Holz zu sammeln, ein Feuer anzuzünden und euch dann ins Feuer zu werfen!« Die Leute sammelten Holz und zündeten es an. Als sie dann soweit waren, dass sie sich dem Befehl gemäß ins Feuer werfen sollten, schauten sie einander unschlüssig an. Einer von ihnen sagte: »Wir sind doch immer dem Propheten (S) gefolgt, um dem Feuer zu entgehen! Und jetzt sollen wir uns ins Feuer werfen?« Während sie solche Überlegungen anstellten, erlosch das Feuer, und auch der Zorn ihres Befehlshabers legte sich.

Als dem Propheten (S) später dieses Vorkommnis geschildert wurde, sagte er: »Hätten sie sich ins Feuer geworfen, so hätten sie es nie wieder verlassen können! Einem Befehl darf nur Folge geleistet werden, wenn er im Einklang mit Recht und Gesetz steht!«

4

Wer nicht nach der Macht strebt, dem wird Gott beistehen.

'Abdurraḥmān Ibn Samura berichtet:

Der Prophet (S) sagte zu mir: »O 'Abdurraḥmān, strebe nicht nach der Macht! Denn wenn sie dir auf dein Bemühen hin übertragen wird, wirst du die Verantwortung allein zu tragen haben. Wird dir aber Macht übertragen, ohne dass du dich darum bemüht hast, so wird dir geholfen werden! Und wenn du einen Eid geleistet hast und später erkennst, dass eine andere Vorgehensweise besser ist, dann tritt von deinem Eid zurück!«

5

Man strebe nicht nach dem Posten eines Befehlshabers.

Abū Mūsā (R a) berichtet:

Mit zwei Männern aus meiner Verwandtschaft kam ich zum Propheten (S). Einer der beiden sagte: »O Gesandter Gottes, mach uns zu Befehlshabern!« Und der andere äußerte sich in gleicher Weise. Der Prophet (S) sagte: »Wir machen niemanden zum Befehlshaber, der sich um einen solchen Posten bemüht und danach strebt!«

6

Wenn jemandem Machtbefugnisse übertragen werden und er sie missbraucht.

Maʿqil berichtet, der Gesandte Gottes (S) habe gesagt:

Wenn Gott einem seiner Diener Machtbefugnisse überträgt, er aber nicht in rechtlicher Weise damit verfährt, so wird er niemals den Duft des Paradieses riechen können!

7

Wenn auf der Straße Entscheidungen getroffen und Rechtsgutachten erstellt werden.

Anas Ibn Mālik (R a) berichtet:

Ich und der Prophet (S) kamen gerade aus der Moschee, als ein Mann zu uns trat und sagte: »O Gesandter Gottes, wann ist die

Stunde des Gerichts?« Der Prophet (S) fragte ihn: »Wie hast du dich auf die Stunde vorbereitet?« Ich hatte den Eindruck, dass der Mann bei dieser Frage zusammenzuckte und erschrak. Dann sagte er: »O Gesandter Gottes, ich habe nicht oft gefastet, ich habe nur selten gebetet und wenig Almosen gegeben. Aber ich liebe Gott und seinen Gesandten!« Der Prophet (S) sagte: »Du wirst bei denen sein, die du liebst!«

8

Darf ein Richter ein Urteil fällen oder ein Rechtsgutachten abgeben, wenn er zornig ist?

'Abdulmalik Ibn 'Umair berichtet auf Autorität von 'Abdurraḥmān Ibn Abī Bakra:

Abū Bakra schrieb 'Abdurraḥmān, als dieser sich in Siǧistān[2] aufhielt, Folgendes: »Urteile nicht zwischen zwei Parteien, wenn du zornig bist! Ich hörte, dass der Gesandte Gottes (S) gesagt hat: ›Ein Befehlshaber darf ja kein Urteil fällen, wenn er zornig ist!‹«

9

Wann ist ein Mann dazu geeignet, das Richteramt zu übernehmen?

Al-Ḥasan sagte: »Gott hat es den Befehlshabern und Richtern zur Pflicht gemacht, sich nicht durch ihre Leidenschaften hinreißen zu lassen, sich nicht einschüchtern zu lassen und Gottes Verse nicht für billiges Geld zu verschachern!«[3]

2 Siǧistān: Landschaft im Osten Irans.
3 Als Beleg wird im Folgenden ṣād – 38,26, al-mā'ida – 5,44 und al-anbiyā' – 21,78 f. zitiert.

Muzāḥim Ibn Zufar erzählte, 'Umar Ibn 'Abdul'azīz habe gesagt: »Ein Richter muss fünf Anforderungen genügen. Wenn es ihm an einer von ihnen mangelt, kann er das Amt nicht in rechter Weise ausüben. Ein Richter muss einsichtig, gelassen, redlich, unnachgiebig und umfassend gebildet sein!«

10

Die Warnung an die Prozessgegner.

Umm Salama (R a) berichtet, der Gesandte Gottes (S) habe gesagt:

Ich bin auch nur ein Mensch! Ihr kommt mit euren Streitigkeiten zu mir, damit ich zwischen euch urteile. Es mag vorkommen, dass der eine seinen Standpunkt besser vertreten kann als der andere. Ich muss auf Grund dessen entscheiden, was ich gehört habe! Wenn ich jemandem mit meiner Entscheidung das Recht zubillige, das seinem Kontrahenten zusteht, so darf er es auf keinen Fall annehmen! Im anderen Fall wird ihm das Recht, das ihm zu Unrecht zugesprochen wurde, zu einem Teil des Höllenfeuers werden!

11

Wenn einem Maulā das Richteramt oder andere wichtige Aufgaben übertragen werden.

Ibn 'Umar (R a) berichtet:

Sālim, der Maulā von Abū Huḏaifa, leitete in der Moschee von Qubā'[4] das Gebet der Muhāǧirūn und Prophetengefährten.

4 Qubā': ein Ort südlich von Medina.

Auch Abū Bakr, ʻUmar, Abū Salama, Zaid und ʻAmir Ibn Rabīʻa waren dabei.

12

Es ist verabscheuenswert, den Herrscher in seiner Anwesenheit zu rühmen und in seiner Abwesenheit zu schmähen.

Muhammad Ibn Zaid Ibn ʻAbdullāh Ibn ʻUmar berichtet:

Einige Leute sagten zu Ibn ʻUmar: »Wenn wir bei unserem Befehlshaber sind, sagen wir das Gegenteil dessen, was wir über ihn reden, wenn wir ihn verlassen haben!«

Ibn ʻUmar sagte zu dieser Äußerung: »Wir halten ein solches Verhalten für heuchlerisch!«

13

Wenn jemand in Abwesenheit verurteilt wird.

ʻĀʼiša berichtet:

Hind sagte zum Propheten (S): »Abū Sufyān ist ein Geizkragen! Er gibt mir kaum Geld, und ich muss mir immer von ihm nehmen, was ich für mich und die Kinder brauche!« Der Prophet (S) sagte: »Ja, nimm dir, was du für dich und deine Kinder benötigst!«

14

Der Sekretär des Herrschers soll vertrauenswürdig und verständig sein.

Zaid Ibn Ṯābit berichtet:

Es war nach der Schlacht von Yamāma[5], bei der viele unserer Leute ums Leben gekommen waren, als Abū Bakr nach mir schickte. Ich begab mich zu ihm, und auch ʿUmar war gerade da. Abū Bakr sagte zu mir:

»ʿUmar kam zu mir und sagte: ›Am Tag von Yamāma sind viele Kenner des Koran ums Leben gekommen! Ich befürchte, dass bei weiteren Kämpfen noch mehr von diesen Leuten ums Leben kommen! Weite Teile des Koran könnten so verlorengehen! Ich denke, du solltest den Koran zusammenstellen und aufschreiben lassen!‹ Ich entgegnete damals: ›Wie könnte ich einen solchen Befehl geben? Der Gesandte Gottes (S) hat das doch auch nicht angeordnet!‹ ʿUmar sagte: ›Bei Gott, es wäre zum Wohl der Menschheit!‹ Und ʿUmar wiederholte diesen Gedanken immer und immer wieder, bis Gott schließlich mein Herz für diese Idee öffnete, wie er zuvor das Herz ʿUmars geöffnet hatte, und ich seine Ansicht teilte.

Du, o Zaid, bist ein junger und verständiger Mann. Wir haben vollstes Vertrauen zu dir, und du hast auch schon einige Offenbarungen des Gesandten Gottes (S) aufgeschrieben! Forsche du nach dem Koran, und sammle die verstreuten Verse!«

Bei Gott! Hätte er mich beauftragt, einen Berg abzutragen und an anderer Stelle wieder aufzuschütten, so wäre das keine

5 Die Yamāma ist eine Landschaft im östlichen Arabien. Im Jahr 633 fand dort eine Schlacht zwischen den Muslimen und Musailima, der in dieser Gegend vorübergehend als Prophet Anerkennung fand, und seinen Anhängern statt.

schwerere Aufgabe gewesen als die Sammlung des Koran! Ich sagte zu Abū Bakr:

»Wie könnt ihr beide, du und ʿUmar, nur auf diesen Gedanken kommen? Der Gesandte Gottes (S) hat den Koran doch auch nicht zusammenstellen und aufschreiben lassen!« Abū Bakr sagte: »Bei Gott, es wäre zum Wohl der Menschheit!« Und er redete auf mich ein, bis Gott mein Herz für diese Idee öffnete, wie er zuvor das Herz Abū Bakrs und ʿUmars geöffnet hatte, und ich ihre Ansicht teilte!

Und so begann ich, nach dem Koran zu forschen. Ich stellte zusammen, was auf Palmblättern, Lederfetzen und Scherben irdener Waren geschrieben war und was ich aus den Herzen der Menschen erfuhr. Den Schlussteil der Sure at-tauba: »Nun ist ein Gesandter aus euren eigenen Reihen zu euch gekommen …« (9,128 f.) fand ich bei Ḫuzaima, oder es kann auch sein Sohn gewesen sein, und ergänzte ihn zu dieser Sure.

Das Manuskript wurde bei Abū Bakr verwahrt, bis Gott ist mächtig und erhaben – ihn zu sich nahm. Anschließend war es bei ʿUmar und dann bei Ḥaṣfa, seiner Tochter.

15

Das Übersetzen für den Herrscher.

Ist es sinnvoll, nur einen einzigen Übersetzer zu haben?

Ḫāriǧa Ibn Zaid Ibn Ṯābit erzählte: »Der Prophet (S) wies Zaid Ibn Ṯābit an, die Schrift der Juden zu erlernen. Zaid schrieb daraufhin für den Propheten (S) die Briefe an die Juden und las ihm ihre Antworten vor.«

Abū Ǧamra erzählte: »Ich dolmetschte oft zwischen Ibn ʿAbbās und den Menschen.«

Einige Leute sagten: »Es ist sinnvoll, dass ein Herrscher zwei Übersetzer hat!«

16

Die Vertrauten und Berater des Herrschers.

Abū Sa'īd al-Ḫudrī berichtet, der Prophet (S) habe gesagt:

Gott entsendet keinen Propheten und bestimmt niemanden zum Kalifen, der nicht zweierlei Vertraute und Berater hat: Die einen beraten ihn in aufrichtiger Weise und geben ihm wichtige Anregungen; die anderen geben ihm schlechten Rat und verleiten ihn zu unrechtem Tun. Vor solch schlechtem Einfluss ist nur ein Herrscher geschützt, dem Gott der Erhabene beisteht.

17

Wie die Menschen dem Herrscher Gehorsam schworen.

'Ubāda Ibn aṣ-Ṣāmit berichtet:

Wir schworen dem Gesandten Gottes (S), auf ihn zu hören und ihm zu gehorchen in guten und in schlechten Zeiten. Wir schworen, nicht gegen jene vorzugehen, denen der Befehl übertragen wurde, für Recht und Wahrheit einzustehen, nur die Wahrheit zu sagen, wo auch immer wir uns aufhalten mögen, und nicht die Tadel und Vorwürfe jener zu fürchten, die gegen Gott und den Islam vorgehen!

'Abdullāh Ibn 'Umar (R a) berichtet:

Als wir dem Gesandten Gottes (S) Treue und Gehorsam schworen, sagte er: »Hört auf mich und gehorcht mir, so gut es euch möglich ist!«

Al-Miswar Ibn Maḫrama berichtet:
Jene Männer, die ʿUmar bestimmt hatte, dass sie nach seinem Tod aus ihren Reihen den neuen Kalifen bestimmen,[6] kamen zusammen, um zu beraten. ʿAbdurraḥmān sagte: »Ich möchte mich nicht für das Kalifenamt bewerben! Wenn ihr wollt, werde ich aus euren Reihen den neuen Kalifen auswählen.« Sie sprachen über diesen Vorschlag und betrauten ʿAbdurraḥmān schließlich mit dieser Aufgabe.

An den folgenden Tagen gingen die Menschen zu ʿAbdurraḥmān, um mit ihm zu beratschlagen. Und dann kam jene Nacht, die dem Tag voranging, da wir ʿUṯmān als Oberhaupt anerkannten.

Die ersten Stunden der Nacht waren vergangen, als ʿAbdurraḥmān an meine Tür klopfte. Er klopfte wiederholt und sehr kräftig, bis ich schließlich aufwachte. Er sagte zu mir: »Du hast wohl geschlafen. Bei Gott, ich habe in den letzten Tagen kaum geschlafen! Geh und hol az-Zubair und Saʿd!« Ich kam seinem Befehl nach, und ʿAbdurraḥmān sprach mit ihnen. Dann rief er mich wieder zu sich und sagte: »Hol mir ʿAlī herbei!« ʿAbdurraḥmān und ʿAlī führten ein vertrauliches Gespräch, bis Mitternacht vorüber war. Dann entfernte sich ʿAlī. Er hatte sich große Hoffnungen gemacht, zum Kalifen gewählt zu werden, ʿAbdurraḥmān aber schien ihm gegenüber Bedenken zu haben. Er befahl mir anschließend: »Hol ʿUṯmān herbei!« Ich brachte ʿUṯmān zu ihm, und die beiden sprachen miteinander, bis der Muezzin sie mit dem Gebetsruf zum Morgengebet unterbrach.

ʿAbdurraḥmān begab sich zur Moschee und betete mit den Menschen. Anschließend versammelten sich die Bewerber um das Kalifenamt bei der Kanzel. ʿAbdurraḥmān ließ die Muhāǧirūn und Anṣār, die in Medina anwesend waren, sowie die Oberkommandierenden der Armee, die mit ʿUmar an der

6 Vgl. Kap. XV, Abschn. 20.

Wallfahrt teilgenommen hatten, zusammenkommen. Nachdem alle versammelt waren, sprach ʿAbdurraḥmān das Glaubensbekenntnis und sagte dann: »Zur Sache: O ʿAlī, ich habe die Meinungen der Menschen studiert und kam zu der Erkenntnis, dass sie niemanden so sehr schätzen wie ʿUṯmān! Finde dich mit dieser Entscheidung ab!« Darauf rief er: »O ʿUṯmān, ich erkenne dich als Oberhaupt der Muslime an und schwöre dir Treue und Gehorsam, so du dein Amt im Sinne von Gottes Buch, dem Vorbild des Gesandten Gottes (S) und seiner beiden Kalifen[7] ausübst!« Da schworen auch die Muhāǧirūn, die Anṣār, die Befehlshaber der Armee und die übrigen Muslime ʿUṯmān Treue und Gehorsam.

7 ʿUṯmān war nach Abū Bakr und ʿUmar der dritte Kalif.

XLI Das Festhalten am Koran und der Vorgehensweise des Propheten (S)

1

Ṭāriq Ibn Šihāb berichtet:

Ein Jude sagte zu ʿUmar: »O Beherrscher der Gläubigen! Wenn uns der Vers: ›Heute habe ich euch eure Religion vollendet und meine Gnade an euch erfüllt, und es ist mein Wille, dass der Islam eure Religion ist‹ (al-māʾida – 5,3), geoffenbart worden wäre, dann hätten wir den Tag, an dem diese Offenbarung erfolgte, zu einem Festtag gemacht!« ʿUmar sagte: »Ich weiß, an welchem Tag dieser Vers geoffenbart wurde – es war der Tag von ʿArafa, ein Freitag!«

Anas Ibn Mālik berichtet:

Am Morgen jenes Tages, da die Muslime Abū Bakr als Oberhaupt anerkannten, bestieg ʿUmar die Kanzel des Gesandten Gottes (S), sprach das Glaubensbekenntnis und sagte: »Zur Sache: Gott hat es für seinen Gesandten bestimmt, dass er jetzt bei ihm ist und nicht mehr hier bei uns. Aber wir haben das Buch, mit dem Gott seinen Gesandten auf den rechten Weg geführt hat. Macht es euch zu eigen, und ihr werdet rechtgeleitet sein, wie Gott seinen Gesandten rechtgeleitet hat!«

2

Man folge dem Vorbild des Gesandten Gottes (S). Gott der Erhabene sagte: »Mach uns zu Vorbildern für die Gottesfürchtigen!« (al-furqān – 25,74.)

Ibn ʿAun sagte: »Dreierlei liebe ich um meinet- und meiner Glaubensbrüder willen: Die Überlieferung vom Propheten (S), die die Menschen studieren und erforschen sollen, den Koran, mit dem sie sich beschäftigen und dessen Verständnis sie suchen sollen, und das Gebot, dass die Menschen nur Gutes tun sollen!«

Abū Wā'il berichtet:

Einmal setzte ich mich in der Moschee von Mekka neben Šaiba, da erzählte er mir Folgendes:

»Eines Tages setzte sich ʿUmar neben mich, wie du es eben getan hast, und er sagte: ›Ich trage mich mit dem Gedanken, alles Gold und Silber, das in der Kaaba ist, unter den Muslimen zu verteilen.‹ Ich entgegnete: ›Das kannst du nicht machen!‹ – ›Warum nicht?‹ – ›Deine beiden Gefährten, der Prophet (S) und Abū Bakr, haben das doch auch nicht getan!‹ ʿUmar sagte: ›Ja, du hast recht! Der Vorgehensweise dieser beiden müssen wir immer folgen!‹«

Ḥuḏaifa berichtet, der Gesandte Gottes (S) habe gesagt:

Der Glaube kam vom Himmel herab und setzte sich in den Herzen der Menschen fest. Und der Koran wurde geoffenbart, und die Menschen rezitieren ihn und lernen aus ihm und meiner Vorgehensweise!

Murra al-Hamdānī berichtet, ʿAbdullāh habe gesagt:

Die beste Rede ist das Buch Gottes. Das beste Vorbild ist das Vorbild Muhammads (S). Und die schlechtesten aller Dinge sind Neuerungen, die in die Religion eingeführt werden. Und was versprochen wurde, wird eintreten – ihr könnt euch dem nicht entziehen!

Abū Huraira berichtet:

Der Gesandte Gottes (S) sagte: »Alle meine Anhänger werden ins Paradies eingehen, mit Ausnahme jener, die sich weigern!« Die Leute fragten: »O Gesandter Gottes, wer ist es, der sich weigert?« – »Wer mir gehorcht, wird ins Paradies eingehen. Und wer sich mir widersetzt, weigert sich!«

Abū Mūsā berichtet, der Prophet (S) habe gesagt:

Ein Gleichnis für mich und den Auftrag, mit dem Gott mich gesandt hat, ist der Mann, der zu einem Stamm kam und sagte: »Ihr Leute, ich habe mit eigenen Augen das feindliche Heer gesehen! Ich warne euch dringend vor ihnen! Rettet euch!« Und ein Teil der Leute folgte seiner Warnung. Sie brachen zu Beginn der Nacht auf und konnten sich in Sicherheit bringen. Die anderen aber glaubten dem Mann nicht und blieben an jenem Ort. Und am Morgen kam das feindliche Heer und tötete sie alle.

Das ist ein Gleichnis für die, die mir gehorchen und beachten, was ich gebracht habe, und für die, die sich mir widersetzen und für Lüge halten, was ich an Wahrheit verkündet habe.

Abū Huraira berichtet, der Prophet (S) habe gesagt:

Belasst es jetzt bei dem, was ich euch gesagt habe! Die vielen Fragen und Meinungsverschiedenheiten über die Propheten waren es, die die Menschen, die vor euch gelebt haben, zugrunde gerichtet haben! Was ich verboten habe, dessen enthaltet euch! Und was ich euch befohlen habe, das befolgt, so gut es euch möglich ist!

Verzeichnis arabischer Namen und Begriffe

'Abbās Ibn 'Abdulmuṭṭalib: der Onkel des Propheten, war ein reicher mekkanischer Kaufmann. Nach dem Tod seines Bruders Abū Ṭālib sorgte er für Muhammad.

'Abdšams: ein Zweig der Quraiš.

'Abdullāh Ibn 'Abbās: der Sohn von 'Abbās Ibn 'Abdulmuṭṭalib und Vetter des Propheten, wurde um 620 geboren. Er gilt als herausragender Kenner des Hadith und überlieferte zahllose Hadithe.

'Abdullāh Ibn Abī Aufā: ein berühmter Prophetengefährte, nahm an zahlreichen Feldzügen teil und lebte bis zum Tod Muhammads im Jahr 632 in Medina. Später siedelte er nach Kufa über.

'Abdullāh Ibn 'Amr: der Sohn von 'Amr Ibn al-'Āṣ, soll ein besonders frommer und gottesfürchtiger Muslim gewesen sein. In vielen Überliefererketten findet sich sein Name.

'Abdullāh Ibn Mas'ūd: gilt als einer der ersten Anhänger des Islams. Er soll an zahlreichen Feldzügen teilgenommen haben und als Erster in Mekka öffentlich aus dem Koran rezitiert haben.

'Abdullāh Ibn 'Umar: der Sohn von 'Umar Ibn al-Ḫaṭṭāb, war einer der bedeutendsten Überlieferer. Er soll die Lehren des Islams besonders vorschriftsmäßig befolgt haben und war ein wichtiger Lehrer seiner Zeit.

'Abdullāh Ibn az-Zubair: gehörte mit seinem Vater az-Zubair zum engen Freundeskreis des Propheten. 683–692 herrschte 'Abdullāh als Gegenkalif in Mekka.

'Abdulmalik: ein Kalif aus der Dynastie der Umaiyaden. Er herrschte von 685 bis 705.

'Abdulmuṭṭalib: der Großvater des Propheten, war in vorislamischer Zeit eine wichtige Persönlichkeit in Mekka.

'Abdurraḥmān Ibn Abī Bakr: der Sohn Abū Bakrs, siedelte nicht wie seine Eltern und Geschwister nach der Auswanderung Muhammads nach Medina über, sondern blieb zunächst in Mekka und kämpfte bei Badr gegen die Muslime. Erst später trat er zum Islam über.

Abdurraḥmān Ibn ʿAuf: ein reicher und angesehener mekkanischer Kaufmann, nahm an der Auswanderung nach Medina teil und war ein enger Vertrauter des Propheten. Er nahm an zahlreichen Schlachten und Feldzügen teil.

Abschiedswallfahrt: die Wallfahrt im Jahr 632, die unter der Leitung des Propheten stattfand.

Abschließender Gruß: bildet den Abschluss des Gebets.

al-Abṭaḥ: ein Tal zwischen Minā und Mekka.

Abū Aiyūb: ein prominentes Mitglied der medinensischen Familie Banū an-Naǧǧār, trat beim Treffen von ʿAqaba zum Islam über. Er unterstützte die Sache des Islams mit seinem Vermögen und seinem Einsatz auf mehreren Feldzügen.

Abū Bakr: ein wohlhabender mekkanischer Kaufmann, war einer der ersten Anhänger und engsten Vertrauten Muhammads. Er begleitete den Propheten bei seiner Auswanderung nach Medina und leitete die Wallfahrt im Jahre 631. Seine Tochter ʿĀʾiša war mit dem Propheten verheiratet. Abū Bakr wurde im Jahr 632 zum ersten Kalifen gewählt und starb 634.

Abū Bakra: kam als Sklave aus Abessinien nach Medina. Nachdem der Prophet ihm die Freiheit geschenkt hatte, lebte er im engen Umfeld Muhammads.

Abū Burda: der Sohn Abū Mūsās, war ein berühmter Islamgelehrter und wirkte als Richter in Kufa.

Abū Ḏarr: ein enger Vertrauter des Propheten. Er siedelte später nach Damaskus über und wirkte dort als Lehrer.

Abū Ǧuḥaifa: lebte in Kufa, war ein bedeutender Überlieferer und Hadithkenner im 1. islamischen Jahrhundert.

Abū Huraira: soll um 629 nach Medina gekommen sein. Er lebte als Tagelöhner in der nächsten Umgebung des Propheten und überlieferte eine Fülle von Hadithen. Seinen Namen »Vater des Kätzchens« soll er seiner besonderen Zärtlichkeit gegenüber Katzen zu verdanken haben.

Abū Kabša: soll sich bereits geraume Zeit vor Muhammad gegen die polytheistische Religion der Mekkaner gewandt haben, hatte bei seinen Bemühungen aber keinen Erfolg.

Abū Mūsā: kam aus dem Jemen nach Medina, um in der nächsten Umgebung des Propheten zu leben. Er gilt als ein bedeutender Kenner des Islams und hatte nach dem Tod des Propheten wichtige Ämter inne.

Abū al-Qāsim: die Kunya des Propheten.

Abū Qatāda: ein Anṣārī, war ein enger Vertrauter des Propheten. Er leitete nach 628 einige militärische Unternehmungen der Muslime.

Abū Sa'īd al-Ḫudrī: ein enger Vertrauter des Propheten. Er nahm an zahlreichen Feldzügen teil.

Abū Salama: ein früher Anhänger des Propheten, nahm an der Auswanderung nach Medina teil. Er war mit Umm Salama verheiratet, die nach seinem Tod im Jahre 626 den Propheten heiratete.

Abū Sufyān Ibn Ḥarb: ein reicher und angesehener Kaufmann und einer der Anführer der dem Propheten feindlich gesinnten Mekkaner. Um 630 trat er zum Islam über.

Abū Ṭālib: der Onkel des Propheten. Nachdem Muhammads Vater 'Abdullāh früh gestorben war, nahm Abū Ṭālib sich Muhammads an, obwohl er mit geringen Mitteln eine große Familie zu ernähren hatte. Der Prophet soll sich ihm immer besonders verbunden gefühlt haben, obwohl er nie den Islam annahm.

Ahl aṣ-Ṣuffa: »die Leute der Ṣuffa«, Muhāǧirūn und andere Muslime, die als Obdachlose in Medina lebten und in der überdachten Ecke der Moschee auf steinernen Bänken (arab.: *ṣuffa*) nächtigten.

'Ā'iša: die Tochter Abū Bakrs, wurde um 614 geboren und etwa 620 mit dem Propheten verheiratet. Sie gilt als seine Lieblingsfrau und überlieferte eine Fülle von Hadithen, die oft das häusliche Leben des Propheten und ihre Ehe sowie die Rolle der Frau im Islam zum Inhalt haben.

'Alī Ibn Abī Ṭālib: der Sohn Abū Ṭālibs und Vetter Muhammads, war einer der ersten Anhänger des Islams und ein enger Vertrauter des Propheten. Er war mit der Prophetentochter Fāṭima verheiratet. Nach

ʿUṯmāns Tod im Jahre 656 übernahm ʿAlī das Kalifenamt und herrschte bis 661.

al-Aʿmaš: ein bedeutender Kenner des Hadith im 1. Jahrhundert des Islam.

ʿAmr Ibn al-ʿĀṣ: zunächst ein erbitterter Feind der Muslime. Später trat er zum Islam über und machte sich als Heerführer einen Namen. ʿAmr erwarb sich besondere Verdienste als Eroberer Ägyptens.

Anas Ibn Mālik: lange Jahre der Diener des Propheten. Nach dem Tod Muhammads stand er in enger Verbindung mit den ersten vier Kalifen. Anas starb in Basra im Alter von 103 Jahren. Er überlieferte eine Fülle von Hadithen.

Ansage des Gebetsbeginns: wird unmittelbar vor dem Gebet in der Moschee gesprochen. Die Worte des Gebetsrufs werden dabei wiederholt, ergänzt durch den Satz: »qad qāmat aṣ-ṣalāt« – »das Gebet hat begonnen.«

Anṣār: Singular: Anṣārī – die »Helfer«, jene Medinenser, die Muhammad in Medina aufnahmen und tatkräftig unterstützten.

ʿAqaba: ein Ort unweit von Mekka, wo in den Jahren 621 und 622 Gespräche zwischen dem Propheten und den Medinensern stattfanden, um die Auswanderung Muhammads nach Medina vorzubereiten.

ʿAqīl Ibn Abī Ṭālib: ein Vetter des Propheten.

ʿArafa: Wallfahrtsberg und -ebene etwa 25 km von Mekka entfernt. Am 9. Ḏū al-Ḥiǧǧa findet in ʿArafa die Zusammenkunft der Pilger, eine der wichtigen Zeremonien der Wallfahrt, statt.

ʿĀšūrāʾtag: ein Gedenktag am 10. Muḥarram. Noah (Nūḥ) soll an diesem Tag seine Arche verlassen haben.

ʿAṭāʾ Ibn Yasār: ein bedeutender Kenner des Hadith im 1. islamischen Jahrhundert.

Awālī: ein westlicher Stadtteil Medinas.

Badr: ein Ort südwestlich von Medina. In Badr fand 624 die erste wichtige Schlacht zwischen den von Muhammad geführten

Muslimen, die 622 von Mekka nach Medina ausgewandert waren, und ihren Feinden aus Mekka statt. Der Prophet und seine Leute siegten.

al-Barā' Ibn ʿĀzib: einer der frühen Anhänger Muhammads in Medina. Er nahm an zahlreichen Feldzügen teil.

Barīd: ein Längenmaß – entspricht etwa 24 Kilometern.

Besuchsfahrt: besteht aus der Umrundung der Kaaba und dem Lauf zwischen aṣ-Ṣafā und al-Marwa. Zum Abschluss der Besuchsfahrt lässt der Pilger sich das Haar rasieren oder kurz schneiden.

Bilāl: kam als Sklave aus Abessinien nach Mekka. Abū Bakr kaufte ihn und schenkte ihm wenig später die Freiheit. Bilāl lebte weiterhin bei der Familie Abū Bakrs und wurde zu einem engen Vertrauten des Propheten. Bekannt ist er als der erste Muezzin.

Burda: viereckiger, meist dunkler Mantel mit einem kräftigen Saum.

Dinar: Goldmünze mit einem Gewicht von 4,2 Gramm.

Ḏirāʿ: ein Längenmaß – entspricht knapp 50 Zentimetern.

Dirham: Silbermünze mit einem Gewicht von knapp 3 Gramm.

Ḏū al-Ḥiǧǧa: der 12. Monat des islamischen Jahres.

Ḏū al-Ḥulaifa: ein Ort zwischen Medina und Mekka. In Dū al-Ḥulaifa treten die Pilger, die aus Richtung Medina anreisen, in den Weihezustand für die Wallfahrt oder Besuchsfahrt.

Ḏū al-Qaʿda: der 11. Monat des islamischen Jahres.

Faraq: ein Hohlmaß – entspricht etwa zwölf Litern.

Farsaḫ: ein Längenmaß – entspricht etwa sechs Kilometern.

Fasten: das islamische Fasten sieht den vollständigen Verzicht auf Essen, Trinken, Rauchen und Geschlechtsverkehr in der Zeit zwischen Morgendämmerung und Sonnenuntergang vor. Alte und kranke Menschen sowie schwangere und stillende Frauen können unter bestimmten Umständen von diesen Verpflichtungen ausgenommen werden. Neben dem obligatorischen Fasten im Ramaḍān, dem 9. Monat des islamischen Jahres, kennt der Islam ein freiwilliges Fasten, das als verdienstvoll gilt. Ein Fasten kann ferner als Sühne für Verfehlungen geleistet werden.

Fastenbrechen: erfolgt bei Sonnenuntergang. Das Fest des Fastenbrechens beendet das Fasten im Ramaḍān.

Fātiḥa: die erste Sure des Korans.

Fāṭima: eine Tochter des Propheten mit Ḫadīǧa, wurde um 600 geboren. Sie heiratete ʿAlī Ibn Abī Ṭālib und hatte mit ihm zwei Kinder, al-Ḥasan und al-Ḥusain. Fāṭima überlebte ihren Vater nur um wenige Monate.

Ǧābir Ibn ʿAbdullāh: ein prominenter Anṣārī, trat bei der Zusammenkunft von ʿAqaba zum Islam über und nahm an zahlreichen Feldzügen des Propheten teil.

Ǧamra: die drei Ǧamras stehen im Tal von Minā. Die Ǧamra al-ʿaqaba, eine Mauer, befindet sich am Westausgang, die Ǧamra al-wusṭā und die Ǧamra al-ūlā, zwei Steinsäulen, sind in der Mitte bzw. im Osten des Tals. Bei der Wallfahrt werden die drei Ǧamras mit jeweils sieben Kieselsteinen beworfen.

Ġassāniden: eine arabische Dynastie, die bis 636 über Teile Syriens und Palästinas herrschte.

Gebetsplatz: neben der Moschee gab es in Medina den Gebetsplatz. An diesem Ort, südwestlich der Stadt und außerhalb des eigentlichen Stadtgebietes gelegen, wurden Versammlungen abgehalten und die außergewöhnlichen Gebete, die Festgebete, die Gebete um Regen usw. verrichtet.

Gebetsruf: macht die Gläubigen darauf aufmerksam, dass es Zeit für das Gebet ist. Die Worte des Gebetsrufs lauten: »Allāh akbar« – ›Gott ist groß‹; »ašhadu an lā ilāh illā Allāh« – ›ich bezeuge, dass es keinen Gott außer Gott gibt‹; »ašhadu anna Muhammad rasūl Allah« – ›ich bezeuge, dass Muhammad der Gesandte Gottes ist‹; »ḥaiya ʿalā aṣ-ṣalāt« – ›auf zum Gebet‹; »ḥaiya ʿalā al-falāḥ – ›auf zum Heil‹; »Allāh akbar« – ›Gott ist groß‹; »lā ilāh illā Allāh« – ›es gibt keinen Gott außer Gott.‹ – Zum Morgengebet wird ferner ausgerufen:

»Aṣ-ṣalāt ḫair min an-naum« – ›Das Gebet ist verdienstvoller als der Schlaf.‹

al-Ǧiʿrāna: ein Ort unweit Mekkas.

Glaubensbekenntnis: es lautet: »Es gibt keinen Gott außer Gott, und Muhammad ist der Gesandte Gottes.« Wer das Glaubensbekenntnis ausspricht, gilt als Muslim.

al-Ǧuḥfa: ein Ort etwa 100 Kilometer nördlich von Medina. In al-Ǧuḥfa treten die Pilger, die aus aš-Šām anreisen, in den Weihezustand für die Wallfahrt oder Besuchsfahrt.

Ḫadīǧa Bint Ḫuwailid: eine reiche mekkanische Kauffrau. Nach dem Tod ihres Mannes heiratete sie als 40-Jährige um 595 den damals etwa 25-jährigen Muhammad und machte ihn zum Teilhaber bei ihren Handelsgeschäften. Sie war die erste und bis zu ihrem Tod im Jahr 619 einzige Frau des Propheten und unterstützte ihn in den ersten Jahren seines Prophetentums. Muhammad hing mit besonderer Liebe an ihr. Ḫadīǧa hatte mit Muhammad mindestens vier Kinder. Im Hadith werden die vier Töchter Fāṭima, Ruqaiya, Umm Kulṯūm und Zainab erwähnt.

Ḥaḍramaut: Landschaft im Süden der arabischen Halbinsel.

Ḥafṣa: die Tochter ʿUmar Ibn al-Ḫaṭṭābs, heiratete als Witwe nach der Schlacht am Uḥud den Propheten. Ihre Ehe mit ihm blieb kinderlos.

al-Ḥaǧǧāǧ Ibn Yūsuf: ein berühmter Feldherr und Provinzstatthalter unter den umaiyadischen Kalifen. Er zeichnete sich besonders durch seinen Scharfsinn, seine Beredsamkeit und seine Grausamkeit aus.

Ḫaibar: eine große, fruchtbare Oase etwa 150 Kilometer nördlich von Medina. Die Muslime eroberten Ḫaibar im Jahr 628.

Ḥaisa: eine aus Quark, Butter und Datteln hergestellte Speise.

Ḫamīṣa: ein Kleidungsstück, bestehend aus einem großen quadratischen Tuch, das an den Rändern mit Ornamenten, Figuren oder farbigen Verzierungen versehen ist.

Ḫandaq: im April 627 unternahmen die Mekkaner einen Feldzug gegen die Muslime in Medina. Der Prophet ließ Verteidigungsgräben (arab.: *ḫandaq*) um jene Teile der Oase anlegen, wo die feindliche Kavallerie eindringen konnte. Die Mekkaner mussten unverrichteter Dinge abziehen.

al-Ḥarra: eine Landschaft bei Medina, die mit Basaltgestein übersät ist.

al-Ḥasan al-Baṣrī: aus Basra stammender berühmter Kenner und Lehrer des Islams im 1. Jahrhundert der islamischen Zeitrechnung.

al-Ḥasan Ibn ʿAlī: der älteste Sohn der Prophetentochter Fāṭima und ʿAlī Ibn Abī Ṭālibs, wurde um 625 geboren und soll der besondere Liebling Muhammads gewesen sein. Nach der Ermordung ʿAlīs im Jahr 661 wurde al-Ḥasan zum Kalifen ausgerufen, übergab dieses Amt aber an Muʿāwiya.

Herakleios: ein byzantinischer Kaiser. Er herrschte von 610 bis 641.

Ḥibra: ein viereckiger, der Burda ähnelnder Mantel, der zusätzlich mit Verzierungen versehen ist.

Ḥiǧāz: Landschaft im Westen der arabischen Halbinsel. Mekka liegt im Ḥiǧāz.

Ḥirāʾ: ein Berg unweit von Mekka.

Hišām Ibn ʿUrwa: der Sohn von ʿUrwa Ibn az-Zubair – ein bedeutender Überlieferer und Rechtsgelehrter zu Beginn des 2. Jahrhunderts des Islams.

Homs: Stadt im heutigen Syrien.

Hubal: eine in vorislamischer Zeit in der Kaaba verehrte Gottheit.

al-Ḥuḍaibiya: ein Ort unweit Mekkas. Im Jahre 628 wurde in al-Ḥuḍaibiya ein Waffenstillstand zwischen den Muslimen und den Mekkanern geschlossen.

Ḥusain Ibn ʿAlī: der zweite Sohn von ʿAlī und Fāṭima, wurde um 626 geboren. Nach dem Tod seines Vaters und seines Bruders al-Ḥasan wurde er zum Anführer jener, die für ein Kalifat der Familie des Propheten eintraten. Ḥusain wurde 680 bei Karbalāʾ im Irak getötet. Sein Grab ist noch heute ein berühmter Wallfahrtsort.

Ibn ʿAbbās: s. ʿAbdullāh Ibn ʿAbbās.

Ibn Hišām: ein bekannter Schriftsteller und Hadithgelehrter zu Beginn des 9. Jahrhunderts.

Ibn Masʿūd: s. ʿAbdullāh Ibn Masʿūd.

Ibn Sīrīn: ein bedeutender Traditionarier des 1. Jahrhunderts nach der Auswanderung.

Ibn ʿUmar: s. ʿAbdullāh Ibn ʿUmar.

Ibn az-Zubair: s. ʿAbdullāh Ibn az-Zubair.

Ibrāhīm: Sohn des Propheten. Er starb im Säuglingsalter.

Ibrāhīm: ein berühmter Hadithkenner des 8. Jahrhunderts.

ʿIkrima: ein bekannter Traditionarier und Korankommentator im 1. Jahrhundert nach Aufkommen des Islams.

ʿItbān Ibn Mālik: ein früher Anhänger des Propheten, nahm an der Schlacht von Badr teil. Im fortgeschrittenen Alter erblindete er und machte sich als Lehrer einen Namen.

Kaʿb Ibn Mālik: ein Dichter aus Medina, nahm bei der Zusammenkunft von ʿAqaba den Islam an. In seinen Gedichten verherrlichte er Muhammads Kriegstaten und verspottete seine Feinde.

Kisāʾ: ein aus Wolle oder Fell hergestelltes, mantelähnliches Kleidungsstück.

Kufa: Stadt im südlichen Irak. ʿAlī hielt sich während seines Kalifats (656–661) zumeist in Kufa auf.

Kunya: der Beiname eines Menschen, bestehend aus »Abū« – ›Vater des‹ – bzw. »Umm« – ›Mutter des‹ – und zumeist des Namens des erstgeborenen Sohnes; oder aus »Ibn« – ›Sohn des‹ – bzw. »Bint« – ›Tochter des‹ – und dem Namen des Vaters.

Maimūna: eine Frau des Propheten. Er heiratete sie um 629.

Manāt: eine altarabische Gottheit.

Maulā: freigelassener Sklave, der weiterhin bei seinen ehemaligen Besitzern lebt und zu einem gewissen Grad als Mitglied ihrer Familie gilt.

Meile: ein Längenmaß – entspricht knapp zwei Kilometern.

Minā: ein Ort etwa acht Kilometer von Mekka entfernt. In Minā finden einige wichtige Zeremonien der Wallfahrt statt.

Muʿāḏ: ein enger Vertrauter des Propheten. Er nahm am Treffen von ʿAqaba teil und wurde von Muhammad mit einigen wichtigen Aufgaben und Missionen betraut.

Muʿāwiya Ibn Abī Sufyān: herrschte von 661 bis 680 als fünfter Kalif und begründete die Herrschaft der Dynastie der Umaiyaden.

Mudd: ein Hohlmaß – entspricht etwa einem Liter.

Muǧāhid: ein bekannter Hadithkenner und Korankommentator im 1. islamischen Jahrhundert.

al-Muġīra Ibn Šuʿba: trat am Tag von Handaq zum Islam über und lebte anschließend in Medina. Er zählte zum engen Freundeskreis des Propheten.

Muhāǧirūn: die »Auswanderer« – die frühen Anhänger des Islams, die mit dem Propheten von Mekka nach Medina auswanderten.

Muḥammad Ibn Sīrīn: s. Ibn Sīrīn.

Muḥarram: der 1. Monat des islamischen Kalenders.

al-Muzdalifa: ein Ort zwischen Minā und ʿArafa, den die Pilger auf der Wallfahrt besuchen.

an-Naǧāšī: der Kaiser von Abessinien.

Naǧd: das Hochland Zentralarabiens.

Nāqūs: das Klopfholz, ein langes Stück Holz, auf das mit einem anderen Holz geschlagen wird. Die Christen verwendeten den Nāqūs zur Ankündigung der Gebetsstunde.

Nawā: eine Gewichtseinheit – entspricht etwa 16 Gramm.

Opferfest: findet am 10. Ḏū al-Ḥiǧǧa, dem 12. Monat des islamischen Kalenders, und den folgenden drei Tagen statt und ist dem Wohlleben und dem friedlichen Beisammensein gewidmet. Nach dem Festgebet am ersten Festtag beginnt die Schlachtung von Kamelen, Rindern und Schafen, die als Opfertiere dargebracht werden.

Der Opfernde isst einen Teil des Fleisches, das übrige wird verschenkt.

Qarn al-Manāzil: ein Ort etwa 50 Kilometer östlich von Mekka. In Qarn al-Manāzil treten die Pilger, die aus dem Naǧd anreisen, in den Weihezustand für die Wallfahrt und die Besuchsfahrt.

Qatāda: ein enger Vertrauter des Propheten. Er nahm bei der Zusammenkunft von ʿAqaba den Islam an.

Qīrāṭ: eine verschieden verwendete Maßeinheit. Im alten Arabien war ein Qīrāṭ zumeist eine Gewichtseinheit von etwa 0,2 Gramm. Qīrāṭ war ferner als Flächen- und Hohlmaß im Gebrauch. Der Prophet erklärte wiederholt den Qīrāṭ für die Maßeinheit des Lohnes, den die Muslime von Gott zu erwarten haben, wobei ein Qīrāṭ der Größe des Berges Uḥud entspricht.

Quraiš: eine Stammeskoalition oder -Vereinigung, die sich um 400 in Mekka niederließ. Sie kontrollierten zu Lebzeiten des Propheten den Handel in der Region und hatten die Oberaufsicht über die mekkanischen Heiligtümer. Auch Muhammad war ein Quraiš. Die »ungläubigen Quraiš« sind jene Mekkaner, die an der vorislamischen Religion festhielten und den Propheten bekämpften.

Rakʿa: der zentrale Teil des Gebets. Die Rakʿa besteht aus Koranrezitation, Verbeugung und Niederwerfung. Über die Anzahl der Rakʿas, die während der Gebete zu verrichten sind, vertreten die islamischen Rechtsschulen unterschiedliche Meinungen. Die ḥanafitische Rechtsschule, um ein Beispiel zu nennen, sieht folgende Regelung vor: Zum Morgengebet sind zwei Rakʿas, mittags vier, nachmittags vier, abends drei und zum Nachtgebet vier Rakʿas zu verrichten; beim Freitagsgebet sind zwei, beim Gebet anläßlich der beiden Feste ebenfalls zwei Rakʿas vorgesehen. Auf der Reise sind jeweils nur zwei Rakʿas zu beten.

Ramaḍān: der 9. Monat des islamischen Kalenders, in dem das Fasten einzuhalten ist.

Ṣāʿ: ein Hohlmaß – entspricht etwa 4,2 Litern.

Šaʿbān: der 8. Monat des islamischen Kalenders, der dem Ramaḍān vorangeht.

aš-Šaʿbī: ein bekannter Traditionarier und Rechtsgelehrter im 1. Jahrhundert nach der Auswanderung.

Saʿd Ibn Abī Waqqāṣ: ein früher Anhänger des Islams und enger Vertrauter des Propheten, nahm an den Schlachten bei Badr und am Uḥud teil und übernahm nach dem Tod Muhammads wichtige militärische und politische Funktionen.

aṣ-Ṣafā und al-Marwa: zwei etwa 400 Meter voneinander entfernt liegende Hügel unweit der Moschee von Mekka. Zwischen as-Ṣafā und al-Marwa ist bei der Wallfahrt und der Besuchsfahrt der Lauf zu verrichten.

Ṣafiya Bint Ḥuyai: wurde bei der Eroberung Ḫaibars im Jahr 628 gefangen genommen. Wenig später gab der Prophet ihr die Freiheit und heiratete sie.

Sahl Ibn Saʿd as-Sāʿidī: ein bedeutender Traditionarier im 1. Jahrhundert nach der Auswanderung.

Saʿīd Ibn al-Musaiyab: ein Historiker, Traditionarier und Rechtsgelehrter im 1. Jahrhundert des Islams.

Salama Ibn al-Akwaʿ: ein prominenter Anṣārī, nahm an zahlreichen Feldzügen teil.

Sālim Ibn ʿAbdullāh: der Sohn Abdullāh Ibn ʿUmars.

aš-Šām: die arabische Bezeichnung für die Gebiete des heutigen Syrien, Libanon, Palästina, Jordanien und Irak.

Sauda Bint Zamʿa: wurde nach dem Tod Ḫadīǧas die zweite Frau des Propheten. Sauda trat früh zum Islam über und wird als besonders gütig und warmherzig beschrieben.

Šauwāl: der 10. Monat des islamischen Kalenders.

Sawīq: ein Gericht aus getrockneter und zerstoßener Gerste, die mit Wasser oder Fett zu einem dickflüssigen Brei angerührt wird.

as-Sunḥ: ein Ort unweit Medinas.

Sutra: ein Objekt, das der Betende in Gebetsrichtung vor sich stellt oder legt und damit einen Raum abgrenzt, der von anderen nicht betreten werden darf.

Šu'ba: ein Traditionarier des 8. Jahrhunderts. Er soll als einer der ersten Gelehrten systematisch Hadithe gesammelt haben.

Talbiya: eine Formel, die beim Eintritt in den Weihezustand und während der Wallfahrt oft rezitiert wird. Zum Wortlaut der Talbiya vgl. Kap. XVII, Abschn. 8.

Ṭalḥa Ibn 'Ubaidullāh: einer der ersten Muslime und ein enger Vertrauter des Propheten. Er war ein vermögender mekkanischer Kaufmann und soll sich besonders durch seinen Mut, den er in vielen Kämpfen bewies, sowie durch seine Freigebigkeit ausgezeichnet haben.

Ṭāwus: ein bekannter Hadithgelehrter aus dem 1. Jahrhundert des Islams.

'Ubāda Ibn aṣ-Ṣāmit: ein berühmter Prophetengefährte, nahm an der Zusammenkunft von 'Aqaba und an der Schlacht von Badr teil. Er soll als einer der Ersten den gesamten Koran auswendig gekannt haben.

Uḥud: ein Berg unweit Medinas. Im Jahre 625 fand am Uḥud eine Schlacht zwischen den Muslimen und den Mekkanern statt, die letztlich zugunsten der Mekkaner endete.

'Umar Ibn 'Abdul'azīz: ein Kalif aus der Dynastie der Umaiyaden. Er herrschte von 717 bis 720 und steht im Ansehen besonderer Frömmigkeit und Gerechtigkeit. 'Umar soll als Erster eine geordnete und kritische Sammlung des Hadith angeregt haben.

'Umar Ibn al-Ḫaṭṭāb: nahm um 618 den Islam an und war einer der engsten Vertrauten des Propheten. Seine Tochter Ḥafṣa war mit Muhammad verheiratet. 'Umar ist berühmt für seine Weitsichtigkeit und Tatkraft. Nach dem Tod Abū Bakrs wurde er im Jahre 634 der zweite Kalif. Während seiner Amtszeit entstanden viele politische Einrichtungen des jungen Staatswesens.

Umm Ḥabība: eine Frau des Propheten. Er heiratete sie um 628.

Umm Salama: zuerst mit Abū Salama, einem engen Freund des Propheten, verheiratet. Als dieser im Jahre 626 starb, heiratete der Prophet sie.

Uqiya: eine Gewichtseinheit – entspricht etwa 125 Gramm.

'Urwa Ibn az-Zubair: ein bedeutender Traditionarier und Lehrer im 1. Jahrhundert des Islams. Einige seiner Schriften sind noch heute erhalten.

Usāma Ibn Zaid Ibn Ḥāriṯa: stammte aus Mekka, erfreute sich der besonderen Gunst des Propheten. Er soll mit ihm zusammen die Kaaba betreten haben.

'Usfān: ein Ort etwa 100 Kilometer nördlich von Mekka.

'Uṯmān: ein reicher und angesehener mekkanischer Kaufmann, war ein früher Anhänger des Propheten und nahm an der Auswanderung teil. Im Jahr 644 wurde er nach dem Tod 'Umar Ibn al-Ḫaṭṭābs zum dritten Kalifen gewählt und herrschte bis 656. Während seiner Amtszeit regte er die endgültige Redaktion des Korans an. Er war mit der Prophetentochter Ruqaiya und nach ihrem Tod mit ihrer Schwester Umm Kulṯūm verheiratet.

al-'Uzzā: eine altarabische Gottheit.

Wadi Qanāt: ein Flussbett im Osten Medinas.

al-Walīd Ibn 'Abdulmalik: ein Kalif aus der Dynastie der Umaiyaden. Er herrschte von 705 bis 715.

Wallfahrt: der Ablauf der Wallfahrt ist in der Regel folgender: Am 8. Ḏū al-Ḥiǧǧa beginnt die Wallfahrt mit der ersten, nicht obligatorischen Umrundung der Kaaba und dem Lauf zwischen aṣ-Ṣafā und al-Marwa. Anschließend verlassen die Pilger Mekka. Die Übernachtung erfolgt in Minā oder in 'Arafa. – Am Nachmittag des 9. Ḏū al-Ḥiǧǧa versammeln sich die Pilger auf der Ebene von 'Arafa. Der Aufenthalt dort ist einer der zentralen Riten der Wallfahrt. Predigten werden gehalten, man rezitiert aus dem Koran, ruft Gott an und spricht die Talbiya. Bei Sonnenuntergang wird nach al-Muzdalifa aufgebrochen, wo das Abend- und Nachtgebet direkt hintereinander verrichtet wird und die Pilger übernachten. – Am 10. Ḏū al-Ḥiǧǧa wird das Morgengebet früher als gewöhnlich verrichtet. Bis zum Morgengrauen bleiben die Pilger in al-Muzdalifa, rezitieren aus dem Koran und rufen Gott an. Dann wird nach Minā aufgebrochen, wo das Mittagsgebet verrichtet wird. Anschließend ist die Ǧamra al-'aqaba mit sieben Steinchen zu bewerfen, eventuell auch die beiden anderen Ǧamras. Am Nachmittag werden die Opfertiere geschlachtet. Dann lässt der Pilger sich das Haar rasieren oder kurz schneiden, kehrt nach Mekka zurück und verrichtet den Umlauf um die Kaaba. – Der 11. – 13. Ḏū al-Ḥiǧǧa sind Festtage, die dem Wohlleben und dem friedlichen Beisammensein gewidmet sind und in Minā verbracht werden. Ferner sind die drei Ǧamras an diesen Tagen mit Kieselsteinen zu bewerfen. – Am 12. Ḏū al-Ḥiǧǧa können die Pilger nach Mekka zurückkehren. Zum Abschluss der Wallfahrt ist die Kaaba erneut zu umrunden und der Lauf zwischen aṣ-Ṣafā und al-Marwa durchzuführen.

Wallfahrt at-tamattu': eine Sonderform der Wallfahrt, die dem Pilger die lange Enthaltsamkeit, die er im Zustand der Weihe zu beachten hat, erleichtert. Der Ablauf ist folgender: Der Pilger tritt in den Weihezustand und führt die Besuchsfahrt durch. Darauf beendet er den Weihezustand. Später tritt er erneut in den Zustand der Weihe und verrichtet die Wallfahrt. Zum Abschluss ist ein Schlachtopfer darzubringen oder ein Fasten einzuhalten.

Wartezeit vor Wiederverheiratung: ist von Frauen zu beachten. Sie beträgt für geschiedene Frauen drei Reinheitsperioden bzw. Monatsblutungen, für Frauen, die keine Menstruation haben, drei Monate und für verwitwete Frauen vier Monate und zehn Tage. Bei schwangeren Frauen ist der Termin ihrer Niederkunft maßgebend.

Wasq: ein Hohlmaß – entspricht etwa 250 Litern.

Weihezustand: bei der Wallfahrt und Besuchsfahrt muss der Pilger in den Zustand der Weihe treten. Dies geschieht im Allgemeinen an den Orten, die in Kap. XVII, Abschn. 4 genannt sind. Der Eintritt in den Weihezustand geht wie folgt vor sich: Zunächst ist die große

Waschung zu verrichten. Anschließend legt der Pilger die Kleidung für die Wallfahrt an – Männer tragen im Allgemeinen einen Lendenschurz und einen Überwurf, Frauen ein langes Kleid. Man betet anschließend zwei Rak'as und erklärt seine Absicht, in den Weihezustand für die Wallfahrt zu treten. Anschließend wird die Talbiya rezitiert. Im Weihezustand ist dem Pilger der Geschlechtsverkehr, die Sorge um seine Kleidung, das Vergießen von Blut, das Jagen, das Ausreißen von Pflanzen und einiges andere mehr verboten.

Yaḥyā Ibn Ya'mar: ein bedeutender Kenner von Koran und Hadith sowie der arabischen Sprache im 1. Jahrhundert des Islams. Yaḥyā soll als Erster den Koran mit diakritischen Punkten zur eindeutigen Bestimmung der Konsonanten versehen haben.

Yalamlam: ein Ort etwa 60 Kilometer südlich von Mekka. In Yalamlam treten die Pilger, die aus Süden anreisen, in den Weihezustand für die Wallfahrt oder Besuchsfahrt.

Zaid Ibn Ṯābit: kam als junger Mann zum Propheten nach Medina und arbeitete als sein Sekretär.

Zainab Bint Ǧaḥš: eine Frau des Propheten. Zainab kam als eine der ersten Auswandererinnen nach Medina und soll neben 'Ā'iša die Lieblingsfrau des Propheten gewesen sein. Muhammad heiratete sie um 626. In zahlreichen Hadithen wird Zainab als sehr mildtätig und freigebig beschrieben.

az-Zubair: ein enger Vertrauter und Verwandter des Propheten. nahm an der Auswanderung nach Medina und an zahlreichen Feldzügen teil.

az-Zuhrī: ein bekannter Traditionarier und Historiker im 1. Jahrhundert der islamischen Zeitrechnung.

Konkordanz der Kapitel- und Abschnittnummerierung

Die Konkordanz ordnet die Nummerierung der vorliegenden Auswahlübersetzung jener des Originaltextes zu. Die römischen Zahlen verweisen auf die Nummern der Kapitel (Kutub), die arabischen Zahlen auf die der Abschnitte (Abwāb). Die Ziffern der linken Spalte beziehen sich auf unsere Übersetzung, die der rechten auf die arabischsprachige Vorlage. Die Leser mögen beachten, dass die verschiedenen Ausgaben von Ṣaḥīḥ al-Buḫārī gelegentlich in der Nummerierung geringfügig voneinander abweichen.

I	I
1	1
II	II
1	1
2	3
3	5
4	6

5	7
6	8
7	9
8	11
9	17
10	18
11	21

12	22
13	24
14	26
15	28
16	30
17	31
18	32

19	34
20	35
21	37
22	40
III	III
1	1
2	2

3	5
4	8
5	9
6	10
7	11
8	12
9	15
10	20
11	28
12	30
13	33
14	34
15	35
16	37
17	38

18	39
19	42
20	50
IV	IV
1	1
2	2
3	3
4	4
5	9
6	11
7	19
8	28
9	31
10	33
11	34

12	40
13	43
14	47
15	48
16	49
17	50
18	51
19	54
20	55
21	57
22	59
23	67
24	68
25	69
26	71

V	V
1	1
2	3
3	12
4	17
5	20
6	21
7	22
8	24
9	27
10	29
VI	VI
1	1
2	1
3	2

4	5
5	6
6	8
7	9
8	13
9	17
10	20
11	21
12	23
13	24
VII	VII
1	1
2	3
3	4
4	6

VIII	VIII
1	1
2	2
3	3
4	5
5	8
6	10
7	12
8	14
9	18
10	24
11	28
12	30
13	31
14	32

15	42
16	46
17	47
18	48
19	53
20	54
21	57
22	58
23	59
24	60
25	62
26	63
27	65
28	72
29	75

30	77
31	82
32	85
33	86
34	90
35	91
36	98
37	100
38	101
39	105
40	106
IX	IX
1	1
2	4
3	5

4	6
5	8
6	9
7	10
8	12
9	13
10	15
11	16
12	17
13	18
14	23
15	25
16	27
17	30
18	37

19	41
X	X
1	1
2	4
3	5
4	7
5	9
6	10
7	16
8	17
9	19
10	21
11	25
12	27
13	29

14	30
15	35
16	36
17	39
18	40
19	42
20	44
21	46
22	53
23	54
24	58
25	62
26	63
27	64
28	65

29	80
30	81
31	95
32	129
33	155
XI	XI
1	1
2	2
3	4
4	6
5	7
6	8
7	16
8	26
9	30

10	33
11	35
12	36
13	38
14	40
15	41
XII	XV
1	3
2	13
3	15
4	22
5	23
6	29
XIII	XVI
1	3

2	13
3	15
4	22
5	23
6	29
XIII	XVI
1	1
2	3
3	4
XIV	XVIII
1	1
2	4
3	5
XV	XXIII
1	1

2	2
3	3
4	9
5	31
6	44
7	47
8	57
9	59
10	65
11	69
12	78
13	80
14	81
15	84
16	86

17	87
18	93
19	95
20	96
XVI	XXIV
1	1
2	3
3	8
4	9
5	10
6	11
7	14
8	22
9	33
10	38

11	39
12	45
13	48
14	50
15	55
16	56
XVII	XXV
1	1
2	4
3	6
4	7
5	18
6	21
7	23
8	26
9	29
10	33
11	34
12	37
13	42
14	50
15	55
16	56
17	58
18	64
19	69
20	79
21	81
22	83
23	84
24	85
25	87
26	92
27	94
28	95
29	98
30	99
31	106
32	111
33	112
34	120
35	124
36	127
37	131
38	132
39	142
40	143
41	144
XVIII	XXVI
1	1
2	2
3	3
4	10
5	11
XIX	XXX
1	1
2	2
3	4
4	5
5	7

6	11
7	13
8	16
9	20
10	26
11	30
12	33
13	36
14	38
15	41
16	42
17	43
18	45
19	47
20	48

21	52
22	56
23	63
24	67
25	68
26	69
XX	XX-XIV
1	1
2	8
3	15
4	16
5	18
6	19
7	36
8	51

9	54
10	55
11	71
12	85
13	88
14	89
15	90
16	98
17	104
18	112
19	113
	XX-XV
20	1
21	2
XXI	XLI

1	1
2	3
3	4
4	5
5	7
6	8
7	15
8	17
9	18
10	20
XXII	XLII
1	1
2	2
3	8
4	9

5	12
XXIII	XLIII
1	1
2	2
3	3
4	7
5	18
XXIV	XLVII
1	1
2	3
3	4
XXV	LI
1	1
2	2
3	4

4	8
5	12
6	17
7	30
XXVI	LII
1	1
2	4
3	5
4	7
5	9
6	10
7	12
8	15
9	18
10	29

XXVII	LIII
1	1
2	5
3	6
4	9
5	10
6	13
XXVIII	LVI
1	1
2	3
3	4
4	10
5	12
6	15
7	20

8	21
9	22
10	45
11	46
12	56
13	59
14	68
15	74
16	77
17	93
18	94
19	95
20	101
21	102
22	103

23	108
24	141
25	143
26	148
27	155
28	157
29	163
30	164
31	166
32	170
33	186
34	189
35	197
36	198
XX-IX	LX-VII

1	1
2	2
3	4
4	7
5	8
6	9
7	10
8	14
9	15
10	17
11	24
12	26
13	28
14	31
15	32

16	33
17	34
18	36
19	38
20	41
21	42
22	45
23	48
24	64
25	65
26	66
27	68
28	72
29	75
30	77

31	80
32	81
33	82
34	83
35	85
36	87
37	89
38	97
39	107
40	108
41	109
42	116
XXX	LX-VIII
1	1
2	2

3	4
4	5
5	8
6	12
7	21
8	26
9	31
10	32
11	35
12	38
13	39
14	46
XXXI	LXX
1	1
2	2
3	5
4	6
5	8
6	10
7	11
8	12
9	13
10	21
11	23
12	30
13	32
14	49
15	52
16	57
XXXII	LXIV
1	1
2	2
3	4
4	9
5	12
6	13
7	14
8	16
9	17
XXXIII	LXXV
1	1
2	2
3	4
4	5
5	10
6	11
7	12
8	16
9	17
10	18
11	19
XXXIV	LXXVI
1	1
2	2
3	3
4	4

5	11
6	17
7	19
8	22
9	28
10	29
11	30
12	31
13	33
14	35
15	36
16	39
17	46
18	48

19	49
20	54
21	55
22	58
XXXV	LXXVII
1	1
2	5
3	8
4	14
5	16
6	18
7	19
8	20
9	22

10	23
11	25
12	26
13	29
14	30
15	35
16	39
17	40
18	42
19	45
20	51
21	55
22	56
23	63

24	64
25	65
26	68
27	75
28	82
29	83
30	87
31	88
32	89
33	91
XXXVI	LXXVIII
1	1
2	2
3	6

4	12
5	13
6	18
7	19
8	22
9	24
10	25
11	27
12	28
13	31
14	32
15	35
16	36
17	39

18	44
19	48
20	50
21	52
22	57
23	62
24	68
25	76
26	77
27	85
28	125
	LXX-IX
29	1
30	2

31	6
32	7
33	9
34	13
35	16
36	17
37	27
38	32
39	45
40	46
XXX-VII	LXXX-VI
1	2
2	4
3	5

4	8
5	12
6	13
7	20
8	21
9	22
10	27
11	32
12	37
13	44
XXX-VIII	LXXX-VII
1	1
2	2
3	6

4	7
5	8
6	18
7	19
8	21
XXX-IX	XCI
1	2
2	3
3	5
4	10
5	11

6	12
7	15
8	17
9	20
10	25
11	29
12	31
13	35
14	38
15	44
16	45

17	47
XL	XCIII
1	1
2	2
3	4
4	5
5	7
6	8
7	10
8	13
9	16

10	20
11	25
12	27
13	28
14	37
15	40
16	42
17	43
XLI	XCVI
1	1
2	2

Register der Koranstellen

Die Zahlen in der zweiten Spalte verweisen auf die Nummern der Kapitel und Abschnitte der vorliegenden Ausgabe.

4,163 I 1

al-mā'ida (sure 5)

5,3	XLI 1
5,6	IV 1, IV 11, V 1, VII 1
5,14	XXVI 10
5,32	XXXVIII 2
5,38	XXXVII 6
5,45	XXXVIII 3
5,58	X 1
5,87	XXIX 5
5,90	XXXII 1

al-a'rāf (sure 7)

7,31	VIII 2
7,32	XXXV 1

al-anfāl (sure 8)

8,46	XXVIII 30
8,60	XXVIII 10

at-tauba (sure 9)

9,5	II 9
9,17 f.	VIII 26
9,34 f.	XVI 2
9,84	XV 8
9,111 f.	XXVIII 1
9,113	XV 14
9,128	XL 14

hūd (sure 11)

11,114	IX 2

yūsuf (sure 12)

12,18	XXVI 8
12,93	XXXV 3

an-naḥl (sure 16)

16,66	XXXII 5
16,69	XXXIV 4

al-isrā' (sure 17)

17,32	XXXVII 7

maryam (sure 19)

19,76	II 1

ṭāhā (sure 20)

20,14	IX 18
20,114	III 1

al-anbiyā' (sure 21)

21,30	XXII 1
21,83	XXXIII 8

al-ḥağğ (sure 22)

22,5	VI 9

al-mu'minūn (sure 23)

23,1	II 2
23,51	XXXI 1

an-nūr (sure 24)

24,2 f.	XXXVII 11
24,4 f.	XXXVII 13
24,11	XXVI 8

24,22 XXVI 8
24,23 XXXVII 13
24,30 f. XXXVI 30
24,32 XXIX 8, XXIX 18
24,37 XX 2
24,56 XVI 1
24,59 XXVI 9

al-furqān (sure 25)
25,54 XXIX 9
25,68 XXXVII 7
25,72 XXVI 6
25,74 XLI 2

al-ʿankabūt (sure 29)
29,8 XXXVI 1
29,43 III 6

ar-rūm (sure 30)
30,30 XV 13

luqmān (sure 31)
31,34 II 21

al-aḥzāb (sure 33)
33,23 XXVIII 5
33,28 XXX 4
33,53 XXIX 24

fāṭir (sure 35)
35,28 III 6

ṣād (sure 38)
38,35 VIII 29

aš-šūrā (sure 42)
42,37 XXXVI 25

az-zuḫruf (sure 43)
43,72 II 10

ad-duḫān (sure 44)
44,10 XII 2
44,16 XII 2

muḥammad (sure 47)
47,17 III 6

al-fatḥ (sure 48)
48,27 XXXIX 1

al-ḥuǧurāt (sure 49)
49,9 II 12, XXVII 1, XXVII 4

qāf (sure 50)
50,39 IX 11

aḏ-ḏāriyāt (sure 51)
51,24 XXXVI 27

aṭ-ṭūr (sure 52)
52,1 f. XVII 18

al-wāqiʿa (sure 56)
56,63 ff. XXI 1
56,68 ff. XXII 1